Sabine Handschuck, Hubertus Schröer

Eigennamen in der interkulturellen Verständigung

Handbuch für die Praxis

Die Buchreihe wird herausgegeben von
Sabine Handschuck, Reyhan Kulac, Hubertus Schröer, Gotthart Schwarz.

Wichtiger Hinweis des Verlags: Der Verlag hat sich bemüht, die Copyright-Inhaber aller verwendeten Zitate, Texte, Bilder, Abbildungen und Illustrationen zu ermitteln. Leider gelang dies nicht in allen Fällen. Sollten wir jemanden übergangen haben, so bitten wir die Copyright-Inhaber, sich mit uns in Verbindung zu setzen.

Inhalt und Form des vorliegenden Bandes liegen in der Verantwortung der Autoren.

Bibliografische Information der Deutschen Nationalbibliothek
Die Deutsche Nationalbibliothek verzeichnet diese Publikation in der Deutschen Nationalbibliografie; detaillierte bibliografische Daten sind im Internet über *http://dnb.d-nb.de* abrufbar.

Printed in Germany

ISBN 978-3-940 562-59-3

Verlag: ZIEL – Zentrum für interdisziplinäres
erfahrungsorientiertes Lernen GmbH
Zeuggasse 7– 9, 86150 Augsburg
www.ziel-verlag.de
2. überarbeitete und erweiterte Auflage 2011

Grafik und Anja Rhode
Layoutgestaltung:

Gesamtherstellung: Friends Media Group GmbH
www.friends-media-group.de
Zeuggasse 7–9, 86150 Augsburg

Inhaltsverzeichnis

3

Für Franziska Lucia Szoldatits

Was ein Märkischer ist, der muß Joachim heißen
oder Waldemar. Bleib im Land und taufe dich redlich.
Wer aus Friesack ist, darf nicht Raoul heißen.
Theodor Fontane (1819–1898): Der Stechlin

Vorwort und Dank

Dieses Buch verdankt sich vielen Gesprächen mit Menschen, die nach Deutschland eingewandert sind, und den darin vermittelten Erfahrungen. Die Wanderungsanlässe waren unterschiedlich. Die meisten Gesprächspartnerinnen und Gesprächspartner sind Kinder angeworbener Arbeitskräfte der zweiten oder dritten Generation, einige sind politisch Verfolgte, andere sind ursprünglich zur Ausbildung nach Deutschland gekommen. Auch in Herkunft, Alter, Geschlecht, unmittelbarem oder mittelbarem Wanderungserleben unterscheiden sie sich. Aber alle Erzählungen verbindet eine Gemeinsamkeit: Die Bedeutung des Namens. Der jeweilige Name definiert die eigene Stellung in Familie sowie Gemeinschaft und er bedeutet Individualität und Identität. Der sensible und korrekte Umgang mit Namen kennzeichnet damit die Anerkennung und Wertschätzung des Anderen in seiner individuellen und kollektiven Zuordnung. Deren Missachtung und Geringschätzung lassen sich ablesen an falscher Schreibweise, fehlerhafter Aussprache und erst recht an der Unterdrückung und Bekämpfung von Namen oder gar an Zwangsbenennungen.

Für alle diese Verhaltensweisen und ihre Folgen finden sich Beispiele in den folgenden Texten. Wir danken allen Gesprächspartnerinnen und Gesprächpartnern für ihre Bereitschaft, mit uns zu sprechen, sowie für die Chance, von ihnen lernen zu können und an ihren bisweilen schmerzhaften Erinnerungen teilhaben zu dürfen. Ihre Erfahrungen und Informationen spiegeln sich nicht nur in den individuellen Erzählungen wider, sie sind ebenso eingeflossen in die Länderinformationen und in andere Sachthemen. Und es sind nicht nur die in diesem Buch repräsentierten Frauen und Männer, die zu dessen Gelingen beigetragen haben. Viele andere Menschen haben im Laufe der Jahre durch ihre Berichte dazu angeregt, das Thema „Namen in der interkulturellen Verständigung" nicht nur in Aus- und Fortbildungen anzusprechen, sondern darüber auch ein Buch zu veröffentlichen. Einige von ihnen sind uns Freundinnen und Freunde geworden. Ihnen gilt unsere ganz besondere Dankbarkeit.

Sabine Handschuck
Hubertus Schröer   *München, im November 2009*

Vorwort zur 2. Auflage

Wir freuen uns, dass schon nach wenigen Monaten eine zweite Auflage dieses Buches erscheinen kann. Das Interesse am Thema hat sich auch an vielen Hinweisen und Ergänzungen durch Leserinnen und Leser gezeigt, was zu einer Verbesserung des Textes geführt hat. Wir danken allen, die uns informiert haben, unser besonderer Dank gilt dem Engagement von Marina Khanide, Khalil Rostamkhani und Alixan Bozkurt.

Den Anregungen von Leserinnen und Lesern folgend haben wir zwei weitere Interview geführt und die biografischen Erzählungen um die Erfahrungen einer Interviewpartnerin aus Nordrhein-Westfalen und eines Interviewpartners aus Thüringen erweitert. Wir bedanken uns auch bei Ihnen für die Bereitschaft zum Gespräch und ihre Offenheit.

Wir freuen uns weiterhin auf Ihre Hinweise.

Sabine Handschuck
Hubertus Schröer   *München, im Februar 2011*

Dass man weiß, mit wem man es zu tun hat,
ist die erste Bedingung, überhaupt mit jemandem
was zu tun zu haben.
Georg Simmel (1858–1918)

Einführung – Oder: Warum Namen für die Interkulturelle Verständigung so wichtig sind

Ob auf Reisen im Urlaub, beim Small Talk in geselliger Runde oder beim Anbahnen einer Geschäftsbeziehung: das Gespräch beginnt mit einer Vorstellung, man selbst nennt seinen Namen und fragt nach dem des Gegenüber oder man wird einander vorgestellt. Die Grundlagen für eine Kommunikation sind gelegt, man ist im Gespräch. Dass die Kommunikation aber gelingt und man auf Dauer im Gespräch bleibt, hängt sehr stark davon ab, ob die Gesprächspartner den Namen erinnern, ob sie ihn richtig aussprechen oder ob die in der jeweiligen Situation angemessenen Höflichkeitsformen gewahrt sind. Das läuft schon manchmal im vertrauten Umfeld schief. Um wie viel mehr ist dann Verständigung gefährdet, wenn Menschen unterschiedlicher Herkunft aufeinander treffen. Migration und die Schicksale der Menschen, die sich zur Emigration entschieden haben oder die zu wandern gezwungen waren, sind eng verbunden mit der Geschichte ihrer Namen und dem Umgang mit diesen Namen im fremden Umfeld. Namen haben eine Bedeutsamkeit, sie verbinden mit einer Herkunft, sie sind wesentlicher Teil von Identität. Namen bilden damit ein Feld von Auseinandersetzungen. Sie werden respektiert oder missachtet, sie werden unterdrückt, verursachen Diskriminierungs- und Stigmatisierungserfahrungen. Für Mitarbeiterinnen und Mitarbeiter sozialer Dienste, von Verwaltungen, im Gesundheitsbereich und in allen Bereichen, in denen eine gelingende Kommunikation die Voraussetzung für den Erfolg der jeweiligen Dienstleistung ist, erscheinen deshalb Grundkenntnisse im Umgang mit Namen unabdingbar.

9

Interkulturelle Verständigung ist ein Prozess in zweierlei Hinsicht: Verständigung geschieht auf kommunikative, diskursive Weise und wird durch Wahrnehmung, Deutung und Reflexion strukturiert. Diese Kommunikationsprozesse müssen initiiert, gestaltet und gesteuert werden. Sie sind – und das ist der zweite Aspekt – nie vollständig abgeschlossen, sondern entwickeln sich beständig in ihrer je eigenen Dynamik weiter. Sie zeitigen vorläufige Ergebnisse, werfen neue Fragen auf, haben unter Umständen unerwünschte Nebenwirkungen (Handschuck/Klawe 2004: 37). Da die gegenseitige Vorstellung oder die Frage nach dem Namen häufig in der interkulturellen Begegnung die ersten Sprechakte sind, ist der Umgang mit Eigennamen in der interkulturellen Kommunikation ein Schlüsselprozess, der maßgeblich das Gelingen oder das Misslingen einer Verständigung beeinflusst. Das Grundprinzip der Anerkennung in der interkulturellen Verständigung kommt bereits in der ersten Anrede zum Tragen oder, wie häufig leider immer noch der Fall, es wird bereits bei der Vorstellung und Anrede verweigert.

Ein eher drastisches Beispiel soll verdeutlichen, dass fehlende Hintergrundinformationen über die Bedeutung von Eigennamen in der interkulturellen Begegnung, ein Mangel an Reflexion trotz Verständigungswillen oder die fehlende Bereitschaft, sensibel mit Selbstdefinitionen umzugehen, die interkulturelle Begegnung erheblich belasten und zu Konflikten führen können.

In einer Kindergruppe wurde ein Junge namens *Alixan* aufgenommen. Die Betreuerin sprach bei der Vorstellung in der Gruppe den Namen des Kindes so aus, wie er auf dem Anmeldeformular geschrieben stand. Das Kind verbesserte die Aussprache schüchtern und wandte ein, dass er *Alixan* (gesprochen: Alichan) heiße. Die Betreuerin erwiderte, dass dies ein sehr schöner Name, aber für sie und die anderen Kinder doch etwas schwierig auszusprechen sei. Sie schlug vor, *Ali* zu verwenden, weil das eine Koseform sei, die alle Kinder kennen würden und hieß *Alixan* als *Ali* in der Gruppe willkommen. Die spontane Umbenennung wurde von der Kindergruppe sofort aufgenommen und scheinbar auch von *Alixan* akzeptiert. Als die Mutter sich wenige Tage später vehement gegen die Umbenennung wehrte und das damit begründete, dass ihrem Sohn der kurdische Name genommen und ihm ein „türkischer" Namen verliehen worden sei, und der Betreuerin zu vermitteln suchte, dass die in der Türkei verbotenen kurdischen Namen Teil der kurdischen Identität seien und sie in der Umbenennung einen Akt der Willkür und Nichtakzeptanz sähe, fühlte sich die Betreuerin angegriffen. Sie verteidigte ihr Vorgehen damit, dass unter Kindern Spitz- und Kosenamen üblich seien und dass sie durch die Umbenennung *Alixan* die Aufnahme in die Gruppe erleichtert habe. Er sei akzeptiert und fühle sich wohl und weder er selbst noch die anderen Kinder hätten mit der Namenswahl Schwierigkeiten. Der Konflikt zwischen Mutter und Betreuerin führte dazu, dass *Alixan* die Nachmittagsbetreuungsgruppe wechselte, dennoch blieb er auch in der neuen Gruppe für die meisten Kinder *Ali*.

Kultur [1] hat eine grundlegende Bedeutung für die Selbstdefinition von Individuen, von Gruppen und Gesellschaften. Kulturelle Transformationen, dazu gehört auch die Veränderung von Eigennamen durch die Migration, gehen mit einem Ringen um Bedeutungsmacht einher. Der oben beschriebene Konflikt wird aus der Perspektive der Mutter sicher anders gedeutet und anders empfunden als aus der Sicht der Betreuerin und auch *Alixan* selbst wird wieder andere Deutungen und die damit verbundenen Empfindungen zu verarbeiten haben. Deutlich wird, wie durch Georg Auernheimer (2003: 108) ausgearbeitet, dass die Person, die über eine höhere Definitions- und Deutungsmacht verfügt, in diesem Fall die Betreuerin der Kindergruppe, ihre Deutung durchsetzt und die Intervention der Mutter daran scheitert, dass sich in der Kindergruppe die von der Betreuerin vorgenommene Deutung so weit etabliert hat, dass die Umbenennung statt als Verweigerung von Anerkennung als Integrationshilfe interpretiert werden kann und eine nachträgliche Korrektur erfolglos bleibt. *Alixan* bleibt *Ali,* ob er will oder nicht. Interkulturelle Kontakte sind überwiegend durch Machtasymmetrien gekennzeichnet (ebd.). Das beinhaltet, dass die Person, die häufig der Mehrheitsgesellschaft angehört, auch den größeren Gestaltungsspielraum hat und damit die Hauptverantwortung für das Gelingen oder Misslingen der interkulturellen Kommunikation trägt. Sie entscheidet, ob sie Anerkennung gewährt oder verweigert, ob sie „hinhört" oder nicht.

In der interkulturellen Sozialen Arbeit ist es Aufgabe der Fachkräfte, sich zu vergegenwärtigen, dass der Prozess der Migration eine besonders radikale Veränderung der Lebensverhältnisse für die Betroffenen zur Folge hat. In der Diasporasituation findet immer eine Auseinandersetzung mit kulturellen Transformationen statt, die mal mehr, mal weniger den lebenslangen Prozess der Identitätsbildung belasten oder erleichtern. So formuliert der Gemeindepsychologe Heiner Keupp (1999: 267), dass die Selbstpositionierung eines Individuums vor allem davon abhängt, wer die Deutungsmacht hat. Ob also die Selbstdefinition, in diesem Fall die namentliche Selbstbezeichnung, einer Person akzeptiert wird oder nicht. Georg Auernheimer (2003: 69) hält es für entscheidend, ob die Mehrheitsgesellschaft Minderheitenangehörigen akzeptable Identitätsangebote macht. Er unterscheidet drei Dimensionen, die für die kulturelle Identitätsarbeit als Passungsleistung zwischen innen und außen relevant sind. Erstens wird in der Fremdbegegnung oder Minderheitensituation der je kulturell spezifische Habitus zum Gegenstand der Aufmerksamkeit und erfordert eine Auseinandersetzung. Zweitens geschieht die Selbstverortung von Individuen oft im Ringen mit ethnischen Zuschreibungen. Drittens geht es um den Umgang mit den verfügbaren kulturellen Symbolbeständen wie der Sprache, der Schrift oder der Religion. Auch auf den kleinen Ausschnitt der interkulturellen Kommunikation bezogen, der sich mit der Verwendung von Eigennamen beschäftigt, treffen diese Dimensionen kultureller Identität zu. In unserem Beispiel wird der fremd klingende Name zum Gegenstand der Aufmerksamkeit. Die ethnische Zuschreibung „Türke" führt zu einer Anerkennung verweigernden Umbenennung. Die kulturellen Symbolbestände, die kurdische Sprache, die kurdische Schrift, deren Gebrauch in der Türkei zur Verfolgung geführt hat, werden auch in der Diasporasituation missachtet. Das inakzeptable Identitätsangebot löst einen massiven interkulturellen Konflikt aus.

---

1   Die dieser Veröffentlichung zu Grunde liegende Definition von Kultur findet sich im angehängten Glossar.

Im Prozess der Identitätsarbeit können kulturelle Symbolbestände umgedeutet, neu ausgelegt, selektiv verwendet, stilisiert oder verworfen werden (ebd.). Auch dies gilt für den Umgang mit dem eigenen Namen und der mit ihm verbundenen Selbstverortung und Selbstdefinition. Maßgeblich dabei ist, ob eine Person sich im Prozess der Migration selbst entscheidet, den eigenen Namen zu verändern, eine „eingedeutschte" Aussprache anzunehmen, Kurz- oder Koseformen zu gestatten, sich umzubenennen, oder ob dies ihr von Behörden, von Gruppen oder Einzelpersonen der Mehrheitsgesellschaft aufgezwungen wird.

Der vorliegende Band will einen Beitrag dazu leisten, für den Umgang mit Eigennamen die eigenen kulturellen Alltagspraxen zu reflektieren, sich mit der Bedeutung von Eigennamen in der interkulturellen Kommunikation auseinanderzusetzen sowie Hintergrundinformationen und praktische Hinweise für den Umgang mit Eigennamen in interkulturellen Zusammenhängen zu vermitteln. Darüber hinaus war es uns ein Anliegen, Menschen mit Migrationshintergrund selbst zu Wort kommen zu lassen und ihre sehr unterschiedlichen Erfahrungen, Einstellungen und Erwartungen zum Umgang mit ihren eigenen Namen vorzustellen.

Dieses Buch kann nur eine Auswahl von Themen vorstellen und hat nicht den Anspruch einer sprachwissenschaftlichen Abhandlung. Teilweise war es schwierig, Informationen zu recherchieren und zu überprüfen. Die meisten Informationen konnten wir durch persönliche Gespräche mit Standesbeamten, vielen Menschen ganz verschiedener Herkunft und mit unterschiedlichen Migrationserfahrungen sammeln oder überprüfen. Fehler bei der Wiedergabe gehen allein zu unseren Lasten. Wir bitten alle interessierten Leserinnen und Leser um Hinweise, Kritik und Informationen, um die zweite Auflage dieser Veröffentlichung zu verbessern. Sie erreichen uns unter info@i-iqm.de.

Das Buch gliedert sich in vier Themenbereiche:

1. Der erste Themenbereich befasst sich mit einer Auswahl an Hintergrundinformationen zur Entstehung von Personennamen, über das Namenrecht und über Themen, die uns für den Umgang mit Namen in interkulturellen Kontexten relevant erscheinen. Das *erste Kapitel* geht kurz auf die Wissenschaft der Namenkunde, die Onomastik, ein und erklärt wichtige Begriffe. Im *zweiten Kapitel* geht es um die kulturellen Gemeinsamkeiten, aber auch um die Unterschiede der verschiedenen Namensysteme. Das gilt für Vor- wie für Familiennamen und deren Entwicklung. Das *dritte Kapitel* hebt die Bedeutung von Namen in der interkulturellen Kommunikation hervor, macht die Funktionen der Namensnennung für Identifizierung; Adressierung und Kontaktetablierung deutlich und zeigt an Beispielen paraverbaler Signale die vielfältigen Möglichkeiten, Botschaften zu variieren. Über die Entstehung von Familiennamen informiert das *vierte Kapitel*. Die Entwicklung aus Rufnamen, aus der Herkunft, nach Wohnstätten, aus Berufs- und Amtsbezeichnungen sowie aus Eigenschaften wird am Beispiel Deutschlands vorgestellt und mit Erfahrungen anderer Länder verglichen. Das Namenrecht ist Gegenstand des *fünften Kapitels,* wobei die Beachtung des Kindeswohls in den Ländern sehr unterschiedlich ist. Im *sechsten Kapitel* geht es um inoffizielle Personenbenennungen

wie Pseudonyme, Decknamen, Künstlernamen, Kosenamen, Spitznamen und Beinamen. Den Zusammenhang von Namen und Identität, von Identitätsarbeit und Anerkennung greift Kapitel *sieben* auf. Im *achten Kapitel,* das sich dem Thema Namen und Religion widmet, geht es vor allem um den Einfluss der Religion auf die Wahl von Namen, aber auch um Gewalt, die mit dem Kampf von oder gegen Religionen einhergeht. Neben knappen Hinweisen auf Hinduismus, Sikhismus und Buddhismus behandelt es schwerpunktmäßig die drei großen monotheistischen Weltreligionen Christentum, Judentum und Islam und darin die jeweilige Namenentwicklung und Besonderheiten. Das *neunte Kapitel* Namen und Politik knüpft hier unmittelbar an und zeigt an Beispielen der Zwangsbenennung, der Namenpolemik und der Entpersönlichung durch Nummerierung auf, welch traumatische Erfahrungen durch demütigende Namenpraxen hervorgerufen werden können. Das abschließende *zehnte Kapitel* befasst sich mit dem Zusammenhang von Namen mit Mystik und Volkglauben.

2. Der zweite Themenbereich widmet sich dem Umgang mit Eigennamen in interkulturellen Begegnungssituationen und damit der interkulturellen Praxis. Im *ersten Kapitel* werden Erwartungen von Menschen mit Migrationshintergrund vorgestellt, wie sie von diesen in verschiedenen Fokusgruppendiskussionen selbst erarbeitet worden sind. Aus diesen authentischen Anregungen werden im *zweiten Kapitel* Empfehlungen für den Umgang mit Namen in der interkulturellen Praxis in Form von vierzehn Thesen entwickelt. Das *dritte Kapitel* stellt eine bewährte Übung, „Die Geschichte meines Namens" vor, die sich für jede Form von Gruppenarbeit eignet und an einigen Beispielen vorgestellt wird. Das *vierte Kapitel* enthält eine weitere Übung „Namen im Dialog" als Szenenarbeit für unterschiedliche Gruppen. Im *fünften Kapitel* finden sich Anregungen für die systemische Familienberatung und im *sechsten Kapitel* werden Beispiele für die interkulturelle politische Jugendbildung und für Projektarbeit dargestellt.

3. Im dritten Themenbereich geht es um biografische Erzählungen mit Bezug auf den jeweiligen Namen der Interviewten. In vierzehn Gesprächen werden die bisher eher abstrakt entwickelten Themen lebendig und durch konkrete Erfahrungen belegt. Der Zusammenhang von Namen und Identität, die Gefährdung dieser Verbindung durch eine namenpolemische Politik der Unterdrückung, durch Verbot der eigenen Sprache und Namen, der Kampf um die Bewahrung der namentlichen Identität in der Emigration und damit die herausragende Bedeutung eines sensiblen und anerkennenden Umgangs mit Namen in Vorschul- und Schulpädagogik, in der Sozialen Arbeit und insbesondere in allen Behörden und Verwaltungen, mit denen Menschen mit Migrationshintergrund zwangsweise zu tun haben, wird in fast jedem Gespräch deutlich.

4. Der vierte Themenbereich schließlich versteht sich als ein Nachschlagwerk für Informationen zu wichtigen Herkunftsländern in Deutschland lebender Minderheiten. Es werden 24 Länder knapp skizziert durch eine kurze Vorstellung des Landes, seiner Sprachen und Religionen sowie der Migrationsmotive der Zugewanderten, durch eine Darstellung von Namensystem und Namenrecht mit exemplarischen Beispielen und insbesondere durch Hinweise zur interkulturellen Kommunikation. Die Auswahl der Länder orientiert sich an den größten Einwanderungsgruppen und damit an den ehemaligen Anwerbeländern der Bundesrepublik Deutschland und der damaligen Deutschen Demokratischen Republik sowie an den großen Nachbarländern. Ferner sollten Länder größerer Flüchtlingsbewegungen repräsentiert sein und damit wenigstens exemplarisch auch Länder Afrikas und Asiens. Wichtig ist dabei das Anliegen, den verengten Blick auf nationale Herkünfte und vermeintliche Homogenitäten zu erweitern, um die Berücksichtigung der Vielfalt ethnischer und religiöser Minderheiten.

In einem abschließenden *Glossar* werden schwierige bzw. entscheidende Begriffe erklärt und Definitionen wichtiger Kategorien vorgenommen, um dem Leser und der Leserin das Verständnis zu erleichtern.

Adam benennt in der Bibel seine Frau zweimal. Nach der
Schaffung aus seiner Rippe sagt er: *Frau* soll sie heißen."
Nach dem Sündenfall heißt es: "Adam nannte seine Frau
Eva (Leben), denn sie wurde die Mutter aller Lebendigen."
Konrad Kunze (2004:11)

1. NAMEN

1.1 Die Kunde der Namen

Anthroponymik kommt nicht gerade häufig im Alltagswortschatz vor. Selbst das Computerprogramm für Rechtschreibung markiert diese Wortschöpfung rot und damit als unbekannt. Dabei beschäftigt sich diese Wissenschaft mit einem Thema, das für alle Menschen von Bedeutung ist Sie behandelt persönliche Namen, seien es Vor- oder Familiennamen, Spitz-, Kose- oder Decknamen, Individual- oder Kollektivnamen. Das Wort Anthroponymik ist ein wissenschaftlicher Neologismus, also eine sprachliche Neubildung, die sich aus den griechischen Begriffen für *ánthropos* und *ónoma,* Mensch und Name, ableitet. Die Anthroponymik ist ein Fachgebiet der Onomastik oder allgemeinen Namenskunde, also der sprachwissenschaftlichen Disziplin, die sich mit der Erforschung der Namen beschäftigt. Deren zweites großes Fachgebiet ist die Toponymik, die Ortsnamen erforscht[2]. Diese Unterscheidung ist weder durchgängig noch trennscharf, da Personen- und Ortsnamen häufig eng miteinander verwoben sind. So können Orte nach Personen, wie im Fall Washington, oder Personen nach Orten, wie im Fall Israel[3] benannt sein (vgl. Crystal 1995:112).

Allgemein sind Namen Worte oder Ausdrücke, die Menschen, Orte oder Gegenstände bezeichnen. Gattungsnamen (nomen appellativum) beziehen sich dabei auf Typen von Menschen, Orten oder Gegenständen wie beispielsweise der Gattungsname *Fluss* alle Flüsse bezeichnet, im Gegensatz

---

2   Ein weiterer Forschungsbereich der Onomastik beschäftigt sich beispielsweise mit Objektnamen
    (Chrematonymik) oder mit Gewässern (Hydronymik).
3   Israel ist auch als jüdischer Vorname gebräuchlich.

zum Namen *Donau,* oder *Junge* alle männlichen Kinder meint, *Daniel* aber nur einen bestimmten Knaben. Der Name als Eigenname (nomen proprium) ist, wie bereits aus dem Wortlaut ableitbar, etwas, das unverwechselbar, ganz individuell nur einer bestimmten Person, einem bestimmten Ort oder einem bestimmten Gegenstand zu Eigen ist. Auch wenn zwei Kinder gleichlautend zum Beispiel den Vornamen Franziska tragen, wird die Lehrerin, die Franziska „aufruft", immer nur eine bestimmte Schülerin meinen und nicht beide Mädchen zugleich. Die Nennung eines Eigennamen löst andere Emotionen und Assoziationen aus als die Nennung eines Gattungsnamen. So macht es einen Unterschied, ob ich den Satz höre „Das Mädchen lernt lesen" oder den Satz „Die Schülerin lernt lesen" oder aber „Franziska lernt lesen", obwohl die Inhalte der Mitteilungen übereinstimmen.

Der Name dient also dazu, Einzelwesen innerhalb einer Vielzahl gleichartiger Wesen unmittelbar zu bezeichnen und in ihrer Einzigartigkeit unverwechselbar zu identifizieren. Namen haben erst einmal keine Bedeutung, also keinen begrifflichen Inhalt. Wohl aber hatten alle Namen einmal eine eindeutige Bedeutung, wie es im Gattungsnamen *Müller* sinnfällig wird. Mit der Ablösung vom Gattungsnamen wird die Bezeichnung zum Eigen-Namen, der ausschließlich der identifizierenden Bezeichnung ihres Namensträgers dient. Namen bekommen damit Bedeutsamkeit, mit ihnen verbinden sich Gefühle, Assoziationen, Vorstellungen, Prestige, die sich den Motiven der Namenwahl verdanken, der Verbindung von Namen und bezeichneter Person, dem Klang des Namens, aber auch den Erfahrungen und Phantasien der jeweiligen Benutzer (vgl. Kunze 2004:119).

Die Namenkunde pflegt einen strengen Umgang mit dem „Fugen-S", einer Genitivform. Sie schreibt also niemals Namen(s)kunde, Namen(s)gebrauch oder Namen(s)politik. Die Alltagssprache macht es sich da einfacher, weil das „s" die Aussprache erleichtert. Wir werden im Folgenden bei Zitaten natürlich korrekt zitieren, wollen aber nicht die gleiche Strenge verfolgen wie Namenkundler, die wir nicht sind. Ein sprachliches Maß wird es sein, ob es sich um eine Vielzahl von Namen handelt, z.B. Namenkunde meint die Kunde aller Namen (Plural), oder um einen Einzelnamen, beispielsweise Namenstag als Tag des Taufnamens, also des Schutzheiligen dieses einzelnen Namensträgers (also Singular).

Der Name ist ein Stück des Seins und der Seele.
Thomas Mann (1875–1955)

1.2 Kulturelle Gemeinsamkeiten und Unterschiede

In allen Gesellschaften gibt es Eigennamen. Menschen werden benannt, und der Name gehört in vielen kulturellen Kontexten nicht nur zur Person, sondern ist mit dieser gleichgesetzt. Doch obwohl alle kulturellen Gruppen Personennamen kennen, unterscheiden sich die Regeln des Namengebrauchs ebenso wie die Namengebung und die Tabuisierung von Namen. Unterschiedlichen Lebensphasen können unterschiedliche Namen zugeordnet sein (Handschuck/Klawe 2004: 121). So sind Initiationen, also mit Riten verbundene Einführungen von Außenstehenden in eine Gemeinschaft, oder auch Eheschließungen oft mit einer Um- oder Neubenennung verbunden. Es gibt offizielle und inoffizielle Personennamen oder gar geheime Namen, die in der Alltagskommunikation nicht als Ansprache verwendet werden dürfen.

Viele Menschen sind nur mit dem Namensystem ihrer eigenen Kultur vertraut und sind erstaunt, wenn sie erfahren, dass die Verwendung von Namen kulturell sehr unterschiedliche Bedeutungen haben kann und einer breiten Vielfalt unterschiedlicher Gepflogenheiten folgt. Selbst die in den meisten europäischen Ländern seit dem späten Mittelalter übliche Unterteilung in Vornamen (hier ist oft auch die Rede von Taufnamen oder Rufnamen) und Familien- oder Nachnamen ist nicht überall selbstverständlich. Beispielsweise im Amharischen[4] bestehen Namen nur aus dem Vornamen des Vaters und dem Vornamen des Kindes (Crystal 1995: 112). Auch wenn Personennamen aus einem oder mehreren Vornamen und einem Familiennamen bestehen, kann die Zuordnung Schwierigkeiten bereiten. In den meisten europäischen Ländern wird der Vorname,

---

4   Amharisch ist die bedeutendste Verkehrssprache in Äthiopien und offizielle Amtsprache in mehreren äthiopischen Bundesstaaten. Sie wird von etwa 17 Millionen Muttersprachlern gesprochen.

im wahrsten Sinne des Wortes, dem Familiennamen vorangestellt. In Ungarn ist dies beispielsweise nicht der Fall. Wie auch in Japan, China oder Vietnam ist die Reihenfolge umgekehrt. Die Anzahl der Vornamen ist unterschiedlich und teilweise durch das jeweilige nationale Namenrecht geregelt. (Siehe das Kapitel „Namenrecht" und die Ausführungen zu den Herkunftsländern.) In machen Gesellschaften ist nur ein Vorname gebräuchlich, in machen kann es eine hohe Anzahl sein. Die Vornamen unterscheiden sich dann in ihrer Bedeutung, Wichtigkeit und in ihrem Gebrauch in der Alltagskommunikation. In den Vereinigten Staaten sind beispielsweise zwei Vornamen üblich, wobei der „middle name" in der Regel nur als Initial geführt wird, wie bei *John F. Kennedy*.

Was ein weiblicher, was ein männlicher Vorname ist, ist für Menschen aus anderen kulturellen Kontexten oft nicht erkennbar. Das kann zu interkulturellen Missverständnissen führen. Das deutsche Namenrecht erlaubt keine Vornamen, die nicht eindeutig das Geschlecht erkennen lassen. Ein Problem kann es geben, wenn beispielsweise ein aus Italien eingewanderter Vater den eigenen Namen an seinen Sohn weiter geben will und er den italienischen Männernamen *Andrea* trägt. In Deutschland ist dies ein Mädchenname und für einen Jungen unzulässig. Sind uns Sprache und kulturelle Gepflogenheiten fremd, ist es oft nicht möglich, aus einem Namen auf das Geschlecht zu schließen. Aus der eigenen Sprache vertraute Ableitungen erweisen sich oft als unzutreffend. So beschwerte sich ein Teilnehmer an einer interkulturellen Fortbildung, als er die Teilnahmebescheinigung ausgehändigt bekam. Statt auf Herrn war sie auf Frau *Gianluca Dzamonja* ausgestellt worden. Die zuständige Sachbearbeiterin hatte es sich zur Gewohnheit gemacht, ihr unbekannte Vornamen, die auf „a" enden, dem weiblichen Geschlecht zuzuordnen.

Die Variationsmöglichkeiten für die Benennung von Kindern erscheinen endlos. Sie können nach Tieren, Pflanzen und Orten benannt werden, Familientraditionen folgen oder gerade einfach modern sein. Sie können ihren Namen der Vorliebe ihrer Eltern für bekannte Personen aus Politik, Sport oder der Filmbranche verdanken. Ein Beispiel für die politische Orientierung der Eltern ist die russische Namensschöpfung *Mels*. Der Name ist ein Akronym, ein Initialwort, für „Marx-Engels-Lenin-Stalin". Religiöse Motive, wie die Benennung nach Vorbildern aus dem Talmud, der Bibel oder dem Koran, haben in vielen kulturellen Kontexten eine große Bedeutung. Namen können, wie der ausgefallene puritanische Name *Kill Sin (töte die Sünde)* oder der arabische Name *Abd Allah (Sklave Allahs)*, einen Appell enthalten, der die Lebensgestaltung der Kinder betrifft (vgl. Crystal 1995: 113). Kinder können aber auch in manchen Gesellschaften nach unangenehmen Vorstellungen benannt werden, um böse Geister von ihnen fernzuhalten. (Siehe dazu auch das Kapitel „Namen, Volksglaube und Mystik".) Manche Kinder werden nach Ereignissen oder Lebensumständen benannt, wie beispielsweise *Kathini*. Der Name des Mädchens aus Kenia bedeutet *die im Bauch Schwierigkeiten machte* (Wieland u.a. 2000: 43) und lässt auf eine schwierige Schwangerschaft schließen. Auch erwünschte Charakterzüge können die Namengebung inspirieren und dabei geschlechtsspezifische Vorstellungen wiedergeben. So unterscheiden sich in vielen Ländern traditionell erwünschte Rollenbilder von Mädchen und Jungen. Beispielsweise lassen die türkischen Mädchennamen *Nurten (leuchtende Haut)* oder *Gülümser (die Lächelnde)* und die türkischen Jungennamen *Berkel (starke Hand)* oder *Erdoğan (tapfer Geborener)* auf von den Eltern als positiv bewertete Eigenschaften ihrer Töchter und Söhne schließen. Die Beispiele zeigen, wie vielfältig die Vornamengebung sein kann, und machen deutlich, dass besonders in der Arbeit mit multikulturellen Gruppen, seien es Kinder in der Vorschulerziehung, Schülerinnen und Schüler oder Erwachsene, das Thema Namen eine große Bedeutung für interkulturelle Arbeitsansätze hat und dass das soziale Zusammenspiel von Menschen unterschiedlicher Herkunft dadurch beeinflusst ist, wie mit Namen umgegangen wird. Beispiele, wie in diesen pädagogischen und sozialarbeiterischen Arbeitszusammenhängen Personennamen thematisiert werden können, finden sich im Kapitel „Namen in der interkulturellen Praxis".

So wie die Vornamen unterscheiden sich auch die Familiennamensysteme. Sie haben sich zu unterschiedlichen Zeitpunkten entwickelt oder wurden verpflichtend von staatlicher Seite eingeführt. Die Entstehung von Familiennamen ist immer von geografischen, historischen, ökonomischen, kulturellen und sozialen Bedingungen beeinflusst. Rosa Kohlheim (1995: 1247) stellt fest, dass es prinzipiell zwei Möglichkeiten für die Entstehung von Familiennamen gibt. Ein Teil der Familiennamen entstand aus Beinamen, die den Namenträgern in ihren jeweiligen sozialen Gruppen von anderen verliehen wurden. Beinamen hatten die Funktion, den ursprünglichen Namensträger aufgrund eines besonderen Merkmals zu charakterisieren und zu identifizieren. Im Laufe der Zeit verfestigte sich der ursprüngliche Beiname zum Familiennamen. Gerade die aus Beinamen hervorgegangenen Familiennamen zeigen eine große Vielfalt auf. Sie können aus charakterlichen Merkmalen, beruflichen Tätigkeiten, dem Aussehen einer Person, ihrer Wohnumgebung und anderen Merkmalen abgeleitet worden sein. Gemeinsam ist in vielen Ländern beispielsweise die Ableitung des Familiennamens aus dem Beruf. So kann dieser direkt als Name vergeben werden wie der deutsche Name *Schmied* oder *Schmidt*, der in vielen Sprachen vorkommt. Er lautet beispielsweise niederländisch *De Smet*, englisch *Smith*, russisch *Kuznecov*, ukrainisch *Kovalenko*, polnisch *Kowalski*, tschechisch *Kovář*, französisch *Lefèvre*, italienisch *Ferrari*, katalanisch *Ferrer*, spanisch *Herrero*, portugiesisch *Ferreiro*, türkisch *Demirci* (ebd., S. 1248). Die Vielfalt von Variationen der aus dem Schmiedberuf abgeleiteten Familiennamen ergibt sich aus der Möglichkeit, dass statt der Berufsbezeichnung auf ein charakteristisches Werkzeug *(Hammer)*, ein Produkt *(Raiffeisen)*, das Arbeitsmaterial *(Stahl)* oder andere Möglichkeiten der Umschreibung zurückgegriffen werden kann. Weitere Beispiele von Gemeinsamkeiten und Unterschieden finden sich im Kapitel „Die Entstehung von Familiennamen".

Die zweite Möglichkeit ist die bewusste Schöpfung eines Familiennamens durch den Namensträger selbst oder die Vergabe eines Familiennamens durch eine Institution oder Behörde. Für bewusste Namenschöpfungen waren häufig staatliche Verordnungen Anlass, die eine Annahme von Familiennamen vorschrieben, wie beispielsweise für die jüdische Bevölkerung in der ersten Hälfte des 19. Jahrhunderts in Deutschland (vgl. Kapitel „Namen der Juden") oder im Rahmen der Reformen durch Kemal Mustafa 1934 in der Türkei (vgl. Kapitel „Herkunftsland Türkei"). Wählten die Betroffenen ihren Familiennamen nicht selbst oder durften sie ihn nicht selbst wählen, wurde der neue Name durch die Behörde vergeben. Andere Anlässe waren institutionelle Vorschriften wie beispielsweise die der russisch-orthodoxen Kirche, die ihren Schülern bei Eintritt ins Priesteramt seit dem ausgehenden 17. Jahrhundert Familiennamen verlieh, die sich von anderen russischen Familiennamen abheben (ebd., S. 1255). Nicht selten ändern Menschen mit Migrationshintergrund ihren Familiennamen und passen ihn den Sprachmustern der Aufnahmegesellschaft an, „um Schwierigkeiten gesellschaftlicher wie wirtschaftlicher Art und andere Unannehmlichkeiten" (Bach 1953: 514) zu vermeiden. In der interkulturellen Begegnung ist hier deutlich zu unterscheiden, ob es sich dabei tatsächlich um eine selbstbestimmte Namenschöpfung handelt oder ob ein schwer auszusprechender Name in der Alltagskommunikation aus Bequemlichkeit, Unwissenheit über die Ausspracheregelungen oder aus Missachtung gegen den Willen der angesprochenen Person verändert wird.

Auch wenn in den meisten Ländern Familiennamen bzw. Nachnamen obligatorisch sind, sind Familienzusammengehörigkeiten aus ihnen oft nicht ablesbar. Auch in Deutschland können verheiratete Paare sich entscheiden, ob sie einen gemeinsamen Familiennamen bzw. Nachnamen wählen möchten oder unterschiedliche Nachnamen führen. Kinder können den Nachnamen der Mutter oder den des Vaters tragen. In einigen Ländern ist es üblich, dass Frauen bei der Eheschließung ihren eigenen Namen behalten, in anderen, dass mit der Heirat die Frau den Namen des Mannes annimmt. Dieser kann wiederum in einigen Ländern eine weibliche Endung haben wie beispielsweise in slawischen Sprachen.

Unter Patronymen versteht man Vorausstellungen oder Endungen bei Familiennamen, aus denen ablesbar ist, dass der Familienname vom Vater auf den Sohn übergegangen ist. Patronymische Präfixe und Suffixe, also „Sohn von", sind beispielsweise sen oder son wie in den Namen *Robertsen* oder *Erikson, Mac* in schottischen Familiennamen, *O'* in irischen, *Ap* in walisischen oder *-poulus* in griechischen Familiennamen. Auch Vornamen können Patronymika sein. So kann im Russischen der Sohn *Iwanowitsch* und die Tochter *Iwanowna* genannt werden, wenn der Vater *Iwan* heißt. Das Patronymikon wird in diesem Fall zwischen Vor- und Familiennamen gestellt. Im Isländischen dient es dagegen als Nachname und verändert sich mit jeder Generation (Crystal 1995: 112). Isländische Namen können sich auch von der Mutter ableiten. Metronyme, also von der Mutter abgeleitete Familiennamen, sind sehr viel weniger verbreitet als Patronyme, auch wenn sie in vielen Sprachen vorkommen. Der in der Schweiz verbreitete Familienname *Greter* wurde von *Margarete* abgeleitet.

In jeder Kultur wird durch die Anrede mit dem Namen Nähe und Distanz reguliert und kann eine respektvolle Haltung ebenso ausdrücken wie eine Abwertung der Person (Siehe auch das Kapitel „Namen in der interkulturellen Kommunikation"). Gerade in Behörden und Institutionen ist der interkulturell kompetente Umgang mit Eigennamen Teil des professionellen Handelns. Im vierten Teil dieses Buches findet sich als Arbeitshilfe ein Überblick mit Informationen zu Personennamen aus verschiedenen Herkunftsländern von in Deutschland lebenden Immigranten.

Für jeden Menschen ist sein Name das schönste und
bedeutungsvollste Wort in seinem Sprachschatz.
Dale Carnegie (1888–1955)

1.3 Namen in der interkulturellen Kommunikation

In der interkulturellen Kommunikation sind Eigennamen von besonderer Bedeutung. Es ist kein Zufall, dass das Erlernen einer Fremdsprache in der Regel damit beginnt, seinen eigenen Namen zu nennen und den des Gegenübers zu erfragen. Zu einem Gespräch gehört, dass sich die beteiligten Personen ansprechen können. Die Anrede und damit die Verwendung, Umschreibung oder Auslassung von Namen vermitteln soziale Rollen und Beziehungsaspekte zwischen den am Gespräch Beteiligten. Nicht nur Nähe und Distanz werden in der jeweiligen Gesprächsituation ausgedrückt und ermöglichen den sozialen Rahmen der Gesprächssituation zu identifizieren, auch Anerkennung, Missachtung, Abwertung, Respekt, Zuneigung und Ablehnung können beispielsweise durch den Ton, also durch paraverbale Signale in Verbindung mit der Nennung des Namens ausgedrückt werden. Nicht nur kulturspezifische Konventionen unterscheiden sich und spielen eine Rolle dafür, wie die jeweilig gewählte Anredeform aufgefasst wird, auch die Sprachmelodie oder der Sprachrhythmus können sich unterscheiden, was zu Fehlinterpretationen führen kann.

Die in Deutschland übliche Anrede in einem offiziellen Kontext verlangt beispielsweise, dass eine Person mit ihrem Familiennamen, mit „Sie" und mit dem Geschlecht angesprochen wird. Wird nur eine dieser drei Komponenten nicht entsprechend den Höflichkeitskonventionen gebraucht, beeinflusst dies den Beziehungsaspekt in der Kommunikation nachhaltig. So können die sozialen Rollen zwischen einem Vorgesetzten und einem Mitarbeiter, die per se durch ein Machtgefälle gekennzeichnet sind, machthierarchisch zusätzlich aufgeladen und die Beziehungsebene durch Missachtung gekennzeichnet werden, wenn lediglich das Geschlecht im Rahmen einer Anweisung vom Vorgesetzten nicht genannt wird. „Herr Schulze, nehmen Sie das zu den Akten" sendet eine andere Botschaft als „Schulze, nehmen Sie das zu den Akten". Auch ein „Du" in einem offiziellen

Gesprächsrahmen wirkt irritierend und kann als Missachtung wahrgenommen werden, ungeachtet dessen, dass in vielen Ländern das „Du" durchaus auch im geschäftlichen oder behördlichen Kontexten akzeptiert ist, wie beispielsweise in Schweden oder Island.

Gespräche, seien sie offiziell oder inoffiziell, beginnen häufig mit der Nennung von Namen. Die Dialogbeteiligten signalisieren sich damit gegenseitig, dass sie bereit sind, in eine bestimmte Art von Dialog zu treten und ihre Aufmerksamkeit auf die Kommunikation zu richten. Die Namensnennung kann dabei verschiedene Funktionen erfüllen, wie die der Identifizierung, der Adressierung oder der Kontaktetablierung (vgl. Schwitalla 1995: 498; Goffman 1974: 115).

Die Identifizierung des Gegenübers zu Beginn vieler Kommunikationssituationen ermöglicht durch eine gegenseitige Vorstellung die richtige Anrede. Gleichzeitig kann mit ihr auch die Rechtmäßigkeit der Anwesenheit geklärt werden, oder die Beteiligten versichern sich, dass es sich um die jeweils „richtige" Personen handelt, wie beispielsweise bei der namentlichen Identifizierung in einem Telefongespräch. Identifizierung kann auch mit Kontrolle einhergehen, wie bei der Überprüfung von Anwesenheitslisten in Schulklassen oder der Überprüfung von Personendaten bei einer Gerichtsverhandlung. Bewusst gewollt aber auch unbewusst kann die Identifizierung vermitteln, ob und in welchem Ausmaß die Kommunikation durch Machtasymmetrie geprägt ist. So kann im Behördenkontakt die namentliche Vorstellung durchaus einseitig eingefordert werden. Mit der Identifizierung verbunden sind in der Regel Informationen über die jeweiligen sozialen Rollen und den erwarteten Grad an Distanz zwischen den Gesprächsbeteiligten, etwa durch die Nennung von Titeln, Berufs- oder Funktionsbezeichnungen. So wird durch eine förmliche Vorstellung mit dem Familiennamen ein höheres Maß an Distanz eingefordert als durch eine informelle Vorstellung mit dem Vornamen.

Bei der Adressierung verdeutlicht eine Rednerin oder ein Redner, an wen der Redebeitrag gerichtet ist. Wechselt die Adressierung, wird dies in der Regel durch erneute Namensnennung kenntlich gemacht. So kann bei einem Beratungsgespräch zunächst die gesamte Familie begrüßt werden, um dann, eingeleitet durch die Nennung des Namens, das Gespräch mit einer der anwesenden Personen zu eröffnen. Ein falscher oder auch ein falsch ausgesprochener Name oder ein nicht erwarteter Wechsel zwischen Familien- und Vornamen kann zur Folge haben, dass die Adressierung nicht gelingt, da sich die gemeinte Person nicht angesprochen fühlt und nicht mit der erwarteten Aufmerksamkeit reagiert. Unangemessene oder als unangemessen empfundene Adressierungen können zu schwerwiegenden Kommunikationsstörungen führen. Die namentliche Adressierung reguliert darüber hinaus, wer zuhört und wer spricht und auf welchen Redebeitrag Bezug genommen wird. So werden Unterbrechungen im Redefluss, seien es Widersprüche oder Ergänzungen, oft mit einer namentlichen Anrede verbunden, um den impliziten Appell um Aufmerksamkeit zu unterstreichen.

Für die Kontaktetablierung sind Namen in besonderer Weise geeignet, da sie eine Person individuell bezeichnen und in der Kommunikation psychisch stark die Aufmerksamkeit wecken und „Zugänglichkeit, Verantwortung und Kooperation" (vgl. Schwitalla 1995:503) fordern. Namen sind im Symbolsystem die wichtigsten „Identitätsaufhänger" (Goffman 1967:74). Durch Namensnennung ist es möglich, die Beziehungen in einem Dialog zu definieren, häufig mit einer die Beziehung intensivierenden Funktion. Das betrifft sowohl eine Vertiefung von Nähe, die sich durch Kooperationsbereitschaft ausdrücken, als auch die Wahrung von Distanz, die sich in Abwehr und Verweigerung äußern kann. Wie eingangs erwähnt, wird die Beziehungsfunktion von Eigennamen durch paraverbale Signale ausgedrückt, die oft ohne weitere Zusätze auskommen. Angemessen entschlüsselt können sie aber nur dann werden, wenn die kulturellen aber auch subkulturellen Spezifika der Toninterpretation bekannt sind[5]. Gerade das ist in der interkulturellen Kommunikation häufig nicht der Fall. Die folgenden Auszüge aus einem Dialog-Protokoll wurden in einem interkulturellen Seminar von den Teilnehmerinnen und Teilnehmern erstellt. Erlaubt war, jeweils nur die Namen und geringfügige Zusätze zu verwenden[6].

Anrede: Herr Schröer!
Toninterpretation: streng, leichter Vorwurf
Botschaft: Hören Sie mir zu!

Anrede: Frau Handschuck?
Toninterpretation: irritierte Nachfrage
Botschaft: Sie sind unhöflich. Was wollen Sie eigentlich?

Anrede: Ach, Herr Schröer.
Toninterpretation: entnervter, gelangweilter Ton, Dehnung des Namens
Botschaft: Sie wissen genau, was ich von Ihnen will.

Anrede: Frau Handschuck!
Toninterpretation: leichte Aggression
Botschaft: Ja, ich weiß was Sie wollen, aber so lass ich nicht mit mir reden!

---

5   Beispielsweise geht in tonalen Sprachen mit der Änderung des Tons auch eine Änderung der Wortbedeutung einher. Die Mehrheit der weltweit gesprochenen Sprachen sind Tonsprachen. Dazu gehören unter vielen anderen die chinesischen Sprachen. Sprachen, in denen die Satzmelodie benutzt wird, um grammatische Strukturen oder Betonungen hervorzuheben wie beispielsweise durch Stimmhebung bei einem Fragesatz in der Deutschen Sprache, sind keine tonalen Sprachen. In tonalen Sprachen gehört der Ton zum Wort. Identische Worte in Schriftsprache unterscheiden sich durch den Wortklang der gesprochenen Sprache in ihrer Bedeutung. Beispielsweise würde aus dem vietnamesischen Namen „Thu Vân", der „Herbstwolke" bedeutet, eine Beleidigung, wenn nur der Rufname „Vân" gebraucht und in einer falschen Tonhöhe ausgesprochen wird. Er bedeutet dann „Mist" oder „Dünger" und käme einer Beschimpfung gleich.
6   Die Namen der Teilnehmerinnen wurden durch die Namen der Autor/innen ersetzt.

Ohne dass weitere verbale Botschaften notwendig wären, ist aus dem nur auf die Namensnennung begrenzten Sprechwechsel unschwer zu erkennen, dass sich ein Konflikt zwischen den Dialogpartnern anbahnt. Dagegen ist das Beispiel des zweiten Dialogs als positive Kontaktetablierung zu verstehen:

Anrede:	Hubertus!
Toninterpretation:	Überraschung, Freude
Botschaft:	Wie schön Dich zu sehen!
Anrede:	Sabine?
Toninterpretation:	Verwunderung
Botschaft:	Was machst Du hier? Ich habe nicht damit gerechnet, Dich zu treffen.
Anrede:	Hubertus, Hubertus.
Toninterpretation:	mitschwingende Erkenntnis, humorvoll gespielter Tadel
Botschaft:	Du bist also extra meinetwegen gekommen.
Anrede:	Sabine!
Toninterpretation:	neckender, zustimmender Tonfall
Botschaft:	Richtig, und ich bin stolz darauf, dass die Überraschung gelungen ist!

Durch die beiden kleinen Beispiele wird deutlich, dass die den Namen begleitenden paraverbalen Signale entscheidend für die Entschlüsselung der jeweiligen Botschaften sind. Barbara Sandig (1995) zählt weitere Sprechakte auf, die namenbezogen sind: Sich selbst oder jemanden vorstellen, jemanden ansprechen, rufen, jemanden etwas vorwerfen, eine Zurechtweisung ausdrücken, Enttäuschung signalisieren, jemanden verspotten, abwerten, Zärtlichkeit ausdrücken oder jemanden warnen.

Johannes Schwitalla (1995:503f.) erläutert, dass Diminutive, also so genannte Verniedlichungen oder Verkleinerungen des Namens, in Gesprächen einerseits Nähe signalisieren können, aber auch zur Abschwächung von Gesicht bedrohenden Akten dienen. Ein Beispiel dafür ist, wenn „Veralein" um eine Dienstleistung gebeten wird, die sich „Hansilein" nicht zutraut, wie das Annähen eines Knopfes. Durch direkte, aber auch in indirekter Adressierung können Beziehungskämpfe ausgefochten werden, indem Namen bewusst falsch ausgesprochen, ironisierend betont oder mit unpassenden Attributen versehen werden wie „der so genannte Herr Müller" oder „meine liebe Frau Meier".

In der politischen Auseinandersetzung sind der Umgang, die Verdrehung oder die betonte Nichtbenennung von Namen von besonderer polemischer Bedeutung. Herbert Wehner hat es dabei zu einsamer und unvergessener Meisterschaft gebracht, als er beispielsweise den Abgeordneten Wohlrabe als „Übelkrähe" schmähte oder zu seinem Parteivorsitzenden und Bundeskanzler Willy Brandt abwertend anmerkte, „der Herr bade gern lau". Den von ihm wenig geschätzten Fernsehjournalisten Lueg wies er, als dieser ihm in einem Interview hartnäckig zusetzte, mit den Worten „Herr Lüg" zurück. Und der damalige Bundeskanzler Gerhard Schröder hat es im Wahlkampf 2004 geschafft, den von der Oppositionsführerin Angela Merkel als Finanzminister vorgesehenen Professor Kirchhoff nie beim Namen zu nennen und nur „als dieser Professor aus Heidelberg" zu titulieren, womit er dessen Steuerkonzept, aber auch die Person selbst so nachhaltig beschädigen konnte, dass die als völlig sicher geglaubte Wahl für Angela Merkel fast noch verloren gegangen wäre.

Sage, mit welchem Namen benennen dich Vater und Mutter,
und die Bürger der Stadt, und welche rings dich umwohnen?
Denn ganz namenlos bleibt doch unter den Sterblichen niemand,
vornehm oder gering, wer einmal von Menschen gezeugt ward,
sondern man nennet jeden, sobald ihn die Mutter geboren.
Homer (Ende des 8. Jahrhunderts vor Christus),
Achter Gesang, Vers 550-554.
Übersetzung Johann Heinrich Voß (1751-1826)

1.4 Die Entstehung von Familiennamen oder: aus Hannes vom Berg wird Hans Berger

Namen, wie wir sie heute in Deutschland kennen, zusammengesetzt aus einem oder mehreren Vornamen und einem Familiennamen, sind in Europa erst im späten Mittelalter entstanden. Bis dahin war es üblich, dem Namen im Zweifelsfall einen beschreibenden Zusatz beizufügen, aus dem sich häufig der spätere Familienname entwickelte. Ihre Funktion, Menschen zu individualisieren, sie zu kennzeichnen, um sie sozial zuordnen zu können, wurde in den stark wachsenden Städten des Mittelalters zunehmend schwieriger. Der beliebte Männername *Hans* beispielsweise war so häufig, dass eine Unterscheidung der Personen ermöglicht wurde durch Zusätze wie *Müllerhof Hans, langer Hans, Hans vor dem Tor, Hannes vom Berg, schiefer Hans, langer Hans* usw. Zunächst verschwanden die Namenszusätze oder Beinamen mit dem Tod der Person. So auch bei herausragenden Persönlichkeiten wie bei *Karl dem Großen*. Eine Weitergabe der Beinamen des Vaters an die Söhne und Töchter blieb lange Zeit unüblich. Wenn das geschah, war die Vergabe von Namen männlich dominiert, auch wenn vereinzelt Frauenbeinamen weitergeben wurden. Mit dem Bevölkerungswachstum nahm die Bedeutung von Beinamen aber zu. Sie entwickelten sich zu wichtigen Teilen der Personennamen und schließlich zu Familiennamen. Die Entwicklung begann in Städten wie Köln oder Regensburg, die rege Handelsbeziehungen zu romanischen Ländern und Städten pflegten, in denen die Namengebung bereits weiter fortgeschritten war. So ist beispielsweise die Verwendung von Beinamen in Venedig ab dem 9. Jahrhundert belegt. Es waren vor allem wirtschaftliche Interessen, die die Entwicklung von Namensystemen beschleunigten. Nicht nur der Adel war daran interessiert, seine Ländereien und Privilegien an die Nachkommen weiter zu geben, auch die reichen Händler wollten ihr Vermögen ihren Söhnen vererben. Eine Namengebung und Namenregistrierung, durch die Verwandtschaftsverhältnisse belegt werden konnten, war da von Vorteil. So entwickelte sich seit dem 13. Jahrhundert durch den Aufbau von Stadtkanzleien eine Verwaltung, die Namenlisten führte. Rechtssicherheit war damit aber noch nicht gegeben, denn bis ins 17. Jahrhundert konnten Namen beliebig verändert werden. Erst Napoleon führte per Dekret für weite Teile Deutschlands 1811 verbindliche Familiennamen ein. Mit der Institutionalisierung von Standesämtern im Jahre 1847 konnte das ehrgeizige Vorhaben, die Familiennamen aller Bewohner des jeweiligen Zuständigkeitsbereiches zu registrieren und festzuschreiben, fortlaufend realisiert werden (vgl. Udolph 2005: 19ff).

Familiennamenmotive entwickelten sich regional ganz unterschiedlich und waren von sprachlichen Eigenheiten ebenso abhängig wie von anderen regionalen Begebenheiten. Regional häufiger vorkommende Namenschöpfungen wurden häufig zu Modellen, die Orientierungshilfe bei der Bildung neuer Namen boten. So ist für Kohlheim (1995: 1248) im tschechischen Familienamensystem eine Vorliebe für Familienamen erkennbar, die auf gewohnheitsmäßige oder einmalige Handlungen des Namenträgers in der Vergangenheitsform anspielen wie *Líbal (er küsste)* oder *Nedbal (er gab nicht Acht)*. Im russischen Familiennamensystem wurden dagegen auffallend häufig Vogelbezeichnungen zur Bildung von Übernamen herangezogen wie *Lebedev (Schwan)*, *Solovjïv (Nachtigall)* oder *Orlov (Adler)*.

In der deutschen Familiennamenforschung unterteilt man fünf Typen von Familiennamen, die aus Übernamen entstanden sind:
- Familienamen, die aus Rufnamen gebildet wurden,
- Familienamen, die sich auf die Herkunft beziehen,
- Familienamen nach der Wohnstätte,
- Familienamen, die auf Berufe, Amts- oder Standesbezeichnungen zurückzuführen sind,
- und Familienamen aus Übernamen, die sich auf Eigenschaften, biografische Auffälligkeiten oder körperliche Eigenschaften, die mit dem Namensträger assoziiert sind, beziehen.

Der Begriff Familienname ist umgangssprachlich etwas verwirrend, da er nahe legt, dass sich aus dem Familiennamen auch Familienzugehörigkeiten erschließen. Davon kann aber nicht ausgegangen werden. In vielen Ländern spiegelt das nationale Namenrecht die veränderte Stellung von Frauen in der Gesellschaft wider, was dazu geführt hat, dass in immer mehr Familien die einzelnen Familienmitglieder unterschiedliche Nachnamen tragen. Auch die Einführung von Familiennamen von staatlicher Seite, wie beispielsweise in der Türkei, führte vereinzelt dazu, dass sich verschiedene Zweige einer Familie unterschiedlich benannten. Überwiegend verwenden wir, wie in der Namenforschung üblich, den Begriff Familienname und seltener den umgangssprachlich gebräuchlicheren Begriff Nachname.

Die in Deutschland häufigsten Familiennamen sind Berufsbezeichnungen. Wikipedia (2008a) führt *Müller, Schneider, Schmidt, Fischer* und *Weber* als die fünf Spitzenreiter auf. Auch weltweit spielt dieser Familiennamentyp eine große Rolle, da Berufsbezeichnungen gute Identifizierungsmerkmale darstellen und für das gemeinschaftliche Leben eine hohe Wichtigkeit haben. Auch Berufe sind an regionale Bedingungen geknüpft. Der Familienname *Winzer* kann nur dort entstanden sein, wo die klimatischen Bedingungen den Weinanbau erlaubten. Der türkische Familienname *Deveci* setzt die Haltung von Kamelen voraus. Der Name *Fischer* dagegen ist in vielen Kulturen ein häufiger Name. Auf den Fischfang gehen Namen wie der russische Name *Rybakov,* der niederländische Name *Viser* oder der am Viktoriasee in Kenia gebräuchliche Familienname *Mluvi* zurück (Kohlheim 1995: 1252). Aus Amtsbezeichnungen, die mit der Rechtsprechung zusammen hängen, leiten sich beispielsweise der italienische Familienname *Giudice,* der in der südindischen Sprache Tulugo geläufige Name *Nyāyapati* oder der deutsche Nachname *Richter* ab (ebd.). Der Familienname *Bauer* war im Mittelalter so gebräuchlich, dass die wichtige Funktion von Nachnamen, die gemeinte Person zu identifizieren, durch die alleinige Berufsbezeichnung nicht mehr erfüllt werden konnte. Es gab einfach zu viele Bauern. Haus- und Hofnamen trugen hier erheblich zur besseren Orientierung bei. Diese sind dem Typ Familienamen nach der Wohnstätte zuzuordnen.

Ortsansässige Personen konnten sich gut die direkte Umgebung, die Lage, die Bauweise oder das Aussehen von Wohnstätten vorstellen und bildeten daraus Namen für die Bewohnerinnen und Bewohner. Ein Bach direkt am Haus konnte zu regionalen Namensschöpfungen wie *Ampach* (Tirol) oder *Overbeck* (Westfalen) führen. War hingegen auch noch eine Brücke in unmittelbarer Nachbarschaft, war als Familiennamen *Brückner* nahe liegend, der in vielen Familiennamensystemen vorkommt. Als Beispiele nennt Kohlheim (ebd.) den niederländischen Namen *Terbruggen,* den schwedischen Namen *Bronam,* den finnischen Namen *Siltanen,* den französischen Namen *Dupont,* den italienischen Namen *Du Ponte* und den türkischen Familiennamen *Köprülü.* Weiter weist sie darauf hin, dass die Inventare von Familiennamen unter anderen „mit den geografischen Gegebenheiten, mit der jeweiligen Pflanzenwelt und der landschaftlichen Nutzung des Bodens" (ebd.) zusammenhängen, so dass der katalanische Familienname *Oliviera (Olivienbaum)* keine niederländische Entsprechung hat, ebenso wenig findet man für den niederländischen Familiennamen *Van Dijk (vom Deich)* in Katalonien eine Entsprechung.

Zugewanderte wurden in der Regel nach ihrer Herkunft benannt, da dieses Merkmal sozial als besonders auffällig ins Auge sprang. Die Herkunft konnte sich auf den Herkunftsort wie beim Familiennamen *Frankfurter* beziehen oder auch auf die Volkszugehörigkeiten wie beim Familiennamen *Frankenmann* oder auf das Gebiet, aus dem die Menschen stammten, wie beim Familiennamen *Rheinebner.* Aus dem italienischen Namenssystem sind vergleichbare Herkunftsbezeichnungen wie *Di Napoli, D'Abruzzo* oder *Ungaro* bekannt. Herkunftsnamen sind für die historische Forschung von großem Interesse, weil sich aus ihnen Wanderungsbewegungen ablesen lassen. So wurde durch Untersuchungen von Herkunftsnamen der Pariser Stadtbevölkerung im 13. Jahrhundert deutlich, dass die Binnenmigration aus Ortschaften in der Umgebung von Paris vorherrschte, dass sich aber auch eine hohe Zuwanderungsquote aus anderen Regionen wie der Bretagne, der Normandie und dem Burgund nachweisen ließ und auch Städte anderer Länder wie Brüssel, Trier oder Florenz zum Einzugsbereich der französischen Metropole gehörten (Morlet 1990: 534).

Familiennamen aus Rufnamen gehen auf den ersten Namensträger in der Familie zurück. Weit verbreitet sind Patronymika wie der Familienname *Bernhard,* also in männlicher Linie weitergegebene Namen. Seltener entwickelten sich aus weiblichen Namen Familiennamen wie beispielsweise bei *Jüttner,* einem Familiennamen, der auf den Vornamen *Jutta* zurückgeht. Vielfach beruhen Metronymika auf einer höheren Bekanntheit oder einer höheren gesellschaftlichen Stellung der Frau in der jeweiligen Gemeinschaft (Kohlheim 1995: 1250). Aus einem Rufnamen können eine Vielzahl unterschiedlicher Familiennamen gebildet werden. Herbert Voitl (1985: 33) berichtet, dass in England sich die kaum vorstellbare Zahl von 127 grafischen Familiennamensvarianten von *Richard* ableiten. Religion hatte in vielen Ländern einen Einfluss auf Familiennamen. In Russland beispielsweise sind Familiennamen, die aus slawischen Rufnamen entstanden, eher selten. Die orthodoxe Kirche ließ nur christliche Namen als Taufnamen zu, was sich auf das Familiennameninventar auswirkte (Kohlheim (1995: 1251).

Familiennamen aus Übernamen sind mit den heute noch üblichen Spitznamen vergleichbar. Die Motive zur Namengebung können aus der lexikalischen Bedeutung des Namen selbst nicht abgeleitet werden, da sich hinter den Namensschöpfungen ironische oder spöttische Absichten verbergen können, wie bei dem Familiennamen *Riese,* der sich durchaus auf einen kleinwüchsigen Namensträger beziehen kann, oder beim italienischen Familienname *Bellini,* der ursprünglich auch einen besonders hässlich wirkenden Namensträger als Schönheit bezeichnet haben kann. Der Name *Fuchs* kann sich auf Charaktereigenschaften wie Listigkeit oder Klugheit beziehen, er kann aber auch aufgrund der Haarfarbe des Namensträgers entstanden sein. Die europäischen Familiennamensysteme haben bei aller Unterschiedlichkeit auch gemeinsame Motive. So stellt Kohlheim (ebd., S. 1254) fest, dass die Haare überall eine wichtige Rolle spielen. Weit verbreitet sind Farbbezeichnungen, die sich auf die Haare beziehen, die in allen Ländern vorkommen, wie *Weiß, Rot, Schwarz, Braun, Gold* oder *Silber,* oder Familiennamen, die den Haarausfall der Namensträger spöttisch oder kosend hervorheben, wie der deutsche Name *Glatzerl,* der katalanische Name *Calvet* oder der der portugiesische Name *Calvino.* In dieselbe Kategorie ist der deutsche Familienname *Siebenhaar* einzuordnen, während die Namen *Kahlköpp, Glatz* oder *Kahl* eher beschreibenden Charakter haben. Obwohl Übernamen nur selten zuverlässig gedeutet werden, so können doch Gruppen von Übernahmen „Anhaltspunkte für in einer bestimmten Gemeinschaft herrschende Wertvorstellungen und gesellschaftliche Normen" (ebd.) bieten. Im mittelalterlichen Regensburg ist eine Vielzahl von Übernamen registriert worden, die auf Faulheit bzw. Rührigkeit anspielen. „So erscheint die Annahme berechtigt, dass diese Eigenschaften im Wertegefüge der Regensburger Gesellschaft wichtige Merkmale waren, die es verdienten, im negativen wie im positiven Sinn hervorgehoben zu werden" (ebd. mit Verweis auf Kohlheim 1987: 11f).

„Es war sein Vorschlag, dass sie mich „Zatopek" nennen sollten. Er war ein großer Bewunderer des tschechischen Leichtathleten Emil Zatopek, und vielleicht spielte es auch eine Rolle, dass er den gleichen Vornamen trug (...). Für meine Mutter klang „Zatopek" anders, exotisch, bohemehaft. Keiner der beiden, die ganz gewöhnliche Namen besaßen, konnte sich vorstellen, was dies für einen Jungen bedeutete, der in einer Bergbaustadt aufwuchs. Dabei hinterließ weniger der mitleidslose Spott der anderen Kinder seine Narben. Doch keiner der beiden sah vorher, welcher Ärger und welche Wut sich im Lauf des Lebens aufstaute, wenn man bei jedem Formular, das auszufüllen war, seinen Namen buchstabieren musste; wenn andere die Augenbrauen hochzogen und ihr unvermeidbares „Wie bitte?" folgen ließen, wenn man sich vorstellte."
Aus: Meyer, Deon (2006): Tod vor Morgengrauen. Berlin.

1.5   Namenrecht – oder: statt Winnetou doch lieber Luise

Die Funktion von Namen, Identitäten festzulegen und Personen voneinander zu unterscheiden, ist in allen strukturierten Gesellschaften mit Regelungen verbunden. Das heißt, die offiziellen Benennungsmöglichkeiten und die Befugnis zur Namenserteilung sind verrechtlicht. Es ist geregelt, was als Name in Betracht kommt, wer ihn auswählen darf oder muss, ob und zu welchen Bedingungen Namensänderungen gefordert oder zulässig sind. Welche Fragen und Probleme im Einzelnen durch das jeweilige nationale Namenrecht gesetzlich geregelt sind und welche nicht, sei es, dass Entscheidungen den Beteiligten überlassen werden oder dass das Gesetz zu ihnen keine Aussagen trifft und damit ein rechtsfreier Raum besteht, ist von der jeweiligen Namenpolitik des Landes abhängig. (Siehe dazu die Kapitel „Namen und Religion" sowie „Namen und Politik".) Uwe Diedrichsen stellt fest, dass die Normdichte, „also die Menge der der Namensgestaltung gewidmeten Rechtsvorschriften, Auskunft (gibt) über die Bedeutung, welche die Gesellschaft einerseits den Namen, andererseits dem Recht als Gestaltungsmittel kultureller Erscheinungen beimisst. Sie ist damit nicht nur Mittel, sondern auch Ausdruck der Namenpolitik" (Diedrichsen 1995: 1762).

Die Freiheit der Eltern bei der Wahl des Vornamen ihrer Kinder ist beispielsweise in England und den USA nur minimal eingeschränkt. Selbst Vornamen wie *Whisky* oder *Rachitis* sind zulässig. Allerdings wurde in Minnesota die Zahlenfolge 1069 nicht zugelassen, die ausgeschriebenen Ziffern, also *Ten Sixty Nine* wurden dagegen als Vorname erlaubt (vgl. Kunze 1998: 175). Die Kuriosität mancher amerikanischen Namenschöpfungen kann durchaus mit den Namen von Maori-Kindern mithalten. „Ein Kind namens ‚Wirf den Motor an'" titelte die Süddeutsche Zeitung einen Artikel, in dem Andrea Bachstein (2001) über die Namensvergabe in Ozeanien berichtete. Der übersetzte Name lautet im Original *Aka-taka-te-motoka* und klingt bereits wie das, was er bedeutet. Er wurde von standesbewussten Eltern auf den Cook-Inseln vergeben, denn je länger und kurioser ein Name ist, umso höher ist dort das Ansehen, das eine Person genießt. Namen können unter anderem auf die Begleitumstände der Geburt hinweisen. *Asoleaga,* zu Deutsch *Schlechter-Tag,* nannten samoanische Eltern ihr Kind, das auf der Taxifahrt ins Krankenhaus geboren wurde. Ebenfalls auf eine schwierige Geburt lässt der Name *Papa-Mama-Pokino* schließen, dessen Übersetzung in etwa *Papa-und-Mama-hatten-eine-schlechte-Nacht* lautet. Doch auch Zahlen kommen in Frage. Eine neuseeländische Familie nannte ihre drei Sprösslinge schlicht *Tasi, Lua* und *Tolu,* also *Eins, Zwei* und *Drei.*

In Deutschland hingegen sind der Kreativität bei der Namengebung Grenzen gesetzt. Eine viel zitierte Entscheidung des Bundesgerichtshofs legt fest, dass „die Namengebung die allgemeine Sitte und Ordnung nicht verletzen darf". Das umfasst, „dass nicht willkürliche oder ganz ungebräuchliche oder zur Kennzeichnung ihrer Träger ungeeignete Bezeichnungen genommen werden" dürfen (Kunze 1998:175). Dennoch werden immer wieder auch ungewöhnliche Namen gerichtlich akzeptiert. So wurde ein kleines Mädchen *Pepsi-Carola* genannt (Aachener Volkszeitung vom 11.09.1981) und auch *Winnetou* wurde als Vorname akzeptiert. Die in Deutschland geltenden Einschränkungen sollen nicht nur die Funktion von Vornamen sicherstellen, sie sollen insbesondere auch das Kindeswohl wahren. Was zum Wohle des Kindes ist, unterliegt teilweise dem Ermessen der jeweils zuständigen Standesbeamten. Obwohl der Name *Winnetou* bereits erlaubt worden war – der Schriftsteller und Dramatiker Carl Zuckmayer beispielsweise hatte seine Tochter nach der Romanfigur von Karl May benannt – entschied das Standesamt Freiburg sich gegen die Zulassung. Mit Hilfe eines Gutachtens der Gesellschaft für Deutsche Sprache konnte ein Elternpaar überzeugt werden, von ihrem Namenswunsch abzusehen. Nachdem sie erfahren hatten, dass „Wintu" in der Sprache der nordamerikanischen Pah-Utah „Indianer" bedeutet, nannten sie ihre kleine Tochter statt *Winnetou* doch lieber *Luise* (vgl. Boetcher u.a. 1993:82).

Das Kindeswohl kann verletzt werden, wenn ein Name sprachlich untauglich ist, etwa bei willkürlichen Lautkombinationen *(Lilalu),* Ausrufen *(Hallo),* Titeln *(Professor)* oder Aussprachesschwierigkeiten. Es sind keine anstößigen Namen erlaubt, die z.B. die Pietät verletzen *(Göttin),* auf belastende Umstände *(Gin)* oder berüchtigte Namensträgerinnen und Namensträger verweisen *(Satania, Judas)* oder albern sind *(Schneewittchen, Rübezahl).* In der Schweiz sind darüber hinaus Namensverstümmelungen oder Abkürzungen *(Gaby)* nicht gestattet. Auch mit problematischen Namen wie Pflanzen-, Tier-, Orts- und Produktbezeichnungen wird in der Regel restriktiv verfahren. Wobei die Namen *Oleander, Colmar* und *Pepsi-Carola* von verschiedenen Standesämtern akzeptiert, *Moewe* hingegen abgelehnt wurden (vgl. Kunze 1998:175).

Weitere Einschränkungen bei der Auswahl von Vornamen beziehen sich auf die Unterscheidungsfunktion. So dürfen zwei Kinder aus einer Familie nicht denselben Vornamen haben oder einen mit dem Familiennamen identischen Namen führen *(Frank Frank).* Auch sind eindeutige Familiennamen *(Meier, Schmitt)* nicht als Vornamen erlaubt. Die Anzahl der Vornamen ist in Deutschland auf vier Namen und in der Schweiz auf sechs Namen zu beschränken. Kurios mutet an, dass in diesem Zusammenhang 1923 in einer belgischen Stadt Steuern auf zu viele Vornamen erhoben wurden.

Das Geschlecht des Kindes muss aus dem Namen eindeutig hervorgehen. Geschlechtsneutrale Namen *(Toni)* sind in Deutschland und in der Schweiz nur zulässig in Kombination mit einem weiteren Vornamen, an dem eindeutig das Geschlecht erkennbar ist. Mädchennamen sind nicht für Jungen erlaubt und Jungennamen für Mädchen unzulässig. Eine Ausnahme ist für Jungen der Name *Maria,* der als weiterer Vorname nach dem Rufnamen offiziell eingetragen werden darf. Der Schriftsteller Oskar *Maria* Graf legte sich den Namen Maria erst als Erwachsener zu.

Eltern sind verpflichtet, ihrem Kind nach der Geburt einen Vornamen zu geben und diesen offiziell beim Standesamt eintragen zu lassen. Können sich die Eltern nicht einigen, gelten in den verschiedenen Ländern unterschiedliche Regelungen. In Deutschland, Österreich und Spanien kann beispielsweise einem Elternteil die alleinige Entscheidungsbefugnis gerichtlich zugesprochen werden. In Griechenland und in der Türkei ist bei Uneinigkeit der Eltern die Namenswahl des Vaters ausschlaggebend[7].

Für die Wahl des Familiennamens gelten in Deutschland etwas vereinfacht folgende Regeln: Wird von den Ehepartnern kein gemeinsamer Familienname gewählt, behalten Mann und Frau jeweils ihren Namen. Wird ein Ehename, also ein gemeinsamer Familienname durch die Ehegatten fest-gelegt, so kann der Name der Frau wie der des Mannes dazu gemacht werden. Außerdem kann der Ehegatte, dessen Name nicht zum Ehenamen geworden ist, seinen Namen dem Ehenamen mit Bindestrich vorstellen oder anfügen. Das geht aber nicht, wenn der Ehename bereits aus mehreren Namen besteht. Es darf also nach deutschem Recht kein Familienname aus mehr als zwei Gliedern bestehen. Dagegen hat ein deutsches Ehepaar, das einen Dreifach-Ehenamen anstrebt, geklagt, weil es in dem Verbot eine Verletzung seiner Persönlichkeitsrechte sieht und einen gewichtigen Eingriff in die Freiheit (Kercher 2009). Das Bundesverfassungsgericht hat die Klage abgewiesen. In Anspielung auf Sketche von Loriot fragt die Süddeutsche Zeitung, ob „Menschen Müller-Meier-Lüdenscheid heißen" dürfen (ebd.).

Das Kind erhält als Nachnamen den Ehenamen. Wenn es keinen gemeinsamen Familiennamen gibt, bestimmen die Eltern, welchen Namen das Kind führt. Die Entscheidung hat im Zweifel der Elternteil, der das Sorgerecht ausübt.

---

7 Ein Überblick über das Vornamensrecht in 16 Ländern findet sich im Internationalen Handbuch der Vornamen von 1986.

Der Name ist Schall und Rauch.
Johann Wolfgang von Goethe (1749–1832)

1.6 Inoffizielle Personenbenennungen – oder: von Mata Hari bis Mausi

Pseudonyme und Decknamen

Neben den offiziellen Namen gibt es in jeder Kultur Namen, die nicht offiziell, also amtlich eingetragen sind, oft aber für das soziale Zusammenleben eine wichtige, wenn nicht gar die wichtigere Bedeutung für die Namensträgerinnen und Namensträger und ihre Umwelt haben. Beispielsweise drücken Kosenamen aber auch viele Spitznamen die persönliche Beziehung zum Namensträger aus. Pseudonyme dagegen haben eine andere Funktion. Das aus dem Griechischen abgeleitete Wort Pseudonym bedeutet „falscher Name", hinter dem die bürgerliche Identität verborgen wird. Im Unterschied zu Kose- oder Spitznamen sind Pseudonyme oder Decknamen selbst gewählte Identitäten. Während bei der Vergabe von Spitznamen die betroffene Person häufig gar nicht anwesend ist, in manchen Fällen über den eigenen Spitznamen oder gar Spottnamen auch nicht informiert ist, wird ein Deckname innerhalb einer Gruppe mit Einverständnis der Namensträgerin oder des Namensträger vergeben oder von diesen selbst festgelegt und von der Gruppe akzeptiert (vgl. Kühn 1995: 515). Unterschiedliche Anlässe können der Grund dafür sein, sich einen neuen Namen zuzulegen. Gerade in Ländern, in denen Minderheiten oder Gruppierungen der politischen Verfolgung ausgesetzt sind, ist die Annahme eines Pseudonyms oder Decknamens oft eine Strategie des Überlebens. Manche Personen des öffentlichen Lebens sind nur unter ihrem Pseudonym bekannt. Manchmal wird der Deckname auch im Nachhinein durch eine amtliche eingetragene Umbenennung zum bürgerlichen Namen. Der in Lübeck geborene *Herbert Ernst Karl Frahm* ist dafür ein Beispiel. Als Zwanzigjähriger floh er im Jahre 1933 nach seiner Ausbürgerung aus Deutschland unter einem Decknamen nach Norwegen, um der Verfolgung durch die Nationalsozialisten zu entgehen. 1947 ließ er sich als *Willy Brandt* wieder in Deutschland einbürgern und ließ sein Pseudonym als bürgerlichen Namen in Deutschland eintragen. *Lenin* wuchs als *Wladimir Iljitsch Uljanow* auf. Nachdem man ihn wegen seiner revolutionären Ideen Ende des 19. Jahrhunderts nach Sibirien verbannt hatte, legte er sich den Decknamen *Lenin* zu. Er selbst erklärte, sich nach seinem geliebten Kindermädchen *Lena* benannt zu haben (vgl. Urmes 2006).

Alltagssprachlich werden die Begriffe Pseudonym, Künstlername und Deckname oft synonym verwendet, wobei letzterer eher negativ konnotiert ist. So wird in kriminalistischen und konspirativen Zusammenhängen ein zur Vertuschung der eigenen Identität angenommener Name als Deckname bezeichnet (vgl. Kunze 1998:177). Decknamen sind in der Regel nur ausgewählten Personengruppen bekannt. Darauf weist auch seine indogermanische Wurzel hin, *decken* leitet sich ab von *teg* = *umhüllen, schützen* (vgl. Kühn 1995:515). Assoziiert ist der Begriff Deckname mit dem Tatbestand der Spionage oder Bespitzelung. *Margaretha Geertruida Zelle* aus den Niederlanden, die ihre Karriere als Tänzerin 1905 in Paris begann, legte sich ihren malaiischen Namen nicht als Deck-, sondern als Künstlernamen zu, der übersetzt *Auge der Morgenröte* lautet. Als Tänzerin, Kurtisane und Doppelspionin für Deutschland und Frankreich ging sie unter ihrem Pseudonym *Mata Hari* in die Geschichte ein, nachdem sie 1917 in Frankreich wegen Hochverrats verurteilt und hingerichtet worden war.

Während Pseudonyme beispielsweise von Literaturschaffenden, Komponistinnen und Komponisten und anderen seit 1901 amtlich geschützt werden können, vor allem um Urheberrechte zu sichern, ist dies für Decknamen nicht der Fall. Die vereinzelte Aufführung von Decknamen in Etymologischen Namensverzeichnissen wie Willy Brandt, Lenin oder Mata Hari zeigt, dass Decknamen nur in Ausnahmefällen bekannt werden und von daher kaum als geschlossene Namengruppe in Deutschland unter onomastologischen Gesichtspunkten untersucht und beschrieben werden konnten. Das änderte sich Anfang der 1990er Jahre durch die Veröffentlichung von Namenslisten von 4500 Personen, die für die Staatssicherheit der ehemaligen DDR als inoffizielle Mitarbeiterinnen und Mitarbeiter der Bezirksverwaltung in Halle verzeichnet waren. Die Listen wurden in der „Bildzeitung" im Juli 1992 abgedruckt. Neben dem bürgerlichen Namen, dem Geschlecht und Alter, dem Wohnort und der Arbeitsstelle führten sie auch den Decknamen und den Aufgabenbereich auf (vgl. Kühn 1995:515). Die Motive für die Vergabe von Decknamen durch die Staatssicherheit benennt Ingrid Kühn mit „Ordnungsbedarf und Inoffizialität sowie Ordnungsbedarf in der Inoffizialität" (ebd., S. 516). In ihren Untersuchungen konnte sie feststellen, dass als Vorname mehrfach Vornamen des anderen Geschlechts gewählt wurden. Ausländische Informanten benannte die Staatsicherheit auffallend oft nur mit einem ausländischen Vornamen, der im jeweiligen Herkunftsland besonders häufig ist und als Synonym für eine so genannte Kulturzugehörigkeit eingesetzt wurde. Weiter war auffallend, dass bei den Nachnamen überwiegend häufig vorkommende Namen gewählt wurden wie *Schneider, Schmidt, Müller,* dass aber graduierte Wissenschaftler überwiegend ihren Titel auch im Decknamen führten. Kühn schließt aus dem letzten Ergebnis, dass soziale Identität, Status und Schichtzugehörigkeit in der Konspiration häufig als Referenzerleichterung biografisch dokumentiert sind, da jeder Mensch eine Beziehung zu seinem Namen hat, besonders wenn er ihn selbst wählt oder verändern kann. Der Name soll nicht nur Identität verbergen, dabei gleichzeitig identifizieren, sondern darüber hinaus auch charakterisieren. Als ein Motiv bei der Namenswahl konnte sie unter anderen feststellen, dass intersubjektive Assoziationen realisiert wurden, indem der Name als „Botschaft" fungierte. So wurden Decknamen in Anlehnung an den Beruf gewählt, beispielsweise nannte sich eine Friseuse *Figaro*, ein Hauptbuchhalter *Manko*, ein Arzt *Hippokrates*. Andere Namen weisen „Botschaften" in Bezug auf die inoffizielle Tätigkeit bei der Staatssicherheit hin wie *Jäger* oder *Klette*, wieder andere knüpfen an Zugehörigkeiten zu sozialen Gruppen an. So wählten Personen mit einem hierarchisch hohen Status häufig Adelsprädikate als Decknamen wie *König, Graf, Herzog* oder nannten sich *Präsident, Senator* oder *Regent*.

Künstlernamen

Künstlernamen als Vorläufer der Pseudonyme haben eine bis ins Mittelalter zurückreichende Tradition. Ein häufiges Motiv, sich einen Künstlernamen zuzulegen, ist die Erwartung, sich unter dem Pseudonym besser vermarkten zu können. Aus diesem Anlass wählten vor allem auch Schriftstellerinnen im vergangenen Jahrhundert ein männliches Pseudonym, um zu dem männlich dominierten Literatenmarkt überhaupt einen Zugang zu erhalten, wie beispielsweise *Ricarda Huch*, geboren 1864, die als eine der ersten deutschen Frauen promovierte und unter dem Namen *Richard Hugo* publizierte. Viele bürgerliche Namen bekannter Schauspielerinnen und Schauspieler werden für den werbewirksamen Einsatz als nicht geeignet angesehen. Sie sind beispielsweise zu lang und gehen schwer über die Lippen wie bei *Walter Matthau*, dessen bürgerlicher Name *Walter Matuschanskayasky* lautet. Manche bürgerliche Namen klingen weniger verheißungsvoll als der gewählte Künstlername, so hören sich *Norma Jean Mortensen Baker* oder *Rosemarie Albach-Retty* nur halb so sinnlich an wie *Marilyn Monroe* oder *Romy Schneider*.

Kosenamen

Kosenamen, Hypokoristika, sind in vielen kulturellen Kontexten vor allem innerhalb der Familie oder anderer enger Beziehungen gebräuchlich. Durch die Verwendung von Kosenamen wird in der Regel eine enge emotionale Bindung ausgedrückt. In Deutschland werden nach Forschungsergebnissen der Universität Augsburg Kosenamen in Paarbeziehungen am häufigsten gebraucht. Es gibt so genannte Klassiker wie die Bezeichnung *Schatz*. Er nimmt den ersten Platz auf der Rangliste verwendeter Kosenamen bei 1 100 durch die Augsburger Wissenschaftler befragten Personen ein. *Schatz* kann generationsübergreifend und für verschiedene Partner eingesetzt werden, was seine Verwendung einfach, unverfänglich und beliebt macht (Süddeutsche Zeitung 05.02.08). Auch *Maus* oder *Mausi* und andere aus dem Tierreich abgeleitete Kosenamen erfreuen sich in Deutschland großer Beliebtheit. Je individueller Kosenamen ausfallen, umso stärker werden sie als private Codes eingesetzt und dienen gleichzeitig als Reviermarkierung. Ihr Gebrauch durch Dritte kommt einer Tabuverletzung gleich. In öffentlichen Situationen werden Kosenamen selten oder nie gebraucht, sie bleiben der privaten Begegnung vorbehalten. Ihre Bedeutung ist Außenstehenden selten bekannt. Außer unter Liebespaaren werden Kosenamen innerhalb von Familien und in der Kommunikation mit befreundeten Familien verwendet oder innerhalb befreundeter, durch Ausbildung, Beruf, gemeinsame Interessen enger miteinander verbundener, überwiegend gleichaltriger Menschen gebraucht (vgl. Naumann 1995: 1757). Nach einer Untersuchung 1975 im Ruhrgebiet, wie Eltern ihre Kinder im Familienkreis nennen, trugen von 1300 Kindern 34 % einen Kosenamen. Deutlich war der Unterschied zwischen dem Kosenamengebrauch in Arbeiterfamilien und in Familien, in denen die Eltern oder ein Elternteil die Schulausbildung mit Abitur abgeschlossen hatten. Letztere gebrauchten doppelt so oft eine Koseform bei der Anrede ihrer Kinder. Zwei Drittel der Kosenamen enthielten eine Silbe des jeweiligen Vornamens (vgl. Kunze 2004: 177). Auch neuere Studien zur Vergabe von Kosenamen in Familien bestätigen, dass diese überwiegend aus den Vornamen abgeleitet werden und meistens kürzer als der offizielle Vorname sind und sich diese Gepflogenheit trotz Veränderungen der sozialen, kulturellen und wirtschaftlichen Verhältnisse weitgehend unverändert erhalten hat (vgl. Naumann 1995). Eine Unterscheidung zwischen Kurz- und Koseform ist kaum zu treffen, da Kurzformen häufig kosenden Charakter haben. Gebräuchliche Kosenamen in Schülerkreisen und unter Jugendlichen aber auch innerhalb der Familie für den Vornamen *Sabine* lauten beispielsweise *Binchen, Bine, Bineken, Bina, Sabs, Sabi, Sabsi, Sabe, Ine*. Innerhalb der Familie und im engsten Freundeskreis wurden die Wiener Komponisten Johann Strauß *Schani*, Eduard Strauß *Edi* und Josef Strauß *Pepi* genannt. Im deutschen Sprachraum ist vor allem die Suffixform *-i* bei der Bildung von Kosenamen verbreitet, wie bei *Johannes = Hansi*, wobei regionale Dialekte sich bei der Bildung niederschlagen. Horst Naumann (1995: 1760) führt als Suffixvarianten auf: *-ke* im Niederdeutschen *(Hanske)*, *-tje* im Friesisch-Niederdeutschen *(Heintje)*, *-ing* im Mecklenburgischen *(Henning)*, *-chen* im Mitteldeutschen *(Hänschen)*, *-el* im Mitteldeutsch-Oberdeutschen *(Hänsel)*, *-erl* im Bayrischen *(Hanserl)*, *-li* oder *-le* im Schwäbisch-Alemannischen *(Hänsle)*.

Andere Formen von Kosenamen leiten sich aus körperlichen Merkmalen oder charakterlichen Eigenschaften ab wie *Tüpfchen*, für diesen Kosenamen war ein sichtbarer Leberfleck auf der Stirn Anlass, oder *Sause* als Kurzform von Sausewind für ein sehr lebhaftes Kind. Kosenamen können sich aus Alltagssituationen in der Familie oder im Freundeskreis ergeben. Diese Spontanschöpfungen bleiben sozusagen am Namenträger hängen, ohne dass ihre Bedeutung selbst innerhalb der Familie allen Familienmitgliedern bekannt sein muss. Ingeborg Bachmann beschreibt bezogen auf ihre eigene Familie so einen Vorgang in ihrer Erzählung „Alles" (1961): Von den drei ins Register eingetragenen offiziellen Namen „… wurde nie einer verwendet. Am Ende der ersten Woche hieß das Kind *Fipps*. Ich weiß nicht, wie es dazu kam …".

Spitznamen

In Kinder- und Jugendgruppen werden die meisten Spitznamen geprägt. Konrad Kunze (2004: 179) vertritt die These, dass dies mit dem Bedürfnis nach Gruppenintegration zusammenhängt. Sich auf eine Untersuchung der Namensforscher Kiener und Nitschke beziehend, die 1971 die Spitznamen und den Beliebtheitsgrad von 8- bis 15-jährigen Schülerinnen und Schülern verschiedener Schulgattungen in Berlin erforschten, führt er aus, dass 70 % der 936 befragten Kinder einen Spitznamen tragen. Beliebte Schülerinnen und Schüler werden deutlich häufiger mit Spitznamen belegt, die ermittelten Außenseiter dagegen hatten keine Spitznamen. Die Häufigkeit der Spitznamen nimmt mit zunehmendem Alter ab, in der Grundschule wurden die meisten, in reinen Mädchenklassen die wenigsten Spitznamen gezählt. Etwa die Hälfte der befragten Trägerinnen und Träger eines Spitznamens wurden mit einer Verkürzung oder Verniedlichung des eigenen Vornamen angesprochen, der dem in der Familie benutzten Kosenamen entsprach oder ähnelte. 14 % hatten Spitznamen, die auf körperliche Merkmale anspielten, wie *Fuchs* für einen rothaarigen Jungen, 12 % wurden mit Namen gerufen, die aus Assoziationen zum Nachnamen bebildet wurden, wie *Dicker* (für einen schlanken Jungen) dessen Nachname Dickmann lautete. Die übrigen Spitznamen leiten sich aus Verhalten, Hobbys, Ereignissen ab, oder ihr Ursprung konnte nicht mehr nachvollzogen werden. Nach Einschätzung der Schülerinnen und Schüler fungierten Spitznamen selten als Schimpf- oder Spottnamen. Knapp 10 % wurden als abwertende Benennungen eingeschätzt, die vor allem unbeliebte Kinder betrafen. Hinter dieser gering wirkenden Zahl verbergen sich in der Regel massive Erfahrungen von Mobbing. Durch Spottnamen können Einzelpersonen abgewertet und als „nicht dazugehörend" ausgegrenzt werden[8].

Spitznamen für Lehrerinnen und Lehrer sind nach einer Erhebung von Kiener und Duske (1972) zu 45 % abwertend, 16 % eher neutral und 39 % wohlwollend. Die Hälfte der ermittelten Spitznamen bezieht sich auf das Äußere oder auf das Verhalten der Pädagoginnen und Pädagogen, wie *Bauchi* für einen vollleibigen Lehrer, *Herzl* für eine Lehrerin, die ihre Schüler so ansprach, oder *Theke* für einen Lehrer, dem nachgesagt wurde, dass er trank. Lehrkräfte erschienen den Schülerinnen und Schülern durch die Benennung mit Spitznamen lächerlich (26 %), weniger bedrohlich (16 %), kleiner (12 %) oder distanzierter (9 %). Spitznamen mit einer negativen Konnotation fungieren damit zur Abwehr von Autoritätsdruck und sind ein soziales Regulativ im Lehrer-Schüler-Verhältnis. Für 15 % veränderte sich durch die Spitznamengebung die Wahrnehmung nach eigener Einschätzung nicht. Als positive Auswirkung nannten knapp 29 % der Befragten, dass Lehrerinnen und Lehrer mit Spitznamen vertrauter oder als einer der ihrigen erscheinen würden.

---

8 Das Jugendbuch „Nennt mich nicht Ismael!" (Bauer 2006) schildert die leidvollen Erfahrungen von Ismael Leseur, der so demütigende Verunglimpfungen seines Namens ertragen muss wie „Pissmael, Küss-mal, Fischmehl, Schiss-eur, Piss-oir" und ähnlich abwertende Varianten.

Auch wenn die Häufigkeit von Spitznamen im Erwachsenenalter abnimmt, gibt es dennoch zahlreiche Beispiele für Spitznamen von erwachsenen Personen. Weltberühmt wurde das 1940 geborene Fußballidol *Edson Arantes do Nascimento* unter seinem Spitznamen *Pelé*. Er gewann als erster Fußballspieler drei Weltmeisterschaften. Die Bedeutung seines Spitznamens kennt er angeblich selbst nicht. Wahrscheinlich ist als Ursprung die Assoziation mit den portugiesischen Wörtern *pé* = Fuß und *péla* = Ball (vgl. Urmes 2006: 585). Der Münchener Abendzeitung (11.07.2000) war es eine Meldung wert, dass ein Dorf in Spanien ein Telefonbuch herausbrachte, in dem statt der Vor- und Familiennamen nur die Spitznamen der Bewohner verzeichnet sind. *Antonio Gonzales* findet man beispielsweise unter *Boti,* andere Namen lauten *Patata* (Kartoffel) oder *Lagato* (Echse). Diese Kuriosität trägt dem Umstand Rechnung, dass für das soziale Zusammenleben in dem Dorf die offiziellen Namen kaum von Bedeutung sind. Das Telefonverzeichnis soll vor allem als Hilfestellung für die älteren Bewohner dienen, die sich nur unter ihren Spitznamen kennen.

Bei- und Spitznamen

Im Mafia-Milieu werden die „Mitglieder des Systems nie anders als mit ihren Spitznamen bezeichnet, so dass der Eigenname in vielen Fällen verschwindet und gar nicht mehr bekannt ist" (Saviano 2007: 70). Die Benennungen verdanken sich dem Zufall wie *Ciruzzo 'o millionario* (Schnuckelbär der Millionär), charakterlichen Verhaltensweisen, so *'o 'ntufato* (der Wütende), Äußerlichkeiten, *'o bellillo* (der Schönling) oder auch vererbten Spitznamen, die auf das ursprüngliche Gewerbe zurückgehen, etwa *'o graunar* (der Kohlenhändler). Die vielfältigen Ursachen für eine Namengebung finden sich auch im Kosmos der Camorra wieder, fast alle Bosse haben einen Spitznamen. „Er macht sie einzigartig und gibt ihnen eine Identität, er ist vergleichbar mit den Wundmalen eines Heiligen und der Ausweis für die Zugehörigkeit zum System" (ebd.: 72).

Kollektive Spitz-, Spott- und Schimpfnamen

Kollektive Bezeichnungen anderer Menschen und Völker können als Versuch gesehen werden, mit Fremdheit umzugehen und die damit verbundenen komplexen Herausforderungen für den Alltag zu reduzieren. Fremdheit ist als eine kollektive Konstruktion zu verstehen, mit Hilfe derer „die Anderen", seien es fremde Völker, ungeliebte Nachbarn, beargwöhnte Zuwanderer auf Distanz und in Nachrangigkeit gehalten werden. Die gesellschaftlichen Beziehungen sind häufig von Praktiken der Abwertung und Abgrenzung begleitet. Bei kollektiven Bezeichnungen zwischen Völkern wird auf vermeintliche, „typisch nationale" Eigenschaften zurückgegriffen oder sie werden von (vermeintlich) typischen Personennamen abgeleitet. Der *Yankee* stellt eine Verkleinerungsform von *Jan* dar, ein Neckname für die niederländischen Siedler. Das gilt ähnlich für *Ivan* als Kollektivbezeichnung für Russen. *Piefke* hat sich aus der Figur des Berliner Satirikers Glassbrenner über den militärischen Sprachgebrauch zum Necknamen für Preußen und dann für Deutsche insgesamt entwickelt (vgl. Kunze 2004: 181). Ferner kennen wir die gegenseitigen nationalen Spott- und Schimpfnamen *Franzmänner* oder *Schneckenfresser* sowie *boche* (Dickschädel), mit denen sich Deutsche und Franzosen belegen. Die Deutschen tauchen in englischen Publikationen noch immer als *Nazis* auf und werden gern als *tanks* (Panzer) oder als *Fritz* bezeichnet, wie auch in anderen Ländern. Auch *Krauts* ist wegen des vermeintlichen Nationalgerichtes beliebt.

In der Regel hängen Spott- und Schimpfnamen mit bestimmten Interessen, gesellschaftlichen Konstellationen oder politischen Bedingungen zusammen. Aus „neutralen" Bedeutungen oder Selbstdefinitionen entwickeln sich negative Einstellungen, häufig durch den Einfluss von Propaganda, wegen ideologischer Neuorientierungen oder aus Gründen politischer Korrektheit und Sensibilität wie etwa bei den Kennzeichnungen *Neger* oder *Zigeuner.* Ausgrenzung und Abwertung müssen nichts mit den Ausgegrenzten zu tun haben, beispielsweise mit der Gruppe von Zugewanderten, wie Elias und Scotson (1990, zitiert nach Rommelspacher 1995:162) am Beispiel des späteren Zuzugs einer Gruppe von Arbeiterfamilien in ihrer Untersuchung „Etablierte und Außenseiter" empirisch belegt haben. „Der Grad der Fremdheit bemisst sich also nicht allein an demjenigen der realen Verschiedenheit, sondern mindestens ebenso sehr an dem des Machtunterschiedes" (ebd.). Türken und andere südeuropäische Gruppen wurden kollektiv als *Kanaken,* die Vietnamesen in der DDR als *Fidschis,* die Italiener als älteste Zuwanderergruppe der jüngeren Vergangenheit als *Itaker, Katzelmacher* oder *Spaghettifresser* tituliert. Weltweit kennen wir die abwertende und herabsetzende Beschimpfung *Nigger* oder in Deutschland *Bimbo.*

> Denn er ist das, was sein Name besagt.
> Samuel 25, 25

1.7 Namen und Identität

Florian Straus (2002: 166) formuliert, dass der Prozess der Identitätsarbeit und die aus ihr entstehenden Konstruktionen es dem einzelnen Menschen erst ermöglichen, sich als handlungsfähiges Subjekt in seiner jeweiligen sozialen Welt zu verorten. Der eigene Name ist Teil der eigenen Identität, die Auseinandersetzung mit dem eigenen Namen somit Teil der Identitätsarbeit. So machten wir die Erfahrung, dass bei der Übung „Die Geschichte meines Namen" (siehe Kapitel „Namen in der interkulturellen Praxis") die Erzählung häufig nicht mit „ich heiße" eingeleitet, sondern mit den Worten „ich bin" eröffnet wird. Dies verdeutlicht, dass mittels Narration, also durch Selbsterzählung die mit Identität verbundenen Fragen „Wer bin ich?" und „Wer will ich sein?" beantwortet werden. Die Erzählung über die Geschichte des eigenen Namens dient dabei nicht nur der Verständigung, sie ist gleichzeitig Identitätskonstruktion der erzählenden Person selbst. Die Identitätsarbeit ist nach Straus (ebd., S. 168f.) eng mit der Anerkennungsfrage verbunden. Identitätsarbeit zielt darauf, durch Selbstdarstellung Anerkennung von anderen zu gewinnen. Dabei sind drei Elemente von Anerkennung zu unterscheiden: Aufmerksamkeit, positive Bewertung und Selbstanerkennung.

Um sich als relevantes Subjekt wahrnehmen zu können, bedarf jeder Mensch der Aufmerksamkeit. Aufmerksamkeit von anderen zeigt sich unter anderem dadurch, dass nachgefragt wird, wie man heißt, dass der genannte Name behalten wird, dass die Bereitschaft besteht, den Namen im Gespräch zu verwenden, ihn richtig zu schreiben und ihn richtig auszusprechen. In fehlender Aufmerksamkeit sieht Straus eine „Basisgefährdung", die dazu führt, dass die davon Betroffenen kaum positive Bewertungen erfahren. Besonders schlimm ist die Erfahrung für Kinder, wenn sie das Gefühl haben, dass niemand von ihnen Notiz nimmt, es niemandem oder nur wenigen wert ist, sie überhaupt zur Kenntnis zu nehmen. Nicht mit dem Namen angesprochen zu werden, kommt einer Missachtung gleich. Die Erfahrung von *Duda* mit ihrem Lehrer, wie im Gesprächsausschnitt unten dokumentiert, verdeutlicht, wie stark mangelnde Aufmerksamkeit die Identitätsentwicklung von Kindern beeinträchtigen kann. Eine ähnliche Erfahrung machte *Lourdes Maria Ros de Andrés* (siehe Kapitel „Biografische Erzählungen zu Namen"). Ihr Lehrer sprach sie zwar mit Namen an, verweigerte aber jahrelang die richtige Aussprache. In beiden Fällen gelang es den Kindern nicht, sich gegen die Dominanz und den Machtmissbrauch der Pädagogen zu behaupten.

Positive Bewertung ist eng mit erfahrener Anerkennung verbunden. Auch wenn die Anrede mit dem Namen allein noch keine positive Bewertung darstellt, enthalten die höfliche Form der Anrede verbunden mit der Nachfrage, wie ein Mensch angesprochen werden möchte, die Botschaft, dass die Bereitschaft zur Anerkennung als Grundlage einer positiven Bewertung vorhanden ist. Erfahren Menschen zwar Aufmerksamkeit, aber nur wenig positive Bewertung, führt dies häufig zu einer verminderten Selbstanerkennung, wie aus der zweiten unten stehenden Gesprächspassage mit *Barbara* ablesbar ist. Es kommt vor, dass die nicht geäußerte positive Bewertung der anderen zunächst als berechtigt interpretiert und das Fehlen von Wertschätzung schließlich verinnerlicht wird und spätere positive Bewertungen nicht mehr angenommen werden können, da sich die negative Selbstbewertung so verfestigt hat, dass man dem anderen nicht glaubt oder ihn gar als unfähig zu einer angemessenen Bewertung einschätzt.

In den zahlreichen Gesprächen, die wir geführt haben, ein Teil von ihnen findet sich im Kapitel „Biografische Erzählungen zu Namen", wurde der Bezug zwischen dem eigenen Namen und der eigenen Identität durchgängig thematisiert. Die Gesprächspassagen mit *Barbara* und *Duda* verdeutlichen darüber hinaus noch einmal in besonderer Weise die Verknüpfung von Anerkennung, Namen und Identität. Beide Gespräche wurden mit Studierenden im Rahmen von Workshops zur interkulturellen Verständigung geführt:

Duda[9]:

„Anfangs hatte ich keinen Namen in der Klasse. Ich war wie ein „Nichts". Der Lehrer hat mich nie angesprochen. Er brachte in den ersten zwei Jahren nicht ein einziges Mal meinen Namen über die Lippen. Ein Kopfnicken in meine Richtung hieß, dass eine Frage mir galt. Eine Zeit lang, versuchte ich ihn zu zwingen, meinen Namen auszusprechen. Ich schaute ihn nicht an, wenn er sprach. Es nützte nichts. Er haute dann mit der flachen Hand auf meine Sitzbank, um mich hochzuschrecken. Nein, er sprach mich niemals mit meinem Namen an. Die anderen Kinder in der Klasse nannten mich einfach „Du" oder „Du da". Als die neue Lehrerin kam, sollten sich alle Kinder vorstellen. Ich weiß selbst nicht warum, aber als ich mich vorstellen sollte, nannte ich mich *Duda*. Die anderen kicherten. Die Lehrerin sagte sehr streng, dass man über Namen keine Witze machen sollte. Sie fragte mich, ob ich *Duda* genannt werden möchte. Ich nickte. So kam ich zu meinem Namen *Duda,* der mir bei meinen deutschen Bekannten bis heute geblieben ist.

---

9 Duda bestand während des Workshops auf dieser Anrede und gab ihren richtigen Namen nicht preis.

Nur meine Leute, meine Freunde, meine Familie nennen mich bei meinem richtigen Namen. Die, die mich nichts angehen, sollen mich *Duda* nennen. Ja, darauf bestehe ich und empfinde inzwischen diese Distanz auch als Schutz."

Barbara:

„Ich heiße *Barbara* und wurde von meinen Eltern *Bärbel* genannt. Mein älterer Bruder, zu dem ich noch heute ein sehr schwieriges Verhältnis habe, rief mich spöttisch „Blödel" oder auch „Blondi" in Anspielung auf meine blonden Haare und die damals kursierenden Blondinenwitze und schließlich nur noch „Blödi". Wann immer ich ihm widersprach, eine andere Meinung hatte, mir ein Irrtum unterlief, es wurde mir dieses „Blödi" um die Ohren gehauen. Selbst die Nachbarkinder, bei denen mein Bruder hoch im Kurs stand, übernahmen diese Beschimpfung als Spottnamen. Das war sehr kränkend. Noch schlimmer war für mich, dass ich irgendwann anfing, mich selbst für „blöd" zu halten. Mein Selbstwertgefühl wurde immer geringer, ich traute mich kaum noch, den Mund aufzumachen. *Bärbel* und *Blödi* wurden für mich zu einer Einheit, ich mochte auch den Namen *Bärbel* nicht. Als ich den Mut fand, die Anrede *Barbara* durchzusetzen, war das für mich eine Befreiung, ein Akt der Emanzipation."

Nach Auernheimer (2003:69) ist Identität eine Integrationsleistung, das Ergebnis eines Aushandlungsprozesses zwischen den eigenen Bedürfnissen eines Individuums und den Erwartungen seiner Umwelt. Identitätsarbeit ist als ein unabschließbares Projekt zu betrachten, das von kritischen Lebensereignissen, wie der Wechsel des gesamten Lebensumfelds durch Migration, immer wieder neu angestoßen zu neuen Aushandlungsprozessen führt (Keupp u.a. 1999). So berichteten einige unserer Gesprächspartnerinnen und Gesprächspartner, dass sie durch die Migration zu „Unbekannten" wurden. Der gute Ruf ihres Namens in der Herkunftsgesellschaft war nicht in die Aufnahmegesellschaft zu transferieren. Das mit dem „guten" Namen verbundene soziale Kapital ging verloren. Gleichzeitig war das neue Referenzsystem unbekannt. Die Namen von Mehrheitsangehörigen boten anfangs kaum Informationen über soziale Bezüge und soziale Rollen. Nur wenige deutsche Namen von Menschen aus der Politik oder von Künstlerinnen und Künstlern bzw. Größen aus dem Sport waren bekannt, eigene Vorbilder, Identifikationsfiguren oder Idole bedeuteten in der neuen Umgebung nichts.

Die damit einhergehenden Gefühle beschreibt Jana Hensel (2004) in ihrem Buch „Zonenkinder" sehr anschaulich. Die Autorin aus der DDR traf in einem Wohnheim in Marseille auf Studierende aus Spanien, Italien, Österreich, Deutschland und Frankreich. Bei einem gemeinsamen Essen mit ihrem internationalen Freundeskreis wurden, durch den Weinkonsum reichlich emotional aufgeladen, Kindheitserinnerungen ausgetauscht. Die alten Namen der Kindheitsheldinnen und -helden fielen wie *Pippi Langenstrumpf, Asterix* oder die Namen der *Schlümpfe*. Man tauschte sich darüber aus, wie diese Namen in den verschiedenen Sprachen ausgesprochen werden, welche Gefühle und Erinnerungen mit ihnen verbunden waren. Die Heldennamen aus der Kindheit der Autorin waren aber andere: *Alfons Zitterbacke, Antennenaugust, Lütt Matten*. Für Jana Hensel war es kaum möglich mitzureden: „Einmal versuchte ich es, hob kurz an, um von meinen unbekannten Helden zu berichten, und schaute in interessierte Gesichter ohne jede Euphorie.

Mit einem Schlag hatte ich es satt, anders zu sein als all die anderen. Ich wollte meine Geschichte genauso einfach erzählen wie die Italiener, Franzosen, Österreicher, ohne Erklärungen zu suchen und meine Erinnerungen in Worte übersetzen zu müssen, in denen ich sie nicht erlebt hatte und die sie mit jedem Versuch ein Stück mehr zerschlugen (Hensel 2004: 26).

Eine ganz andere Erfahrung erzählte uns eine gute Bekannte, durch die wir das Buch „Zonenkinder" kennengelernt haben. Sie lebt in München, ihr Vorname lautet *Mandy*. Immer wieder machte sie die Erfahrung, dass ihr Vorname dazu führte, dass andere sie gleich als „Ossi" einordneten, sie nicht fragten, wer sie sei, sondern bereits vor dem Kennenlernen Bilder entwickelten, wie sie zu sein habe.

Identität und Namen sind also eng miteinander verbunden und diese Beispiele belegen, wie sehr es schon in deutsch-deutschen Begegnungen zu Befremdungen kommen kann. Das gilt natürlich in noch weit stärkerem Maß, wenn Menschen mit sehr unterschiedlichen kulturellen Herkünften aufeinander treffen. Um beispielsweise die Identitätsvorstellungen der Yoruba verstehen zu können, ist es hilfreich, sich näher mit ihrem Namensystem zu befassen. Die Yoruba sind eine ethnische Gruppe, die vor allem in Nigeria lebt und die drei Namenskategorien unterscheidet.

Der „Amutorunwa" ist der Name, „den ein Kind vom Himmel mit auf die Erde bringt" (Beier 1993: 138). Er definiert die geistige Verbundenheit des Kindes mit der anderen Welt, macht eine Aussage zum Schicksal des Kindes und gibt ihm für sein Menschsein Kraft. Nicht jedes Kind wird mit einem Amutorunwa geboren. Der Name wird nicht von den Eltern ausgesucht, sondern wird durch Umstände der Geburt bestimmt. So ist der Name *Kehinde* ein Amutorunwa und bedeutet „der zweitgeborene Zwilling".

Der „Abiso" ist der Name, der dem Kind verliehen wird. Der wichtigste Abiso ist der Name, den die Eltern für ihr Kind aussuchen, aber auch andere Verwandte und Freunde der Familie können bei der zeremoniellen Namengebung dem Kind einen zusätzlichen Abiso geben. In der Regel drückt ein „Abiso" die Gefühle der Eltern gegenüber dem Kind aus oder er kann auch auf die besondere Situation der Familie zum Zeitpunkt der Geburt hinweisen, wie *Ayodele,* was „Freude betritt das Haus" bedeutet, oder *Ogundalenu,* übersetzt bedeutet dieser Name „Krieg zerstörte unser Haus".

Mit „Oriki" werden die Namen bezeichnet, welche die Namenträgerinnen und Namenträger beschreiben und ihnen huldigen. Beliebte Menschen können im Laufe ihres Lebens eine ganze Reihe von Orikis verliehen bekommen. Oriki sind eine Grundform der Dichtkunst der Yoruba. Mit ihnen wird poetisch die Identität einer Person umschrieben. Das Rezitieren des Oriki eines Menschen ist eine Huldigung seiner Individualität und Identität.

Mit ihrem Namensystem bringen die Yoruba ihre Einstellung der Notwendigkeit einer ausgewogenen Balance zwischen Bestimmung und Selbstbestimmung eines jeden Menschen zum Ausdruck. Der Amutorunwa entspricht dem Glauben an die festgelegte Bestimmung eines Menschen. „Mit dem Oriki bezeugen die Yoruba ihren Glauben an die Fähigkeit des Individuums, seine Bestimmung durch Willenskraft und korrekte Befolgung der Riten zu beeinflussen. Die zusätzlichen Orikis, die ein Mensch im Laufe seines Lebens auf sich vereint, dokumentieren die durch sein eigens Tun bewirkte Veränderung, Stärkung und Entwicklung seiner Identität" (ebd., S. 139).

In seinem Porträt über den westafrikanischen Künstler *Twins Seven Seven* erläutert Ulli Beier (ebd.), Leiter des „Iwalewa-Haus" für zeitgenössische afrikanische Kunst in Bayreuth, auch dessen Namen. Er stützt sich dabei auf die biografischen Kindheitserzählungen des Malers. In ihnen stellt sich *Twins Seven Seven* selbst als *Taiwo Bamidele Huseini Olaniyidi Oyewale Twins Seven Seven* vor, wobei die Liste seiner Namen noch lange nicht komplett ist. Deutlich wird, bei dem Namen *Twins Seven Seven* handelt es sich nicht um einen Künstlernamen, es ist die Übersetzung eines Orikiri. Der Künstler war das einzig überlebende Kind von sieben Zwillingspaaren, die seine Mutter gebar. *Taiwo* bedeutet „der erstgeborene Zwilling". Der Name *Badimele*, „fern von zu Hause geboren", spielt darauf an, dass der Vater des Künstlers, der sich in Kabba niedergelassen hatte, aber aus Ibadan stammte, mit der Vergabe des Namens für seinen Sohn das Geburtsrecht in Ibadan beanspruchte. *Huseini* bringt als moslemischer Name die Religionszugehörigkeit der Eltern zum Ausdruck. *Olaniyi* bedeutet „Im Reichtum liegt Ruhm". Dieser Name weist auf die Großmutter väterlicherseits des Künstlers, die zu den einflussreichsten Händlerinnen der Provinz Kabba gehörte. *Oyewale* heißt übersetzt „Ein Titel betritt das Haus". Der Name bezieht sich auf einen Vorfahren des Malers, der König von Ibadan war, und unterstreicht den Anspruch des Namenträgers auf den Titel.

In interkulturellen Begegnungen kommt der kulturellen Identität besondere Bedeutung zu. Von kultureller Identität ist dann die Rede, wenn zwei der allgemeinen Bedingungen von Identitätskonstruktionen in den Mittelpunkt des Erlebens gesetzt werden, „nämliche die kulturellen Ressourcen und sozialen Bezüge" (Auernheimer 2003: 69), die in der Diasporasituation oder im Nebeneinander von Menschen mit unterschiedlichen Hintergründen an Bedeutung gewinnen. Menschen können bei dieser Form des Aushandelns ihrer Identität sehr unterschiedliche Wege beschreiten. Kulturelle Eigenheiten können kaschiert, verleugnet oder stilisiert werden (ebd.). Für den Umgang mit Eigennamen kann das auch heißen, dass der eigene Name dem neuen System angepasst wird. Beispielsweise bestanden die türkisch stämmigen Mitglieder des Münchner Stadtrats *Özakin* und *Fincan* darauf, dass ihre Nachnamen nicht türkisch, sondern deutsch ausgesprochen werden sollten, um ihre Zugehörigkeit zur deutschen Gesellschaft zu betonen. Häufig passen sich Frauen an, die auf die weibliche Endung ihres Familiennamen verzichten, die in ihrer Herkunftskultur üblich ist. Einen anderen Weg wählte die Psychologin *Rania Yoksulabakan*. Sie legte ihren türkischen Vornamen ab, da sie sich der indischen Kultur weit mehr verbunden fühlt und dies durch den Vornamenswechsel zum Ausdruck bringen wollte. Auch ohne weitere Beispiele wird deutlich, dass Namen eng mit der Identität der Namensträgerinnen und Namensträger verwoben sind und von daher der Gewährung von Aufmerksamkeit und

Anerkennung in der interkulturellen Kommunikation gerade bei der Ansprache eine besondere Bedeutung zukommt. Für Minderheitenangehörige ist es von daher entscheidend, „ob die Mehrheitsgesellschaft ihnen akzeptable Identitätsangebote macht und sie integriert oder ausgrenzt" (ebd., S. 70), ob sie auf Anerkennung treffen oder ihnen diese verweigert wird.

Bei jedem Kind löst die Nennung des eigenen Namens eine Signalwirkung aus, da der Name ein Ankerdenkmal seiner Identität ist. Die Verweigerung eines Namens kommt der Verweigerung gleich, die Identität und Individualität eines Kindes anzuerkennen, was jedem Kind erheblichen Schaden in seiner psychischen Entwicklung zufügen kann. Aus diesem Grund legt die Konvention über die Rechte des Kindes fest, die am 11. Dezember 1989 von der Vollversammlung der Vereinten Nationen angenommen wurde, dass jedes Kind von Geburt an das Recht auf einen eigenen Namen hat und, soweit möglich, die Namen seiner Eltern kennen soll (Artikel 7). In Artikel 8 „Wahrung der Identität" heißt es: „Der Staat hat die Verpflichtung, die behördliche Identität eines jeden Kindes zu schützen, und falls nötig, sie wiederherzustellen. Dies bezieht sich vor allem auf Namen, Nationalität und Familienzugehörigkeit".

Der Name ist von Gott bestimmt.
Ahmad El-Khalifa

1.8   Namen und Religion

Auffällig ist quer durch alle Kulturen die Bedeutung der Religionen für die Wahl von Namen. Und zugleich wird deutlich, dass die religiöse Orientierung trotz der Wahl religiös konnotierter Namen immer mehr abnimmt. Im Folgenden soll am Beispiel von *Judentum, Christentum* und *Islam* die jeweilige Namenentwicklung nachgezeichnet werden. Die Konzentration auf diese drei großen Religionen erklärt sich daraus, dass es sich dabei um die monotheistischen Weltreligionen handelt, die die größte und zweitgrößte Anzahl von Anhängern umfassen. Die jüdisch-christliche Kultur hat die westliche Welt über Jahrtausende geprägt. Der Islam beeinflusst große Teile der Welt und zunehmend auch Westeuropas. Die jeweilige Bezogenheit des Neuen auf das Alte Testament und des Koran wiederum auf die Bibel spiegelt sich wider in den gemeinsamen Anknüpfungspunkten der Offenbarungen und findet ihren Ausdruck in der übereinstimmenden Verehrung großer Persönlichkeiten. Es ist dann wenig überraschend, dass es trotz unterschiedlicher Entwicklungen der jeweiligen Namenstraditionen eine große Übereinstimmung bei der Auswahl von Vornamen gibt. So finden wir den christlichen *Josef* als *Jōsēf* im Hebräischen ebenso wie als *Yū 'suf* im Arabischen. *Jesus* und *Maria* sind nicht nur im Spanien sehr gebräuchliche Namen, sie finden sich auch als *Īsā* und *Marjam* im Koran.

Dagegen spielen *Hinduismus, Sikhismus* und *Buddhismus* und deren Einfluss auf die Namengebung in Mitteleuropa keine so wichtige Rolle. Sie sind überdies nicht vergleichbar mit den drei monotheistischen Religionen, sind vielmehr eine Gruppe religiöser Strömungen (wie der Hinduismus) oder eher eine philosophische Lehre (wie der Buddhismus). Deshalb hier nur einige Anmerkungen. Hindu-Namen haben traditionell drei Bestandteile: einen Vornamen, einen Mittelnamen und einen Nachnamen, z.B. als Mann *Krishna Chand Chopra* (nach dem Gott Krishna) oder als Frau *Rama Devi Desai* (nach der Göttin Rama). Die Namenmöglichkeiten sind zahlreich. Vornamen werden aus dem hinduistischen Götterhimmel ausgewählt oder sind einem heiligen Ort gewidmet. Bei der Eheschließung übernimmt die Frau in der Regel den Familiennamen des Ehemannes.

Die Namen der Sikhs bestehen aus zwei Komponenten, einen Vornamen, gefolgt von der religiösen Kennzeichnung *Singh* (männlich, d.h. Löwe) und *Kaur* (weiblich, d.h. Prinzessin). Darüber hinaus benutzen viele Sikhs heute auch einen Familiennamen, so dass ein Mann *Karamjit Singh Bassi* und eine Frau *Jaswinder Kaur Birdi* heißen kann. Der Name bezeichnet nicht immer eindeutig das Geschlecht, wohl aber der religiöse Mittelname. Bei der Verheiratung behalten Mann und Frau ihren Namen. Die meisten Sikh-Namen werden nur von Sikh, einige werden auch bei Hindus gebraucht. In Indien gibt es *Singh* auch als Hindu-Familiennamen.

Der Buddhismus kennt keinen Gott oder Gottheiten. Das Bekenntnis zum Buddhismus ist also nicht verbunden mit der Zugehörigkeit zu einer Religion oder gar Kirche. Deshalb gibt es zunächst auch keinen „buddhistischen Namen" mit der Geburt. Buddhist ist man durch eine freiwillige und bewusste Entscheidung, durch eine Lebenseinstellung und entsprechende Lebensführung. Mit der „Zufluchtname", also dem Bekenntnis, oder bei einer „Ordination", das heißt zu Beginn eines neuen Lebensabschnitts, kann ein zusätzlicher Name verliehen werden, zum Beispiel *Karma Zodpa* („der Geduldige") oder *Dschampa Sangmo* („liebende Sanfte"). Als freiwillige Zusatznamen spielen sie – ähnlich wie Ordensnamen – für den Rechtsverkehr keine Rolle.

Im Zusammenhang von Namenwahl und Region bilden sich auch gesellschaftliche Veränderungen ab. Der Bezug auf Bibel bzw. Koran hat über lange Zeit wie selbstverständlich die Auswahl von Vornamen in jüdischen, christlichen oder muslimischen Familien geprägt. Es war selbstverständlich, sein Leben auf eine die Gegenwart transzendierende Orientierung auszurichten, wie sie von der jeweiligen Gemeinschaft der Gläubigen vorgegeben und vorgelebt wurde. Diese Jenseitsorientierung und die Benennung auf religiöser Grundlage folgten der Tradition, dienten der Hingabe und Ausrichtung auf Gott, geschahen zur Verehrung von Heiligen und man erwartete Schutz durch die Benennung nach ausgewiesenen Schutzpatronen. Vor diesem Hintergrund ist eine starke Veränderung festzustellen. Im Prozess der Säkularisierung schwindet der Einfluss der Religionen. Das Bewusstsein dafür, dass ein Name eine religiöse Tradition oder eine bestimmte Heiligenlegende oder Heldengeschichte repräsentiert, ist weniger vorhanden. Die Modernisierung lässt verwandtschaftliche Beziehungen schwächer werden, die als Individualisierung gekennzeichnete Moderne überträgt Entscheidungen zunehmend auf den einzelnen. In der Folge nimmt die Bedeutung der Familie ab, verlieren insbesondere Großeltern ihre Verantwortung, Traditionen weiterzugeben, was sich in vielen Kulturen in deren Zuständigkeit für die Namenwahl ausgedrückt hat. Und mit der Globalisierung nehmen vielfältige kulturelle Einflüsse zu und hinterlassen ihre Spuren auch in der Auswahl von Vornamen. Christlich-jüdisch wie islamisch geprägte Vornamen nehmen ab, wie viele Beispiele zeigen. Selbst bei der Auswahl eher traditioneller, religiös motivierter Namen sind die Entstehungsgeschichte und die Bedeutung oft nicht mehr bewusst.

Erste Forschungsergebnisse auf der Grundlage der systematischen Inhaltsanalyse eines Geburts-registers von 1894 bis 1994 in einem Standesamt bestätigen diese Entwicklung (vgl. Gerhards/ Hackenbroch 1997:410). Die Autoren haben die Entwicklung von Vornamen als Indikator für die Messung von Prozessen kultureller Modernisierung hergenommen: Waren 1894 noch 69% der Vornamen christlichen Ursprungs, so waren dies 100 Jahre später nur noch 28% (ebd.: 417). Besonders stark ging der Anteil christlicher Namen in der Zeit des Nationalsozialismus zurück. Deutlich nahm der Anteil der Vornamen ab, die von den Eltern an die Kinder weitergegeben wur-den (421). Die gemeinsam geteilten Namen haben sich deutlich verringert, eine heterogene Na-menwahl ist bis in die 1950er Jahre zu verfolgen, 1894 waren nur 32% der Namen unterschied-lich, 1994 aber 77% (428). Seitdem ist der Anteil der gemeinsam geteilten Namen fast konstant. Der Anteil von Namen aus anderen Kulturen hat deutlich zugenommen, insbesondere seit den 1950er Jahren. So stieg der Anteil der Vornamen, die aus dem nicht christlichen bzw. deutschen Kulturkreis stammen, von 23% in 1894 auf über 65% im Jahr 1994 (430).

Schließlich erscheint noch ein weiterer Zusammenhang von Religion und Namen bedeutsam. Religionen bzw. ihrer Repräsentanten waren immer auch Partner der jeweiligen Macht. Kirchen haben auch vorbildliche Positionen eingenommen, häufig aber haben sie sich missbrauchen lassen. So haben die christlichen Kirchen mit ihrem Antijudaismus Auswirkungen gehabt auf Antise-mitismus und eine antijüdischen Namenpolitik. Oder im Rahmen des Kolonialismus in Afrika, Lateinamerika und Asien hat die katholische Kirche mit Zwangstaufen und oktroyierten Namen sich zur Komplizin weltlicher Herrschaftsansprüche gemacht. (Vgl. die folgenden Kapitel.)

Im Namen des Vaters und des
Sohnes und des Heiligen Geistes.
Begleitspruch zum Kreuzzeichen

Im Namen des Christentums – Christliche Namen und Christianisierung

Das aktuelle Spektrum der Namen in Deutschland schöpft aus vielfältigen Quellen. Vor der Christianisierung waren es germanische Namen, die im deutschen Sprachgebiete Vor- wie Nachnamen bestimmt haben. Erste Belege für germanische Namen finden sich bereits bei antiken Autoren in Griechenland und im römischen Reich. So benennt Tacitus beispielsweise schon 100 n. Chr. einen Germanen namens *Segismund* (vgl. Kunze 2004: 17). Noch zur Karolingerzeit, also das ganze erste Jahrtausend, bestimmten germanisch-fränkische Namen die Namengebung. Christliche Namen waren im deutschen Sprachraum eher selten (Lindau 2008). Um die erste Jahrtausendwende fand aber allmählich eine Abnahme des Grundbestandes der germanischen Rufnamen statt, einige wenige Namen werden immer beliebter (Kunze 2004: 31). Und zugleich überzogen mehrere Christianisierungswellen den Sprachraum.

Geschichtliche Entwicklung christlicher Namengebung

Schon im dritten Jahrhundert ist belegt, dass Christen als Opfer von Christenverfolgungen vor der Hinrichtung ihre heidnischen Namen abgelegt und sich biblische Namen gegeben haben. Bis etwa 1200 bleibt das aber die Ausnahme. Gewählt wurden vorwiegend Namen aus dem Alten Testament wie *Abraham, Adam, Daniel, David, Elias, Salomon.* Seltener noch waren Frauennamen wie *Judith, Susanne, Elisabeth* oder *Christina.* Namen des Neuen Testaments oder gar Heiligennamen spielten zunächst kaum eine Rolle. Eine Ausnahme machten aber die Namen *Christian* bzw. *Christina* als programmatische Rufnamen, die die bewusste Hinwendung zum Christentum symbolisieren und in der Form von *Christianus,* also als kollektive Kennzeichnung für die Jünger Jesu, schon sehr frühzeitig auftauchten (ebd.: 33).

Seit dem 12. Jahrhundert wurden dann auch Namen aus dem Neuen Testament und insbesondere Namen von Heiligen häufiger. Auffallend ist, dass Namen unbekannterer Apostel wie z.B. *Philippus* oder *Simon* sehr viel häufiger vorkommen als die heute bekannten Namen wie *Paulus* und *Matthäus*. Das dürfte damit zusammenhängen, dass diese Namen große Ähnlichkeit mit germanischen Rufnamen aufweisen (wie *Filibert* bzw. *Si(ge)mund*) und damit gleitende Übergänge von der vertrauten, heimischen Namenwelt in eine neue, fremde Namengebung die Aneignung fördern (ebd.). Diese Anpassung wird ferner dadurch erleichtert, dass die neuen Namen den germanischem Laut- und Betonungsverhältnissen angepasst wurden, aus *Johánnes* wird *Jóhann* bzw. *Hán(ne)s,* aus *Magdaléna* wird *Mágda* oder *Léna* (ebd.: 35; Lindau 2008). Zur raschen Verbreitung der christlichen Namen durch die Ausbreitung der Heiligenlegenden trugen die christlichen Orden bei.

Bis etwa 1500 hatten die christlichen Namen die germanischen Namen deutlich überflügelt. In einzelnen Statistiken (z.b. aus dem Kloster Hesterbach) ist belegt, dass rund 60 % der männlichen und 90 % der weiblichen Vornamen christliche Rufnamen waren. Letzteres ist darauf zurückzuführen, dass sich das christlich geprägte Frauenbild der Dulderin und Dienerin gegen das wehrhafte Verständnis germanischer Kämpferinnen (wie *Gudrun* oder *Brunhilde*) durchgesetzt hatte. Nach dem Trienter Konzil von 1563 verlangte die katholische Kirche ausdrücklich: „Der Pfarrer möge dafür sorgen, dass den Kindern keine anstößigen, sagenhaften, lächerlichen Namen oder solche von Götzen oder Heiden gegeben werden, sondern, soweit möglich, von Heiligen" („Rituale Romanum") (Kunze 2004: 47). Den Heiligen wurden Hilfs- und Schutzfunktionen zugeschrieben, die den so getauften Kindern zu Gute kommen sollten. Das hatte allmählich zur Folge, dass sich spezielle Verehrungsgebiete herausbildeten und es zu regional differenzierten Heiligenverehrungen kam, z.B. *Liborius* in Paderborn, *Lambert* im Rheinland, in Westfalen oder um Freising, *Florian* in Oberösterreich, ähnlich *Eduard* und *Thomas* in England oder *Stanislav* in Polen (ebd.: 43). Ebenso wie bei der germanischen Namenentwicklung hat auch bei den christlichen Namen ein Konzentrationsprozess eingesetzt, der zu einigen Spitzenreitern geführt hat und einer der Gründe gewesen war für die Entstehung der Familiennamen als einem gesamteuropäischen Prozess (vgl. dazu Kapitel „Die Entstehung der Familiennamen").

Als Folge der Reformation ging zumindest in den protestantischen Teilen des Landes die Heiligenverehrung zurück. Zugenommen hat die Benennung nach biblischen, alttestamentarischen Vorbildern, ohne dass es Vorschriften wie in der katholischen Kirche gegeben hätte. Eine Ausnahme bilden die Calvinisten in Genf, die nur biblische Namen akzeptierten. Der neuen, protestantischen Tradition verdanken Berühmtheiten wie *Gotthold Ephraim* Lessing oder *Immanuel* Kant ihre Vornamen (ebd.: 45).

In den folgenden Jahrhunderten blieb der Grundbestand christlich geprägter Namen bestehen. Aber es gab und gibt weiterhin wechselnde Wellen und Moden, die neue Fremdnamen jenseits kirchlicher Tradition einführten. Die Humanisten im 15. und 16. Jahrhunderts griffen antike Namen wie *Marinus, Hektor* oder *Vespasian* auf, mit der Hochschätzung der französischen Kultur kamen französische Rufnamen wie *Emil, Eduard* oder *Schorsch* in Mode. Pietistische Kreise bildeten neue Rufnamen wie *Gotthelf, Gotthold* oder *Christlieb* (vgl. ebd.: 47/49). Nach der Reichsgründung 1871 gewannen germanische Namen wieder an Boden wie *Helmut, Reinhold, Eberhard, Hildegard* und *Gertrud.* Ein Erlass der Nationalsozialisten vom 15.03.1937 bestimmte schließlich: „Die Kinder deutscher Volksgenossen sollen grundsätzlich nur deutsche Vornamen erhalten" (ebd.: 53). Nach dem Zweiten Weltkrieg wurden biblische und antike Namen wieder beliebt, derzeit wird die Vornamenswahl immer individueller und man bedient sich bei allen Nachbarländern.

In einer aktuellen Entscheidungshilfe für Eltern bei der Auswahl christlicher Namen wird daran erinnert, dass wir bei der Entscheidung uns auf unsere Kultur besinnen sollten – und das sei die „Kultur des christlichen Abendlandes" (Schlüter/Drews 2006: 28). Diese Kultur habe eine Fülle von Namen zu bieten, vom germanischen Bereich über die biblischen Namen bis zu den Frauen und Männern in den Überlieferungen von den Heiligen. Schon an diesem weiten Bogen wird deutlich, wie wenig fassbar der Begriff des „christlichen" Namens ist: Es sind sehr häufig „jüdische" Namen, also hebräischen Ursprungs, oder eben lateinischer oder griechischer Herkunft. Das Abendland ist ein Amalgam aus jüdisch-christlicher, antiker und alteuropäischer Kultur (Bering 1995: 1306), eine „religiöse Sortierung" macht eigentlich wenig Sinn. Und so sind in der Entscheidungshilfe von den knapp 100 vorgeschlagenen christlichen Jungennamen jeweils mehr als ein Drittel hebräischer bzw. lateinisch-griechischer Herkunft, nur gut 10 % stammen aus dem Althochdeutschen und der Rest reicht von aramäischen bis zu gälischen Ursprüngen. Ganz ähnlich verhält es sich bei den vorgeschlagenen Mädchennamen.

Gesellschaftliche Veränderungsprozesse wie weitere Säkularisierung, zunehmende Individualisierung und weltweite Globalisierung werden eine traditionell geprägte und damit auch christlich motivierte Wahl der Vornamen weiter verändern, wie einzelne Studien belegen (vgl. Gerhards/ Hackenbroch 1997). Gleichwohl werden christlich konnotierte Namen, auch wenn sie aus einer kirchlichen Bindung heraus nicht mehr ausgewählt werden, weiterhin im Vordergrund stehen und die Verständigung von Menschen der Mehrheitsgesellschaft für die Namen zugewanderter Minderheiten prägen.

Besonderheiten christlicher Namengebung

Taufe

Alle Kulturen verfolgen mit der Namengebung im Zeitablauf wechselnde Absichten, die vom Schutz vor bösen Mächten über die Wahrung kultureller Traditionen bis zur Manifestation persönlicher Vorlieben durch die Eltern reichen. Der christliche Taufakt ist ebenso an zeitgeistige Strömungen gebunden, hat aber als Sakrament einen von der Namenverleihung unabhängigen Charakter. Die katholische oder evangelische Taufe hat ursprünglich mit der Namengebung nichts zu tun. Die heutige Frage des Pfarrers nach dem Namen des Täuflings bei der Säuglingstaufe ist missverständlich, weil sie Taufakt und Namengebung in einen falschen zeitlichen Zusammenhang bringt. Der Täufling wird auf den Namen des dreieinigen Gottes bzw. auf den Namen Jesu, nicht aber auf den für das Kind gewählten Namen getauft. Das Kind hat bereits einen Namen, ausgewählt von den Eltern und in der Regel dokumentiert durch die Anmeldung beim Standesamt. – Bei der Taufe von Erwachsenen gibt es die Möglichkeit, einen neuen Namen zu wählen. Damit soll das neue Leben als Christ markiert werden. Das wird insbesondere dann empfohlen, wenn der Täufling keinen christlichen Namen trägt, was aber, wie gerade ausgeführt, ein wenig fassbarer Vorschlag ist.

Taufpaten

Mit der Entwicklung von der Erwachsenentaufe zur Taufe von Säuglingen verband sich allmählich die Gewohnheit, den Namen anlässlich der Taufe zu verleihen. Dem Täufling (und im späteren Alter dem Firmling) wird ein Pate bzw. eine Patin zur Seite gegeben, denen die Verantwortung obliegt, für einen christlichen Lebenswandel ihres Patenkindes Sorge zu tragen. Daraus entwikkelte sich vielfach der Brauch, die Kinder nach dem Taufpaten zu benennen, um diese geistige Bindung und christliche Verantwortung besonders zu betonen. Zunächst waren es vorwiegend protestantische Gebiete, die diesem Brauch folgten. Katholische Bereiche kannten ihn weniger. (In einigen Gegenden ist es Brauch, dass sich auch beim Sakrament der Firmung der Firmling einen Heiligennamen aussucht und als weiteren Namen führt.)

Namenstag

Mit der katholischen Verlautbarung, Heiligennamen zu vergeben, war das Bemühen vieler Geistlicher verbunden, die Feier des Namenstages statt des Geburtstages zu favorisieren. Der Namenstag des Getauften ist in der Regel der Gedenktag des jeweiligen Heiligen, der meist mit dessen Todestag zusammenfällt. Die Bedeutung des Namenstages wurde insbesondere im Zuge der Gegenreformation von der katholischen Kirche mit Erfolg hervorgehoben. Noch heute gibt es katholische Gegenden, in denen der Namenstag mehr als der Geburtstag gefeiert wird.

Ordensnamen

Geistliche haben schon früh beim Eintritt in ein Kloster einen christlichen Namen angenommen und ihren germanischen Namen abgelegt. Namenwechsel sind seit dem 6. Jahrhundert belegt. In früheren Zeiten wurde der Ordensname von der Oberin bzw. dem Prior, also dem Ordensvorstand verliehen. Der Ordensname heute wird freiwillig beim Eintritt gewählt. Er tritt an die Stelle des bürgerlichen Namens. In der Regel ist das ein Heiligenname, oft auch der Name des heilig gesprochenen Ordensgründers (z.B. *Benedikt*). Mit der sorgfältigen Wahl des neuen Namens ist eine programmatische Aussage verbunden. Die Ablegung des alten Namens und die Annahme des neuen, auf die Ordenstätigkeit bezogenen Namen symbolisiert den Wechsel des Lebensstandes, also die Abkehr vom profanen bürgerlichen Leben und die Hinwendung zu einem Gott geweihten Handeln unter dem Schutz und zur Ehre des gewählten Heiligen. Die vielen eigentümlichen Namen in Frauenordnen kamen im 18. und 19. Jahrhundert auf, als viele Frauengemeinschaften gegründet wurden und die Regel bestand, dass jeder Name nur einmal vorkommen sollte. Angesichts der hohen Eintrittszahlen musste man erfinderisch sein und grub auch unbekannte Heilige aus oder hängte den männlichen Heiligen einfach ein „a" an (Schwester *Jakoba*). Die heutige Praxis der Wahl eines Ordensnamen ist sehr unterschiedlich. Während die großen alten Orden wie

Benediktiner oder Franziskaner meist den Namen wechseln und sich auch so ansprechen (Pater *Augustinus*), gehen die neuzeitlichen Orden dazu über, sich mit Familiennamen anzureden (Pater *Müller*). Bei den Frauenorden ist die Anrede mit Schwester und Vornamen (Schwester *Anneliese*) fast durchgängig. Den Namenwechsel bei den Päpsten nach ihrer Wahl gab es nicht seit Beginn. Er kam auf, als der Träger des römischen Götternamen *Merkurius* 533 zum Papst berufen wurde, was ja nun wirklich nicht passte. – Ordensnamen sind (wie Künstlernamen und Pseudonyme) keine offiziellen Namen.

Christianisierung und Kolonisierung

Christianisierung ist ein über längere Zeit laufender Prozess, bei dem ganze Völker den christlichen Glauben annehmen. Über Missionierung hinausgehend, die eher theologisch motiviert erscheint und durch einzelne Missionare, Missionsorden oder Klöster erfolgt, bedeutet Christianisierung einen langfristigen kulturellen und historischen Veränderungsprozess, der sich häufig mit der politischen Kolonisierung verbindet. Christianisierung war in diesem Verständnis immer auf die Durchsetzung von Machtansprüchen gerichtet, was Zwangsmaßnahmen beinhaltete. Mit der (erzwungenen) Übernahme von Sprache, Kultur, Herrschaftssystem usw. als Bestandteile von kollektiven Umerziehungsmaßnahmen war häufig auch eine Zwangstaufe verbunden. Namen als Ausdruck individueller Identität spielen dabei eine wesentliche Rolle. Mit dem Taufakt ging deshalb die Übernahme, häufig die Oktroyierung christlicher Namen und gelegentlich das Nebeneinander von christlicher Neubenennung und heidnischen Ursprungsnamen einher. (Siehe dazu auch das Kapitel „Namen und Politik".)

Die Zwangstaufe gegen den Willen des Getauften spielt in der Kirchengeschichte eine wichtige und unheilvolle Rolle. Sie war für die Christianisierung Europas maßgeblich, wurde immer wieder bei der Zwangsbekehrung von Juden (insbesondere in Spanien) angewandt und diente als Mittel der Unterwerfung im Rahmen kolonialer Politik. Wenn ein Stammesführer – friedlich oder mit Gewalt – zum Christentum bekehrt war, wurde die Taufe an allen Mitgliedern des Stammes vollzogen. Zwangstaufen wurden in Lateinamerika in großem Umfang durchgeführt. Die aus Afrika geraubten Sklaven wurden regelmäßig zwangsgetauft.

> Fürchte dich nicht, denn ich habe dich erlöst,
> ich habe dich beim Namen gerufen, du bist mein.
> Jesaja 43, 1

Namen der Juden – Namenrecht und Namenpolemik

Lässt sich eigentlich eine Abgrenzung zwischen jüdischen und christlichen Namen vornehmen? Im Grunde nicht: Namen, die wir als christliche bezeichnen, sind häufig biblischen Ursprungs, also hebräischer und damit semitischer Herkunft: Elisabeth, Johannes, Joseph u.a. Die Personennamen der biblischen Zeit lassen sich nach inhaltlicher Bedeutung, nach der Beziehung zur Geburt oder nach dem möglichen Sprecher einteilen. Die hebräischen Personennamen des Alten Testaments muss man sich bei der Namengebung wie gesprochene Sätze vorstellen: etwa hymnisch *mika'el* „Wer ist wie Gott?" oder anlässlich Empfängnis, Schwangerschaft oder Geburt *yónatan* „Jahwe hat gegeben." Bei den Satznamen können als sprechend beispielsweise gedacht werden die Namen gebenden Eltern *(Jonatan)*, der Namenträger selbst *(Elija)* oder eine dritte Person *(Isaak)*. Die jeweilige Bedeutung lautet „Er lacht." – als Feststellung der Eltern, als dankbares Bekenntnis zum huldvoll lachenden Gott oder als Erinnerung an lachende Eltern bei der Geburtsankündigung (vgl. Willi-Plein 1995: 871).

Im Allgemeinen wird der Name des Kindes von den Eltern gegeben, in älterer Zeit durch die Mutter bei der Geburt, in späterer Königszeit durch den Vater bei der Beschneidung am achten Tag nach der Geburt (ebd. und Jenni 1995: 1854). Die biblischen Namen haben ursprünglich profane oder religiöse Bedeutung. Bei Ersteren lassen sich unterscheiden Herkunftsnamen (wie *Jehudi/Judit* „Judäer/in"), Zärtlichkeitsnamen (*Jedida* „Geliebte"), Eigenschaftsnamen (*Esau* „behaart") sowie Pflanzen- und Tiernamen (*Elon* „Eiche", *Achbor* „Maus"). Bei den religiösen Namen gibt es Bekenntnisnamen (*Adoniram* „Mein Herr ist erhaben"), Vertrauensnamen (*Jesaja* „Jahwe hilft"), Wunschnamen (*Jeberechja* „Jahwe möge segnen"), Danknamen (*Johanan=Johannes* „Jahwe ist gnädig"). Schließlich gibt es noch Ersatznamen, durch den der Namensträger ein verstorbenes Familienmitglied repräsentiert (wie *Ahab* „Vatersbruder") (vgl. Jenni 1995: 1854).

Das Leben in der Fremde hatte zur Folge, dass es immer auch zu Mischformen mit der Mehrheits-kultur gekommen ist.

Familiennamen gab es zu Beginn des 19. Jahrhunderts für die aschkenasischen Juden in West- und Osteuropa in der Regel noch nicht. (Sephardische Juden hatten Familiennamen schon viele Jahr-hunderte zuvor.) Dem Rufnamen wurde häufig als patronymischer Namenszusatz der Rufname des Vaters hinzugefügt, beispielsweise *Baruch ben Nerija* „Baruch Sohn des Nerija" oder *Atalja bat Omri* „Atalja Tochter des Omri". Ausnahmen gab es für rabbinische Dynastien (z.b. Namen des Herkunftsortes wie *Katzenelnbogen*) oder für Sippen- oder Stammesnamen (wie z.b. *Cohen* und *Levi*) (Wikipedia 2008b). Das erzwungene Leben neben der christlichen Mehrheitsgesellschaft hatte die Übernahme der sich zunehmend durchsetzenden Zweinamigkeit verhindert. Um die Wende des 18./19. Jahrhunderts gerieten auch die jüdischen Gemeinden in den Zugriff ordnungs-rechtlicher Ziele. Beginnend mit Österreich (1787), das schon 1776 die Annahme fester Namen verordnet hatte, folgten die deutschen Staaten (z.b. Preußen 1812, Bayern 1813, Württemberg 1828, Sachsen 1834), die das interessanterweise zunächst für die jüdischen Einwohner und erst später allgemein namensrechtlich für alle geregelt haben (vgl. Wagner-Kern 2002: 34, Fußn. 45). Das geschah „zumeist als Teil und Folge von Emanzipationsedikten" (ebd.) in Folge der euro-päischen Aufklärung. Allerdings war auch dieses Vorgehen eher Zwangsbeglückung als Wahl-möglichkeit. Zwar sollten die Juden gleichberechtigte Staatsbürger werden, aber möglichst unter Aufgabe des Judentums bzw. unter dessen Bewahrung allenfalls als Religion.

Juden konnten ihren Namen in der Regel frei wählen. Vereinzelt, insbesondere im westlichen Gali-zien, kam es zu erniedrigenden oder beleidigenden Nachnamen, zudiktiert von Militärkommissio-nen. Schöne Namen bekam man für viel Geld, scheußliche kostenlos, die höchsten Summen aber mussten für die Abwehr von unerträglichen Namen (z.b. *Sch(w)eißeimer*) aufgewendet werden. In Österreich (1787) und Frankreich (1808) war es untersagt, Namen mit eindeutig jüdischem Hintergrund, also Städtenamen, Namen aus dem Alten Testament oder Namen in jüdischer Spra-che als Familiennamen zu wählen, um die beabsichtigte „Emanzipation" nicht zu gefährden. In Österreich wurde sogar eine Liste mit 156 gesetzlich zugelassenen Vornamen erstellt. In Preußen gab es keinerlei Einflussnahme, man konnte „nach Gutdünken" verfahren, wobei die überwiegen-de Zahl der Haushaltsvorstände bei ihren bisherigen Vaternamen blieb. Man befürchtete offen-sichtlich keine Benachteiligungen auf Grund der Namenwahl (vgl. Bering 1995: 1305).

Die Namengebung hat sich regional sehr unterschiedlich entwickelt und lässt sich in Herkunfts-namen wie Orts- oder Ländernamen (z.b. *Berg, Allenstein, Kopenhagen; Englisch, Schlesinger, Fränkisch*) oder Stammesnamen *(Frank)* und Hausnamen *(Adler, Stern, Rothschild)* unterschei-den, in Väternamen als Abkürzungsnamen (*Bril* „Sohn (ben) des Rabbi Jehuda Levi") oder als Genitivnamen *(Jakobs, Jakobsohn)* und als – eine auffällige Besonderheit – Familiennamen aus Rufnamen *(Levi(sohn), Sarason, Ascher, Itzig)*, in Berufs-, Eigenschafts-, Spitz- und Necknamen (z.b. *Goldschmidt, Fleischer, Sänger; Groß, Fein, Gotthelf*) sowie Willkürnamen wie etwa galizi-sche Ekelnamen (z.b. *Bettelarm, Mausehund*) und Kunst- bzw. Phantasienamen (z.b. *Eisenhardt, Edelmann, Grünzweig; Morgenthau, Mandelbaum, Rosenduft*) oder judenchristliche Familien-namen bei der Taufe *(Christoph)* (vgl. ebd.: 1303 und Kunze 2004: 169).

Diese Kategorien sind allerdings nicht judenspezifisch, sie gelten für viele Namenentwicklungen. Die Kategorie „jüdischer Name", eigentlich nicht geeignet zu einer Grenzziehung, ist also ein Konstrukt, das aber immer wieder in unterschiedlicher Intensität aktiviert werden konnte. Das Namenrecht hat damit über die Jahrhunderte einer antisemitischen Politik gute Dienste geleistet. Nach der mittelalterlichen Judenfeindschaft, genährt im Wesentlichen von religiösen und durchaus auch wirtschaftlichen Gründen, war es die Phase des Antisemitismus ab Mitte des 19. Jahrhunderts, in der Juden verfolgt und biologistisch-rassistisch für minderwertig erklärt wurden. Dabei hat die „Namenpolemik" als jede Art von Aggression gegen die Namen von Personen oder Personengruppen zu deren Herabsetzung (Bering 1995: 1300) eine wichtige Rolle gespielt. Waren im Mittelalter Juden durch Kleidung, Wohnort, Beruf und Riten eindeutig erkennbar und ausgeschlossen, so drohte mit der Emanzipation und der namentlichen Angleichung die Identifizierbarkeit und Stigmatisierbarkeit verloren zu gehen. „Jetzt bekam der Name als unfortschaffbarer, weil rechtlich festgeschriebener Bestandteil der Person eine ganz andere Funktion" (ebd.: 1304).

Das Recht auf Namensänderung, auch von jüdischen Bürgern in Anspruch genommen, so aus Anlass des Übertritts zum Christentum, bei anstößig oder herabsetzend klingenden Namen und insbesondere bei zu antisemitischer Stigmatisierung nutzbaren jüdisch klingenden Namen, bekam eine besondere Bedeutung und wurde zum Kampffeld antisemitischer Kräfte. Namensänderungen wurden aber in der Regel restriktiv und als Ausnahme behandelt, jüdische Bürger sollten nicht von einer weiten Interpretation der Verordnungen profitieren (vgl. Wagner-Kern 2002: 81 f.). Dabei entsprach die öffentliche Polemik nicht im Geringsten dem qualitativen Umfang derartiger Anträge. Namensänderungen „jüdischer Namensträger", sowohl jüdischen wie christlichen Glaubens, blieben prozentual im Vergleich zum Gesamtaufkommen derartiger Gesuche sehr gering (vgl. ebd.: 111). „Von den 56 000 Namensänderungen in Preußen zwischen 1812 und 1932 betrafen nur 3 259 ‚so genannte jüdische Namen' (Änderungen polnischer im Ruhrgebiet bis 1935: 30 000); von dieser Summe muss noch die Menge der aus ‚jüdischen' Namen fliehenden Deutschbürtigen abgezogen werden (von Nazis geschätzt auf 20 %, Berechnungen Bering sogar zwei Drittel)" (Bering 1995: 1307).

Trotzdem gelang es im Übergang zum 20. Jahrhundert den antisemitischen gesellschaftlichen Kräften, „das vermeintliche jüdische Vorherrschaftsstreben durch die namentliche Stigmatisierung jüdischer Bürger zu belegen. Gleichzeitig mussten die Vertreter des Antisemitismus die rechtliche Erlaubnis zu einer Namensänderung, insbesondere die Ablegung ‚jüdischer Namen', als unerwünschte Möglichkeit der jüdischen Bürger erscheinen, sich der antisemitischen Stigmatisierung zu entziehen" (Wagner-Kern 2002: 88). Namensänderungen jüdischer Bürger wurden deshalb als gesellschaftliche Bedrohung diskreditiert und publizistisch, wissenschaftlich und politisch bekämpft. Angeblich jüdische Namen wurden zum Ansatzpunkt für Verhöhnung und Verächtlichmachung. Die Schwierigkeit blieb, dass gerade Christen biblisch-hebräische Namen gewählt hatten und es dadurch zu grotesken Kampfkonstellationen kam. Den „schönen" Namen *Rosenberg* trug etwa der maßgebliche Nazi-Ideologe *Alfred Rosenberg*. Der damalige NSDAP-Gauleiter von Berlin, *Joseph* (hebräisch „Gott möge weitere Kinder hinzufügen!") *Goebbels* schimpfte seinen

Hauptgegner, den jüdischen Polizeipräsidenten *Bernhard* (deutsch „Bär stark") *Weiß* als *Isidor* (vgl. dazu Kap. 1.9). Oder das Drängen der Nazis seit 1933, die Volksgenossen sollten völkisch-onomastisch korrekt ihre Namen verändern, beantworteten viele mit Widerstand und beispielsweise eine Reichsvereinigung der deutschen „Israel" mit der Verteidigung, dies sei ein guter deutscher Name (vgl. Bering 1995: 1306 f.).

Die nächsten Schritte, die namenpolitische Aussperrung und später die Ermordung der Juden, waren damit vorgezeichnet. Höhepunkt war dann „die offizielle, mittelalterähnliche Markierung sämtlicher Juden durch die Zusatz-Zwangsmaßnahmen *Israel* oder *Sara* ab 1.1.1939" (ebd: 1306). Die antisemitische Aufladung des Namenrechts war damit auch rechtlich vollzogen. Dies war erfolgreich nur möglich vor dem Hintergrund einer Jahrhunderte langen Tradition von Antijudaismus und Antisemitismus, die bewusst und geschickt zu nutzen wusste, dass Namen Identität zuschreiben, dass deren gezielte Stigmatisierung und Herabsetzung besondere Verletzungen zur Folge haben und dass die systematische antisemitische Namenpolitik sich im kollektiven Bewusstsein der Mehrheitsbevölkerung festsetzt. Namenpolitik als Sichtbarmachung und Kennzeichnung von Minderheiten und deren Entindividualisierung kann beitragen zu einer Aussonderung und schließlich sogar deren Ausrottung mit vorbereiten. Dies ist ein besonderes Kapitel „deutscher (Sprach-)Geschichte" (ebd.: 1309).

Victor Klemperer (1881–1960), Profesor für Romanistik an der Technischen Hochschule Dresden und 1935 auf Betreiben des NS-Gauleiters Mutschmann aus dem Hochschuldienst entlassen, schrieb in seinen Tagebüchern unter dem 24. Februar 1939 über die Zwangseinführung der jüdischen Vornamen: „Sonst keinerlei Veränderung; die Aussichten hinauszukommen sind gleich null, und da sich in den letzten Wochen für uns persönlich nichts zum Schlechteren gewandt hat – ich unterzeichne jetzt auf der Bank: Victor *Israel* Klemperer, aber ich bekomme doch noch meine Pension, es ist mir auch noch kein Termin für die Aufgabe des Hauses gestellt worden –, so leben wir eben fatalistisch weiter: Nur dass Evas Nerven immer mehr nachlassen" (Klemperer 1997: 461/462).

Und ER lehrte Adam alle Namen
Koran 2: 31

Namen im Islam

Islam

Islam bedeutet wörtlich „Hingabe an Gott", im Sinne einer Konzentration und freiwilligen Ausgerichtetheit auf Gott. Zum Wortstamm gehören Begriffe wie „heil sein" und „Friede", nicht aber „Unterwerfung *unter den Willen Gottes*", wie häufig kolportiert wird (Schleßmann/ Akashi-Böhmer 1995: 217). Der Islam ist mit 1,3 Milliarden Gläubigen nach dem Christentum (2,1 Milliarden) die zweitgrößte Religion der Welt. Er gehört mit dem Judentum und dem Christentum zu den drei großen monotheistischen und abrahamitischen Religionen. Er sieht sich in strenger Abgrenzung zum Polytheismus und insoweit auch zu christlichen Vorstellungen wie der Fleischwerdung Jesu als Sohn Gottes und der Dreifaltigkeit Gottes. Der Islam ist mehr als eine religiöse Gemeinschaft, er ist ein geschlossenes Wertesystem, das das Leben der Gläubigen umfassend gestaltet.

Name und Namengebung haben im Islam eine große Bedeutung. Das fängt mit dem Namen Gottes an. „Gott hat viele Namen und Eigenschaften, wovon er uns nur einige in seiner Offenbarung genannt hat", heißt es in einer der zahlreichen Internetseiten zum Thema Namen im Islam (www. islam.de). Hervorgehoben und gepriesen werden die 99 Namen Allahs – das Wort Allah kommt allein 2 685 mal im Koran vor – so etwa Allah der Große, der Erhabene, der Allmächtige, der Bezwingende, der Weise, der Gerechte und viele mehr (ebd.).

Die traditionelle Struktur islamischer Namen

Viele arabische Geschichten belegen, welch wichtige Rolle Namen zugeschrieben wird. „Der Name ist Teil der Person, oder besser gesagt, er *ist* tatsächlich die Person; wenn man jemandes Namen kennt, hat man daher Macht über die betreffende Person" (Schimmel 1995: 15). Einen Überblick über arabische Namen geben zu wollen, wäre müßig, da es kaum ein Wort gibt, das nicht zu einem bestimmten Zeitpunkt auch als Eigenname Verwendung gefunden hätte. Es gibt aber Grundmuster, die im Folgenden knapp skizziert werden sollen (vgl. ebd.: 16ff.):

- Jeder Personenname besteht traditionell aus fünf Bestandteilen, die in einer festen Folge Verwendung finden: Aus der „kunya", ein Beiname, der einer Person als Vater oder Mutter von jemandem bezeichnet (*abū* – Vater von ... bzw. *umm* – Mutter von ...). Damit kann die Elternschaft bezeichnet sein, etwa als Ehrung durch die Benennung des Erstgeborenen. Die kunya kann aber auch ein Hinweis auf Eigenschaften oder Gewohnheiten sein, häufig eher schlechte, z.B. *Abū Jahl,* „Vater der Unwissenheit".

- Der eigentliche persönliche Name „ism" kann praktisch aus jeden Wort gebildet werden, aus Adjektiven, Partizipien, Verben, aus abstrakten wie konkreten Substantiven. Häufig gehen isms auf den Koran oder historische Gestalten zurück, dann vielfach in Zusammensetzungen aus *'abd* „Sklave, Diener" und *Allāh,* z.B. *'Abdallāh,* „Diener Gottes". Zu finden sind als Substantive Tiernamen wie *Assad,* „Löwe", Pflanzennamen *kumīn,* „Kümmel", Gestirne *shams,* „Sonne", ja sogar Haushaltsgegenstände wie *salm,* „Eimer", aber auch Tugenden wie *Iqhāl* „Glück". Verben finden sich in verschiedenen Formen wie *Yazīd,* „Er nimmt zu" oder im Türkischen *Güven,* „Vertraue!" oder *Güngör,* „Sieh die Sonne!". Der Personenname ism wird manchmal erweitert durch ein „laqab mit *ad-dīn",* einen Ehren- oder Spitznamen, der auch als erster Name genannt werden kann.

- Es folgt der „nasab" als Abstimmungsname, der die Beziehung des Trägers zu seinen Vorfahren kennzeichnet, also die Beziehung von Sohn und Tochter zu Vater bzw. Mutter oder anderen Vorfahren und Verwandten. Das wird für Jungen ausgedrückt durch *ibn, bin,* bei Mädchen durch *ibnat, bint* (persisch: *-zāde;* türkisch: *-oğlu*) und den Namen des Verwandten (z.B. *Bint 'Abdallāh,* „Tochter des Diener Gottes"), manchmal auch durch die Berufsbezeichnung, (also z.B. *Ibn-az-Zayyāt,* „Sohn des Ölhändlers"). Viele Persönlichkeiten der islamischen Geschichte sind nur noch unter ihrem nasab bekannt, so *Ibn Sīnā* und *Ibn Rushd,* im Westen als *Avicenna* (persischer Philosoph und Arzt, geboren 980 in Afschana, verband die aristotelische Philosophie mit neuplatonischen Gedanken) und *Averroes* (arabischer Philosoph und Arzt, 1126 in Córdoba geboren, gilt als „Kommentator" des Aristoteles) bezeichnet.

- Dann gibt es noch die „nisba", den Herkunftsnamen, der den Geburtsort oder die nationale oder religiöse Zugehörigkeit anzeigt. Man kann mehrere nisbas haben, so etwa *Muhammad ad-Dimishqī al-Kūfī* als jemand, der aus Damaskus stammt, aber sich in Kufa niederließ und dort berühmt wurde (ebd.: 37). Nisbas können auch religiöse oder juristische Haltungen benennen.

- Schließlich der „laqab", der Zuname, der sich zum eigentlichen Familiennamen entwickelt hat, um die Person von einer gleichnamigen anderen zu unterscheiden, aber auch zur Ehrung (*qātil al-jū', „der den Hunger tötet") oder zur Schmähung (*udhn al-himār*, „Eselsohr"). Dabei waren der Fantasie keine Grenzen gesetzt, insbesondere für Feinde wurden hässliche Beinamen erfunden. Viele Beinamen entwickelten sich zu Familiennamen, zum Beispiel bei der bekannten irakischen Familie *al-Malā 'ika*, die in jüngster Zeit einen Premierminister gestellt hat, was „die Engel" bedeutet.

Annemarie Schimmel (1995: 16) gibt ein Beispiel für einen Namen nach diesem Muster: *Abū 'l-Mahāsin (Jamāl ad-dīn) Yūsuf ibn Abī Yūsuf Ya' qūb al-Makkī al-Hanbalī az-Zayyāt.* Der Name zeigt an, dass der Betreffende Vater von Mahasin ist, Yusuf heißt, dessen Vater Jakob hieß und der aus Mekka stammte, der hanbalistischen Rechtsschule angehörte und Ölhändler war. Der Ehrenname laqab mit *ad-dīn* geht oft allen anderen Namen voraus, so dass die Reihenfolge der Namenbestandteile in klassischer Schreibweise lautet: Laqab mit *ad-dīn* (Ehrenname) – kunya (Beiname: *abū* bzw. *umm*) – ism (persönlicher Name) – nasab (Abstammungsname: *ibn* bzw. *ibnat*) – nisba (Herkunftsname: *al ...*) – laqab (Zuname).

Diese Folge gilt insbesondere für ostarabische Länder wie Irak, Syrien oder Jordanien, Etwas anders gestaltet sich die Namengebung in westarabischen Ländern wie Ägypten oder Libyen, wo der Name in der Regel aus vier Bestandteilen besteht: Vorname – Name des Vaters – Name des Großvaters – Familienname, so wie der Name unseres Interviewpartners *Ahmad* („der Dankbare") *Mahmoud* („der Ehrwürdige") *Sayed Ahmed* („Der sehr Dankbare") *El-Khalifa* („der Nachfolger") (vgl. Interview El-Khalifa).

Aktuelle Namengebung

Namenbestandteile im Sinne der europäischen Familiennamen gibt es erst ab der zweiten Hälfte des 19. und verstärkt der ersten Hälfte des 20. Jahrhunderts. So hat sich aus dem ism der Vor- und aus dem laqab der Familienname entwickelt, die häufig durch die kunya als Beinamen ergänzt werden.

Die Kinder werden auch heute noch häufig nach den Großeltern benannt, also ein Junge nach dem Großvater, ein Mädchen nach der Großmutter (ebd.: 45). Darüber hinaus gibt es viele Quellen für die Wahl von Vornamen. Im Vordergrund stehen Namen, die Bezug nehmen auf Namen der islamischen Geschichte, die also sehr stark auf religiöser Grundlage beruhen, wie *Muhammad*, *'Alī*, *Husayn*, *'A'isha* oder *Fātima*. Dann gibt es Namen, die mit Allah oder anderen Namen Gottes zusammengesetzt werden, z.B. *'Abdullah*, „Diener Gottes", oder *'Abdur Rahmān*, „Diener des Barmherzigen" (vgl. Elger/Stolleis 2004: 244). Beliebt sind die Namen der Propheten, besonders wenn der Vater einen solchen Namen trägt, weil dann durch den inneren Bezug auf den Koran Harmonie hergestellt wird: *Ya 'qub* verträgt sich mit *Yūsuf* oder *Yahyā* mit *Zakariyā*, weil es Zusammenhänge zwischen Jakob und Josef sowie zwischen Zacharias und Johannes im Koran gibt (Schimmel 1995: 49). Aus diesen Namen wird zugleich deutlich, wie hebräische Namen von Personen des Alten Testaments als Propheten in den Koran und damit in den islamischen Namenkanon eingegangen sind.

Dabei gibt es Unterschiede zwischen Sunniten und Schiiten. Im sunnitischen Islam spielen die vier ersten Kalifen und ihre Namen eine besondere Rolle, die die Schiiten in der Regel nicht benutzen. Für sie sind es *'Alī,* der vierte Kalif, und seine Nachkommen. Den Frauennamen *'A`isha* gibt es nur bei den Sunniten, nicht bei den Schiiten (ebd.: 84,92). Es überwiegen aber die Gemeinsamkeiten. Ebenso gibt es Unterschiede zwischen den verschiedenen muslimischen Ländern, in denen je eigene Traditionen eine Rolle spielen (z.B. astrologische Konstellationen der Geburtsstunde in Indien) bzw. in denen sprachliche Umformungen stattfinden (etwa *Muhammad* in das türkische *Mehmed*) oder in denen eigenständige Abstammungsbezeichnungen existieren (aus dem arabischen nasab *ibn* wird im Persischen *-zāda* und im Türkischen *-oğlu*) (ebd.: 36).

Die Namenwahl, die immer auch religiöse, kulturelle oder politische Interessen und Vorlieben der Eltern widerspiegelt, ändert sich damit auch im islamischen Kulturkreis mit den gesellschaftlichen Verhältnissen. So werden religiöse Helden durch politische oder sportliche Führungspersönlichkeiten ersetzt. In der Türkei hießen Kinder nach *Menderes* (dem damaligen Ministerpräsidenten), in Ägypten wurden Drillinge *Gamal, Nehru* und *Tito* genannt, seinerzeit die Heroen der Dritten Welt. Drillinge in Izmir erhielten die Namen *Hürriyet, Uhuvvet* und *Musavat,* d.h. „Freiheit, Gleichheit, Brüderlichkeit" (ebd.: 51f.). In Zeiten der Globalisierung und der weltweiten Migration gleichen sich die Namen immer mehr an. Ausgewählt werden Namen, insbesondere in der Emigration, die leicht aussprechbar, im Einwanderungsland vertraut und nicht negativ besetzt sind wie *Shīrīn, Farīd* und ähnliche. Gefallen finden aber auch Namen aus anderen muslimischen Ländern wie *Jasmin* oder *Shirin* und Namen von Popgrößen oder aus Comics bzw. Märchen, z.B. *Shakira* oder *Heidi.*

Islam in Deutschland

Nach gegenwärtigen Schätzungen leben in Deutschland etwa drei Millionen Muslime. Im Verlauf eines halben Jahrhunderts Einwanderung ist der Islam zur drittgrößten Religionsgemeinschaft in Deutschland geworden. Die weitaus größte Gruppe mit über zwei Millionen Menschen ist türkischer Herkunft, gefolgt von Muslimen aus dem Balkan und aus arabischen Ländern sowie Iran, Afghanistan und Pakistan. Dazu kommt eine wachsende Gruppe konvertierter und eingebürgerter Muslime (vgl. Elger/Stolleis 2004:76).

Die Schreibweise muslimischer Namen arabischer Herkunft kann sehr unterschiedlich sein, je nachdem, ob der jeweilige Aussteller eines Passes mit lateinischen Buchstaben eher französisch oder englisch vorgeprägt ist. So kann sich einmal *Ahmet* (eher französisch), zum anderen *Ahmat* (englisch) finden, was sich bei jeder Passerneuerung verändern kann mit entsprechenden Verwirrungen im europäischen Aufnahmeland.

Die Namenwahl der Türken erfolgt gegenwärtig überwiegend nach individuellen Neigungen und modischen Vorlieben und hat sich von der klassischen arabischen Namenfolge abgewandt (vgl. Kapitel „Herkunftsland Türkei"). Heute erzählen die Namen deshalb nur noch selten etwas über Geschichte, Eigenschaften oder besondere Ereignisse, die der Namenwahl zu Grunde liegen, wenn auch alte laqab überlebt haben, vor allem in Berufsbezeichnungen, die mit *-ci* enden wie beispielsweise *Demirci,* „Schmied" oder *Mumcu,* „Kerzenmacher" (Schimmel 1995:180).

Der Name ist ein Teil des Menschen. Er sollte schön sein und eine positive Bedeutung haben. Aus der islamischen Überlieferung geht hervor, dass der Prophet Muhammad der Wahl und Bedeutung von Namen einen großen Wert beigemessen hat. Muslime in Europa stehen – sei es bei der Geburt eines Kindes oder bei der Annahme des Islams – vor der Frage, welcher Name ausgewählt werden soll. Diese Frage bedarf außerhalb der islamischen Welt, etwa hier im deutschsprachigen Raum, besonderer Aufmerksamkeit.

Und so gibt es auch eine lebhafte Diskussion im Internet über die Wahl islamischer, in der Regel arabischer Vornamen für das eigene Kind, die von Konvertierten und von Frauen und Männern aus bikulturellen Ehen und Partnerschaften geführt werden (vgl. etwa www.beepworld.de). Es werden Erfahrungen und Vorschläge ausgetauscht und lange Listen mit Gott gefälligen Namen in das Netz gestellt (z.B. www.gofeminin.de).

Aufgrund der historischen Entwicklung und der zentralen Stellung der arabischen Sprache sind islamische Vor- oder Rufnamen in der Regel arabischen Ursprungs. Nichtarabische Völker mit muslimischer Bevölkerung verwenden häufig einheimische und arabische Vornamen parallel, zum Teil werden sie entlehnt und umgeformt. Beim Übertritt zum Islam muss kein Namenswechsel erfolgen, häufig wird aber ein arabischer Name angenommen wie z.B. Dr. *Ayyub Axel Köhler*, ein deutscher Muslim, derzeit Vorsitzender des Zentralrats der Muslime in Deutschland.

Der Wert einer Kultur lässt sich danach bemessen,
wie sie mit ihren Minderheiten umgeht.
Kurt Tucholski (1890–1935)

1.9   Namen und Politik

Namenpolitik als Machtpolitik

Die existentielle und Identität stiftende Bedeutung von Namen war immer auch Anlass, durch die politische Instrumentalisierung von Namen Macht auszuüben und Herrschaft zu stabilisieren. Das fängt schon, wie eingangs beschrieben, mit der Entwicklung der Namen selbst an. Es sind vielfach Patronyme, also Namen, die vom Vater auf den Sohn übergegangen sind, die zur Herausbildung von Familiennamen geführt haben. Den endgültige Sieg des Patriarchats über matriarchale Namenentwicklungen bedeutete eine Gesetzgebung, die der Frau bei der Eheschließung den Namen ihres Mannes aufgezwungen hat, wie es über viele Jahrzehnte in vielen Ländern üblich war und sich erst in jüngster Zeit als Erfolg der Frauenbewegung wieder verändert hat.

Noch tief greifender waren namenpolitische Zwangsmaßnahmen, die in Folge von Kolonialisierung und christlicher Missionstätigkeit an südamerikanischen Indianern und insbesondere afrikanischen Völkern vorgenommen worden sind. Mit der Taufe, die nicht immer völlig freiwillig gewesen ist, war die freiwillige Annahme oder auch die Oktroyierung eines christlichen Heiligennamens verbunden. Allerdings wurde vielfach nicht nur der neue Glaube mit alten Überzeugungen und animistischen Traditionen verbunden. Neben dem christlichen Namen, der nach außen galt, fand innerhalb der tribalen Gemeinschaften der afrikanische Stammesname weiterhin Gebrauch. Ein ähnliche Übung findet sich bei Juden: Seit der Antike gibt es „ein Ritual onomastischer Selbstbewahrung", wonach Juden mit einem nicht-hebräischen Namen einen zweiten biblischen Namen erhielten: „synagogaler" Namen genannt, weil dieser bei jüdisch-religiösen Anlässen verwandt wurde wie der Aufrufung zum Thoralesen in der Synagoge (vgl. Bering 1995: 1302).

Namenpolemik als Unterdrückungspolitik

Wenn unter Namenpolemik jede Art von Aggression gegen die Namen von Personen oder Personengruppen zu deren Herabsetzung verstanden wird (ebd.: 1 304), so umfasst dieses breite Verständnis ein weites Feld von Polemik über Unterdrückung bis zur physischen Vernichtung.

Das fängt scheinbar harmlos an, wenn es etwa um die Ortsnamenpolitik geht, die aber als „onomastische Waffe" (Maier 2006) genutzt werden kann. Immer wieder war es ein Instrument der jeweils Herrschenden, durch Namenänderungen ihren Herrschaftsanspruch deutlich zu machen und der lokalen Bevölkerung die vertraute Identifikation mit der traditionellen Heimat zu rauben, um den Bruch in den Herrschaftsverhältnissen auch auf diese Weise zu verdeutlichen. Maier arbeitet diese Politik am Beispiel Polens heraus, wo seit 1815 im viermaligen Wechsel zwischen deutschen und polnischen Machthabern jeweils auch die Ortsnamen verändert wurden. Ähnliche Machtsdemonstrationen erfahren ethnische Minderheiten in der Mehrheitsgesellschaft, wenn elementare Rechte von Minderheiten wie die Anerkennung und Praktizierung von Zweisprachigkeit verweigert werden. Ein bedrückendes Beispiel ist bis heute Kärnten, wo der (2008 zu Tode gekommene) Landeshauptmann, also Ministerpräsident Jörg Haider sogar Urteile des Verfassungsgerichts missachtet und die deutsch-slowenische Zweisprachigkeit der Orts- und Straßenschilder verweigert hat. Positiv hebt sich dagegen Südtirol ab, wo die Rechte der deutschsprachigen Bevölkerung gewahrt sind und sich in der deutsch-italienischen Zweisprachigkeit der Ortsschilder niederschlagen.

Schon bei einer solchen Ortsnamenpolitik geht es um Identität und Identifizierung bzw. deren Beschädigung. Noch sehr viel weiter geht ein Umgang mit Namen, der direkt auf die Entpersonalisierung der Menschen zielt und den Zusammenhang von Namen und Identität zu zerstören trachtet. Eine solche Politik verfolgen Staatswesen, die neu entstehen oder sich neu erfinden und die einen Vielvölkerstaat repräsentieren, der ethnischen Pluralität aber die Anerkennung verweigern. Dies geschieht in der Regel aus einer inneren Unsicherheit heraus, weil die herrschenden Kreise ihrer Macht nicht sicher sind oder weil ideologische Motive eine homogene Staatsnation postulieren. So hat beispielsweise die Türkei nach der Staatsgründung durch Atatürk neben anderen Grundsätzen von Anfang an die Ideologie verfolgt, die türkische Nation basiere auf einem homogenen türkischen Staatsvolk. Als dessen Folge wurden ethnische Minderheiten negiert und etwa die Kurden als „Bergtürken" bezeichnet, wurde die kurdische Sprache verfolgt und wurden die kurdischen Namen verboten. Ganz ähnlich ist es den christlichen Assyrern ergangen – mit verheerenden Folgen für Identitätsbildung, Selbstbewusstsein oder Gruppenzugehörigkeit. Bei der amtlichen Vergabe von Familiennamen wurden gerade für Minderheiten – auch zum Teil für Armenier, Perser oder Griechen – Namen gewählt, die in zynischer Weise die ethnische Abstammung verhöhnten und provozierend das Türkentum betonten, wie es beispielsweise mit dem Namen *Öztürk* (bedeutet „echter Türke) oder *Boskurt* (gleich „grauer Wolf", ein legendäres Symbol türkischer Tradition und aktuell die Bezeichnung der extremen nationalistischen Rechten in der Türkei) geschah. Als Folge haben viele Angehörige von Minderheiten zwei Namen, einen türkischen für den offiziellen Gebrauch und einen kurdischen oder assyrischen für Familie und Stamm (vgl. dazu die Interviews mit Alixan Bozkurt und Sait Demir). Und dieser Machtanspruch wurde über die eigenen Grenzen hinaus ausgedehnt. Die türkischen Auslandsvertretungen versorgen die Standesämter des jeweiligen Ziellandes der türkischen Arbeitsemigration mit Listen von Namen türkischer Herkunft, die als erlaubt gelten und die etwa in deutschen Standesämtern lange Zeit Anwendung gefunden haben. Dagegen haben dann die ethnischen Minderheiten eigene Namenbücher veröffentlicht und mit Erfolg dafür gekämpft, dass inzwischen beispielsweise kurdische und assyrische Namen für in Deutschland geborene Kinder anerkannt werden (vgl. Lahdo 1987; Akreyî 1997).

Ähnliche Erfahrungen müssen auch Minderheiten in Diktaturen machen, insbesondere dann, wenn sie im Widerstand waren und geblieben sind. Katalanische und baskische Namen waren beispielsweise während der Franco-Diktatur in Spanien kaum existent, weil die jeweiligen Sprachen verboten waren. Auch hier entwickelte sich eine parallele Namengebung. Der spanische Name bzw. die spanische Aussprache fand im Außenverhältnis Gebrauch. In der Familie wurde die baskische Form benutzt.

Eher der Disziplinierung und Unterwerfung dient eine Tradition, die den persönlichen Namen durch eine Nummer ergänzt oder gar ersetzt, wie das Zöglinge in Internaten oder Insassen von Gefängnissen erleben, zuletzt besonders abschreckend vorgeführt in Guantánamo. Man kann auch gänzlich unschuldig zur Nummer werden, weil man beispielsweise als Kind ausgesetzt worden ist. „Ich war 77 2178. Ich bin Park Ying Min" beantwortet Miriam Stein die Frage „Wer bin ich?" (Laudenbach 2008). Die hinter diesen Namenwechseln sich verbergenden Identitätskonstruktionen hat Miriam Stein in einer Performance aufgearbeitet. Die 77 steht für das Jahr 1977, als sie namenlos in Seoul aufgefunden wurde, die Nummer wohl für ihre Registrierung. Den Namen hat ein Beamter aus den häufigsten koreanischen Namen zusammengesetzt, „wie Sabine Müller oder Erika Mustermann", der heutige Name ist Folge auch des Länderwechsels. Ihr Stück ist der künstlerische Versuch, sich der eigenen, gebrochenen, widersprüchlichen Identität zu versichern.

Der Vorbereitung seiner Vernichtung dient es dann, wenn der Mensch vollständig zur Nummer wird, wenn seine Individualität ausgelöscht wird und er Namen und Identität vollständig verliert, wie es die eintätowierte Nummer auf den Armen jüdischer Häftlinge etwa in Auschwitz sinnfällig vollzieht. Dem vorausgegangen ist in der Regel eine lange Geschichte namenpolemischer Zuspitzungen, wie sie beispielsweise am Antijudaismus und Antisemitismus im Kapitel „Namen der Juden" dargestellt wurde. Häufig ist es Übung, sich prominente Einzelpersönlichkeiten herauszusuchen und an ihnen das ganze Instrumentarium des tradierten Alltagsantisemitismus durchzuspielen. Das reicht von offenen Beschimpfungen über beziehungsreiche Anspielungen, Vergleiche und Assoziationen bis zu Verballhornungen und Wortverstümmelungen. Dietz Bering (1991) hat das in seiner Veröffentlichung „Kampf um Namen" am Beispiel der Polemik des Joseph Goebbels gegen den jüdischen Berliner Polizeivizepräsidenten Bernhard Weiß in den Jahren 1926 bis 1932 herausgearbeitet. Dieser Namenkampf war nicht nur ein Tiefpunkt der politischen Kultur der Weimarer Republik, er war ebenso ein Vorspiel und Hinweis auf die weitere Unterdrückungs- und Vernichtungspolitik. Goebbels belegte Weiß mit dem Namen „Isidor", der traditionell ein

Schmähname mit hohem antisemitischem Effekt war. Isidor wurde zu einer Namenwaffe, wie Goebbels es selbst in der Zeitschrift „Angriff" formuliert hat: „I s i d o r: das ist kein Einzelmensch, keine Person im Sinne des Gesetzes. I s i d o r ist ein Typ, ein Geist, ein Gesicht, oder besser gesagt, eine Visage (…)" (zitiert nach Bering 1991:250).

Vor diesem Hintergrund ist es besonders erschreckend, wenn noch heute Politiker in einem demokratischen Staat mit durchaus vergleichbaren Polemiken antisemitische Ressentiments schüren, um Erfolg bei Wählern zu erzielen. So ist Jörg Haider in Österreich 2001 im Vorfeld der Wahlen zum Wiener Landesparlament den Präsidenten der Israelitischen Kultusgemeinde in Österreich, Ariel Muzikant, polemisch angegangen. Völlig ohne Anlass und wie aus heiterem Himmel verstieg er sich in seiner Aschermittwochrede zu einem antisemitischen Sprachspiel unter Anspielung auf das bekannte Waschmittel: „Der Herr Ariel Muzikant. Ich verstehe überhaupt nicht wie, wenn einer Ariel heißt, so viel Dreck am Stecken haben kann. das verstehe ich überhaupt nicht …".

In einem Sammelband (Pelinka/Wodak 2002) sind diese Äußerungen durch Gutachten aus der Sicht unterschiedlicher Disziplinen analysiert worden mit dem Ergebnis, dass wieder einmal „der Jude" konstruiert und politisch instrumentalisiert werde. Und weiter heißt es im Vorwort der Herausgeber: Es ist als Aggressionsobjekt einer Ausgrenzung „der Jude" im Prinzip auch austauschbar, „der Zigeuner", „der Ausländer", „der Muslim" oder wer auch immer kann dieselbe Funktion übernehmen (ebd.: S. 8). – Haider musste nach seiner gerichtlichen Niederlage fünf Ehrenerklärungen abgeben.

Mit Namen wird also sehr wirkungsvoll Politik gemacht. Die Benennung dient der Konstruktion von Wirklichkeiten, die die Selbst- und Fremdwahrnehmung prägen. Die Beispiele zeigen, dass es vielfach Zwangsmaßnahmen sind, die die Identität ihrer jeweiligen Opfer bedrohen, beschädigen oder gar auslöschen. Oft sind damit kollektive Traumatisierungen verbunden, wie es die Erfahrungen der Juden über Jahrhunderte oder auch der Kurden seit Jahrzehnten belegen. Der sensible und korrekte Umgang mit Namen und ihrer Aussprache ist also unabdingbare Voraussetzung für gegenseitige Anerkennung und gelingende Kommunikation. Deshalb ist es so wichtig, in der Geschichts- und Erinnerungsarbeit die Toten aus der Anonymität der übergroßen Zahl herauszulösen und durch Anrufung und namentliche Benennung wieder zur Person werden und ihnen mit ihrer personalen Identität auch wieder menschliche Würde zukommen zu lassen. Das geschieht beispielsweise bundesweit durch die – auch Stunden dauernde – Verlesung der Namen getöteter Juden am 8. November anlässlich der Pogrome von 1938 oder auch lokal in Geschichtswerkstätten und Veröffentlichungen, wie das etwa in München vorbildlich für Schwabing und die Schwabinger Juden (Macek 2008) geschehen ist.

Ein schönes Beispiel der Benennung und der identifikatorischen Selbstdarstellung sowie der dadurch hervorgerufenen positiven Fremd- und Selbstwahrnehmung hat 2000 auf der Weltausstellung EXPO in Hannover der isländische Pavillon gegeben. War schon die Architektur – ein blauer Kubus, an dessen Wänden permanent Wasser floss und den Eindruck eines Eiswürfels vermittelte – aufregend und ebenso die Bespielung – ein Film imaginierte die isländischen Naturphänomene, aus denen ein realer Geysir herausschoss –, so war die Präsentierung des isländischen Volkes verblüffend. Wie der Abspann eines Filmes lief ununterbrochen ein Laufband an der Wand, auf dem die Namen aller (!) Isländer, die je gelebt haben, aufgeführt wurden. Neben den aktuell knapp 300 000 Einwohnern sollen es insgesamt 1,6 Millionen Namen gewesen sein (Hamburger Abendblatt 01.11.2000).

Den Deibel dreimal beim Namen genannt,
schon kommt er gerannt.
Volkstümlich Redewendung

1.10 Namen, Volksglaube und Mystik

Da ein Name erst die Identifikation einer Person ermöglicht, ranken sich um Namen und Benennungen zahlreiche magische oder mystische Vorstellungen. So spricht der Volksglaube in ganz unterschiedlichen kulturellen Kontexten dem Namen magische Kraft zu. Die Vorstellung, dass die Kenntnis des Namens Macht über die Namensträgerin oder den Namensträger verleihen kann, ist weit verbreitet. Es wird angenommen, dass durch die Kenntnis des Namens das Böse sowohl herbeizitiert als auch vertrieben, Macht gebrochen oder auch gefestigt werden kann. Der Aussprache tabuisierter Benennungen wird die Kraft zugesprochen, unheilvolle Prozesse in Gang setzen zu können. Der Name wird durch Aussprache zum Symbol des Gemeinten und kann seine Stelle vertreten (Lurker 1983: 475). Kulturell unterscheiden sich die mit diesen Vorstellungen einhergehenden Praktiken.

Der nordamerikanische Volksmund sagt beispielsweise, dass ein Kind durch einen falschen Namen krank werden kann. Eltern haben damit eine besondere Verantwortung bei der Wahl des Namens für ihr Kind. Tibetanische Eltern lassen zuweilen ihre kranken Kinder durch einen buddhistischen Priester umbenennen, um sie dadurch zu heilen. Haitianische Kinder bekommen häufig zwei Namen. Mit dem einem Namen wird das Kind angesprochen, der andere Name wird von den Eltern geheim gehalten, bis das Kind alt genug ist, um selbst darauf aufzupassen, dass der geheime Name nicht durch schwarze Magie missbraucht und gegen die Person gewendet werden kann. In verschiedenen Ländern geben Eltern ihren Kindern, insbesondere den Söhnen, Namen, die besonders nichtssagend oder hässlich sind, wie *Stuhl* in China, *Dung* auf Hawaii oder *Hundekot* in Tibet. Damit sollen böse Geister davon abgehalten werden, die Kinder zu rauben oder ihnen zu schaden (Aria 1992). Bei den Tlingit in Alaska gehören Namen zu den wichtigsten Besitztümern, die nach dem Tod der Namensträger neu verteilt werden. Jedem Clan der Tlingit gehört ein fester Namenbestand. Die Namen verbinden das Kind mit einem in ihm wiedergeborenen Vorfahren. Als die bleibenden Elemente des Clans gelten die Namen, nicht die Menschen, die nur Träger des Namens sind und für ihre Lebenszeit von der Kraft des Namens profitieren dürfen. Wenn ein Clan nicht genug Nachwuchs hat, um seinen Namenbestand erhalten zu können, werden Kinder aus anderen Clans adoptiert, um das wichtige Gut der Namen zu erhalten (Barley 2000: 241f).

In anderen Volksgruppen, beispielsweise in Polynesien, kann durch den Tod eines Menschen sein Name zum Tabu werden. Solange der Name des oder der Toten noch ausgesprochen wird, kann der Mensch, dem der Name gehörte, nicht zur Ruhe kommen. Wer den Namen von Toten ausspricht, zieht das Übel des Todes auf sich. Bei einem Todesfall werden alle Menschen umbenannt, die den gleichen Namen tragen. Entspricht der Name der verstorbenen Person einem konkreten Wort der Sprache, dann wird auch für dieses ein neuer Begriff gefunden (Crystal 1995: 9).

In machen ethnischen Gemeinschaften, z.b. bei verschiedenen Stämmen der australischen Ureinwohner, ist es üblich, dass die Menschen zwei Namen erhalten, einen öffentlich bekannten Namen, der allgemein verwendet werden darf, und einen geheimen Namen, der nur wenigen Gruppenmitgliedern bekannt ist (ebd.). Die Kenntnis eines solchen geheimen Namens verleiht angeblich Macht über den Namensträger oder die Namensträgerin und kann für magische Handlungen missbraucht werden. Bei verschiedenen Volksgruppen in Simbabwe sprechen sich selbst Eheleute nicht mit ihrem geheimen Vornamen an, um negativen Kräften keinen Zugang zur Partnerin oder zum Partner zu ermöglichen.

Die Vorstellung, dass der Name eines Kindes dieses mit seinen Vorfahren verbindet, ist weit verbreitet. Die Kung, ein Nomadenvolk, das in der Kalahari lebt, kennt nur fünfunddreißig Namen für jedes Geschlecht. Die Kinder werden nach nahen Verwandten benannt. Durch die namentliche Verbindung soll eine besondere Beziehung zu dem Menschen hergestellt werden, mit dem der Name geteilt wird. Wie die Tlingit glauben auch andere Volksgruppen an Reinkarnation, was für die Namenfindung von besonderer Bedeutung ist. So gibt es bei den Maoris auf Neuseeland die Vorstellung, dass ein Kind seinen Namen weiß. Dem Kind werden die in Frage kommenden Namen vorgesprochen. Niest das Kind bei einem Namen, so hat es seinen Namen gehört. Niesen wird für eine Kommunikation mit Geistern gehalten. Die Dyak auf Borneo halten dem Neugeborenen Grashalme hin, die mit Namen beschriftet sind. Durch die Berührung eines der Grashalme bestimmt das Kind seinen Namen selbst (Aria 1992).

Bei den Dusin auf Borneo ist der Charakter des Kindes für die Namenwahl entscheidend. Der Name muss mit Sorgfalt gewählt werden, da er eine wichtige Ressource für das Kind darstellt Er wird erst vergeben, wenn ein Kind fünf Jahre alt ist. Bis dahin trägt es einen vorläufigen Namen.

In vielen Gesellschaften wird der Name mit der Seele des Kindes in Verbindung gebracht und ein namenloses Kind als ruheloser Geist ohne jeden Schutz angesehen. So war im englischen Volksglauben die Vorstellung verbreitet, dass die Seelen von Kindern, die vor der christlichen Taufe sterben, zu Schmetterlingen werden.

Die Vorstellungen von der magischen Kraft der Namen finden sich auch in verschiedenen Volksmärchen, so auch in der Märchensammlung der Gebrüder Grimm. In dem Märchen „Rumpelstilzchen" triumphiert der gleichnamige Gnom, der Anspruch auf das Kind der Königin erhebt: „Ach wie gut, dass niemand weiß, dass ich *Rumpelstilzchen* heiß". Doch die Königin erfährt den Namen des Dämons. Indem sie ihn ausspricht, verliert der Gnom seine Macht und zerreißt sich aus Wut darüber selbst in der Mitte entzwei. Ein ähnliches Motiv findet sich im Märchen über König Olaf von Schweden. Der Monarch gibt bei einem Riesen einen Kirchenbau in Auftrag. Als Lohn verspricht der König Sonne, Mond und sich selbst, sollte es ihm nicht gelingen, den wahren Namen des Riesen herauszufinden. Kundschaftern des Königs gelingt es aber, die Mutter des Riesen zu belauschen, die ihren Sohn bei seinen Namen *Wind und Wetter* nennt. Als der König den Riesen mit diesem Wissen konfrontiert, geht der Riese seiner Macht verlustig und zerspringt in tausend Stücke (vgl. Ruoff 1995: 360).

Auch in der modernen Form fantastischer Märchen wird die Kopplung von Macht, Herrschaft und magischen Kräften in der Verbindung mit dem Wissen oder Vergessen von Namen aufgegriffen. So wagt es niemand in den Jugendromanen um den jungen Zauberer *Harry Potter* von Joanne K. Rowling, den Namen seines bösen Widersachers auszusprechen. Um sich nicht in Gefahr zu bringen, wird er bei einer Erwähnung *der Unaussprechliche* genannt. In den Fantasieromanen um den Drachenreiter *Eragon* von Christopher Paoli fallen die verräterischen Drachen dem Vergessen anheim, da ihre Namen als Strafe mit einem Zauber belegt wurden.

Wer glaubt, dass in der heutigen modernen Gesellschaft naive Zugänge zu Namen nur in alten oder auch modernen Märchen oder in der Namenforschung ihren Platz haben, sieht sich getäuscht. Zahlreiche aktuelle Veröffentlichungen setzen sich mit der assoziativen Etymologie auseinander. So nimmt auch der Sprachforscher und Psychologe Schaffer-Suchomel das Diktum „nomen est omen" wörtlich. Er sieht in Namen positive, das eigene Entwicklungspotenzial betreffende, oder aber negative Vorzeichen, die sich auf mögliche Risiken in der Persönlichkeitsentwicklung beziehen. Für ihn sind Namen Vorbedeutungen, die auf das Wesentliche eines Menschen hinweisen können. Diese Annahme leitet er daraus ab, dass „Namen" das lateinische bzw. hebräische Wort *amen* enthielten, was „es geschehe" bedeutet. Seiner Ansicht nach enthält damit jeder Name ein kollektives Bild. Er geht davon aus, dass der Name einer Person es anderen Menschen ermögliche, sich auf diese einzustellen, sie zu „orten" Er sieht darin die Möglichkeit, bei Geschäftsverhandlungen, Mobbingverfahren usw. von Namenanalysen zu profitieren, was mit einer gewissen Übung „innerhalb von Sekunden möglich" sei. Dabei sollten persönliche Interpretationen, die sich aus kollektiven Bildern speisen, reflektiert und zurückgestellt werden, um so eine „Immunität gegen Fehleinschätzungen" zu erreichen (Schaffer-Suchomel 2007: 41). Um dies zu ermöglichen, geht er den „Bildern und Kräften" der einzelnen Buchstaben des lateinischen Alphabets nach und interpretiert sie. So „ähnelt das A einer Stehleiter, die gespreizt auf der Erde steht" und „Einheit und Teilung" widerspiegelt (ebd., S. 51f). Darauf, dass Namen auch in einer anderen Schrift als der lateinischen geschrieben werden können, geht der Autor nicht ein.

Doch nicht nur im Volksglauben unterschiedlicher kultureller Gruppen oder im Aberglauben spielen Namen eine große Bedeutung, auch die Mystik hat sich intensiv mit Namen auseinandergesetzt. Mystik, Magie und Volksglaube in der Verbindung mit Namen sind ein weites und nur schwer voneinander abtrennbares Feld. So schreibt Christoph Daxelmüller (1995: 1867): „Die Grenzen zwischen theologischer Gotteserkenntnis, Mystik, Naturphilosophie und der Theorie von der operativen Magie waren stets fließend und umfassten die Technik des mystischen Versenkens in das Wesen der Gottheit ebenso wie den magischen Machtanspruch." Die Vorstellung, dass die Kenntnis von Namen Macht über Gottheiten und dämonische Wesen verleiht, war zu allen Zeiten und vielen kulturellen Kontexten weit verbreitet. Die abendländische Namenmagie speist sich laut Daxelmüller (ebd.) aus „antiken, gnostischen und jüdischen Quellen", in deren Mittelpunkt die Kenntnis des Namen Gottes steht. Der wahre Name Gottes oder auch einzelner Götter, wie beispielsweise im alten Ägypten, ist in vielen Kulturen ein streng gehütetes Geheimnis. Isis und Re hielten nach der Überlieferung ihren wahren Namen selbst untereinander geheim (Harmening 2005: 309).

Gläubige Juden sprechen den Namen Gottes nicht aus. Er wird stattdessen umschrieben durch *adōnaj (Herr)* oder *el 'elohim (Gott der Götter)* (ebd.). Im Hebräischen des Alten Testaments wurde der Gottesname mit vier Konsonanten geschrieben *JHWH*, das Tetragrammaton, Symbol der Göttlichkeit. Der Name *Jehova* lässt sich bis ins 14. Jahrhundert zurückverfolgen. Er entstand laut Crystal (1995: 9) aus der Fehldeutung christlicher Gelehrter. Die unter das Tetragrammaton eingesetzten Vokale von *adōnaj* wurden miteinander verbunden und irrtümlich als ein Wort gelesen. Der Ursprung von *Jehova* liegt also nicht in der Heiligen Schrift. Die richtige Aussprache von *JHWH* ist laut Crystal verloren gegangen. In allen monotheistischen Religionen hat der Gottesname eine hohe Bedeutung. Die Macht Allahs repräsentiert die unentwegt verwendete Formel „Im Namen Allahs des Barmherzigen und Gnädigen", die liturgische Standardformel „Im Namen des Vaters und des Sohnes und des heiligen Geistes" stellt die christliche Gemeinde unter den Schutz Gottes.

Im katholischen Volksglauben spielt die Bedeutung von christlichen Heiligennamen und die Anrufung von Engeln bei der Gewinnung von Schutz, Unterstützung und Hilfe eine große Rolle, wobei die *Adomontito generalis* den Gebrauch unbekannter Engelsnamen rügt (Harmening 2005: 310). Eine Zauberrolle aus dem 17. Jahrhundert nennt 110 Namen Marias und 75 Namens Christi, deren Anrufung Schutz versprechen. „Daß seindt die Namen Unseres Lieben Herrn JESU Christie, darinnen große Tugendt und wirkung verborgen; wer sye bey ihm tragt und liset, dem khan niemahlen was böses widerfahren" (Hamp 1961, zitiert nach Harmening 2005: 310). Die Macht, die sich aus der Heiligkeit speist, ist im Volksglauben oft mit dem Klang der Namen christlicher Heiliger assoziiert. (Knobloch, S. 1856). Knobloch führt dazu eine große Anzahl von Beispielen an: Dem Heiligen *Blasius,* (3. Februar) wird in Flandern die Fähigkeit zugesprochen,

Hautbläschen zu heilen, während er in Dänemark und in Tirol vor heftig blasendem Sturm schützt. Dagegen hilft er in Russland und bei den Südslaven gegen Haarkrankheiten und Haarausfall, denn in der dortigen Sprachform des Heiligennamen, *Volos* oder *Vlasij,* sind die Worte „volos" bzw. „vlas" erkennbar, die „Haar" bedeuten. Der Heilige *Clarus* (1. November) ist der Schutzpatron der Spiegelmacher, hilft bei Augenleiden und sorgt für klares Wetter. Der Heilige *Expedius* (19. Juni) wird in Frankreich und in Österreich bei schnell zu erledigenden Dingen gebraucht. In Nassau schlägt man am Tag des Heiligen *Jakob* (25. Juli) mit einem Stock auf Krautköpfe und ruft: „Jakob – Dickkopp!" Das verspricht ein gutes Wachstum und große Kohlköpfe. Der Heilige *Vinzenz* (22. Januar) schützt in Kroatien, Polen, in Frankreich und am Rhein in Deutschland die Weinberge und ist der Patron der Winzer.

Resümee

Die Bedeutung von Namen für die eigene Identität ist vor dem Hintetrgrund von Namenentwicklung, Namensystemen, Namenpolitik und Kommunikation deutlich geworden. Identitätsarbeit, also die Vergewisserung der eigenen Person, ist verbunden mit der Anerkennung durch Andere. Für das Gelingen interkultureller Verständigung sind Benennung, Identifizierung und Aufmerksamkeit gegenüber dem Gesprächspartner, der Gesprächspartnerin unabdingbare Voraussetzungen. Interkulturelle Kompetenz zeigt sich im kompetenten Umgang mit unterschiedlichen Namensystemen. Dieser kurze Abriss theoretischer Rahmenbedingungen soll die Einordnung der folgenden Themenfelder ermöglichen und erleichtern. Im nächsten Abschnitt geht es um die interkulturelle Praxis, also um Erfahrungen aus der Arbeit mit Menschen unterschiedlicher Herkunft und um Möglichkeiten, vor dem Hintergrund dieser Erfahrungen im Alltag pädagogischer und sozialer Arbeit eine Haltung der Anerkennung zu pflegen. Das kann nur an einigen ausgewählten Beispielen erfolgen.

Die Namengebung ist die wichtigste Sache der Welt.
Konfuzius (551–479 v. Chr.)

2. NAMEN IN DER INTERKULTURELLEN PRAXIS

2.1 Namen in interkulturellen Begegnungssituationen: Anregungen aus Gruppenbefragungen

Erwartungsabfrage in Fokusgruppen

Die folgenden Anregungen zum Umgang mit Eigennamen in interkulturellen Begegnungssituationen beziehen sich vor allem auf die Begegnung in Einrichtungen der Sozialen Arbeit. Sie sind das Ergebnis von fünf Fokusgruppenbefragungen, die im Rahmen des Projektes „Interkulturelle Qualitätsentwicklung im Sozialraum" (vgl. Handschuck 2008) und im Mehrgenerationenhaus „Unter den Arkaden" (vgl. Frauenknecht/Weber 2008) in München durchgeführt wurden. Zielsetzung dieser Befragungen war es, allgemeine Erwartungen der Nutzerinnen und Nutzer an die Servicequalität unterschiedlicher sozialer Einrichtungen zu ermitteln. Das gesammelte Datenmaterial wurde für die vorliegende Veröffentlichung erneut ausgewertet, um Aussagen zum Umgang mit Eigennamen heraus zu filtern. Überraschend war das Ergebnis, dass sich in allen fünf Befragungen die Diskutanten mit der Bedeutung von Namen auseinandergesetzt haben. Befragt worden waren

- eine internationale Frauengruppe mit Frauen ausschließlich nichtdeutscher Herkunft (Berufsförderung),
- eine gemischtgeschlechtliche Jugendgruppe unterschiedlicher Herkunft (Jugendarbeit im Freizeitzentrum),
- zwei Gruppen gemischtgeschlechtlicher Erwachsener, überwiegend Frauen unterschiedlicher Herkunft (Elternarbeit/Gemeinwesenarbeit)
- und eine Frauengruppe, die überwiegend aus Frauen mit Migrationshintergrund bestand (Frauentreff).

73

Ein Teil der von den Beteiligten geäußerten Erwartungen bezogen sich auch auf die Kommunikation im Behördenkontext und gingen über die Erwartungen an die jeweiligen Einrichtungen, in denen die Befragung stattfand, hinaus.

Die Methode der SERVQUAL-Befragung wurde von Zeithaml, Prasuman und Berry (1992) entwickelt. Sie beschäftigten sich mit der Fragestellung, wie die Erwartungen von Kundinnen und Kunden ermittelt werden können, da die Zufriedenheit maßgeblich dadurch bestimmt wird, ob die Erwartung an eine qualitativ hochwertiges Dienstleistung und das Erleben dieser Dienstleistung übereinstimmen. Entsteht eine Lücke zwischen Erwartung und Erleben, beeinflusst das die Bewertung der Dienstleistung insgesamt, auch wenn die wahrgenommene Lücke sich nur auf einen Teilaspekt der Dienstleistung bezieht. Zeithaml, Prasuman und Berry ermittelten zehn Qualitätsservicekriterien, die für die Beurteilung von Dienstleistungen maßgeblich sind. Eine ausführliche Darstellung der Vorbereitung, Durchführung und Auswertung von Nutzerinnen und Nutzerbefragungen findet sich in der demnächst erscheinenden Veröffentlichung „Mehrgenerationenarbeit" (Handschuck/Schröer 2010). Die im Folgenden dargestellten Erwartungen und Ideen von Nutzerinnen und Nutzern zum Umgang mit Namen in sozialen Einrichtungen sind den von Zeithaml, Prasuman und Berry ermittelten zehn Qualitätsservicekriterien zugeordnet.

Erscheinungsbild

In allen fünf Diskussionsgruppen tauschten sich die Diskutanten darüber aus, dass der erste Besuch einer Einrichtung oft mit einer Verunsicherung einhergeht, die dadurch gemildert werden kann, dass man zumindest eine Person in der Einrichtung namentlich kennt. Dadurch fällt es leichter, nach dieser Person zu fragen und den ersten Kontakt aufzubauen. Die Kontaktaufnahme wird durch das Erscheinungsbild der Einrichtung, besonders durch die Gestaltung des Eingangsbereichs, erleichtert oder erschwert. Den Zugang erleichtert eine Infotheke oder „ein Büro mit offener Tür". Ein ansprechend gestalteter Wartebereich trägt zur Entspannung bei.

In allen befragten Gruppen wünschten sich die Teilnehmerinnen und Teilnehmer eine Hilfe bei der Kontaktaufnahme. Die Frauen der internationalen Frauengruppe äußerten, dass es ihnen schwer falle, zu überblicken, wer in der Einrichtung arbeitet und wer Besucherin ist, da dies äußerlich nicht erkennbar sei. Ein häufiger Wechsel von Praktikantinnen und Honorarkräften erschwere den Überblick auch für Frauen, die die Einrichtung bereits kennen. Gewünscht wurde eine Übersichtstafel im Eingangsbereich mit Fotos von allen Mitarbeiterinnen, ihren Namen und was sie jeweils in der Einrichtung anbieten.

Als Beispiel für eine unangenehme Wartesituation wurde ein Warteraum in einer Behörde genannt. Durch die Annordnung der Stühle in Reihen sei es kaum möglich, mit anderen Wartenden ins Gespräch zu kommen. Der Aufruf mit Nummern statt mit Namen sei unpersönlich und einschüchternd.

Ausstattung

In zwei Gruppen erwarteten die Befragten, dass durch Namensschilder (gemischte Gruppe Erwachsener) oder durch auffällige Buttons mit dem Logo der Einrichtung und dem Vornamen (Jugendgruppe) erkennbar sein sollte, wer als Fachkraft ansprechbar ist.

Namensschilder an den Zimmertüren sollten nicht nur den Vor- und Zunamen aufführen, sondern auch durch die übliche Anrede „Frau" oder „Herr" ergänzt sein. Nicht immer erschließe sich im interkulturellen Kontext aus dem Vornamen das Geschlecht. Wenn Fachkräfte nicht mit ihrem Vornamen angesprochen werden möchten, sollte dieser auch nicht auf dem Namensschild stehen. Eine Teilnehmerin berichtete, dass sie aus Unkenntnis den Vornamen, verbunden mit der Anrede „Frau", bei einer Sachbearbeiterin verwendet habe. Erst nach mehreren Treffen sei sie von der Fachkraft unfreundlich darauf hingewiesen worden, dass das in Deutschland nicht üblich sei. Sie habe sich zurechtgewiesen gefühlt, sich geschämt und sei nicht mehr gerne in die Beratung gegangen.

Hilfreich sei, wenn Informationsbroschüren nicht nur das Angebot beschreiben, sondern auch die Mitarbeiterinnen und Mitarbeiter namentlich und möglichst mit Foto vorstellen.

Erwartet wurden in drei Gruppen Visitenkarten, die es ermöglichen, sich den Namen der zuständigen Fachkraft zu merken.

Zuverlässigkeit

In drei Gruppen tauschten die Befragten ihre Erfahrung aus, dass die angegebenen Namen auf Türschildern, in den auseliegenden Broschüren oder im Telefonverzeichnis selten mit den angetroffenen Personen übereinstimmen. Durch leicht austauschbare Einsteckkarten bei Tür- und Ansteckanamenschildchen könnten beispielsweise Namen, Funktionen und Personen ständig aktualisiert werden. Veränderungen in der Zuständigkeit könnten in Broschüren handschriftlich vermerkt werden, wenn ein Neudruck nicht finanzierbar sei.

In allen Gruppen wünschten sich die Befragten, dass die Fachkräfte sich ihre Namen merken oder notieren, und sie namentlich angesprochen werden. Dadurch fühle man sich als Person wahrgenommen.

Die zuverlässig richtige Schreibweise ihrer Namen wurde in vier Gruppen als Erwartung angesprochen. Alle hatten die Erfahrung gemacht, dass sie Briefe erhalten mit teilweise kuriosen Falschschreibungen ihrer Namen. Der Austausch darüber wurde sehr lebhaft geführt. Von einem Teil der Diskutanten wurde darüber Belustigung, von anderen aber auch Kränkung und Verärgerung ausgedrückt. Überwiegend wurde die Falschschreibung von Namen als Inkompetenz wahrgenommen.

Kompetenz

In allen Gruppen wurde diskutiert, dass im interkulturellen Kontext oft Vor- und Nachname falsch zugeordnet werden. Auch kann es passieren, dass gerade Menschen mit Migrationshintergrund jahrelang mit dem falschen Geschlecht angeschrieben werden. Erwartet wurde, dass Mitarbeiterinnen und Mitarbeiter Wertschätzung ausdrückten, sich um die richtige Aussprache und Schreibweise bemühten und dies durch Nachfragen verdeutlichten. Ein Teilnehmer aus der Jugendgruppe berichtete, dass ein Sozialpädagoge in zwei Jahren noch immer nicht gelernt habe, seinen Namen richtig auszusprechen, was dazu geführt habe, dass er nicht mehr an den Angeboten dieser Fachkraft teilnehmen würde.

In zwei Gruppen wurde erwartet, dass gerade die Fachkräfte, die viel mit Menschen mit Migrationshintergrund zu tun haben, sich die wichtigsten Ausspracheregeln ihrer Zielgruppe aneigneten. Eine Teilnehmerin empörte sich darüber, dass sie ständig auf ihre Aussprachefehler von einer Jugendamtsmitarbeiterin hingewiesen worden wäre, diese aber nicht einmal einen üblichen türkischen Familiennamen richtig aussprechen könne.

Von einem Teil der Befragten wurde gewünscht, dass bei der Schreibung ihrer Namen die üblichen Sonderzeichen verwendet würden, da sie Bestandteil ihres Namens seien und sich die Bedeutung ihrer Namen durch eine eingedeutschte Schreibweise verändern würde.

Entgegenkommen

Für den Gesprächseinstieg, auch im Behördenkontakt, ist es eine Erleichterung, wenn die Sachbearbeiterin oder der Sachbearbeiter nicht nur nach Namen und Anliegen fragen, sondern sich auch mit ihrem Namen und ihrer Funktion vorstellen. Erwartet wurde darüber hinaus die Nachfrage, mit welchem Namen die Nutzerin oder der Nutzer einer sozialen Einrichtung angesprochen werden möchten.

Die Akzeptanz der Selbstdefinition wurde besonders intensiv in der Jugendgruppe diskutiert. Beispielsweise wollte eine Jugendliche nicht von den sozialpädagogischen Fachkräften mit ihrem Spitznamen angesprochen werden. Der sei nur ihren Freundinnen und Freunden vorbehalten. Ein Jugendlicher legte dagegen sehr viel Wert darauf, mit Spitznamen angeredet zu werden, weil er sich durch seinen offiziellen Vornamen gar nicht angesprochen fühlen würde. Viele der Jugendlichen legten auf unterschiedliche Ansprachen in unterschiedlichen Kontexten Wert – wobei überwiegend die Ansprache mit dem offiziellen Vornamen durch die Eltern und durch Schulpädagogen gewünscht wurde, während dem Spitznamen oder auch unterschiedlichen Spitznamen in der Ansprache der Jugendlichen unter sich der Vorzug gegeben wurde. Kosenamen sollten öffentlich vermieden werden und seien nur im Kontakt mit der Partnerin oder dem Partner erlaubt. Ein Jugendlicher erzählte, dass er im Fußballverein nur „Bombe" genannt würde und, wenn er „Mist gebaut" habe, auch mal „Banane". Das sei im Verein durchaus „okay", nicht aber im Jugendzentrum, da trage er einen anderen Spitznamen.

In der Frauengruppe wurde sehr viel Wert auf die Ansprache mit dem Vornamen gelegt, auch durch die sozialpädagogischen Fachkräfte. Der Vorname sei nicht an das „Du" gebunden. Wenn man sich noch nicht so gut kenne, sei es auch möglich, den Vornamen mit der Anrede „Frau" zu kombinieren. Die Ansprache mit dem Familiennamen sei formal und würde eher als Zurückweisung empfunden.

Freundlichkeit
Durch die Ansprache mit Namen kann Interesse und Wertschätzung ausgedrückt werden. In zwei Gruppen berichteten verschiedene Teilnehmerinnen und Teilnehmer, dass dabei der Ton eine große Rolle spielen würde. Eine Teilnehmerin erzählte, dass die Ansprache mit „Sie sind also Frau Dolu" sie sehr gekränkt habe, weil es wie ein Vorwurf geklungen habe. Auch die Jugendlichen nannten Beispiele, wobei die Aussprache des Namens nur mit einer „speziellen" Betonung bereits eine Ermahnung ausdrücken könne.

In allen Gruppen wurde Wert auf eine persönliche Ansprache gelegt, die mit einer gegenseitigen Vorstellung einhergehe, auch wenn die angesprochene Fachkraft nicht zuständig sei. Bei einer Weitervermittlung sollte nicht nur eine Zimmernummer weitergegeben, sondern auch der Name der zuständigen Person genannt werden. In zwei Gruppen gaben die Befragten Beispiele von erwarteten Redewendungen, wie „Frau Schmitt wird Ihnen gerne weiterhelfen", die geeignet sind, Unsicherheiten durch eine freundliche Ansprache abzubauen.

Ein guter Gesprächseinstieg kann sein, nach der Bedeutung oder der Herkunft eines Namen zu fragen. Die Frauen der Frauengruppe hatten damit gute Erfahrungen gemacht und sahen darin eine Möglichkeit des gegenseitigen Kennenlernens in einer Gruppe. Für den offiziellen Kontakt lehnten sie dagegen eine Nachfrage nach der Bedeutung und Herkunft ihres Namens ab. Das würde eher Neugier als Freundlichkeit ausdrücken. Außerdem bestünde keine Gegenseitigkeit. Eine Behördenmitarbeiterin wäre beispielsweise überrascht über die Gegenfrage, wo denn ihr Name herkäme.

Wird der Name bei der Anrede oder im Gespräch vermieden, wirkt das Gespräch unfreundlicher oder distanziert. Einige der Befragten äußerten, dass sie lieber falsch als gar nicht mit Namen angesprochen werden würden, wenn dabei deutlich wäre, dass sich das Gegenüber um die richtige Anrede und Aussprache bemühen würde.

Vertrauenswürdigkeit
Wenn sich Fachkräfte selbst vorstellen oder in einem Gespräch den Namen einer dritten Person nennen, empfinden es die Befragten als hilfreich, wenn sie ein paar Informationen über ihre Gesprächspartner oder die dritte Person erhielten. Vertrauen entstehe oft dadurch, dass man weiß, mit wem man es zu tun habe und was man erwarten könne. Ebenfalls wurde in allen Gruppen angesprochen, dass man oft im Vorfeld eines Kontaktes Informationen über Personen einhole. Erhalte man die Auskunft, „der oder dem kannst du vertrauen", erleichtere das den Erstkontakt sehr. Außerdem sei mit bekannten Namen oft ein Vertrauensvorsprung verbunden. Wichtig sei dabei, ob die Person „einen guten Ruf" habe.

Ein Jugendlicher sprach an, dass ein Sozialpädagoge einen Spottnamen, mit dem der Jugendliche im Freizeitheim geärgert worden war, in einem Gespräch mit dem Lehrer des Jugendlichen erwähnt habe. Der Jugendliche wertete dies als schweren Vertrauensbruch und als Bloßstellung.

Sicherheit

In drei Gruppengesprächen wurde das Thema Sicherheit angesprochen. Wichtig sei, dass man wisse, ob mit dem eigenen Namen verbundene Informationen weitergegeben würden, und wie, warum und an wen dies geschehe. Die Diskutanten erwarteten, dass sie darüber genau aufgeklärt würden.

Eine Jugendliche berichtete, dass in einer Einrichtung „Akten" von den Jugendlichen angelegt worden seien. Sie hatte bei einem Gespräch mit der Einrichtungsleitung in deren Schreibtischschublade ein Hängeregister mit ihrem Namen entdeckt. Beunruhigt darüber, was in dieser Akte stehen könnte, habe sie sich mit einer anderen Jugendlichen ins Büro geschlichen, um nachzuschauen. Sie seien erwischt worden. Die Einrichtungsleitung habe sie dann in ihre eigene Akte schauen lassen. Darin sei nur der Anmeldebogen gewesen und die Bescheinigung ihrer Eltern, dass sie Schwimmen gehen dürfe. Danach habe sie sich nicht mehr unsicher gefühlt. Auch die anderen Jugendlichen teilten die von ihr formulierte Erwartung, dass sie darüber informiert werden, was über sie zu welchem Zweck schriftlich festgehalten werde und wer dies lesen dürfe.

Eine Teilnehmerin fühlte sich sehr stark dadurch verunsichert, dass sie nicht einschätzen konnte, ob ein Antrag auf soziale Hilfeleistungen an die Ausländerbehörden weiter gegeben und „ihr Name gemeldet" werden würde. Auch wisse sie nicht, ob das negative Auswirkungen auf ihren Aufenthalt haben könne. Sie habe Hemmungen, die zuständige Sachbearbeiterin beim Sozialamt direkt danach zu fragen, und erwarte, dass man sie besser informiere.

Erreichbarkeit

Die Kenntnis des Namens von zuständigen Personen hilft dabei, diese zu erreichen. Der Name sollte immer in Verbindung mit der Funktion, den Sprechzeiten, der Telefonnummer und der E-Mail-Adresse weiter gegeben werden, z.B. in Form einer Visitenkarte. Diese Erwartung wurde in einer der Diskussionsgruppen formuliert. Schwer sei es, wenn man sich durchfragen müsse und von einer Person zur anderen weiter verbunden werde oder „in einer Warteschleife hängen" bleibe.

In zwei Gruppen wurde die Erwartung geäußert, dass während der Öffnungszeiten auch in einer kleineren Einrichtung eine Ansprechperson namentlich benannt werde, an die man sich auch ohne Voranmeldung mit schnell zu klärenden Fragen wenden könne.

Verständlichkeit

Die namentliche Unterschrift unter einem Vertrag, einer Beitrittserklärung oder einem Antrag hat eine besondere Bedeutung. Wichtig ist, sich zu vergewissern, ob die damit verbundenen Konsequenzen verstanden und gewollt sind.

In einer Diskussionsgruppe berichtete ein Teilnehmer, bestätigt durch eine Teilnehmerin, dass es manchmal nicht verstanden würde, wozu man sich bei der namentlichen Unterschrift unter Anträge oder Formulare genau verpflichte. Die Teilnehmerin erzählte, dass sie eine Schweigepflichtentbindung habe unterschreiben müssen, als sie ihr Kind bei einer Hausaufgabengruppe angemeldet habe. Sie habe sich nicht getraut zu fragen, was sie da genau unterschreibe, da sie befürchtete, eine Nachfrage würde sie als „dumm" erscheinen lassen.

2.2 Namen in interkulturellen Begegnungssituationen: Zusammenfassende Empfehlungen

1. Vergegenwärtigen Sie sich, dass sich Namensysteme kulturell unterscheiden und der in Deutschland praktizierte Umgang mit Namen nur eine Möglichkeit unter vielen ist.

2. Fragen Sie nach, wie die Person angesprochen werden möchte.

3. Stellen Sie sich selbst mit ihrem Namen und der von Ihnen gewünschten Anredeform vor.

4. Klären Sie, ob ein Familienname im deutschen Sinne üblich ist und welcher Name der Familienname oder Nachname ist und welcher oder welche Namen Ruf- oder Beinamen sind. Auch in offiziellen Dokumenten kann sich die Reihenfolge in den verschiedenen Ländern unterscheiden. Nicht in allen Ländern sind Familiennamen obligatorisch.

5. Vergewissern Sie sich, dass Sie den vollständigen Namen der Person aufgenommen haben und nicht nur einen für die Alltagskommunikation verwendeten Namensteil.

6. Informieren sie sich, ob ein Titel lediglich eine Ergänzung oder aber ein Bestandteil des Namens ist.

7. Bemühen Sie sich um die richtige Aussprache des Namens und lassen Sie sich bei Bedarf bei der Aussprache helfen. Ein Lautschriftvermerk oder die Unterstreichung der zu betonen Namenssilbe kann hier hilfreich sein.

8. Vergewissern Sie sich, dass die Schreibweise des Namens richtig ist.

9. Aus unbekannten Namen kann die Geschlechtszugehörigkeit nicht erschlossen werden. Ergänzen sie den Namen durch „Herr" oder „Frau" als Orientierungshilfe für den Schriftverkehr.

10. Vergewissern Sie sich, ob üblicherweise das Geschlecht durch eine weibliche bzw. männliche Endung des Familiennamens erkennbar ist. Teilweise verzichten Frauen in Deutschland auf die weibliche Familiennamensform des ihnen vertrauten Namensystems, teilweise ist sie ihnen sehr wichtig. Fragen Sie nach der gewünschten Form der Anrede und der Schreibweise des Namens.

11. Informieren Sie sich, ob eine junge, unverheiratete Frau auch mit „Frau" angesprochen werden möchte oder ob dies in der Herkunftskultur als „ehrenrührig" gilt.

12. Gehen Sie nicht davon aus, dass sich Familienzusammengehörigkeiten durch den Nachnamen erschließen. Fragen Sie bei Bedarf, wie die einzelnen Familienmitglieder mit vollem Namen heißen.

13. Informieren Sie sich vor einem Beratungstermin über Konventionen einer höflichen, namentlichen Begrüßung, wenn Sie wenige Kenntnisse über das Herkunftsland ihres Gegenübers haben. Sprechen Sie eigene Unsicherheiten an.

14. Benutzen sie eine Arbeitshilfe, um sich über die Verwendung von Sonderzeichen und Ausspracheregeln zu informieren.

2.3 Namen in der interkulturellen Gruppenarbeit: Die Geschichte meines Namens

„Die Geschichte meines Namens" ist in der interkulturellen Arbeit eine inzwischen sehr bekannte Übung, da sie in besonderer Weise zur Vorstellung in Gruppen geeignet ist (vgl. Handschuck/ Klawe 2004: 124). Dadurch, dass jede Person die Geschichte ihres Namens erzählt, erhält sie durch die anderen Gruppenmitglieder Aufmerksamkeit und wird in ihrer ganz individuellen Erzählweise wahrgenommen. Stimme und Ausdrucksweise, Gestik und Mimik werden vertraut. Es wird deutlich, dass der Name zur eigenen Biografie, zur eigenen Identität gehört. Den Teilnehmerinnen und Teilnehmer werden Unterschiede aber auch Gemeinsamkeiten bewusst. Gleichzeitig können sie sich mit der Aussprache der Namen vertraut machen und erfahren, wie die jeweiligen Personen angesprochen werden möchten. Namen, die mit einer persönlichen Geschichte verbunden sind, prägen sich darüber hinaus besser ein, da sie mit Bildern verbunden werden können.

Für diese Form der Vorstellungsrunde sollte sich Zeit genommen werden, damit eine ruhige Erzählatmosphäre und Aufmerksamkeit entstehen können. Jede Person muss die Gelegenheit haben, zwei bis drei Minuten von sich zu erzählen. Eine Gruppengröße bis 16 Personen ist ideal. Auch für Gruppen, die sich bereits kennen, ist diese Übung geeignet, da sie neue Aspekte der Personen in den Vordergrund rückt. In Studienseminaren zur interkulturellen Arbeit haben wir gute Erfahrungen auch mit größeren Gruppen gemacht. Voraussetzung für diesen persönlichen Einstieg ist ein konzentriertes Arbeitsklima.

Die Geschichte meines Namens ist für alle Altersgruppen über zehn Jahren geeignet. Mit Kindern sollte sie in dem geschützten Rahmen einer Kleingruppe durchgeführt werden, in der bereits Regeln für den respektvollen Umgang miteinander gemeinsam entwickelt wurden. Die folgenden vier Varianten sind nur ein kleiner Ausschnitt von Beispielen des möglichen Einsatzes der Übung.

Vorstellungsrunde in der Gruppenarbeit mit Erwachsenen

Die Teilnehmerinnen und Teilnehmer der Gruppe werden begrüßt und eingeladen, sich näher kennen zu lernen. Sie werden gebeten, sich mit der Geschichte ihres Namens vorzustellen. Die Gruppenmoderation beginnt, die Geschichte ihres Namens zu erzählen und gibt so den Teilnehmerinnen und Teilnehmer für Art und Umfang der Erzählungen ein Beispiel. Sie gibt nach ihrer Geschichte das Wort an die nächste Person weiter und zeigt Aufmerksamkeit und Interesse. Sie bedankt sich für die Erzählung und wendet ihre Konzentration der nächsten Person zu.

Einleitende Worte können sein:
Jeder Mensch trägt einen Namen, den andere Menschen für ihn ausgesucht haben. In jedem Namen ist ein Stück Geschichte enthalten und Namen sind Teil unserer Identität. Bitte erzählen Sie von der Geschichte Ihres Namens und schenken Sie ihre Aufmerksamkeit jeder einzelnen Person und ihrer Geschichte. Ich möchte Ihnen nun erzählen, wer meinen Vornamen ausgesucht hat und was er für mich bedeutet, woher mein Familienname kommt und wie ich angesprochen werden möchte.

Einstieg in die interkulturelle Arbeit mit Studierenden (Pädagogik, Sozialpädagogik)

Auf zwei vorbereiteten Pinnwänden, die im Eingangsbereich des Seminarraums stehen, sind unterschiedliche Zeitungsartikel, Heirats- und Todesanzeigen, Zitate, Sprichwörter und andere Materialien zum Thema Eigennamen ausgehängt. Die Pinnwände sind ansprechend gestaltet, um die Eintreffenden zum Lesen zu motivieren. Auf einem Büchertisch sind vielfältige Publikationen zum Thema Eigennamen ausgestellt. Die Studierenden werden begrüßt und es wird ihnen zehn Minuten Zeit gegeben, damit sie sich umzuschauen können. Nach einer sehr knappen Einführung in das Thema (Schlüsselbegriffe werden dabei auf einer Wandzeitung visualisiert) werden die Studierenden gebeten, die Geschichte ihres Namens zu erzählen. Während der Erzählrunde notieren sich die Studierenden Hinweise in den Erzählungen auf die genannten Schlüsselbegriffe. Eine inhaltliche Auswertung schließt sich an und leitet zur Vorlesung über.

Einleitende Sätze können sein:
Für die interkulturelle Pädagogik gilt nach Auernheimer (2003) Anerkennung als leitendes Prinzip. Das verweist auf den Begriff der Identität. Unsere Namen sind ein Teil unserer Identität. Der Gemeindepsychologe Heiner Keupp u.a. (1997) definieren Identität als „Selbstnarration", also als Selbsterzählung, als eine biografische Rekonstruktion. Kulturelle Identität basiert auf der Auseinandersetzung mit dem je kulturell spezifischen Habitus, der in der Begegnung für mich und andere zum Gegenstand der Aufmerksamkeit wird. In allen Kulturen gibt es Eigennamen und in allen Kulturen erfüllen die Verwendung, Umschreibung oder Auslassung von Namen kommunikative Funktionen. Respekt, Missachtung, Anerkennung oder Distanz werden ausgedrückt, die Anrede mit dem Namen vermittelt soziale Rollen und Beziehungsaspekte. Bevor wir uns mit den Inhalten Kultur, Identität, kulturelle Identität, Narration und Anerkennung theoretisch auseinandersetzen, möchte ich Sie zu einer Übung einladen, die alle diese Begriffe praktisch aufgreift. Ich bitte Sie, die Geschichte Ihres Namens zu erzählen. Schenken Sie Ihre Konzentration und Aufmerksamkeit jeder einzelnen Person. Bitte machen Sie sich während der Erzählrunde kurze Notizen zu Hinweisen auf das Thema Kultur in den Erzählungen oder auch zu den anderen Arbeitsbegriffen.

Auswertung:
Nach der Erzählrunde tauschen sich die Studierenden darüber aus, welche kulturellen Hinweise in den Namensgeschichten enthalten waren, wie beispielsweise Hinweise auf die Religion durch die Nennung von Paten; auf christliche, jüdische oder muslimische Namen; auf Namen, die auf eine geografische Herkunft deuten oder aus Berufen der Vorfahren abgeleitet wurden; auf Familientraditionen wie die Weitergabe von Vornamen der Eltern oder Großeltern oder auf Rechtsnormen, auf die ein Namenswechsel beispielsweise durch Eheschließung hinweist oder auch auf mögliche Verletzungen, die durch den Namen bzw. seine Entstellung erfahren wurden. Bei der anschließenden theoretischen Einführung werden die Erkenntnisse der Studierenden aufgegriffen.

Vorstellungsrunde in internationalen Gruppen

Die Geschichte meines Namens als Vorstellungsrunde in internationalen Gruppen eignet sich nur für kleine Gruppen, ideal ist eine Gruppengröße von acht Personen. Unserer Erfahrungen nach sollte die Gruppe nicht mehr als zwölf Personen umfassen. Alle Teilnehmerinnen sollten sich in einer gemeinsamen Sprache mündlich gut verständigen können. Eine Wandzeitung und Stifte stehen zur Verfügung. Die Teilnehmerinnen und Teilnehmer werden gebeten, sich in ihrer Herkunftssprache mit ihrem Namen vorzustellen und dabei ihren Namen groß auf die Wandzeitung zu schreiben. Oft unterscheiden sich Stimmlage, Sprachtempo und Körpersprache, je nachdem, ob in der Erstsprache oder in einer Zweitsprache kommuniziert wird. (Die Teilnehmerinnen und Teilnehmer, deren Erstsprache auch die gemeinsame Gruppensprache ist, werden gebeten, sich zunächst in einer Fremdsprache vorzustellen).

Anschließend wird jede Person eingeladen, in der gemeinsamen Gruppensprache die Bedeutung ihres Namens zu erläutern, seine Schreibweise und die richtige Aussprache vorzustellen und über ihre Erfahrungen im Umgang mit ihrem Namen in interkulturellen Begegnungen zu erzählen. Die Vorstellung endet damit, dass jede Person der Gruppe mitteilt, wie sie angesprochen werden möchte.

Auswertung:

Im lockeren Gespräch werden die Wahrnehmungen ausgetauscht, die durch den Wechsel der Sprache bei den Teilnehmerinnen und Teilnehmern ausgelöst wurden. Erfahrungen, wie die falsche Aussprache von Namen, ihre Vermeidung im Gespräch aus Unsicherheit, Aussprache-regeln und Höflichkeitskonventionen werden angesprochen, Gemeinsamkeiten und Unterschiede reflektiert. Thematisiert wird auch die Bedeutung des eigenen Namens in Bezug auf die eigene Identität. Es besteht die Möglichkeit, in lockerer Atmosphäre die Aussprache der Namen zu üben. Die Vorstellungsrunde endet mit einer Vereinbarung zu den Anspracheregeln in der Gruppe.

Projektarbeit mit Schülerinnen und Schülern

In einer sechsten Hauptschulklasse setzten wir die Übung innerhalb eines Projekttages zur inter-kulturellen Verständigung ein. In der Vorstellungsrunde wurden die Schülerinnen und Schüler gebeten zu erzählen, wie sie heißen, was sie über ihren eigenen Namen wissen und wie sie von wem außerdem genannt werden. Mitgebrachte Namenbücher in verschiedenen Sprachen halfen, die Bedeutung aller Namen zu ergründen. Dem Thema Spitznamen wurde viel Zeit eingeräumt. Kleine Rollenspiele, in denen die Kinder sich nur mit ihrem eigenen Namen in verschiedenen Betonungen ansprachen, wurden als Ratespiel eingesetzt. (Siehe das nächste Kapitel „Namen im Dialog".) Gemeinsam entschlüsselte die Gruppe, auf welche Situation und auf welche Beziehung die Betonung und Aussprache der Namen schließen lässt und welche Gefühle damit verbunden sind. Eine gemeinsame Erarbeitung von Spielregeln für den Umgang miteinander schloss sich an. Am Nachmittag entwarfen die Schülerinnen und Schüler ein gemeinsames Logo für ihre Klasse und ihre Namenszüge. Besondere Ressourcen (Zeichentalent, schöne Schrift, gute Gestaltungs-ideen) wurden dabei allen zugänglich gemacht. Ziel war es, sowohl die Klasse als gemeinsame Lern- und Erfahrungsgruppe als auch die Wahrnehmung und Anerkennung der einzelnen Schü-lerinnen und Schüler innerhalb des Klassenverbandes zu stärken. In Kleingruppen variierten die Schülerinnen und Schüler das gemeinsame Logo der Klasse, für das sich die Gesamtgruppe aus einer Sammlung verschiedener Vorschläge entschieden hatte. Die gestalteten Namenszüge und das Klassenlogo wurden am Ende des Projekttages für jedes Kind auf ein T-Shirt gedruckt und den Schülerinnen und Schülern geschenkt.

2.4 Namen im Dialog: Eine Übung

Namen im Dialog ist eine Übung aus der theaterpädagogischen Arbeit. Nicht die gesprochenen Inhalte stehen im Vordergrund, sondern die nonverbale Kommunikation durch Mimik, Gestik und paraverbale Signale. Ihre Intensität erhalten die Dialoge durch den Gebrauch von Vornamen oder Anredeformen. Je nach Alter und Zusammensetzung der Gruppe und nach den intendierten Zielen der Gruppenarbeit sind verschiedene Variationen von „Namen im Dialog" möglich, die über die hier dargestellten Beispiele hinausgehen.

Interpretation

Die Variante „Interpretation" kann in Dreiergruppen durchgeführt werden oder in kleinen Gruppen auch in Paararbeit. Die Gruppen erhalten die Aufgabe, sich eine kleine Szene auszudenken, die mit zwei bzw. drei Rollen besetzt wird. Sie halten die Szene nach folgenden Verfahren fest: Anrede, Toninterpretation, Botschaft, wie im Kapitel „Namen in der interkulturellen Kommunikation" an zwei Beispielen dargestellt. Sie geben ihrer Szene einen Titel, beispielsweise „Rüge", „Überraschung", „Bitte um Hilfe" oder „Auf dem Standesamt", und entwickeln einen kurzen Dialog mit drei bis vier Sprachwechseln. Für den Dialog dürfen nur Vornamen, Kose- oder Spitznamen, Familiennamen, Titel und Anredeformen wie „Frau", „Herr", „Fräulein" verwendet werden. Möglich ist, das Szenenspiel dadurch zu erleichtern, dass auch kurze paraverbale Äußerungen wie „ach", „mhm", „ah", „oh" oder „huch" erlaubt sind. Die Gruppen haben nun etwa zehn Minuten Zeit, ihre Szene zu proben. Anschließend werden die Szenen in der Großgruppe präsentiert.

Während eine Szene gespielt wird, haben die Zuschauerinnen und Zuschauer die Aufgabe, den Titel der Szene zu erraten bzw. ihr selbst einen Titel zu geben, anschließend nennen die Mimen den von ihnen selbst gefundenen Titel. Soll das Kennenlernen und die gemeinsame Spielfreude im Vordergrund stehen, ist die Übung damit abgeschlossen.

Je nachdem, wie intensiv das Thema Namen in der interkulturellen Kommunikation bearbeitet werden soll, kann eine mehr oder weniger intensive Auswertung folgen. Eine Form der Auswertung kann darin bestehen, dass sich die einzelnen Spielgruppen nach der Vorführung darüber austauschen, welche Gefühle und Erkenntnisprozesse durch das Szenenspiel bei den Einzelnen ausgelöst wurden und sich über eigene Erfahrungen austauschen, die mit angenehmen oder weniger angenehmen Formen der Anrede verbunden waren oder sind. Gemeinsam wird beschlossen, welches Resümee aus diesen Zweier- bzw. Dreiergesprächen im Plenum mitgeteilt werden soll.

Eine andere Möglichkeit ist, eine Szene, die verschieden interpretiert wurde, noch einmal aufzuführen und die jeweiligen Interpretationen des Tonfalls und der damit wahrgenommenen Botschaften zu analysieren, um anschließend inhaltlich in das Kommunikationsmodell nach Schulz von Thun (1990) einzusteigen. Nach Schulz von Thun hat jede Botschaft

- einen *inhaltlichen Aspekt,* die Information an sich;
- einen *Aspekt der Selbstoffenbarung,* der darüber Auskunft gibt, wie die sprechende Person sich gibt, wie sie auftritt und was sie fühlt;
- einen *Aspekt des Appells,* der auf eine Reaktion zielt und mit den Fragen verbunden ist, wozu will mich die sprechende Person veranlassen, welche Gefühle will sie bei mir auslösen;
- und einen *Aspekt der Beziehung,* der mit den Fragen verbunden ist, wie sieht die Person unser Verhältnis, was hält sie von mir, welche Rolle will sie mir zuweisen.

Jede Botschaft kann damit entweder mit dem „*Inhaltsohr*", mit dem „*Selbstoffenbarungsohr*", mit dem „*Appellohr*" oder mit dem „*Beziehungsohr*" wahrgenommen werden. Die Entscheidung, auf welchem Ohr gehört wird, liegt dabei nicht bei den Sendern, sondern bei den Empfängern.

Kontaktaufnahme

Die Gruppe sammelt gemeinsam verschiedene Funktionen der Namenanrede wie

- sich namentlich vorstellen,
- Freude ausdrücken,
- Überraschung zeigen,
- die Anwesenheit abfragen,
- jemanden aufrufen,
- jemanden abwerten,
- jemanden bewundern,
- jemanden warnen,
- mit jemandem flirten,
- die Aufmerksamkeit des Gegenübers wecken usw.

Anschließend werden die Spielregeln erklärt: Eine Person beginnt und spricht eine andere mit ihrem Namen an, diese reagiert entsprechend der „Botschaft" durch die Namensnennung der anderen Person. Es kann sich ein kurzer Namensdialog zwischen den Personen ergeben, bis die angesprochene Person sich abwendet und nun ihrerseits eine andere Person namentlich anspricht. Die Namensdialoge werden so lange fortgesetzt, bis alle Teilnehmerinnen und Teilnehmer zu Wort gekommen sind und sich der Kreis mit dem Ansprechen der ersten Person wieder schließt.

Beispiel: 1. Person spricht die 2. Person völlig sachlich mit Vor- und Nachnamen an: „Eva Müller". Eva Müller nimmt die Rolle der Schülerin an, deren Anwesenheit überprüft wird und antwortet gelangweilt: „Hier, Herr Meier." Sie beendet den Dialog, wendet sich der 3. Person mit einem fragenden Ausruf zu: „Frau Groß?". Diese antwortet zögerlich: „Eva Müller?" Eva Müller drückt zaghaftes Erkennen aus: „Andrea Groß?" Bei Andrea Groß „fällt der Groschen", sie reagiert freudig: „Eva!" Eva antwortet ebenso freudig überrascht: „Andrea!" Andrea bestätigt das gelungene Wiedererkennen in zufriedenem Tonfall: „Eva". Der Dialog ist abgeschlossen und Andrea wendet sich nun der nächsten Person zu und spricht sie umschmeichelnd mit dem Vornamen an. Diese reagiert darauf leicht misstrauisch und lässt bei der Aussprache des Namens von Andrea durchklingen, dass sie wissen will, was Andrea im Schilde führt. Der Dialog mit Namen geht weiter, bis als letzter Herr Meier wieder angesprochen wird und die Dialogrunde beendet.

Bei dieser Variante des Dialoges mit Namen prägen sich die Namen sehr gut ein und es entsteht in der Gruppe eine leichte, spielerische Atmosphäre. Sie ist also gut zum kennen Lernen geeignet, braucht weniger Zeit als die Variante „Interpretationen" und kann auch mit größeren Gruppen und Kindern im Schulalter ab der 5. Jahrgangsstufe durchgeführt werden. Sie eignet sich aber auch als spielerischer Einstig in das Thema „Interkulturelle Kommunikation und Namen".

Theaterarbeit

In der Arbeit mit Theatergruppen können ganze Spielszenen entwickelt werden, die nur mit den Namen der Akteure und verschiedenen Anredeformen auskommen, ohne jeden weiteren Text. Namen können im Chor als Drohung geraunt, als Anfeuerung gerufen, als „Liebeslied" gesungen werden. Sprechgruppen können sich erst im Widerstreit und dann in Harmonie befinden und damit Dialogszenen verstärken, in Frage stellen, überhöhen oder karikieren. Der Phantasie und Kreativität sind bei den Dialogen mit Namen keine Grenzen gesetzt. Diese Form der Theaterarbeit eignet sich gut als Einstieg ins Improvisationstheater und schärft die Beobachtung für paraverbale Signale, Mimik, Gestik und Körpersprache.

Weitere Übungen zum Thema Namen in der interkulturellen Verständigung finden sich im Handbuch zur interkulturellen Verständigung von Sabine Handschuck und Willy Klawe (2004).

In meinem Namen *Madeleine* ist der Name
meiner Ur-Ur-Großmutter *Adele* versteckt.
Madeleine Krenzin

2.5   Namen in der interkulturellen Familienberatung

In der systemischen Beratung sind Namen ein wichtiger Zugang zum Familiensystem. Die interkulturelle systemische Beratung setzt die Geschichte eines Individuums in Beziehung zu seiner Familiengeschichte und der seiner Community. Die Person wird innerhalb ihres kulturellen, politischen und sozialen Kontextes gesehen (von Wogau 2004: 45). In der systemischen Beratung ist der Zugang zur Problembewältigung mit Fragen verbunden, deren Ziel es ist, die Problemlösungsfähigkeiten von Klienten anzuregen, zu erweitern und zu erhalten. Für die Familienberaterin Christina Müller-Wille (2001) ist eines der wichtigsten Hilfsmittel in ihren Gesprächen die Frage nach den Vornamen ihrer Klientel. Sie hat die Erfahrung gemacht, dass viele Aussiedler nicht nur ihre Vornamen, sondern auch ihre Familiennamen „eindeutschen". Gerade für Kinder ist dies oft unverständlich und kann ihre Identitätsentwicklung beeinträchtigen. Müller-Wille thematisiert Namensänderungen und bittet darum, den alten und den neuen Namen zu nennen. Damit will sie im Gespräch eine Brücke schlagen zwischen der alten und der neuen Lebenswelt. Sie hat die Erfahrung gemacht, dass dadurch die Wahrnehmung und Wertschätzung einer als getrennt erlebten Vergangenheit möglich wird. Der häufig als unwichtig betrachtete Namenswechsel wird in den Mittelpunkt der Aufmerksamkeit gerückt. Verletzungen der Familienmitglieder durch die Umbenennung erhalten so einen Raum der Bearbeitung. Oft sind sie insbesondere bei Kindern noch in der Gegenwart aktuell, und die Eltern werden als Verursacher gesehen. Durch die Nennung beider Namen kann eine Entspannung eintreten, ohne dass Veränderungen rückgängig gemacht werden müssten. Die Arbeit mit Namen eröffnet auch weitere Möglichkeiten. Durch Übersetzung der Namen kann eine Auseinandersetzung mit Identität und Herkunft stattfinden. Die Analyse ihrer Bedeutung ermöglicht es, die familiären Rollen in Beziehung zu kulturellen, religiösen und traditionellen, meist unbewussten Aufträgen zu setzen. Wer in einer Familie die

Namenswahl entscheiden darf oder muss, gibt Aufschluss über die Definitionsmacht in der Familie. Müller-Wille (2001: 44) schildert ein Beispiel, wie die Arbeit mit Namen das Verhältnis von Vater und Sohn in einer afghanischen Flüchtlingsfamilie veränderte. Der in Deutschland geborene sechsjährige Sohn muss in der Schule die lateinische Schrift lernen, wobei ihm sein Vater nicht helfen kann. Der Sohn fühlt sich insgesamt wenig unterstützt, da der Vater schlecht deutsch spricht und nach Annahme des Sohnes auch nicht schreiben kann. Das Verhältnis zwischen Vater und Sohn ist belastet, der Sohn hält seinen Vater für unfähig. In der Beratungsstunde lässt Müller-Wille den Vater die Vornamen seiner Familie in seiner Schrift schreiben und übersetzen. Die schön gemalten Schriftzüge beeindrucken den Sohn. Er äußert den Wunsch, auch so schreiben zu lernen. Der Familienname *Malek* lautet übersetzt *Kaiser*. Dem Sohn, dem dies neu ist, gefällt die Übersetzung, und er zeigt Stolz auf seinen Familiennamen. Die Kompetenzen des Vaters finden Anerkennung und bieten die Grundlage, am Verhältnis der beiden weiter zu arbeiten.

Bei den vier Fragenkomplexen zu Beginn eines Elterngespräches oder einer Familienberatung steht der Frage nach den Namen bei Müller-Wille (2001: 43) an erster Stelle. Als hilfreich haben sich folgende Fragen erwiesen: „Welche Namen haben Sie und ihre Kinder? Welche Bedeutung haben diese Namen? Hat es bei den Namen Änderungen gegeben? Wie nennen Sie sich heute? Bestehen Sie auf der für Sie üblichen Schreibweise und Aussprache Ihrer Namen oder passen Sie sich an? Welche Meinungen gibt es dazu in Ihrer Familie? Sprechen Sie über die Namensänderungen? Wenn der Name verändert wurde: Wer hat diese Entscheidung getroffen und warum haben Sie sich so entschieden?"

Mehrgenerationenansätze in der systemischen Beratung beschäftigen sich mit dem Prozess der Übertragung von Emotionen durch die Generationen und die familiären Lebenszyklen. Sie arbeiten oft mit Genogrammen (von Wogau 2004: 52). Ein Genogramm ist die grafische Darstellung eines Familienstammbaumes, in der Regel über drei Generationen hinweg. Ausgangspunkt sind die Namen in der Familie. Die Namen von männlichen Familienmitgliedern werden in ein Quadrat, die von weiblichen Familienmitgliedern in einen Kreis gesetzt. Beziehungen zwischen den Familienmitgliedern verdeutlichen Linien und Farbsymbolik. Durch Symbole werden weitere Informationen über die Familienmitglieder ergänzt. So können Genogramme komplexe Familienstammbäume abbilden, die über Heiraten, Scheidungen, Todesfälle, Adoptionen und andere Familienstrukturen Auskunft geben. Aus Genogrammen können in der Familienforschung interessante Fakten wie Namenshäufungen oder Migrationsgeschichte abgelesen werden. In der Familienberatung bilden Genogramme die Grundlage für Hypothesenbildungen über den Zusammenhang von Problemkonstellationen mit der Familienstruktur und ihre Entstehungsgeschichte. Zahlreiche Publikationen führen in die Arbeit mit Genogrammen ein, zu den Standardwerken zählen die Veröffentlichungen von McGoldrick und Gerson (1990).

2.6 Namen in der interkulturellen politischen Jugendbildung und in der schulischen Projektarbeit

Die „Pädagogik der Gemeinsamkeit und Vielfalt" (Prengel 1993: 138) hat zum Ziel, Individualität und Gemeinsamkeit auszubalancieren. Für die interkulturelle Projektarbeit in der Schule und die politische Jugendbildung ist die Methode der Abstammungs- und Namenforschung nicht nur geeignet, Kontakte unter Kinder und Jugendlichen herzustellen und die gegenseitige Wahrnehmung zu fördern. Eigennamen sind auch ein Türöffner zur Alltagskultur der Beteiligten. Die Bedeutung von Eigennamen kann das Konzept des frühen Sprachenlernens spielerisch schon in der Vorschulpädagogik bereichern. Eine besondere Bedeutung für die interkulturelle Verständigung misst Edith Glumpler (1993: 174) der Grundschule bei: „Der Weg zum interkulturellen Dialog führt langfristig über die Grundschule." Für die Kontaktaufnahme und die Kontaktetablierung ist der Umgang mit Eigennamen, wie bereits dargestellt, von entscheidender Bedeutung. Ein gegenseitiges Kennenlernen, das Aushandeln von Regeln für den Umgang miteinander in der Klasse kann durch die Beschäftigung mit den Namen der Kinder in einer Projektstunde schon zu einem sehr frühen Zeitpunkt Kinder darin unterstützen, respektvoll miteinander umzugehen und sich der Bedeutung der angemessenen Ansprache mit Eigennamen bewusst zu werden. Das entspricht dem Konzept der interkulturellen Bildung (Auernheimer 1999), auf die Individualität der Lernenden im Kontext ihrer unterschiedlichen kulturellen, sozialen und sprachlichen Besonderheiten einzugehen und dabei gleichzeitig einen gemeinsamen Lernzusammenhang zu sichern.

In der politischen Jugendbildung gibt es zahlreiche Projekte, die Eigennamen zum Anlass nehmen, sich mit Politik und Geschichte auseinanderzusetzen. Ein Beispiel ist das Projekt „Stolpersteine", das in vielen Städten Folgeprojekte der politischen Jugendbildung auslöste. Der Künstler Gunter Demming ist der Urheber des Projektes Stolpersteine zum Gedenken an Opfer des Nationalsozialismus. Vor der letzten Wohnstätte von im „Dritten Reich" Verfolgten, wie Juden, Sinti und Roma, politische Gegner und Angehörige des Widerstands, Homosexuelle und Behinderte, werden Betonwürfel mit zehn Zentimeter Kantenlänge bündig in den Boden eingelassen. Sie schließen mit einer gravierten Messingplatte ab. Auf ihr sind die Namen und das jeweilige Schicksal der Menschen dokumentiert. Mit den einleitenden Worten „Hier wohnte", „Hier lebte" oder „Hier wirkte" wird die jeweilige Person oder Familie vorgestellt. Die verlegten Stolpersteine gehen nach der Verlegung in das Eigentum der jeweiligen Stadt über. Finanziert werden sie durch Spenden, Sammlungen oder Patenschaften von Initiativen, Schulklassen oder einzelnen Bürgerinnen und Bürgern. In über 280 deutschen Städten finden sich die Stolpersteine, die zu zahlreichen politischen Auseinandersetzungen führten. Charlotte Knobloch, Präsidentin des Zentralrats der Juden in Deutschland, lehnt Stolpersteine ab, da sie es „unerträglich" finde, die Namen von ermordeten Juden auf Messingplatten zu lesen, auf die Menschen mit Füßen treten.

Schülerinnen und Schüler des Münchner Luisen-Gymnasiums, das Mitglied im internationalen Netzwerks „Schule ohne Rassismus – Schule mit Courage" ist, gründeten 2003 eine Arbeitsgemeinschaft der Schülermitverwaltung und initiierten eine Projektgruppe „Stolpersteine". Eine Chronik der intensiven Auseinandersetzung mit dem Thema und mit Widerständen der kommunalen Politik wurde vom beratenden Lehrer, Wunibald Heigl, im Internet veröffentlicht (2003).

Häufig erreichen Projekte zur interkulturellen Bildung nur Jugendliche, die eine Grundhaltung der Neugier entwickelt sowie Interesse an unterschiedlichen Lebensformen haben und sich mit Vielfalt auseinandersetzen wollen. Neugier auf fremde Menschen „sind keine jugendtypische Erscheinung", stellt Margitta-Sybille Fahr (2001: 23) dazu fest. Um auf Andere neugierig zu sein, müssen Jugendliche sich mit ihrer eigenen Identität auseinandersetzen, ihre Kulturgeschichte wenigstens in den Grundzügen kennen und die Gleichwertigkeit und die Unterschiede in der Kultur und Lebensweise Anderer akzeptieren, um „ein aufgeklärtes Verhältnis zum Eigenen und zum Fremden entwickeln zu können" (ebd., S. 25). Fahr entwickelte eine Projektidee zur Prävention gegen rechtsextremistische Ideologien mit Jugendlichen. Die in zahlreichen Projekten gewonnene Erkenntnis, dass auch sozial unauffällige Jugendliche zunehmend auf Grundlage einer „geglaubten natürlichen Ungleichheit von Menschen entsprechend ihrer ethnischen Herkunft" (ebd., S. 23) denken und handeln, ließ sie nach einer Methode suchen, die auch rechtsextremistisch beeinflusste Jugendlich anspricht. Ihrer Erfahrung nach ist die Methode der Abstammungs- und Namenforschung besonders effektiv, da sich mit ihr „wirkungsvoll monolithische Einstellungsmuster aufbrechen lassen" und das Interesse, auch bei Jugendlichen mit einer rechtsextremistischen Orientierung, groß ist, ihre eigenen Wurzeln zu entdecken. Am Beispiel einer Projektdurchführung verdeutlicht sie, wie in einer Jugendgruppe „die Vorstellung von der homogenen Zusammensetzung des deutschen Volkes und einer ungebrochenen ‚germanischen' Kontinuität ad absurdum" (ebd., S. 24) geführt werden konnte. Mit Hilfe von Nachschlagwerken und Fachartikeln zur Familiennamenforschung erkundeten die Jugendlichen die Herkunft ihrer Familiennamen. Während der Projektarbeit liefen in der Jugendgruppe unterschiedliche Identifikationsprozesse ab. Zu Beginn stand die Hoffnung auf eine möglichst bedeutende „deutsche" Herkunft im Vordergrund, die zunehmend durch andere Bezugssysteme abgelöst wurde. Auf viele Jugendliche machte vor allem ein hohes Alter und eine frühe urkundliche Erwähnung ihrer Familiennamen Eindruck, gefolgt von dem Interesse an der Bedeutung bzw. Entstehungsgeschichte der Familiennamen. Die Auseinandersetzung mit den Namen der am Projekt Beteiligten löste gruppendynamische Prozesse aus und beeinflusste in einigen Fällen auch die Hierarchie in der Gruppe. Fahr berichtet, dass in einer Projektgruppe ein gehänselter Förderschüler seinen Status in der Gruppe erheblich durch die Herkunft seines Familiennamens verbessern konnte, der ihn als Nachkommen eines „Dorfadligen" auswies. Der Wortführer einer Gruppe Jugendlicher, die sich als „Jungsturm" bezeichnete und damit ihre ideologische Haltung zum Ausdruck brachte, sah sich damit konfrontiert, dass sein Familienname *Kalmutzke* auf Vorfahren hinweist, die dem mongolischen Volk der Kalmücken angehörten, die im 17. Jahrhundert in einem Großreich von der Wüste Gobi bis zum Altei-Gebirge lebten und später an der Wolga siedelten (vgl. ebd.). Als Ergebnis der Projektarbeit konnte Fahr feststellen, dass die Jugendlichen ihre Herkunft annahmen, auch wenn sie nicht ihren Erwartungen entsprach. Durch ihre eigene Forschung hatten sie das Gefühl, ihrer eigenen Identität auf die Spur zu kommen, und es wuchs die Bereitschaft, sich mit Fremdbildern und ethnischen Zuschreibungen auseinanderzusetzen. In einer Projektpräsentation wurde eine deutsche Volksgeschichte dargestellt, die Wanderungsbewegungen und die vielfältige Zusammensetzung der deutschen Bevölkerung sichtbar machte und Flüchtlingsbewegungen infolge von Kriegen thematisierte. Der völkische Heimatbegriff wurde entmystifiziert, „ohne dass die berechtigte Suche nach Transzendenz in einem desillusionierenden gesellschaftlichen Umfeld der Lächerlichkeit preisgegeben" wurde (ebd.).

Was gehört dir allein und doch benutzen
es andere häufiger als du? – Dein Name.
Kinderrätsel

3. BIOGRAFISCHE ERZÄHLUNGEN ZU NAMEN

Zusammenfassende Einführung

Die Interviews mit den Gesprächspartnerinnen und -partnern waren für uns besonders berührend, beeindruckend und sehr informativ. Bei einigen Gesprächen sind durch unsere Fragen wichtige Begebenheiten wieder erinnert, Prozesse der Bewusstwerdung angestoßen oder auch Verletzungen und Traumatisierungen erneut durchlebt worden, was auch emotional sehr bewegend war. Einige der Interviewten waren von der Wiederbelebung der eigenen Biografie derart aufgewühlt, dass sie von sich aus weitere Gespräche gesucht haben. Durchgehend erschließt sich, dass der eigene Name in den verschiedenen Lebensphasen eine unterschiedliche Bedeutung hat. In fast allen Gesprächen wird deutlich, dass die Akzeptanz der eigenen Person in der Kindergruppe, in der Schule oder in der Gruppe gleichaltriger Jugendlicher mit dem Ringen um Benennungen einhergeht. Übergänge in den verschiedenen Lebensphasen, die Arbeit an der eigenen Identität spiegelt sich in der Auseinandersetzung mit dem eigenen Namen wider.

Die besonders einschneidenden Erlebnisse waren die Schilderungen, in denen unsere Gesprächspartnerinnen und -partner Opfer von unterdrückender Namenpolitik geworden sind.

Das Verbot von Sprache und Schrift hatte zur Konsequenz, dass auch die Herkunftsnamen untersagt waren oder nur erschwert Verwendung finden konnten, weil die Namengebung mit der Herkunftssprache eng verbunden ist. Das führt zu einer besonders konflikthaften Auseinandersetzung mit dem eigenen Namen, sowohl innerpsychisch als auch gesellschaftspolitisch. In der Diasporasituation werden diese Konflikte und die mit ihnen verbundene Auseinandersetzung um kollektive und personale Identität erneut zum Thema, wie die Interviews sowohl mit *Alixan Bozkurt* als auch mit *Sait Demir* verdeutlichen. Die erlebte Unterdrückung und Abwertung mündete bei beiden in einen Kampf um die Akzeptanz ihrer ethnischen Herkunft, die durch die Anerkennung der assyrischen und kurdischen Sprache, Schrift und Namengebung ihren Ausdruck findet. Sowohl *Sait* als auch *Alixan* setzen sich nicht nur für ihre persönlichen Rechte der freien Namenwahl ohne eine Bevormundung von der türkischen Regierungsseite ein, sie gehen beide den Weg, auch Angehörige ihrer Herkunftsgruppe dabei zu unterstützen.

Fast alle Gesprächspartnerinnen und Gesprächspartner haben die Erfahrung gemacht, dass sich der eigene Name durch die Migration verändert, dass unbekannte Namen befremden, sie nicht erinnert werden, dass ihre Bedeutung unbekannt ist, dass sie falsch ausgesprochen und geschrieben werden, dass die Namensträger Spott erfahren, dass die Ansprache mit dem Namen umgangen wird oder sie gar umbenannt werden. Der eigene Name wird so zu einem Problem der Alltagskommunikation und gibt Anlass, das Recht auf Selbstdefinition und auf die eigene Identität in Frage zu stellen. Aus den Interviews wird aber auch deutlich, dass in der Emigration durch die Betroffenen vielfältige Strategien entwickelt werden, mit dieser Missachtung umzugehen. Das reicht von Resignation, Rückzug und Anpassung über Kompromisse bis zu dem mühsamen Unterfangen und dem bewussten Kampf, Respekt und Lernwillen von Seiten der Aufnahmegesellschaft einzufordern und durch zivilgesellschaftliches Engagement, etwa durch die Herausgabe eigener Namenbücher, sich aktiv einzumischen.

Mehr noch als in europäischen Gesellschaften geben Namen beispielsweise in arabischen oder kurdischen Gesellschaften Hinweise auf die Herkunft aus einem bestimmten Stamm oder einer bekannten Familie. Das ist zugleich eine Grundlage für Vertrauen oder Misstrauen und damit für Geschäftspartnerschaften oder Eheschließungen. Diese Identität stiftende Tradition wird in die Fremde herübergerettet und soweit möglich bewahrt, verliert aber an Bedeutung. Durch fast alle Gespräche zieht sich die Hochachtung, die der Bedeutung von Namen zukommt. Immer wieder werden sie als Charakteristika der jeweiligen Person verstanden und sie werden bewusst gewählt, um durch die Namenwahl Wünsche der Eltern wahr werden zu lassen, weil man glaubt, der Name habe unmittelbare Auswirkungen auf die Entwicklung des Charakters.

Das macht einmal die Bedeutung des Wissens um Namen und des korrekten Umgangs mit ihnen klar. Es wird deutlich, dass die namentliche Anrede Beziehungen und soziale Kontakte strukturiert, dass aus ihr Emotionen, Rollenzuweisungen, Nähe oder Befremdung ablesbar sind. So wie die gewünschte Anrede Wohlwollen, Dialogbereitschaft und Anerkennung vermittelt, kann die unerwünschte Anrede kränken, zurückweisen und verletzen.

Schließlich spielt auch beim Umgang mit Namen das Geschlechterverhältnis eine wesentliche Rolle. Noch immer gibt es viele Länder, in denen sich die Weitergabe des Familiennamens am Mann orientiert, was ja auch in Deutschland bis vor kurzem Gesetz gewesen ist. Selbst wenn Frauen frei den Namen wählen können, heißen die Kinder nach dem Ehemann. Aus den unterschiedlichen Namen ergeben sich gerade für Frauen oft Probleme in der Bewältigung des Alltags. Bei der Auswahl von Jungen- bzw. Mädchennamen spiegeln sich häufig die gesellschaftlichen Erwartungen an Jungen und Mädchen wider. Die hervorgehobene Rolle der Jungen führt entweder zu besonders schönen Namen oder auch, im Gegenteil, zu einer Namenwahl, die böse Geister abschrecken soll, was bei den Mädchen nicht so wichtig erscheint.

Und eines wird aus den Interviews auch offensichtlich: In vielen Ländern haben religiöse Traditionen für die Namenwahl eine entscheidende Rolle gespielt. An der Auswahl waren bestimmte Verwandte, in der Regel die Großeltern oder Paten, maßgeblich oder allein beteiligt. Diese Traditionen verlieren im Zuge der weltweiten Globalisierung an Gewicht und die Wahl der Namen beginnt sich immer mehr zu internationalisieren und damit anzugleichen.

Den Namen wählt man mit dem Herzen.
Aso Zagrosî

3.1 Alixan Bozkurt: Kurdische Namen waren verboten.

Alixan (gesprochen Alichan) ist ein Spitzname. Diesen Name trage ich seit 1991. Ich war in Syrien und wollte mit anderen in den Irak. An der Grenze, am Fluss Tigris, mussten wir beim Grenzübertritt unsere Namen angeben. Wir gaben nicht unsere offiziellen, sondern falsche Namen an, um uns zu schützen. Ich habe einen Freund namens *Alixan* und dessen Name fiel mir ein. So habe ich mich *Alixan* genannt. Alle meine Freunde haben seit dieser Zeit diesen Vornamen benutzt und ich habe ihn als meinen eigenen Namen akzeptiert. Meinen ursprünglichen Vornamen benutze ich gar nicht. Namen haben etwas mit der eigenen Identität zu tun. In der Türkei waren kurdische Namen verboten. Meine Eltern mussten mir einen türkischen Namen geben. Das war problematisch. Sie haben mir den Namen meines älteren Bruders gegeben als Andenken an ihn, aber sie selbst haben den Namen nie benutzt. Mein Vater wollte, dass ich *Mixê* heiße, das entspricht dem Namen *Michael*. Durch den Tod meines Bruders kam es dann anders. Aber mein Vater hat mich innerhalb der Familie immer *Mixê* genannt. Mein offizieller Vorname lautet *Muhlis*. Dieser Name ist arabischer Herkunft. Die kurdische Variante lautet *Muxlis,* aber das „x" ist in der Türkei verboten. In der kurdischen Schriftsprache gibt es Buchstaben, die in der türkischen Schriftsprache nicht vorkommen. Diese Buchstaben dürfen nicht benutzt werden. Es sind die Buchstaben x, w, q, ê, î. Diese Buchstaben sind verboten und damit auch kurdische Namen, in denen diese Buchstaben vorkommen. Wenn jemand seine Tochter beispielsweise *Xezal* nennen möchte, dann muss er die türkische Schreibweise *Hezal* benutzen. Aber *Hezal* hat eine andere Bedeutung. Ein anderer häufiger kurdischer Jungenname lautet *Welat*. Auch er ist nicht erlaubt, weil er ein „w" beinhaltet.

Darum haben die meisten Kurdinnen und Kurden zwei Namen. Einen kurdischen Namen, der in der Familie und von Freunden gebraucht wird, und einen türkischen Namen für den offiziellen Bereich. Niemand gibt bei einer Behörde seinen kurdischen Namen an, aber im Privatleben wird nur der kurdische Name benutzt.

Bei den Kurden sind oft die Familiennamen Namen des Stammes, zu dem man gehört. Der Stammesname wird als Familienname benutzt. Zum Beispiel *Muzirî* ist der Name eines Stammes. Als türkischer Familienname muss er dann *Muziri* geschrieben werden und wird anders ausgesprochen. Ein problematisches Beispiel ist der Name *Şêr*. Er darf nicht so geschrieben werden. Der Name bedeutet „Löwe". Im Türkischen wird er zu *Şer*. Das wird nicht nur anders ausgesprochen, es hat auch eine ganz andere, problematische Bedeutung. Das Wort „Şer" bedeutet „Krieg". Es ist nicht so, dass der Buchstabe „W" grundsätzlich in der Türkei verboten ist. Es gibt einen Fernsehsender der heißt „Show-TV". Wenn ein englisches, deutsches oder französisches Wort übernommen wird und ein „W" enthält, dann ist das kein Problem, nicht aber das kurdische „W". Das ist nicht erlaubt. Wenn ein Kurde das Wort „Welat" schreibt, das bedeutet „Land", dann ist das nicht erlaubt. Oder unser Neujahrsfest heißt „Newroz". Auch diesen Begriff zu gebrauchen, ist nicht erlaubt. Er muss „Nevroz" geschrieben werden, auf allen Glückwunschkarten. Selbst der Bürgermeister einer Stadt, der den verbotenen Buchstaben „w" verwendet hat, musste sechs Monate ins Gefängnis. Eltern, die versuchen, kurdische Namen für ihre Kinder eintragen zu lassen, werden verdächtigt, mit terroristischen Gruppen zu sympathisieren.

In meinem Leben hatte ich viele verschiedene Namen. In der Familie und unter unseren Bekannten wurde ich *Mixê* genannt, mein offizieller Vorname lautete *Muhlis*. Als ich in einer kurdischen politischen Studentenorganisation mitgearbeitet habe, gaben wir uns alle Decknamen, meiner lautete *Ali*. Im Internet veröffentliche ich Artikel unter dem Namen *Aso Zagrosî*. Das ist mein Pseudonym und die meisten Kurden kennen mich unter *Aso*. Es sind über hundert Einträge zu finden. In Frankreich, wo ich politisches Asyl beantragte, nennen mich meine Freunde und Bekannten *Alirıza*. Jetzt heiße ich *Alixan*.

Der Name *Bozkurt* wurde unserer Familie von der türkischen Regierung gegeben. Er bedeutet „grauer Wolf". Die türkischen Faschisten nennen sich „Graue Wölfe". So heißen zu müssen, als kurdische Familie so heißen zu müssen, das ist ein restriktiver Akt ohne die Möglichkeit, sich dagegen wehren zu können. Ein anderes Beispiel ist *Xalis*. Er war Sohn eines Führers eines kurdischen Stammes, der einen Aufstand machte. Das war 1927. Der Aufstand wurde niedergeschlagen, viele Kurden wurden deportiert, auch er. Erst 1950 durfte er im Rahmen einer Amnesty zurück in sein Heimatland, aber er musste einen neuen Namen annehmen. Man gab ihm den Namen *Öztürk*. Das bedeutet „Der echte Türke". 1951 wurde er Abgeordneter und stellte fest, dass es im türkischen Parlament viele gab, die auch diesen Namen führten. Diese Leute kamen nicht aus den kurdischen Gebieten der Türkei und er verstand nicht, warum sie denselben Namen trugen. Es waren Armenier, Perser oder Griechen von ihrer Herkunft her, gehörten also Minderheiten an und waren alle durch ihren Namen *Öztürk* zu „echten Türken" gemacht worden. So auch *Ahmed Türk*, der Vorsitzende der kurdischen Partei, er sitzt im Parlament und wird durch seinen Namen als Türke gekennzeichnet.

Kurdische Namen bestehen oft aus drei Namen. Zum Beispiel eine bekannte Frau hieß *Broyê Heskê Telo*. Der Name *Telo* ist der Name des Großvaters, der Name *Heskê* der des Vaters und *Broyê* ist der Vorname der Namensträgerin. Die Kurden tragen auch Familiennamen. Die Herkunftsregion oder die Zugehörigkeit zu einem Stamm wird oft als Familienname geführt. Beispielsweise der Name *Hawramî* bezieht sich auf eine kurdische Region. Manche Menschen benutzen als Familiennamen auch ihren Herkunftsort, ihr Dorf oder ihre Stadt.

Die Namen von Kindern werden nicht nur von den Eltern, Großeltern, von der ganzen Familie ausgesucht. Oft schlagen auch Freunde den Namen des Kindes vor. Es gibt häufig Namenspaten. Das sind gute Freunde. Es kann passieren, dass man sich in der Kindheit versprochen hat, Namenspate zu werden. Ein Kind wird nach zwanzig Jahren geboren und man wird an das Versprechen erinnert und gebeten, den Namen des Kindes auszuwählen. Ein Namenspate ist ein Freund, eine Namenspatin eine Freundin der Familie. Sie gehören quasi zur Familie, sind ein Teil davon und übernehmen Verantwortung für ihr Patenkind. Ich habe selbst für viele Kinder meiner Freunde Namen ausgewählt. Ob in Deutschland oder Frankreich, für die Kinder ist es wichtig, dass sie in der Schule mit ihrem Namen klar kommen. Es gibt Möglichkeiten, die kurdische Herkunft mit den Gewohnheiten des Landes zu verbinden, in dem man lebt. Freunden aus Frankreich habe ich den Namen *Alan* für ihr Kind vorgeschlagen. Der Name ist in Frankreich vertraut, gleichzeitig ist es ein kurdischer Name, denn *Alan* ist die Bezeichnung für einen großen kurdischen Stamm. So besteht ein kurdischer Bezug, gleichzeitig bereitet der Name für ein Kind, das in Frankreich aufwächst, kein Problem. Oder deutsche Freunde fragten mich, ob ich einen Vorschlag für den Namen ihres Sohnes hätte. Ich habe *Robin* vorgeschlagen. Das ist zwar ein englischer Name, aber er ist durch den englischen Volkshelden *Robin Hood* auch in Deutschland bekannt. In der kurdischen Sprach bedeutet „Ro" „Sonne" und mit der Silbe „bin" bedeutet es „Der, der die Sonne gesehen hat". Das ist ein sehr schöner Name, der etwas Positives aus kurdischer Sicht bedeutet und gleichzeitig in Deutschland nicht so ungewöhnlich ist, dass ein Kind unter ihm leiden muss. Es gibt auch ein Buch mit kurdischen Namen (Akreyî 1997) Das hilft nicht nur dabei, kurdische Namen für deutsche Standesämter akzeptabel zu machen. Es hilft auch dabei, nach guten Lösungen für die Kinder zu suchen, die in Deutschland aufwachsen.

Kurdische Namen haben mit Religion, mit Politik und Geschichte zu tun. Viele Eltern nennen ihre Kinder *Kurdistan* oder wählen andere Namen, die sich auf die kurdische Identität oder Geschichte beziehen. Viele Kinder heißen beispielsweise *Diako*. *Diako* war der erste König im Mederreich, das existierte 612 Jahre vor Christus. Es gibt viele kurdische Kinder, die den Namen *Zerdeşt* tragen, der sich auf Zarathustra bezieht. Es gibt viele islamische Namen arabischer Herkunft. Es gibt auch Namen, die sich von den „Ehlîhaq" ableiten. Das ist eine kurdische Religionsgemeinschaft, in der sich islamische, christliche, jüdische Glaubenselemente verbinden. Der Name *Pîrşalyar* kommt daher, „şalyar" bedeutet „Missionar". Mitglieder dieser Gemeinschaft glauben an die Inkarnation und daran, dass Gott auf der Erde weilt und alle hundert Jahre wiedergeboren wird. Der Name *Pîr* wird dem wiedergeborenen Gott verliehen. Es ist ein Heiliger, dem die *Pîrşalyar* dienen.

In Deutschland habe ich die Erfahrung gemacht, dass niemand meinen Namen korrekt ausspricht. Nur meine Freunde sprechen meinen Namen richtig aus und schreiben ihn auch richtig. Mein Familienname wird häufiger falsch als richtig geschrieben. Natürlich hätte ich das lieber anders. Meine Frau hat mir vorgeschlagen, ihren Namen anzunehmen. Er ist leichter zu schreiben und auszusprechen. Ich wollte das nicht und sie wollte nicht meinen Namen annehmen, so heißen wir unterschiedlich. Im Irak und im Iran behalten kurdische Frauen üblicherweise ihren Namen bei der Eheschließung, auch in Nordkurdistan. In der Türkei war das früher üblich. Aber in der heutigen Türkei ist das nicht mehr möglich. Eine Frau muss dort bei der Eheschließung den Namen des Mannes annehmen.

Ich halte Namen für die Identität eines Menschen als sehr wichtig, auch wenn wir alle unseren Namen nicht selbst auswählen, sondern unsere Eltern oder Großeltern. Aber wenn der Name nicht einmal von den Eltern gewählt werden darf, wenn es ein Gesetz gibt, das ermöglicht, die Namen von Menschen gegen ihren Willen zu bestimmen, das ermöglicht, Menschen in ihrem Gefühl von Zugehörigkeit abzuwerten, sie zu bestrafen, wenn sie sich dieser Macht nicht beugen wollen, dann ist das nicht gut. Kurdische Namen sind Teil unserer Identität. Die türkischen Namen haben für uns keine Bedeutung oder sie werten uns ab. Man versucht, mit dem Herzen einen Namen zu wählen. Darum haben kurdische Kinder ihren Namen, ihren kurdischen Namen. Aber wenn sie in die Schule kommen, wenn sie dort angemeldet werden, dann erhalten sie einen Namen von Beamten. Sie werden als *Ahmet* oder *Mehmet* oder als *Hezal* eingetragen. Weder die Kinder noch die Eltern können sich wehren. Darum haben fast alle kurdischen Kinder zwei Namen.

Für mich ist im offiziellen Kontext wichtig, dass man sich freundlich begrüßt. Ein paar verbindliche Worte, ein Lächeln, das hilft, eine Beziehung aufzubauen. Eine Begrüßung mit Händedruck halte ich nicht für wichtig, aber freundliche Worte. Man sieht auch am Blick, ob man Willkommen ist oder nicht. Bei uns ist es üblich, sich mit dem Vornamen anzusprechen. Man verwendet den Vornamen und die Anrede „Frau" und „Herr". Man nimmt nicht den Nachnamen. Es gibt tausende von Menschen, die so heißen. Wenn man die Person ansprechen will, dann wählt man den Vornamen. Mit ihm spricht man die Person an.

> Der Eigenname eines Menschen ist wie die Haut selbst
> ihm über und über angewachsen, an der man nicht
> schaben und schinden darf, ohne ihn selbst zu verletzen.
> Johann Wolfgang von Goethe (1749–1832)

3.2 Lourdes Maria Ros de Andrés: Meine Eltern sind baskischer und katalanischer Herkunft.

Mein Name hat für mich eine ganz leidvolle Geschichte. Ich bin Tochter von Spaniern, in Deutschland geboren, was schon eine Vereinfachung ist. Meine Eltern sind nicht wirklich Spanier, sondern meine Mutter ist Baskin und mein Vater Katalane. Ich war gerade im Baskenland, als das EM-Fußballendspiel zwischen Spanien und Deutschland stattfand. Die meisten aus meinem Verwandtschafts-, Freundes- und Bekanntenkreis haben Deutschland angefeuert und nicht die Spanier. Hier erzähle ich, meine Eltern sind Spanier, und das stimmt so einfach nicht. Ich erhielt den spanischen Namen *Lourdes Maria Ros de Andrés*. *Ros* ist katalanisch, es wird anders ausgesprochen als geschrieben. Viele Deutsche machen aus dem Namen ein „Ross", was mir nicht gefallen hat, dann lieber „Ros", gesprochen wie geschrieben, also mit langem Vokal. *Ros* bedeutet „blond" oder in der zweiten Variante bezeichnet das katalanische „Ros" ein „Militärkäppi". *De Andrés* ist für mich ein spanischer Name, wobei die ganze Verwandtschaft darauf besteht, dass es ein ur-baskischer Name sei, der schon im ehemaligen Reich „Navarra"[10] existierte. Zu dem Namen gibt es auch ein altes Wappen, das einige Familienmitglieder in ihren Wohnungen ausgehängt haben. Für mich ist besonders absurd, dass im Wappen ein geköpfter Maure abgebildet ist, da mein Mann Marokkaner ist.

---

10 Das Königreich Navarra war ein historischer Staat im westlichen Pyrenäenraum, der von 905 bis 1589 existierte.

Lourdes zu heißen, war für mich extrem schwierig in der Zeit, als ich als Gastarbeiterkind in Deutschland aufwuchs. Ich bin 1966 geboren. Es war immer ein Dreisatz: „Wie heißt Du?" Wenn ich *Lourdes* antwortete, folgte sofort die Frage: „Woher kommst Du?". Auf die Antwort, „meine Eltern kommen aus Spanien", früher habe ich auch noch oft gesagt, „ich komme aus Spanien", weil es mir so in den Mund gelegt wurde, folgte die Frage: „Wann gehst Du denn zurück?" Oder es wurden meine guten Deutschkenntnisse gelobt. Mein Name war einfach ein Stigma. Ich habe mich immer ausgeschlossen gefühlt, so dass ich unter dem Namen *Lourdes* sehr gelitten habe. Ich habe meine Eltern gefragt, warum sie mich *Lourdes* genannt haben und nicht einen internationaleren Namen ausgewählt haben und meine Mutter sagte immer, der Name *Lourdes* habe ihr unglaublich gut gefallen. Lourdes ist ein Wallfahrtsort in Südfrankreich, gesprochen „Lourd", also ohne meine Namensendung. Von San Sebastian, wo meine Mutter herkommt, gibt es jeden Sonntag Ausflüge nach Lourdes. Ich war nie dort. Ich habe mir immer wieder gesagt, da musst du mal hin, aber weil ich meinen Namen so abgelehnt habe, wollte ich auch die Stadt nicht sehen. Inzwischen hat sich das geändert. Mein Name lautet ursprünglich *Maria de Lourdes,* also die Marienerscheinung von Lourdes. Bei meinem Namen wurde *Maria* an die zweite Stelle gesetzt. Das ist bereits eine Eindeutschung. Meine Eltern haben sich dafür entschieden, weil meine ältere Schwester, die *Maria Isabel* heißt, von Deutschen oft *Maria* genannt wurde. Es hieß, der erste Name lautet *Maria,* also nennen wir sie auch *Maria.* Bei mir kam dann *Maria* an die zweite Stelle. Mein Rufname ist *Lourdes* und so sollte ich auch genannt werden. Wobei der Name schwierig ist, und so wurde ich auch gefragt: „Hast Du nicht einen zweiten Namen?" Sobald ich meinen vollständigen Namen nannte, wurde ich von einigen Leuten auch als *Maria* angesprochen. Meine Eltern waren darüber so sauer, dass meine jüngste Schwester nur noch *Elena* heißt, ohne *Maria.* Das war eine Veränderung. Sie ist die erste in unserer Familie ohne den Namen *Maria.* Der Name *Maria* ist üblich, auch ohne religiösen Hintergrund. Meine Eltern waren religiös, aber nicht tief religiös. *Maria* ist einfach von allen weiblichen Namen ein Bestandteil. *Dolores* heißt vollständig *Maria de los Dolores,* Carmen lautet *Maria del Carmen* und so sind sie in den Geburtsurkunden eingetragen.

Es ist noch nicht so lange her, dass ich mich mit meinen Namen ausgesöhnt habe, erst wenige Jahre. Das hängt mit meiner eigenen Identität zusammen. Als mir bewusst wurde, was es bedeutet, ein Migrantenkind zu sein, war mein allergrößtes Anliegen die Assimilation. Ich wollte einfach deutsch sein. Ich wollte dazugehören. Es gab eine Phase, da war ich zum Studium in Madrid. Bis dahin wollte ich einfach nur als Deutsche wahrgenommen werden und meine Ruhe haben. Ich habe aber immer noch gesagt, ich sei Spanierin, weil das eben die Zuschreibung war. In Madrid, das waren zwei tolle Jahre, in denen ich mich sehr wohl fühlte, habe ich sehr deutlich meine deutsche Identität gespürt. Bei meiner Rückkehr war es dann einfacher für mich zu reagieren. Wenn jemand gesagt hat: „Wie toll, Du bist Spanierin", konnte ich antworten: „Nein ich nicht. Meine Eltern sind Spanier, ich bin Deutsche." Aber mit dem Namen *Lourdes* hat man einfach keine Chance, als Deutsche wahrgenommen zu werden.

Du hast mich gefragt, welches Verhältnis ich inzwischen zu meinem Namen habe. Ja, ich habe mich inzwischen mit ihm ausgesöhnt und kann auch zu meiner bi-kulturellen Identität stehen. Ich kann sagen, meine Eltern sind Spanier und ich habe spanische Wurzeln, aber ich habe eine bi-kulturelle Identität. Dabei ist bi-kulturell noch verkürzt, da auch die baskischen und die katalanischen Wurzeln eine Rolle spielen und nicht nur die. Aber das kann ich inzwischen benennen. Wenn Reaktionen auf mich kommen, durch die ich mich früher immer ausgeschlossen gefühlt habe, dann kann ich, auch ohne sehr emotional zu reagieren und ohne mich sehr betroffen zu fühlen, darauf antworten. Aber das war ein langer Weg. Inzwischen finde ich meinen Namen sogar schön. Inzwischen habe ich auch das Gefühl, mein Name steht für das, was ich bin. Ich spreche meinen vollständigen Namen, wenn ich deutsch spreche, auch deutsch aus, da alle diese Anteile mich ausmachen. Das bin ich, mit meiner bi-kulturellen Identität.

Lourdes ist ein Name, der auch im Baskenland vorkommt, allerdings nicht sehr häufig ist. Auch in Madrid habe ich Frauen kennen gelernt, wie beispielsweise die Schwester einer Freundin, die auch *Lourdes* hieß. *Madonnas* Tochter heißt *Lourdes*. Da wurde mein Name plötzlich bekannt. Zuvor hat ihn nie jemand verstanden. Dann hieß es: „Ach, du heißt wie die Tochter von *Madonna*!" Ich habe in diesem Zusammenhang zwei böse Artikel in der Abendzeitung und in der Süddeutschen Zeitung gelesen. Man hat sich darüber mokiert, welche Namen Hollywoodstars ihren Kindern geben, und da wurde *Lourdes* als Beispiel genannt. Auf den ersten Artikel habe ich sofort geantwortet. Leider habe ich den Leserbrief nicht aufgehoben, obwohl er abgedruckt wurde. Ich habe dem Redakteur eine schlechte Recherche vorgeworfen, weil der Vater immerhin *Carlos* heißt und *Lourdes* nun mal ein geläufiger spanischer Name ist. Für einen Vater, der *Carlos* heißt, ist es nicht abwegig, seine Tochter *Lourdes* zu nennen. Beim zweiten Artikel habe ich nicht mehr reagiert, da wurde *Lourdes* als Beispiel für einen PR-Gag genannt.

Mir ist wichtig, dass mein Name richtig ausgesprochen wird. Ich bin sehr oft falsch angesprochen worden, und viele konnten sich meinen Namen auch nicht merken, wie beispielsweise die ältere Nachbarin. Ihr war der Name zu fremd. Ich wurde beispielsweise „Luris" oder Ludis" genannt. Ein Mathematiklehrer hat mich jahrelang „Lourd" genannt, obwohl ich auf *Lourdes* insistiert habe. Oft habe ich auch resigniert und hingenommen, wie mein Name verändert wurde. Aber heute ist mir wichtig, dass er richtig ausgesprochen wird und ich korrigiere auch. Mir geht es dabei nicht um die Betonung. National unterschiedliche Akzente kann ich akzeptieren. In Marokko, mein Mann ist ja Marokkaner, werde ich auch „Lourdis" genannt. Damit kann ich gut leben, da dies der marokkanischen Aussprache entspricht. Es geht mir darum, dass aus *Lourdes* kein anderer Name gemacht wird. Wenn man meinen Namen spanisch ausspricht, vermittelt mir das ein heimeliges Gefühl. Es ist so wie bei meiner Familie in Spanien, vertraut, familiär.

Im Schwabenland, ich komme aus Ebersbach an der Fils, ist *Roos* ein häufiger Namen. Und in meiner Klasse gab es eine *Constanze Roos* und eine *Marie Luise Roos,* also zwei Mädchen mit dem Familiennamen *Roos.* Ich war so glücklich, *Ros* zu heißen. Auch das ist ein wichtiger Grund, warum ich „Roos" ausgesprochen werden wollte. Daran habe ich schon lange nicht mehr gedacht.

Es war für mich eine große Erleichterung, dass mein Name in der Klasse so unauffällig war. Ich hieß zwar auch *Lourdes,* was den anderen fremd war, aber auch *Ros,* wie die anderen deutschen Mädchen.

Was ich sehr übel fand, war ein Gespräch in letzter Zeit. Ich war zu Besuch im Schwabenland und traf mich mit alten Schulkameradinnen zum Kaffeeklatsch. Eine von ihnen ist Krankengymnastin und hatte gerade eine eigene Praxis aufgemacht. Ich wusste, dass es in dem Ort schon einige Praxen gab und fragte sie, wie ihr Geschäft laufen würde. Sie sagte gut. Ihre Praxis sei voll, da ihr Vorteil sei, dass sie einen deutschen Namen habe. Alle anderen hätten ausländische Namen. Für mich war das schlimm zu hören und ich dachte, hat sich denn gar nichts geändert in diesem Kaff? Ist ein ausländischer Name immer noch so ein Stigma, dass man kein Vertrauen in die Praxen hat? Ich wollte auch immer weg von dort. Gleichzeitig habe ich gedacht, da habe ich Glück gehabt, mit meinem Nachnamen *Ros.* Ich weiß von Ärzten mit ausländischen Namen, die, auch wenn sie hier geboren sind, sich mit Kollegen mit einem deutschen Namen zusammentun, um auch andere Patienten zu haben, deutsche Patienten. Es passiert häufig, dass man über seinen Beruf reethnisiert wird. Man wird als Arzt für die vermeintlich eigene Herkunftsgruppe wahrgenommen. Damit kann man sich aussöhnen, aber es bleibt ein Stigma.

Ich hatte lange Zeit einen Spitznamen. Den hatte eine Freundin aus der Grundschule für mich erfunden. Er lautete *Lolo.* Die *Lolo* bin ich bis heute, wenn ich nach Hause ins Schwabenland fahre. Auch für meine Schwestern bin ich *Lolo.* Meine Mutter nennt mich *Lourdes* oder *Marilourdes,* oder spricht mich mit meinem Kosenamen *Malule* an. Wenn wir im Sommer bei meiner Großmutter waren, traf ich dort oft meinen Cousin *Mar.* Sein Vater ist Senegalese und der Mann der Schwester meiner Mutter. Wenn wir Kinder gerufen wurden: *„Mar y Lourdes",* dann hat er sich nie angesprochen gefühlt, weil es wie *Marilourdes* klang und er sich dachte, dann soll sie doch gehen und schauen, was die wollen. Das war eine lustige Situation.

Im offiziellen Kontext möchte ich mit „Frau *Ros"* angesprochen werden. Manchmal wird daraus ein „Frau *Rose",* das finde ich ganz schön. Aber mit „Frau *Ross"* möchte ich nicht angesprochen werden. Eigentlich heiße ich ja „Frau *Ros-El Hosni".* Von meinem Mann habe ich den Nachnamen *El Hosni* übernommen, dafür wurde der Name *de Andrés* gestrichen, was beim Standesamt nicht einfach war. Dem Sachbearbeiter war wichtig zu klären, ob mein Familienname *Ros de Andrés* ein Doppelname ist oder nicht. Wenn es kein Doppelname ist, hätte ich ihn nicht verkürzen dürfen. Ich wollte aber nicht *Ros de Andrés el Hosni* heißen, das war mir einfach zu lang. Ich habe auch nicht bei der Heirat meinen Familiennamen geändert, sondern erst, als unsere Tochter geboren wurde. Weil ich gemerkt habe, wie schwer das ist, wenn Mutter und Tochter nicht denselben Namen tragen. Es war mir auch lästig, dass ich immer mit „Frau *Hosni"* angesprochen wurde. So habe ich mich für den Doppelnamen entschieden. Dennoch bin ich in den alten Kontexten „Frau *Ros"* geblieben, die ich immer war. Das hat auch etwas mit meiner Familie, aber auch mit Gewohnheit zu tun.

Beim Standesamt ging es dann darum, ob man meinen Familiennamen überhaupt halbieren darf. Es ist ein Doppelname. Der erste Teil wurde gebildet aus *Ros,* als ersten Teil des Namens meines Vaters, und *de Andrés,* dem ersten Teil des Namens meiner Mutter. Auch meine Eltern hatten Doppelnamen. Das ist in Spanien so üblich. Es werden jeweils der erste Namensteil des Vaters und der erste Namensteil der Mutter zum Familiennamen des Kindes zusammen gefügt. Dadurch ist die Abstammung des Kindes von seinen Eltern eindeutig. Als die Frage geklärt war, dass ich meinen Familiennamen verkürzen durfte, wurde die Frage aufgeworfen, ob es sich bei *El Hosni* um einen Doppelnamen handelt. Das ist absurd, da „El" ein Artikel ist, aber es wurde in Erwägung gezogen ob ich mich „*Ros-El"* oder „*Ros-Hosni"* nennen müsste. Aber auch da konnte ich überzeugen und heiße nun *Ros-El Hosni. El Hosni* bedeutet „der, der Gutes tut". So heiße ich jetzt in etwa, „die Blonde, die Gutes tut".

Bei der Namengebung meiner Tochter war es uns wichtig, dass ihr Vorname in Deutschland geläufig ist, aber auch in Spanien und in Marokko. Sie heißt *Sarah.* Ist das nun ein jüdischer Name oder auch ein arabischer Name, das war die Frage. Seit der Vertreibung aus Spanien 1492 haben auch immer sehr viele Juden in Marokko gelebt. Dadurch gibt es die zwanghafte Unterscheidung zwischen den Wurzeln nicht. Es gibt Namen, die genauso im Koran und in der Bibel stehen, und *Sarah* ist ein Name, der auch in Marokko geläufig ist. Uns war wichtig, dass *Sarah* durch ihren Vornamen in allen drei Ländern keine Probleme hat.

Mir ist passiert, dass ich als „Herr" angeschrieben wurde. Ich glaube, im Zweifelsfall schreiben deutsche Behörden lieber jemanden als „Herr" an statt als „Frau". Vielleicht hoffen sie, dadurch weniger Schaden anzurichten. Im Behördenkontext, und nicht nur da, löst mein Name auch immer Erwartungen aus, dass jemand kommt, der nicht gut deutsch spricht. Das war mein lebenslanger Kampf. Mich mit diesen Erwartungen konfrontiert zu sehen, mit den Fragen, wie spricht die denn, woher kommt die eigentlich. Meine Reaktion ist dann oft, mich besonders hochgestochen auszudrücken, um respektiert zu werden.

Meine Eltern sind während der „Franco-Zeit" in Spanien geboren beziehungsweise aufgewachsen. Mein Vater wurde vor dem Krieg, meine Mutter im Krieg geboren. Mein Vater hat fast alle seine männlichen Verwandten im Krieg verloren. Ein Onkel wurde von den Franco-Faschisten erschossen, der nächste saß im Gefängnis, einer ist geflohen und in einem afrikanischen Land an Gelbfieber gestorben, der nächste wurde von herabfallenden Flugzeugteilen erschlagen. Eine Urgroßtante, die Nonne war, wurde erschossen. Sie wurde selig gesprochen. Also die Familiengeschichte war so, dass alles, was katalanisch war, verfolgt wurde, und viele Familienmitglieder zu Tode kamen. Mein Vater lebte sehr gerne in Deutschland. Ob es auch politische Gründe dafür gab, weiß ich nicht. Eine baskische Cousine sitzt gerade im Gefängnis aus politischen Gründen. Zu der Zeit, als meine Eltern nach Deutschland kamen, war alles, was katalanisch war, was baskisch war, verboten, inklusive der Namen. Die Sprache war verboten, die Flagge war verboten, die Kultur war verboten.

In der Generation meiner Eltern existierten praktisch keine baskischen oder katalanischen Namen. Auch in meiner Generation nicht. Nur in der Familie oder von Freundinnen und Freunden wurden mein Vater und meine Mutter katalanisch oder baskisch angesprochen, mein Vater, der offiziell *Pedro* hieß, als *Peret,* die katalanische Koseform, meine Mutter, die *Maria Teresa de Jesús* heißt, als *Maite.* Die baskischen Namen waren unterdrückt, so dass auch mein Name, *Lourdes,* zwar bei den Basken gebräuchlich war, aber kein baskischer Name ist. Jetzt wird er auch ohne „o" geschrieben. Inzwischen hat eine starke Wiederbelebung baskischer Namen stattgefunden. Auch meine Schwester hat ihren Kindern baskische Namen gegeben, in einem schwäbischen Dorf! Bei den katalanischen Namen kann ich es nicht einschätzen, weil ich nicht oft genug dort bin. Aber nach dem, was ich gelesen habe, wurden auch die katalanischen Vornamen wiederbelebt. Die katalanische und die baskische Sprachen waren, wie gesagt, verboten. Es gab zwar keine unterschiedlichen Buchstaben, aber eine unterschiedliche Buchstabenfolge. Beispielsweise gibt es im Spanischen nicht die Buchstabenfolge „tx" oder „tz", die im Baskischen häufig vorkommen. Wenn diese Buchstabenfolgen in einem Namen auftauchen, ist er sofort als baskischer Name erkennbar. Häufig haben baskische Familiennamen den Namensbestandteil „etxea", was „Haus" bedeutet, wie der Familienname *Urrutikoetxea* beispielsweise. „Urruti" heißt „weit weg", der Familienname bedeutet also, „das Haus, das weit weg ist". Häufig ist der Familienname *Etxeberria/Echeverría,* den es auch in spanischer Schreibweise gibt, was „neues Haus" bedeutet. „Haus" kommt in baskischen Namen sehr häufig vor.

> Unter einem anderen Namen
> würden mich die Menschen nicht kennen.
> Sait Demir

3.3 Sait Demir: Assyrer zu sein, geht über Religion hinaus.

Für mich ist der Name ein Indiz, an dem man einen Menschen erkennt. Gleichzeitig ist es etwas sehr Persönliches. Mein Name ist in meinem Wirkungsfeld bekannt. Menschen kennen mich als Person und verbindenden dieses Kennen mit meinem Namen. Der Name *Sait Demir* wird gleich mit mir als Person in Verbindung gebracht. Ich bin *Sait Demir* und unter einem anderen Namen würden mich die Menschen nicht kennen.

Der Name wurde mir von meinem Vater gegeben in einem Kontext politischen Drucks. Mein Vater wurde beim türkischen Militär in jeder Hinsicht schwer misshandelt. Er hieß *Jakob* und dieser Name wurde gleich als christlicher Name erkannt. Das war Anlass für Schikanen. Er wurde immer wieder dazu aufgefordert, zum Islam überzutreten. Nach dem Militärdienst nahm er sich vor, das seinen Kindern zu ersparen. An sie wollte er keine christlichen Namen vergeben, besonders nicht an die Jungen, die auch zum Militär müssen. Er wollte Namen geben, die der islamischen Religion nahe stehen. Der Name *Sait* ist nicht der Wunschname meiner Eltern gewesen. Er wurde gewählt, um mich vor Schikanen zu schützen, vor allem beim Militär. Ich bin, noch während mein Vater den Militärdienst ableistete, zur Welt gekommen.

Der Name *Sait* kommt aus dem arabischen Raum. Er wird eigentlich mit „d" und nicht dem harten „t" geschrieben. Das führt ab und zu zur Verwirrung. Viele kennen den Namen aus dem Arabischen und schreiben ihn dann auch mit „d". Die Schreibweise hängt damit zusammen, dass während des Prozesses der Reformen Ende der 1920er Jahre die Türken arabische Spuren loswerden wollten und es wurde aus dem „d" ein „t" gemacht.

Der Name *Demir* wurde uns während des Türkisierungsprozess 1934 durch ein Dekret aufgezwungen. Wir haben einen türkischen Nachnamen annehmen müssen. Der türkische Staat kann sagen, dass man auswählen konnte aus einer Liste, die vorgelegt wurde. Viele Menschen waren aber des Lesens und des Schreibens nicht mächtig. Sie bekamen von einem Schreiber eine Liste und sollten sich einen Namen heraussuchen. *Demir*, das bedeutet im Türkischen „Stahl" oder „Eisen". Das ist etwas Starkes, etwas Handfestes und darunter können sich Menschen auch etwas vorstellen. So haben viele Menschen den Namen *Demir* gewählt. *Demir* kommt oft vor. Vor allem in unserer Ortschaft. Es gibt eigentlich nur *Demir, Özdemir* und *Potzdemir*. Meine Familie hieß ursprünglich nicht *Demir*. Der Name hat auch nichts mit einer Berufsbezeichnung zu tun wie hier in Deutschland, wo viele Namen aus Berufen abgeleitet sind. Obwohl es auch in der Türkei viele Ableitungen von Familiennamen aus Berufsbezeichnungen gab. Das war bei uns aber leider nicht möglich. Wir mussten einen türkischen Nachnamen annehmen. Unser eigentlicher Familienname existiert in zwei verschieden Varianten in unterschiedlichen geografischen Bereichen. Der eine Name lautet *Malke*, abgeleitet von *Malko*, „König", oder der andere, *Chansa*, eine weibliche Person, die die Familienführerschaft innehatte, nachdem sie nicht geheiratet hat. Das nehme ich an, weil ich nachgefragt habe, warum werden wir in einer Region nach *Chansa* benannt, in der anderen geografischen Region aber nach *Malko* oder *Malke*. Da habe ich keine befriedigende Antwort gefunden. Aber es ist meine Vermutung und mir wurde durch Recherche bestätigt, dass eine weibliche Person in meiner Ahnengeschichte eine unverheiratete, kinderlose Frau eine Führungsposition innehatte. Nach ihr nannte sich dann in der einen Region die Familie.

Im Zuge der Migration und mit der Annahme der deutschen Staatsbürgerschaft wollten wir im Familienkreis unsere Namen verändern. Da aber das deutsche Namenrecht in Deutschland noch komplizierter ist als in der Türkei, sind wir auf Beton gestoßen. Wir sind diesen Prozess auch nicht zu Ende gegangen. Man kennt uns inzwischen hier auch unter dem Namen *Demir* und unter unseren alten historischen Namen sind wir nicht mehr zuzuordnen. So ist das nun über siebzig Jahre unser Name.

Als wir angefangen haben, uns zu unserer Volkszughörigkeit als Assyrer und nicht nur als religiöse Gruppe (es gibt neun verschiedene religiöse Gruppen und Konfessionen) zu bekennen und das in einer gewissen Freizügigkeit hier in Deutschland, da haben wir 1978 diesen Verein gegründet. Wir wollten hier unsere Identität, unsere Religion, unsere Kultur bewahren. Da haben wir bemerkt, das war in den 1980er Jahren, dass das deutsche Standesamt uns als türkische Staatsbürger wahrnimmt und versucht hat durchzusetzen, dass wir nur türkische Namen an unsere Kinder vergeben. Da ist dann die Idee entstanden, ein assyrisches Vornamenbuch zu erstellen. Die Behörden haben sich immer darauf berufen, dass sie Vorgaben vom türkischen Konsulat hätten, dass alle türkischen Bürger auch türkische Namen führen müssen, ohne Differenzierung, ob das nun Christen sind oder Muslime. Alle mussten aus den vorgegebenen Listen die Vornamen ihrer Kinder wählen. Auch das Standesamt Augsburg hatte so eine Liste in Form eines Buches, aus dem für das neugeborene Kind ein Vorname ausgewählt werden sollte. Da begann dann der Konflikt mit den Standesbeamten. Wir sind zwar aus der Türkei gekommen, wir sind aber keine Muslime und christliche Namen waren in der Liste nicht vorhanden. Wir mussten uns für die Namenwahl unserer Kinder rechtfertigen. Man hat dann bei unserem Priester, der auch die Taufen vornahm, nachgefragt. Er musste sich mit den Behörden auseinandersetzen. Er war nicht nur Priester der katholischen Kirche sondern auch Sozialberater. Da haben wir gesagt, dann müssen wir selber einen Weg gehen. Es entstand die Initiative, selbst ein Vornamenbuch assyrischer Vornamen herauszugeben. Es entstand das Vornamenbuch unseres Dachverbands unter Mithilfe von Dr. med. Abrohom Lahdo (1987). Er hat Namen der Literatur entnommen, ergänzt um die Namen, die allgemein bekannt waren, eine Sammlung von assyrischen Vornamen erstellt und den Ursprung dieser Namen recherchiert. Dieses Namenbuch stellten wir dann allen Standesämtern, mit denen wir Kontakt hatten, zur Verfügung. Oder auch Gemeinden, von denen wir wussten, dass dort Assyrer leben. Die Standesbeamten konnten dann nachlesen, woher der Name kommt. Das war für sie ein Beweis, dass diese von den Eltern ausgewählten Vornamen ihrer Kinder ihren Ursprung in einer ethnischen Zugehörigkeit hatten. In dem Namenbuch sind die Namen in lateinischer Schrift um die Namen in assyrischer Schrift ergänzt. Sie wird aramäische Schrift genannt. Unter den Sprachwissenschaftlern nennt man sie neusyrisch. Sie wird von rechts nach links geschrieben und gelesen. Ich habe einige Kämpfe mit Standesbeamten ausgefochten. Einmal bin ich sogar bis ins Münsterland, nach Paderborn gereist. Da hat mein Onkel mütterlicherseits eine Tochter bekommen. Er hatte Schwierigkeiten, sie unter dem von ihm ausgewählten Namen eintragen zu lassen. Da musste ich mit dem Standesbeamten richtig streiten, bis er akzeptiert hat, dass der ausgewählte Name ein Name ist, der auch nachweislich traditionell christlich-assyrisch ist. Er hat seine Tochter, die in Deutschland geboren wurde, *Linda* genannt. Obwohl mein Onkel ein Asylantragsteller war, musste er eine eidesstattliche Erklärung gegenüber dem türkischen Konsulat abgeben, dass er für die Namenswahl verantwortlich ist. Damit erklärte sich der Standesbeamte dann einverstanden, da er durch die eidesstattliche Erklärung aus dem Schneider war.

Ich möchte noch mal auf die Absichten einer Familiennamensänderung unsere Familie zurückkommen. Als wir eingebürgert wurden, hat sich unsere Familie damit beschäftigt. Meine Familie, meine Eltern und Geschwister und ich wollten mit der Annahme der deutschen Staatsbürgerschaft unseren alten Namen wieder haben. Das deutsche Namenrecht ist alt, ich glaube es stammt noch aus dem Kaiserreich. Es ist kaum möglich, seinen Namen zu ändern. Wir hätten einen Präzedenzfall geschaffen. Es heißt zwar im deutschen Namenrecht, wenn der Familienname sehr schwer auszusprechen ist oder wenn er zu Hänseleien Anlass gibt oder wenn wir Nachteile durch den Namen haben, kann er geändert werden. Wir haben Nachteile. Viele Menschen sehen uns als Türken und gleichzeitig als Muslime. Das hat Auswirkungen auf unser ganzes Leben, wirtschaftlich und privat. Ich merke das: Wenn ich eine Bewerbung schreibe, wird eher auf den Namen als auf meine berufliche Qualifikation geachtet. Das ist leider sehr negativ und ich habe das in vielen Situationen erfahren. Wir wollten einen anderen Weg gehen und den Namen verändern. Aber das ist schwierig. In dem Einbürgerungsprozess scheint das leichter zu sein. Ich kenne aber einige assyrische Familien, bei denen das trotzdem nicht möglich war. Die Behörden sagen einfach nein. Es geht nur, wenn ein alter Familienname mit einem neuen Vornamen kombiniert wird oder ein alter Vorname mit einem neuen Familiennamen. Man muss sich für eins entscheiden. Beide Namen können nicht verändert werden. Eine komplette Namensänderung ist nicht möglich. Ich würde gerne einen anderen Namen tragen. Den alten Namen meiner Familie und einen Vornamen, der nicht türkisch ist. Einen Namen, der meiner Herkunft und meiner Kultur entspricht. Mein Name *Sait* hat immer wieder zu Missverständnissen geführt. Diejenigen, die darin den arabischen Vornamen erkennen, erwarten, dass ich Arabisch spreche. Aber ich spreche Assyrisch. Wenn ich einen traditionellen assyrischen Namen tragen würde, dann würde ich zumindest unter meinen eigenen Leuten richtig zugeordnet. Es muss mein Name ja nicht unbedingt jemandem aus einem anderen Kulturkreis gefallen. Aber im interkulturellen Kontext sollte eine Person doch so angesprochen werden, wie sie angesprochen werden will. Ich möchte mich angesprochen fühlen durch meinen Namen. Ja, es gibt viele Namen, die sehr schwierig auszusprechen sind. Aber die Menschen fühlen sich mit ihrem Namen wohl. Sie identifizieren sich mit ihrem Namen. Der Name ist ein Teil der Identität. Ich möchte einen Namen haben, der mich anspricht. Okay, ich kann mich mit *Sait* identifizieren, weil ich seit 46 Jahren diesen Namen trage. Aber ich hätte mir einen anderen Namen gewünscht. Einen Namen, der meinem kulturellen Hintergrund entspricht. Der Name *Sait* signalisiert den arabischen Raum. Aber für mich als Christ, durch meine Religion geprägt, gehört dieser Name zu den islamischen Namen. Ich habe oft das Gefühl, in schwierige Situationen zu kommen, in denen ich mich rechtfertigen muss. Wieso bist du nicht Moslem? Wieso sprichst Du nicht Arabisch? Wieso sprichst Du kein Türkisch? Der Nachname ist türkisch. Also kommt die Annahme, ich sei Türke. Es kommt die Frage, bist du Türke? Ja, ich komme aus der Türkei, weil dies meine Staatsbürgerschaft war. Aber ich spreche kein Türkisch und ich bin auch kein Türke. Ich habe bis zu meinem siebten Lebensjahr nur einige wenige türkische Wörter gekannt. Erst durch meine Einschulung habe ich bis zur dritten Klasse langsam Türkisch gelernt. Der Name ist immer wieder so ein Aufhänger, mich türkisch anzusprechen. Von Türken werde ich aufgrund meines Namens als Türke betrachtet. Sie sprechen mich gleich in türkischer Sprache an. Ich muss dann erklären, dass Türkisch für mich auch eher eine Fremdsprache ist. Ich kann sie nicht so gut wie Deutsch. Dann kommt: „Aha, wieso, was bist Du dann?" Das ist der Punkt. Und in Deutschland genauso. Auch von den Deutschen werde ich sofort als Türke gesehen. Wenn ich sage, ich bin kein Türke, dann kommt sofort die Frage: „Was bist du dann?" Deswegen wünsche ich mir einen Namen, der meiner Zugehörigkeit entspricht, meiner kulturellen Zugehörigkeit, vielleicht auch meiner Religion. Ich weiß nicht, ob ich wirklich einen christlichen Namen wählen würde. Aber ich würde einen Namen wählen, der meiner kulturellen Herkunft entspricht, einen traditionellen assyrischen Namen. Der Name ist für die Identität wichtig. Schon seit Jahrtausenden wurde versucht, die assyrische Identität auszulöschen. Schon in vorchristlicher Zeit waren das die Byzantiner, dann die Perser, später dann die Seldschucken und dann die Mongolenstämme, dann die Russen und dann die Türken und jetzt die Kurden und die Araber. Auch aus diesem geschichtlichen Bewusstsein ist für mich der Name wichtig in Bezug auf Identität. Deswegen hätte ich gerne einen traditionellen assyrischen Namen, der Zugehörigkeit zumindest zu einer geografischen, kulturellen Herkunft ausdrückt, wichtig, ja eine Volkszugehörigkeit deutlich macht.

Bei uns gibt es viele religiöse und kulturelle Hintergründe, wer über die Namengebung entscheidet. Traditionell waren es die Großmutter und der Großvater, die die Namen der Enkelkinder vergeben haben. Sie wurden von den Eltern aus Respekt gefragt. Der Respekt wurde oft erwidert und den Eltern wurde die freie Entscheidung zugesprochen. Dann haben die Eltern selbst den Namen vergeben. Diese Namen drückten dann den Bezug zur Religion aus oder die Bindung zu

Personen, zu denen sie einen guten Bezug hatten. In der Regel wurden die ersten Kinder nach dem Großvater oder der Großmutter benannt. Kinder werden aber auch nach Verwandten benannt, die aufgrund tragischer Umstände ums Leben kamen und durch die Namensvergabe sozusagen am Leben erhalten werden. Oder es werden auch historische Namen vergeben von Personen, deren Andenken Gewicht beigemessen wird. In unserer Familie wurden die Namen vom Großvater vergeben. Aber hier in Deutschland war es wieder anders. Er wurde zwar immer gehört und sein Einverständnis war uns wichtig. Aber er hat den ihm gebührten Respekt immer erwidert, seinen Rat gegeben, aber die Namenswahl uns überlassen. Bei unserem jüngsten Sohn *Gabriel* sagte mein Vater, wir haben doch so viele *Gabriels* in der Familie, warum wollt ihr noch einen *Gabriel?* Da hatte ich eine gute Erklärung. Mein älterer Sohn schwärmt für einen assyrischen Sänger, *Sagon Gabriel,* und er sagte jedes Mal, wenn ich einen kleinen Bruder bekomme, soll der *Gabriel* heißen. So nannten wir unseren vierten Sohn *Gabriel* und mein Vater hat seine Zustimmung gegeben, obwohl er nicht so richtig überzeugt war.

Bei uns ist üblich, dass man nur einen Vornamen trägt. Es gibt auch alte historische Namen, die aus zwei Vornamen und dem Familiennamen bestehen, wenn beispielsweise die Großväter berühmte Persönlichkeiten waren, dann wurde ihr Name neben dem Vornamen des Enkels weiter geführt. Aber üblich ist nur ein einziger Vorname. Ich kann dazu auch eine Geschichte erzählen. Meiner ältesten Tochter habe ich zwei Namen gegeben. Daraufhin musste ich dem türkischen Konsulat die Frage beantworten, warum ich einen Doppelnamen vergeben habe. Letztendlich wurde in der Eintragungsstelle in der Türkei (die Kinder mussten hier in Deutschland standesamtlich eingetragen werden und auch in der Türkei) immer wieder gefragt, warum ich zwei statt nur einen Namen angegeben habe, obwohl der Doppelname ja nur ein Name war. Das sollte geklärt werden. Irgendwann bekam ich dann die Anfrage von Bekannten aus meinem Ort, du wirst immer zu Gerichtsterminen geladen, was ist da eigentlich los? Ich wusste davon nichts und habe recherchiert. Da hieß es dann, die Tochter habe zwei Namen und ich müsse mich für einen entscheiden. Da habe ich mich dann beim Konsulat beschwert und die Sachbearbeiterin sagte, dass das verrückt sei und das Namenrecht das zuließe. Das war so ein Erlebnis zur Namensvergabe und zum Namenrecht.

In türkischen Dokumenten steht immer der Vorname an erster Stelle und dann folgt der Familienname. Das war auch immer in Deutschland für uns eine schwierige Situation, weil es hier in offiziellen Dokumenten genau umgekehrt ist. Es hat Jahre gedauert, bis wir das gelernt haben. Immer wieder habe ich meinen Vornamen als erstes angegeben und hieß dann Herr *Sait* und meine Frau wurde zu Frau *Sait.* Das ist auch heute noch in der Türkei üblich. Allerdings war auf meiner Entlassungsurkunde aus der Staatsbürgerschaft die Reihenfolge dann umgekehrt. Da hat eine Angleichung stattgefunden. Aber in anderen türkischen Dokumenten kommen immer der Vorname zuerst, dann der Familienname, dann der Vorname des Vaters und der der Mutter. Auch im Pass sind die Vornamen der Eltern aufgeführt. Das ist obligatorisch. Ohne den Vornamen der Eltern werden keine Verträge oder Dokumente ausgestellt. Das ist einfach Vorschrift. In der Türkei ist das Pflicht, in Deutschland kennt man das nicht. Es ist auch immer so, dass die Frau bei der Eheschließung in der Türkei den Nachnamen des Mannes annimmt und die Kinder den Namen des Vaters tragen.

Sehr häufige Frauennamen sind *Meryem,* was *Maria* entspricht, und *Hane,* abgeleitet von *Johanna,* die männliche Form dieses Namens ist *Hanna,* der in Deutschland als weiblicher Name eingeordnet wird. Bei den Vornamen wählen wir Assyrer aber oft Vornamen, die wenig auffallen, um Diskriminierungen vorzubeugen. So ist ein häufiger Frauenvornamen auch *Layla,* ein aus dem Arabischen kommender Vorname. Es werden auch viele moderne türkische Vornamen vergeben. *Gebro* oder *Gabro* von *Gabriel, Gabro* kommt vom Erzengel Gabriel, heißt aber gleichzeitig auch „Mann". *Yakho (Jakob)* und *Melke,* abgeleitet von dem Familiennamen *Malko,* „König", sind weitere beliebte assyrische Männernamen. Zwei sehr häufige Familiennamen leiten sich aus Berufsbezeichnungen ab, *Hadado* bedeutet Schmied und *Najoro* Schreiner.

Eine höfliche Begrüßung geht mit Begrüßungsritualen einher. Der Gruß „Schlomoh" bedeutet „Friede". Die Person wird mit ihrem Namen begrüßt, aber ohne die Anrede „Herr" oder „Frau". Es wird auch geduzt. Kennt man jemanden persönlich, reicht bei der Anrede der Vorname. Ein Handschlag zur Begrüßung ist offiziell üblich, ohne Einschränkungen. Auch Frauen werden selbstverständlich mit einem Händedruck begrüßt.

Wenn mich jemand gut kennt, der Name *Sait* kommt aus dem Arabischen mit einer türkischen Schreibweise, könnte er mich mit *Sado* ansprechen, also in der assyrischen Form. Das kommt selten vor und ist eher ein Necken, ein provozierendes Kitzeln. Das ist nicht positiv sondern eher eine Minderung meines Namens. Ich heiße ja nicht *Sado* und werde auch nicht *Sado* genannt, sondern heiße von Anfang an *Sait.* Aber wenn jemand ein bisschen rumsticheln will, kann er diesen Namen benutzen. Aber das kommt eigentlich nur bei tiefen Freundschaften aus meiner frühen Kindheit vor. Das ist so etwas wie ein Spitzname von engen Freunden aus meiner Kindheit gewesen, der aber so gut wie nie gebraucht wurde und heute auch nicht mehr gebraucht wird. Kosenamen, also wenn man *Sait* übersetzt, heißt das „der Fröhliche". Ich habe ein bisschen recherchiert, ein Geschichtslehrer, der auch Griechisch unterrichtet hat, hat gesagt, wenn man den Namen ins Griechische übersetzt, dann heißt das auch „der Fröhliche" oder „der Glückliche". „Der Fröhliche" oder Anspielungen darauf sind so etwas wie eine Koseform.

> Wir haben ihn Johannes genannt, bevor wir ihn
> gesehen haben. (Bedeutung: Das Fell des Bären verteilen,
> bevor er erlegt ist.)
> Griechisches Sprichwort

3.4   Tassia Foúki: Griechisch habe ich erst in Deutschland gelernt.

Es kommt darauf an, ob ich mit einem Namen eine Bedeutung verbinde oder nicht. Es ist davon abhängig, ob es ein griechischer Name ist oder ein deutscher Name. Wenn ich griechische Namen höre, beispielsweise aus der Liturgie, dann verbinde ich immer etwas damit. Deutsche Namen haben keine Bedeutung für mich und mein eigener Name leider auch nicht. Mein Name lautet *Anastasía* und ist sehr christlich, er kommt von „anástasis", was „Auferstehung" bedeutet. In unserer Familie war es so, dass nicht unsere Eltern bestimmt haben, wie wir Kinder heißen, sondern unser Patenonkel. Unser Patenonkel, der auch unsere Eltern getraut hat. Er war kein leiblicher Onkel, sondern ein Freund unserer Familie. Paten haben eine hohe Bedeutung. Sollte den Eltern der Patenkinder etwas passieren, wäre er es, der die Sorge für seine Patenkinder übernimmt, nicht die leiblichen Verwandten. Als er starb, hat unsere ganze Familie um ihn getrauert wie um ein sehr enges Familienmitglied. Sein Privileg war es, sich Namen für uns zu überlegen. Meine Brüder, meine Schwester und ich haben unsere Vornamen von ihm erhalten. Meine Eltern wussten also bis zu unserer Taufe nicht, wie wir heißen würden. Ja, das war bei uns Tradition. Ich bin im November geboren und um Ostern herum getauft worden und darum heiße ich nach dem Osterfest *Anastasía,* die Auferstehung. Mein Bruder ist im April geboren und im August getauft worden, um die Zeit Maria-Himmelfahrt, was bei uns ein sehr großer religiöser Feiertag ist. Er erhielt den Namen *Panagiótis,* von „Panagía", was „Mutter Gottes" bedeutet. Mein anderer Bruder heißt *Chrístos.* Es ist vielleicht ungewöhnlich, dass Eltern bis zur Taufe ihrer Kinder nicht wissen, wie diese heißen. Aber meine Eltern haben diese alte Tradition, in der Gegend aus der ich komme ist sie sehr verbreitet, respektiert und auch angewendet. Bei den Vlachen, ich gehöre einer ethnischen Minderheit an, ist das heute noch so. In der Regel ist es in Griechenland Brauch, dass die Kinder den Namen der Großeltern bekommen. Wenn es ein Sohn wird, erhält er den Namen des Großvaters väterlicherseits, und eine Tochter bekommt den Namen der Großmutter mütterlicherseits. Bei den folgenden Geschwistern werden dann die Namen der andern Großeltern vergeben. Davon haben meine Eltern Abstand genommen. Ich weiß nicht warum, ich habe sie nie gefragt, aber ich vermute, weil der Name meines Großvaters bereits vergeben war. Der ältere Bruder meines Vaters hatten seine Söhne bereits nach ihm benannt. Meine Großmutter dagegen wollte ihren Namen nicht hergeben. Sie befürchtete, sie würde sterben, wenn eine Enkeltochter auf ihren Namen getauft würde. Eigentlich hätte ich *Konstantína* heißen sollen, das war der Wunsch meiner Mutter, aber die Großmutter wollte das nicht und so heiße ich nun *Anastasía*. Meine Mutter hat erst in der Kirche erfahren, wie ich heiße, und bei meinen Geschwistern war das auch so.

In meiner Familie war es in der älteren Generation auch üblich, dass Namen verliehen wurden, die an ein verstorbenes Familienmitglied erinnerten. Wenn zum Beispiel ein Bruder oder eine Schwester gestorben sind, ob im Krieg gefallen oder eine Schwester ertrunken oder jemand bei einem Unfall ums Leben gekommen ist, hat eins der Kinder den Namen der Person erhalten. So wurden die verstorbenen Familienmitglieder geehrt und die Erinnerung an sie wurde wach gehalten. Ich finde, dass ist keine schlechte Tradition. Aber ich meine auch, dass Eltern sich selbst entscheiden sollten, welchen Namen sie ihrem Kind geben. Ich finde auch, sie sollten das Kind zuvor gesehen haben. Ich halte diesen Druck, sofort nach der Geburt einen Namen in der Geburtsklinik angeben zu müssen, nicht für gut. Man muss sich schon überlegen, wie das Kind heißen soll, bevor es geboren wurde. Ich kenne bei uns niemanden, der schon weiß, wie sein Kind heißen soll. Das Kind muss erst einmal auf die Welt kommen. Man lernt sein Kind kennen und dann erst wird es benannt, irgendwann innerhalb des ersten Lebensjahrs. Deshalb heißen die Kinder bis zur Taufe einfach nur *Béba* oder *Bébis*.

Es gibt viele Spitznamen beispielsweise nach Aussehen oder Charaktereigenschaften. Mein Bruder hieß beispielsweise *Buzúkas,* weil er so klein und rund war wie ein Fässchen. Oder ein Cousin hieß *Wómbas,* „Bombe", weil er einen starken Schuss beim Fußballspiel hatte. Ein schlauer Junge aus meiner Familie hieß im Sinne von „bauernschlau" oder „gewitzt" *Tsákalos,* das heißt „der Schakal". Den Namen trägt er noch heute.

Anastasía ist ein sehr langer Name. So nannte mich niemand, bis auf einen Onkel, der mich manchmal als *Anastasía* angesprochen hat. Aber das war sehr ungewöhnlich. Bis ich sechs geworden bin bzw. bis wir nach Deutschland gekommen sind, hieß ich *Tika*. Das ist im Vlachischen die Kurzform von *Anastasía*. Vlachisch ist die Sprache, in der wir in der Familie gesprochen haben. Dann sind wir nach Deutschland gekommen. Auch hier war *Anastasía* zu lang und ich wurde *Anna* für die Deutschen. Aber dieser Name hat sich bei den Griechen nie durchgesetzt. Bei meiner Familie sowieso nicht, da heiße ich heute noch *Tika*. Als ich dann nach München kam, wurde ich *Tassía* genannt. Das ist die griechische Abkürzung von *Anastasía*. *Tika* hat für mich ganz viel mit Familie zu tun, weil ich nur in meiner Familie *Tika* heiße. *Tika,* das erinnert an meine Großeltern und an die Zeit vor Deutschland und ist für mich sehr emotional besetzt. *Anna* mochte ich nie. Eine Bezeichnung für mich, die einfach auszusprechen war, mehr nicht. *Tassía* ist für mich ein Kompromiss in Anbetracht dessen, dass ich den christlichen Namen *Anastasía* nicht mag.

Die Griechen hier wissen natürlich, woher der Kurzname kommt. Von den Deutschen weiß aber niemand, dass der Name „Auferstehung" bedeutet, und da bin ich froh drum.

Meine Tochter hat den Namen von ihrer Großmutter bekommen. Sie heißt *Efrossíni* und bedeutet, „die, die positiv denkt" oder „die, die frohen Sinnes ist". *Efrossíni* kommt von einer der drei Grazien aus der griechischen Mythologie, die *Euphrosýne* „Frohsinn", *Thaleía* „Glück" und *Aglaía* „Glanz", hießen. Bei ihrem Namen habe ich die griechische Tradition wieder aufgenommen, das war der Wunsch ihres Vaters. Ich fand den Namen zu lang, habe die Wahl dann akzeptiert. Ich wundere mich, dass er bisher nicht abgewandelt wurde. Alle nennen meine Tochter *Efrossíni,* manche kürzen ihn auf *Frossíni* ab, was ich akzeptabel finde. Selbst im Kindergarten wurde von den Kindern der Name ganz ausgesprochen. Mir gefällt seine Bedeutung sehr gut.

Alle griechischen Vornamen sind entweder christliche Namen oder sie kommen aus der griechischen Mythologie, z.B. *„Athená"* oder *„Heraklés"*. Es gibt sogar den Namen *„Hómeros"*, so heißt beispielsweise ein Bekannter. Es gibt auch Namen wie *Elefteria,* der bedeutet „die Freiheit", oder *Iríni,* der bedeutet „der Frieden", die sehr verbreitet sind, weil sie etwas Positives bedeuten. Außergewöhnlich finde ich, dass es auch Namen gibt, die sich auf Wochentage beziehen. So zum Beispiel *Paraskefí,* das heißt „Freitag" und *Kiriakí,* das bedeutet „Sonntag", das sind Frauennamen, gibt es aber auch in männlicher Form. Ich würde sagen, die häufigsten Mädchennamen lauten *María, Eléni* und *Katherína* und viele Jungen werden *Kóstas, Geórgios* und *Dimítris* genannt.

Mein Sohn heißt *Lion.* Es sollte ein Name sein, der nicht abgekürzt werden kann. Aus *Lion* kann man nicht viel machen. Allerdings nannte ihn dann doch ein Freund bei einem Fußballturnier *Li.* Ich habe innerlich die Augen verdreht, aber *Li* hat sich nicht durchgesetzt und mein Sohn ist auch unter Freunden *Lion* geblieben. Während der Schwangerschaft habe ich alle Bücher von *Lion Feuchtwanger* gelesen und war völlig begeistert. Von daher kommt die Namenswahl.

Vornamen sind eindeutig als männlich oder weiblich durch die Endung zu erkennen. *Geórgios* zum Beispiel hat „os", die männliche Endung, und *Geórgia* hat das „a" als weibliche Endung. Die meisten Endungen von männlichen Namen enden entweder auf „-os" oder „-as", wie bei *Andréas.* Mädchennamen enden auf „a" oder auch auf „i".

Mit Behörden hatte ich nie Schwierigkeiten, was meinen Vornamen betrifft. *Anastasía* ist in Deutschland ein bekannter Name, allein schon durch die Zarentochter. Und mein Familienname ist sehr kurz, *Foúki.* Da habe ich nie lange herumbuchstabieren müssen, *Foúki* mit „ou" wurde immer gleich verstanden. Ich weiß nicht, ob mein Familienname eine Bedeutung hat. In den offiziellen Dokumenten stehen der Familienname an erster und der Vorname an zweiter Stelle. Die Namen der Eltern werden nicht mehr, wie früher üblich, aufgeführt.

Bis in die 1980er Jahre war es so, dass Frauen den Namen des Ehemannes annehmen mussten und das dann der gemeinsame Familienname war. Mit der Änderung des Namenrechts in Griechenland behalten Frauen ihren Familiennamen und können, wenn sie wollen, den Namen des Mannes dazu nehmen. Bei den Kindern muss man sich entscheiden. In der Regel ist es so, dass der Familienname des Vaters gewählt wird. Diese Entscheidung ist dann auch kaum noch zu ändern.

Familiennamen haben viel mit Zugehörigkeit zu tun. Es gibt in unserem Dorf beispielsweise niemanden, mit dem ich nicht verwandt wäre. Familiennamen sind eigentlich Sippennamen. Ich wurde zum Beispiel einmal von jemanden angemailt, der auch *Foúki* heißt. Er wollte wissen, aus welcher Familienlinie ich komme. Es ist möglich, das zurück zu verfolgen, und es ist mit Sicherheit eine Verwandtschaft vorhanden und es ist auf jeden Fall auch ein Vlache. An manchen Endungen von Familiennamen kann man die Herkunft erkennen. Wenn zum Beispiel ein Name mit „-oglu" oder „-kara" endet bzw. beginnt, dann weiß man, dass diese Familie aus Kleinasien vertrieben wurde. Die Endung ist ein Hinweis auf einen osmanischen Bezug.

Ich erwähnte ja, dass ich einer Minderheit angehöre. Es ist nicht ganz klar, woher die Vlachen kommen. Man vermutet, dass es eine Minderheit ist, die von römischen Legionären zurückgelassen wurde. Das Vlachische ist dem Lateinischen sehr ähnlich. Meine Mutter hat zum Beispiel nie Probleme, sich mit Italienerinnen zu unterhalten. Ich kenne Vlachisch nur als Lautsprache, es gibt keine Schrift dazu. In dem Dorf meiner Eltern, Kefalóvrisso, lebten früher nur Vlachen. Der Lehrer, der Priester und der Polizist, das waren die einzigen Griechen, alle anderen waren Vlachen. Als die halbe Sippe meines Vaters noch vor seiner Heirat mit meiner Mutter dann nach Víssani umgesiedelt ist, lebten wir auch unter Griechen, die wir Grecki nannten. Inzwischen hat sich das natürlich verändert und es gibt Menschen ganz unterschiedlicher Herkunft in unserem Dorf und viele Vlachen sind ausgewandert. Es gibt in Griechenland bestimmte Gebiete, in denen Vlachen leben, in der Gegend von Lárissa und in der Gegend von Kastoriá. Regional wird Vlachisch unterschiedlich gesprochen. Wir können uns zwar untereinander verständigen, aber es gibt Unterschiede, die Sprachen haben sich unterschiedlich entwickelt. Als meine Eltern noch Kinder waren, unter der Metaxas-Diktatur, war es verboten, vlachisch zu sprechen, aber das war nicht durchsetzbar. Wir haben in unserer Familie, bis wir nach Deutschland kamen, nur Vlachisch gesprochen, kein Griechisch. Griechisch habe ich erst in Deutschland gelernt. Vlachisch habe ich zum großen Teil verlernt und mein Griechisch ist auch nicht besonders gut. Ich bin nicht auf die griechische Schule gegangen, wie viele andere griechische Kinder, sondern gleich in eine deutsche Schule.

Manche griechische Namen wären schwer auszusprechen, wenn man nur das griechische Alphabet übersetzen würde, wie beispielsweise Ευροσύνη, die danach „Eufrosini" oder „Eyfrosini" ausgesprochen werden würde. Deswegen haben wir uns entschieden, in der deutschen Schreibweise das „y" ganz weg zu lassen und den Namen so eintragen zu lassen, wie er auch ausgesprochen wird. Früher war das nicht möglich. Auch mein Familienname hatte eine andere Schreibweise, die nicht der Aussprache entsprach, bis es endlich eine Richtlinie oder einen Erlass in Deutschland herauskam, dass für Namen auch die Lautsprache genommen werden darf. Ich habe sofort meinen Familiennamen dementsprechend umändern lassen. Ich habe Stempel und Siegel bekommen, dass mein Name in Deutschland *Foúki* und nicht „*Foúkis"* lautet. Mein Familienname in männlicher Form lautet *Foúkis,* aber alle Frauen meiner Familie heißen traditionell *Foúki,* das ist die weibliche Form. Die Frauen meiner Brüder heißen allerdings *Foúkis.* Sie sind Deutsche und haben die männliche Form des Namens übernommen. Generell gibt es bei griechischen Familiennamen eine weibliche und eine männliche Form, die an der Endung erkennbar ist, wie Papadópoulos und Papadopoúlu. Bei der weiblichen Form des Familiennamens fällt das „s" weg.

Der Erzieher verdient den Namen Vater mehr als
der Erzeuger.
Talmud

3.5   Abram Israelewitsch Mozessson:
In der Sowjetunion waren jüdische Namen nicht populär.

Bei uns in der ehemaligen Sowjetunion war es üblich, die Bedeutung, also die Herkunft von Namen zu bestimmen. Dabei wurde behauptet, dass der Name *Abram* griechischer Herkunft sei und *Iwan* beispielsweise ein jüdischer Name wäre. Das hat mich sehr verwundert, weil doch der Name *Iwan* zu einem Symbol für Russen geworden ist, während der Name *Abram* zu einem Symbol für Juden wurde.

Mein Sohn heißt *Igor* und der Name meines Vaters lautet *Israel*. Die Namen von Enkel und Großvater sollten wenigstens mit dem gleichen Buchstaben beginnen. Darum wählten wir *Igor* als Vornamen für unseren Sohn aus. In den 1960er Jahren und auch in den folgenden Jahrzehnten waren die echten jüdischen Namen nicht populär. Selbstverständlich war der Grund der vorherrschende Antisemitismus. Es war nicht klug, seinen Kindern jüdische Namen zu geben. So entschieden wir uns gegen den Namen *Israel* und wählten stattdessen *Igor*.

Für meine Bekannten war es beispielsweise völlig unverständlich, warum meine Mutter für mich den Namen *Abram* ausgewählt hatte. Ich wurde oft gefragt, warum sie sich gerade dafür entschieden habe und auch ich habe dann nachgefragt und die Geschichte meines Namens erfahren. Es ist der Name meines Großvaters mütterlicherseits. Er hieß *Abram*. Meine Mutter, *Rachel Abramovna,* hat den Namen ihres Vaters geführt. Ich heiße *Israelewitsch,* da der Name meines Vaters *Israel* lautet. In Russland ist es üblich, den Namen des Vaters als zweiten Namen zu führen. Mein ganzer Name lautet *Abram Israelewitsch Mozesson. Mozesson,* also mit „z", ist die französische Schreibweise. Eigentlich lautet mein Familienname *Mosesson.* So nennt sich auch mein

Sohn. Die Schreibweise unserer Namen und auch ihre Aussprache unterscheiden sich. In unseren Reisepässen wurden unsere Namen zunächst kyrillisch und dann in lateinischer Schrift und französischer Buchstabierung geschrieben. Als mein Sohn dann seinen deutschen Pass ausgestellt bekam, ließ er sich als *Mosesson* eintragen, da dies unser richtiger Name ist und die Schreibweise auch der richtigen Aussprache entspricht.

Offiziell heiße ich *Abram,* aber in meiner Familie wurde ich immer *Asik* gerufen. *Asik* war mein Kosename. Eigentlich lautet die Koseform von *Abram* in der Regel *Abrasha* oder *Abrashka.* Aber als ich klein war, konnte ich *Abrasha* nicht richtig aussprechen und nannte mich selbst bei einem Namen, der ähnlich klang, nämlich *Asik.* Meine ganzen Verwandten riefen mich von da an *Asik* und das ist mein ganzes Leben lang so geblieben. Auch meine Freunde nennen mich alle *Asik.* Nur offiziell heiße ich *Abram Israelewitsch,* niemals werde ich von Freunden und Verwandten mit diesem Namen angesprochen. Mit meinem offiziellen Namen stelle ich mich nur unbekannten Menschen vor. Sie sprechen mich dann mit *Abram Israelewitsch* an. Niemand verwendet nur den Namen *Abram,* das wäre sehr ungewöhnlich. In Deutschland ist es dagegen eher üblich, nur den ersten Vornamen zu verwenden. Das empfinde ich als ungewohnt. Ich möchte mit *Abram Israelewitsch* angesprochen werden und reagiere nicht auf *Abram.*

Meinen Namen hat meine Mutter ausgewählt. Wie es bei Juden üblich ist, hat sie den Namen ihres Vaters an mich weiter gegeben. In Russland ist es auch üblich, die Namen der Großeltern zu übernehmen. Aber Juden geben nur die Namen verstorbener Personen weiter, nicht die Namen von Lebenden. Die Namen sollen an die Verstorbenen erinnern. Erst als junger Mann erfuhr ich von der Schwester meines Vaters, dass mein Vater mir den Namen *Leonid* gegeben hatte, den Namen seines Vaters. Er hatte ihn in die Geburtsurkunde eintragen lassen. Als meine Mutter davon erfuhr, war sie sehr erbost. Sie hat die Geburtsurkunde zerrissen. Meine Mutter hatte mir dies nie erzählt, da mein Vater im Krieg gefallen war.

Vor dem Krieg, wir lebten in Moldawien, besuchte ich mit meiner Mutter meine Tante mütterlicherseits. Wir konnten nicht zurück, da der Krieg ausbrach. Die Schwester meiner Mutter lebte in Odessa, in der Ukraine. Mein Vater besuchte gerade in Moskau seine Verwandten. Durch den Kriegsbeginn konnten wir nicht mehr zueinander Verbindung aufnehmen. Wir konnten auch nicht zurück nach Hause und verloren unser Haus, unsere Papiere, einfach alles. Die Nazis besetzten die Ukraine und Moldawien. Der Mann meiner Tante war Geologe. Damit war er für den Staat wichtig. Er war vom Militärdienst befreit, damit er nach Bodenschätzen suchen konnte. Seine Familie wurde evakuiert, das war unsere Rettung. Die Verbindung zwischen der mütterlichen und der väterlichen Familie wurde unterbrochen. Erst nach zwanzig Jahren haben die Verwandten meines Vaters mich ausfindig machen können. Nach der Befreiung kamen wir wieder zurück nach Odessa. Meine Mutter reiste zu unserem alten Wohnort. Sie fand nichts, nur ein Bett und eine Matratze. Das brachte sie nach Odessa. Es gab keine Papiere, keine Informationen, nur Erinnerungen und auch ich erinnere mich nur an dieses Bett. So wuchs ich in der Ukraine auf.

In der ehemaligen Sowjetunion herrschte eine antisemitische Stimmung. Wollte man mich erniedrigen oder verspotten, nannte man mich *Abram*. Das war im Sinne einer Beschimpfung gemeint. Es kam nicht oft vor, aber es passierte. Ich war *Asik,* nicht *Abram*. Ich schämte mich damals meines jüdischen Namens *Abram*. Wenn ich von Lehrerinnen oder auf Behörden nach meinem Namen gefragt wurde, musste ich ihn nennen. Das klang für mich ganz ungewohnt. So, wie die Menschen auf meinen Namen reagierten, zeigten sie mir auch, dass mein Name nicht in Ordnung war. Das war so ein Gefühl. Gleichzeitig konnte meine Mutter nach dem Krieg studieren und auch unterrichten, trotz der jüdischen Herkunft, die am Namen ablesbar war. Sie konnte Karriere machen und besetzte eine Führungsposition. Sie war eine sehr talentierte Frau und erhielt viel Anerkennung. Als sich die antisemitische Stimmung in den 1950er Jahren verstärkte, wurde ihr gekündigt. Sie musste in ihrer neuen Stelle wieder von ganz unten als Buchhalterin anfangen. Ihre vielfältigen Fähigkeiten waren sehr gefragt, aber sie wurde in ihrer Karriere behindert und zurückgesetzt. Jüdische Namen standen der Karriere im Weg, egal welche Fähigkeiten mitgebracht wurden.

Als Kind wurde ich selbst insbesondere von einer Lehrerin benachteiligt, die Ukrainisch unterrichtete. Trotz guter Schulleistungen war sie nie mit mir zufrieden. Sie verhinderte durch ihre Benotung, dass ich für meine Leistungen, also für mein Abiturzeugnis, eine Auszeichnung erhielt. Dabei habe ich sehr gut und sehr schnell Ukrainisch gelernt, so wie ich mir selbst auch die deutsche Sprache beigebracht habe. Man hatte oft Nachteile, wenn man einen jüdischen Namen trug. Viele Eltern gaben ihren Kindern jüdische Namen, glichen sie aber in der Aussprache russischen Namen an, auch wenn im Pass der jüdische Name stand. Zum Beispiel machten sie aus *Pessach* einen *Petrovitsch*. Das erleichterte das Leben im Alltag. Ich war aber immer *Abram Israelewitsch* und nannte mich nicht anders, obwohl mir Freunde vorschlugen, mich *Arkadi* oder *Alexander* zu nennen. Aber mein inneres Gefühl hielt mich davon ab. Ich wollte meinen Namen nicht ändern. Ich hatte mich zwar als Kind manchmal für meinen Namen geschämt, ihn zu ändern kam aber nicht in Frage. Für so eine Selbstverleugnung hätte ich mich sehr viel mehr geschämt.

Ich bin mit einer russischen Frau verheiratet. Als mein Sohn *Igor Abramowitsch* in der Sowjetunion seinen Pass erhielt, konnte er sich entscheiden, ob seine russische oder jüdische Herkunft eingetragen wird. Er hat sich dazu entschieden, als Nationalität Jude eintragen zu lassen. Wieso? Es geht nicht, den Namen *Abramowitsch* zu tragen und sich gleichzeitig als Russe zu definieren. Es wäre so, als würde er sich seines jüdischen Vaters schämen. Darum hat er sich so entschieden. In der Sowjetunion war die Bezeichnung Jude keine Bezeichnung der Religionszugehörigkeit sondern der Nationalität.

Als ich nach Deutschland kam, machte ich andere Erfahrungen. Meine jüdische Herkunft war hier noch nie ein Problem für mich. Ich wurde als die Person gesehen, die ich bin. Ich war Ende der 1980er Jahre und in den 1990er Jahren als Sportler und als Dolmetscher in Straubing bei einem Sportleraustausch. Ich hatte weder mit meinem Namen noch mit der Sprache ein Problem.

Auch meine deutschen Bekannten nannten mich *Asik*. Wenige nannten mich auch *Abraham*, nicht *Abram*, da hier der Name anders geschrieben und gesprochen wird. Aber wenn ich das richtig stellte, dass ich anders hieß und anders angesprochen werden wollte, wurde das in der Regel auch akzeptiert.

Bei meinen ersten Besuchen in Straubing war ich eine anerkannte Person. Ich kam als Gast, als Leiter einer Gruppe, als Dolmetscher, ich war eine geehrte Person. Als ich fünf Jahre später wieder nach Straubing kam, war ich Kontingent-Flüchtling und ohne Beschäftigung und wurde zunächst völlig anders behandelt und wahrgenommen. Das war für mich sehr schwer. Ich fühlte mich allein, das war ziemlich hart. Ich wurde aber bald eingeladen zu den Montagsgesprächen eines Vereins, der Hilfen für Ausländer anbot. Ein Bekannter, der mich zu Hause besuchte, tröstete mich und sagte aus Spaß, in deiner Wohnung stehen mehr Bücher als es in ganz Straubing gibt. Die Mitglieder der jüdischen Gemeinde sagten zu mir, du bist ein *Mosesson*, das heißt Moses Sohn, das ist ein Ehrenname wie die *Cohens* oder *Lewins*.

Ein Vogel, der den Kopf hervorstreckt, wird abgeschossen.
Lao-tse (4.–3. Jahrhundert v. Chr.)

3.6   Gao Fang Fang: Chinesische Vornamen entsprechen oft den Wünschen der Eltern für ihre Kinder.

Mein Nachname, *Gao,* bedeutet „groß" oder „hoch". Mein Vorname *Fang Fang* bedeutet „Duft der Blumen". Viele Mädchen in China tragen diese Art doppelter Vornamen. *Fang* allein bedeutet bereits „Duft der Blumen", aber die Verdopplung klingt vielleicht mädchenhafter, obwohl auch der Name von Jungen manchmal verdoppelt wird. Aber das ist dann nur als Spitzname üblich, während bei Mädchen die Wiederholung des Vornamens eine offizielle Form der Namengebung ist. Ich bin 1966 geboren, das war am Anfang der Kulturrevolution. Damals haben die Kinder ganz andere Namen bekommen, wie „Revolution" oder „Kulturrevolution", Namen die mit der Verteidigung des Landes zu tun hatten oder eine revolutionäre Haltung ausdrückten. Mein Name war für die Zeit viel zu schön, zu lieblich, zu mädchenhaft. Das war für mich zu auffällig und ich habe mich in der Schule dann umbenannt. Es war keine offizielle Namensänderung, ich habe einfach ein Zeichen meines Namens weggelassen und mich nur noch *Gao Fang* genannt. Das war dann nicht mehr so mädchenhaft. Für *Fang* habe ich außerdem ein anderes Schriftzeichen verwendet. Es klingt sehr ähnlich, wird etwas nasaler ausgesprochen, bedeutet aber „Befreiung". So habe ich mich meinen Mitschülern angenähert und war nicht mehr so auffällig. In meinem Ausweis stand natürlich weiterhin *Fang Fang*. Zuhause nannten mich alle weiterhin *Fang Fang,* nur in der Schule hieß ich anders. Das ist nicht ungewöhnlich, da Kinder oft in der Familie mit einem Kosenamen gerufen werden und in der Schule offiziell angesprochen werden. Es war auch kein Problem, meine Namensänderung in der Schule durchzusetzen. Ich wurde so genannt, wie ich mich selbst benannte. Erst als ich mit meinem Studium begann, ich habe in Peking studiert, habe ich wieder meinen eigenen Namen verwendet. Das war einerseits durch den Ortswechsel möglich und andererseits war es eine andere Zeit. Die Kulturrevolution war vorüber und viele

Menschen legten ihre revolutionären Namen ab und ließen ihre alten Namen wieder offiziell eintragen oder benannten sich um. Das galt nicht für alle. Besonders bekannte Persönlichkeiten behielten ihre Namen. So kann man beispielsweise unter bekannten Sportlern und anderen Prominenten noch oft Namen aus der Zeit der Kulturrevolution entdecken.

Ausgewählt wurde mein Name von meinem Vater. Meine Oma väterlicherseits hieß auch *Fang*, aber nur mit einem Zeichen geschrieben. Ihr Name lautete *Li Wang Fang*. Früher war es verboten, dass die Kinder die Namen von Eltern, Großeltern oder Urgroßeltern erhielten. Das galt als respektlos und es gibt in China keine Tradition der Weitergabe von Vornamen der Großeltern an die Enkel. Der Name des Kaisers war für die ganz Bevölkerung tabu. Niemand außer dem Kaiser selbst durfte diesen Namen tragen. Ebenso war es ein Tabu, die Namen der Eltern an die Kinder weiterzugeben. Aber zur Zeit der Kulturrevolution lockerten sich diese Traditionen. Dennoch ist es ungewöhnlich, dass mein Vater mich nach meiner Großmutter benannte. Warum er sich dafür entschieden hat, hat er mir nicht erzählt. Aber ich habe von meinen Eltern erfahren, dass meine Mutter den Namen meines Bruder ausgewählt hat und mein Vater meinen Namen. Traditionell erhalten Kinder Vornamen, die aus zwei Silben bestehen. In der Moderne sind aber auch einsilbige Vornamen üblich geworden.

In unserer Familie war es nicht üblich, den Kindern einen zusätzlichen Kosenamen zu geben. In vielen anderen Familien, besonders auf dem Land, ist das üblich. Jungen erhalten meistens einen sehr komischen Namen, zum Beispiel „Stein" oder „Stuhl". Sie werden nach etwas benannt, das als wertlos oder sehr gewöhnlich gilt. Das hat damit zu tun, dass auch heute noch in China Söhne sehr geschätzt werden. Man wünscht sich Söhne und sie gelten als sehr wertvoll für die Eltern, für die Großeltern, für die ganze Familie. Damit die bösen Geister nicht auf den wertvollen Sohn aufmerksam werden und neidisch reagieren und den Sohn wegnehmen, erhalten die Jungen ganz wertlose Namen. Ein Stein oder ein Stuhl ist so wertlos, dass die bösen Geister kein Interesse daran haben. Mädchen gelten als weniger wertvoll. Sie erhalten keine Schutznamen, sondern, wenn überhaupt, eher einen Kosenamen.

Vornamen können in China völlig frei gewählt werden. Die meisten Eltern suchen sich Schriftzeichen oder Zeichenkombinationen aus, die ihre Wünsche für das Kind ausdrücken, wie Reichtum, Erfolg, Glück oder oft bei Jungen Tapferkeit oder andere männlich definierte positive Eigenschaften. Mädchennamen sind oft Blumen, Farben oder positive weibliche Eigenschaften wie Schönheit, Sanftheit oder Anmut. Traditionell war es so, dass die Vornamen immer zweisilbig waren. Das erste Zeichen des Namens war früher festgelegt. Alle Kinder einer Generation in einer Familie hießen so. Diese Tradition bestand noch bei meinem Vater, wird aber von uns Kindern nicht weiter geführt. Nur das zweite Zeichen wurde von den Eltern frei gewählt. Ein Vorteil der Generationennamen ist, dass man die Familienmitglieder einordnen kann. Das ist für die Anrede wichtig. Auch wenn man im Ausland lebt oder nach langer Zeit ins Heimatland zurück kommt und viele Familienmitglieder gar nicht mehr persönlich kennt, kann man sich an den Generationennamen orientieren und weiß, wie man sich zu verhalten hat.

In der Familie erfolgt die Anrede immer nach der Position in der Familie. Kindern ist es nicht erlaubt, ihre Eltern mit dem Namen anzusprechen. Das ist ein Tabu, auch heute noch. Als ich in Deutschland zu ersten Mal erlebte, dass manche Kinder ihre Eltern mit dem Vornamen ansprachen, war das ein großer Schock für mich. Die Eltern sind Respektspersonen und sollen diesen Respekt auch erleben. Das gilt auch für Onkel und Tanten. Sie werden nur als „Onkel" oder als „Tante" angesprochen, niemals mit dem Vornamen. In großen Familien kommt es auch vor, dass der Onkel jünger ist als der Neffe. Er bleibt dennoch der Onkel, der von seinem älteren Neffen Respekt erwartet. Die Positionen in der Familie sind wichtig, unabhängig vom Alter der Personen, und dürfen nicht verwechselt werden.

Außerhalb der Familie werden Personen mit „Frau" oder „Herr" und dem Nachnamen angesprochen. Dies gilt aber nur, wenn man die Position der Personen nicht kennt. Kennt man ihre Position und weiß, dass es sich beispielsweise um einen Manager oder einen Rechtsanwalt handelt, wird bei der Ansprache die Position, der Beruf oder die Funktion anstelle von „Frau" und „Herr" verwendet. Die Ansprache mit „Frau" oder „Herr" wäre dann unhöflich. Es ist bei einem Behördenbesuch sehr wichtig, zu wissen, wer eine Leitungsfunktion hat. Eine unangemessene Ansprache wird sehr übel genommen und man muss sehr vorsichtig sein.

Nicht alle Familiennamen in China haben eine Bedeutung. Der wohl am meisten verbreitete chinesische Familienname lautet Zhang. Über einhundert Millionen Menschen heißen so. Der Name hat keine inhaltliche Bedeutung. In China gibt es etwa 400 populäre Familiennamen. Es gibt ganz viele Menschen, die den gleichen Familiennamen tragen, da unser Volk aus mehreren Milliarden Menschen besteht, die sich nur so wenige Familiennamen teilen. Man spricht sich mit dem Familiennamen an, wobei dieser immer an erster Stelle steht. Ich heiße also *Gao Fang Fang*. In der Migration wird man dann damit konfrontiert, dass diese Reihenfolge der Namen hier unüblich ist.

Mir ist es passiert, dass eine Bekannte, die meinen Vornamen hörte, erst einmal laut gelacht hat. Sie hat sich dann schon entschuldigt und gesagt, dass sei nicht böse gemeint, aber sie fand es einfach lustig, dass mein Vorname sich wiederholt. Viele fragen aber nach, was mein Name bedeutet und warum er sich wiederholt. Jemand fand es beispielsweise witzig, mir den Vorschlag zu machen, mich beim Fußball ins Tor zu stellen, da mein Name ja *Fang Fang* lautet. Die Leute haben wenige Schwierigkeiten, meinen Namen auszusprechen, aber sie verwechseln sehr oft meinen Vornamen und meinen Familiennamen.

Auch bei den deutschen Behörden wurden meine Namen umgetauscht. Entweder musste ich meinen Namen anpassen oder ausführlich erklären, dass die Reihenfolge in China anders ist. Ich habe selbst dabei einen Prozess durchgemacht. Viele Jahre lang habe ich meinen Namen umgekehrt geschrieben und umgekehrt gesagt, um Missverständnisse zu vermeiden. Inzwischen möchte ich mich nicht mehr anpassen, sondern richtig angesprochen werden. Ich erkläre gerne, wie ich heiße und wie mein Name wirklich lautet. In Briefen oder in E-Mails mache ich durch Großschreibung deutlich, was mein Familienname ist, verwende aber die richtige Reihenfolge, also *GAO Fang Fang*. Ich mache das, weil es mir selbst angenehmer ist, richtig angeschrieben und angesprochen zu werden, und weil ich gerne weitergeben möchte, dass mir dieses Anliegen wichtig ist. Manche Leute haben das sofort verstanden, dass es für mich angenehmer ist, wenn ich meinen Namen richtig lese oder höre und ihn nicht immer im Geiste umdrehen muss, andere waren sehr verunsichert. Manche orientieren sich an meiner Schreibweise, andere verdrehen meinen Namen nach wie vor. Ich erhalte manchmal Schreiben mit der Anrede „Frau *Fang Fang*", manchmal mit der richtigen Anrede „Frau *Gao*" oder häufig auch mit „Frau *Gao Fang Fang*". Bei der letzten Variante wird auch mein Vorname genannt, was in Deutschland eher unüblich ist, vermutlich, um möglichst nichts falsch zu machen. Wenn ich mit *„Fang Fang Gao"* angesprochen werde, habe ich das Gefühl, nicht wirklich gemeint zu sein. Ich bin nicht *„Fang Fang Gao"*.

Bei der Eheschließung behält in China die Frau ihren Namen. Das war bereits in der Generation meiner Eltern so. In Taiwan und in Hongkong sind dagegen Doppelnamen üblich. Familiennamen von Verheirateten bestehen dort in der Regel aus vier Schriftzeichen, zwei Schriftzeichen für die Vornamen und zwei Schriftzeichen für den Familiennamen. Diese Tradition gilt in China nicht mehr. Für mich war es selbstverständlich, dass ich meinen Familiennamen bei der Eheschließung behalte. Als ich in Deutschland geheiratet habe, wurde das zum Problem. Ich habe sehr darum gekämpft, meinen Namen behalten zu dürfen. Ich habe auf meinem Namen bestanden. Schließlich habe ich durch eine Sondergenehmigung meinen Namen behalten können.

In China erhalten die Kinder häufig den Familiennamen des Vaters, obwohl eine freie Wahl möglich ist. Auch mein Mann und ich haben uns dazu entschieden, unsere Kinder unter dem väterlichen Familiennamen eintragen zu lassen. Sie heißen *Kang*. In der Schule kennen alle meine Kinder unter dem Namen *Kang*. Das führt oft dazu, dass ich auch mit Frau *Kang* angesprochen werde. Es wird selten nachgefragt.

Bei der Auswahl der Vornamen unserer Kinder haben wir uns darum bemüht, dass ihre Namen international sind und auch chinesischen Namen entsprechen. Zum Beispiel heißt unsere ältere Tochter *Lilian*. Auf Chinesisch lautet das vom Klang her sehr ähnlich. Unsere jüngere Tochter heißt *Lea,* auf Chinesisch *Liya*. Der Name wird genauso ausgesprochen, nur auf dem „a" betont. Ich wollte, dass meine Kinder nicht aufgrund ihres Namens ausgelacht oder ausgegrenzt werden, weder in Deutschland noch in China. Darum haben wir uns für diese Namen entschieden. Ich glaube, diese Lösung wählen viele Eltern, die durch Migration mit zwei Kulturen verbunden sind.

Der Name ist wie ein Becken aller Eigenschaften.
Ahmad El-Khalifa

3.7 Dr. Ahmad Mahmoud Sayed Ahmed El-Khalifa: Mein ägyptischer Name ist meine Identität.

Der Name ist ein Teil der Identifikation des Menschen. In den arabischen Ländern sagt der Name nicht nur etwas über die Person aus, die ihn trägt, sondern auch über die Familie. In Deutschland identifiziert man sich mit Familiennamen, Vornamen und Geburtsdatum. In arabischen Ländern fällt das Geburtsdatum weg und man identifiziert sich mit dem Vornamen, mit dem Vornamen des Vaters und des Großvaters und mit dem Familiennamen. Damit weiß man, aus welcher Sippe und aus welchem Teil einer Sippe die Person stammt. Man erhält auch Informationen über die Eigenschaften der Familie. Man weiß, ob die Familie aus dem nördlichen oder aus dem südlichen Teil des Landes kommt und man hat eine Vorstellung von dieser Person. Der Name ist also eine Identifikation der Familienzusammengehörigkeit und spielt darüber hinaus eine traditionelle Rolle beim Heiraten und bei Geschäftskontakten. Ob jemand als Geschäftspartner akzeptiert wird oder nicht, hängt manchmal von seiner Familienzugehörigkeit ab, die man am Namen erkennt. Der Name kann eine Hilfe sein oder ein Hindernis darstellen. Für die Person selbst ist der Name eine Art Abstammungsurkunde. Gewöhnlich sind Namen vierstellig. An erster Stelle steht der persönliche Vorname, es folgen der Vorname des Vaters und dann der Vorname des Großvaters. An vierter Stelle steht der Familienname, wenn die Familie oder Sippe einen solchen besitzt.

Viele Familiennamen sind Berufsbezeichnungen wie Goldschmied, oder es kommt das Material vor, das Grundlage der Berufsausübung ist, wie Kupfer oder Eisen, und es gibt bäuerliche Namen. Es gibt Namen wie „König". Der Name *El-Khalifa* ist von Kalif abgeleitet. Nicht jeder, der „König" heißt, muss auch aus einer Königsfamilie stammen, der Name kann sich auch auf historische Ereignisse beziehen. *Khalifa* kann auch den Sinn von „Nachfolger" haben. Es muss keine politische Nachfolge sein, sondern kann sich auch auf die Nachfolge eines Imam in einer Moschee beziehen. Manche Familiennamen weisen auf die ethnische Herkunft hin. In Saudi Arabien fühlt sich jeder, der den Familienname *Saud* trägt, als Mitglied der Königsfamilie. Der Name führt dazu, dass er gesellschaftlich anerkannt ist und leichter gesellschaftliche Zugänge findet, beispielsweise im universitären oder geschäftlichen Bereich.

Mein Name lautet *Ahmad Mahmoud Sayed Ahmed El-Khalifa*. *Ahmad* heißt „der Dankbare" und ist mein Vorname, *Mahmoud* bedeutet „der Ehrwürdige" und ist der Vorname meines Vaters. *Sayed Ahmed* bedeutet „der beste Dankbare" und ist der Vorname meines Großvaters. *El-Khalifa* bedeutet „der Nachfolger" oder „der Kalif" und ist mein Familienname. „*Al*" oder „*El*" haben zwei Bedeutungen. Entweder ist es der Bestimmungsartikel und heißt „der" oder es ist ein Adelstitel wie „von". In Ägypten ist es meisten der Bestimmungsartikel, in den Golfstaaten häufiger ein Adelstitel.

Als Kind brachte mir mein Vater die Namen meiner Vorfahren bei und ich kannte sie bis ins 8. Glied unserer Familie auswendig. Namen haben in der Familie und in der Familiengeschichte eine hohe Bedeutung. Es ist in den arabischen Ländern allgemein üblich, dass man die Kette seiner Vorfahren bis ins sechste oder siebte Glied kennt.

Mein Name ist meine Identität, meine Identifikation. Wenn jemand meinen Namen hört und mich kennt, verbindet er damit ein Bild meiner Person mit meiner Statur, mit meinem Beruf, mit meinen Eigenschaften. Der Name ist wie ein Becken aller Eigenschaften einer Person und wenn ein Name genannt wird, ist das mit Vorstellungen von der Person verbunden. Für mich hat mein Name mit meiner Familienzugehörigkeit zu tun und es ist für mich ein schöner Name.

Meinen Vornamen hat meine Mutter ausgewählt. Ein Onkel aus der väterlichen Linie hieß *Ahmed*. Er verstarb kurz vor meiner Geburt. Meine Mutter wählte den Namen für mich, um meinem Vater eine Freude zu machen. Er hatte einen *Ahmed* verloren und im Namen seines Sohnes wurde die Erinnerung an ihn bewahrt. Lange Zeit verrieten meine Eltern meiner Großmutter nicht, wie ich heiße. Sie fürchteten, sie sei dagegen, den Namen ihres verstorbenen Sohnes an ihr Enkelkind weiter zu geben. So benutzten meine Eltern immer einen Kosenamen und ich wusste in den ersten drei Jahren meines Lebens nicht, wie ich richtig heiße.

Es ist unterschiedlich, wer die Namen der Kinder auswählt. Wenn jemand den Namen seines Kindes träumt, dann wird dem viel Bedeutung beigemessen. Der Traum wird als ein Zeichen gewertet und das ist völlig akzeptiert. Ein solcher Traum hat eine religiöse Bedeutung. Es gehört zum Grundsatz der islamischen Lehre, dass Gott weiß, wer wann und wo geboren wird und wer seine Eltern sind. Der Name ist von Gott bestimmt. Er wird in seiner religiösen und in seiner gesellschaftlichen Bedeutung das Kind prägen. Wenn der Name „Dankbarkeit" bedeutet, wird der Mensch dankbar sein und annehmen, was er in seinem Leben bekommt.

Alte arabische Namen waren oft hart. Sie hatten die Bedeutung von „Stein" oder „Berg". Bedui-nen wünschten sich vor der islamischen Zeit solche Namen für ihre Kinder, damit sie bei deren Feinden Angst erregen. Der Prophet Muhammad *(Friede sei mit ihm)* hat das verändert, da diese Namen eine eher Furcht einflößende Ausstrahlung hatten. Keine Person möchte gerne mit jeman-den zusammen leben, der zum Beispiel „Basalt" heißt

Eine Familie erzählte mir, dass sie die Namen ihrer Kinder nicht nur nach deren Bedeutung auswähle, sondern dass die Namen auch an die Lebensweise von Propheten oder geistigen Führern anknüpften und es wichtig sei, was diese Menschen in ihrem Leben bewirkt haben. Die Namen seien dadurch Vorbilder für die Kinder. Das hat mich sehr beeindruckt und ich habe diesen Gedanken für meine eigenen Kinder aufgegriffen. Für jedes habe ich ein kleines Büchlein geschrie-ben, für meinen Sohn *Ayman* und für meine Tochter *Fatima,* deren Name hier in Deutschland eher bekannt ist. In dem Büchlein meines Sohnes steht, wer *Ayman* war, wie er sein Leben gelebt und was er bewirkt hat. Auch meine Wünsche und Gedanken, die ich meinem Kind für sein Leben mitgeben möchte, habe ich formuliert. Als unsere Tochter geboren wurde, habe ich ein sol-ches Büchlein auch für sie geschrieben. Viele meiner Freunde, die diese Schriften gesehen haben, wünschten sich auch für ihre Kinder solche Namensbüchlein. So habe ich auch für die Kinder von Freunden die Geschichte der Vorbilder für ihre Namengebung aufgezeichnet. Manchmal habe ich daran gedacht, diese Informationen zu veröffentlichen, aber in der Gemeinde ist so viel Arbeit, dass dafür bisher die Zeit gefehlt hat.

Arabische Namen werden oft in eine Kose- oder Kurzform umgewandelt. *Ahmed* würde bei-spielsweise *Hamada* oder *Hamu* genannt. Das „A", „H" und das „M" werden in der Kurz- oder Koseform beibehalten. Sie ist sowohl für *Ahmed* als auch für *Mohammed* gebräuchlich. So bleiben die eigentlichen Namen immer erkennbar. Oder *Yusuf* zum Beispiel, den Sohn von Jakob, würde man *Abu Yakub* heißen. Es ist im Arabischen üblich, dass, wenn man eine Person ehrt, man sie nicht direkt mit ihrem Voramen anspricht. Man wählt dann entweder eine Koseform oder spricht sie in einem offizielleren Rahmen mit ihrem Vor- und Familiennamen an. Wenn Freunde sich ansprechen, wählen sie einen Ersatznamen, oft eine Verkürzung des Vornamens, in dem man den eigentlichen Vornamen der Person erkennt.

In den ostarabischen Ländern, in Syrien, Irak, Jordanien oder Palästina ist es in islamischen Kreisen üblich, jemanden mit dem Namen des ältesten Sohnes anzusprechen. So werde ich auch als *Abu Ayman,* als Vater von Ayman, angesprochen. In nordarabischen Ländern ist das nicht üblich.

In Deutschland ist es bei einer höflichen Ansprache üblich, „Herr Dr. El-Khalifa" zu sagen. Der Unterschied ist, dass wir den Vornamen und nicht den Familiennamen nennen. Es würde also „Herr Dr. Ahmed" heißen.

Arabische Namen werden hier in Deutschland in lateinische Umschrift gesetzt. Mein Vorname zum Beispiel kann unterschiedlich geschrieben werden, beispielsweise *Ahmad* oder *Ahmed*. Das Problem beginnt in unserer Heimat. Es hängt vom Sachbearbeiter ab, der die Pässe ausstellt, ob er fremdsprachlich französisch oder englisch orientiert ist. Bei einer französischen Orientierung wird der Vorname als *Ahmed* eingesetzt, also das „E" wird verwendet, wie im Nordafrikanischen üblich. Ist der Sachbearbeiter aber englisch orientiert, dann wird er den Namen in der Schreibweise *Ahmad* eintragen und das ostarabische „A" verwendet. Das hat dazu geführt, dass in einem meiner Pässe mein Vorname *Ahmed* und im anderen *Ahmad* lautet. Ich werde auch unterschiedlich angesprochen. Das kann verwirren, nicht nur andere, auch mich. Ich habe meine E-Mail-Adresse immer der gerade im gültigen Pass stehenden Namensversion angepasst, um keine Probleme zu bekommen. Der Anfangsbuchstabe meines Familiennamen wird mit „K" geschrieben, mit „Kh" oder mit „Ch". Je nachdem, von wo ich Post erhalte, finde ich ganz unterschiedliche Schreibweisen vor. Das hat schon zu seltsamen Situationen geführt. Bei einem Verkehrsunfall musste meine Frau ihren Namen angeben und sie hat mich gefragt: „Wie heiße ich hier?" Auch sie heißt in unterschiedlichen ägyptischen Pässen unterschiedlich. Die Polizistin hat natürlich gestutzt, das war lustig. Vermutlich hat sie geglaubt, meine Frau wäre nach Deutschland eingeschmuggelt worden und hätte vergessen, unter welchem Namen sie hier lebt. Das konnte natürlich aufgeklärt werden, indem die Pässe mit der unterschiedlichen Schreibweise des Namens vorgelegt werden konnten, die aus den jeweiligen Umschriften resultieren. Das ist kein Problem der deutschen Behörden sondern der ägyptischen Behörden. Wird ein neuer Pass ausgestellt, heißt das nicht, dass die Schreibweise vom alten Pass übernommen wird.

Mit den deutschen Behörden hatte ich in den 1970er Jahren das Problem, dass mein Name, der aus vier Namen besteht, insgesamt als Familienname eingetragen wurde. Dadurch wurde ich unter dem Buchstaben „A" abgelegt und nicht unter „K", was auch zu Problemen geführt hat. Auch bei Ärzten war es schwierig, das richtige Krankenblatt zu finden, je nachdem unter welchem Buchstaben es abgelegt worden war, unter „A", unter „E" oder unter „K". Inzwischen ist das nur noch selten ein Problem.

Frauen behalten bei der Eheschließung ihren Familiennamen. Mit der Eheschließung wird der Name um den des Ehemannes ergänzt. Aber auch das wird in verschiedenen Ländern verschieden gehandhabt. In der Türkei und in Tunesien ist es beispielsweise üblich, dass die Frau den Namen des Ehemannes übernimmt. Es hängt davon ab, welches Familienrecht Gültigkeit hat. In Ägypten behält die Frau ihren Familiennamen bei der Eheschließung. Die Kinder erhalten den Familiennamen des Vaters.

Vornamen sind in der Regel eindeutig dem Geschlecht zuzuordnen. Es gibt nur wenige Ausnahmen. Allerdings gibt es Vornamen, die bei den Arabern an Jungen vergeben werden und in der Türkei zum Beispiel an Mädchen oder umgekehrt, aber auch das ist nur selten der Fall.

Unter gläubigen Muslimen sind Vornamen Favoriten, die mit „Dankbarkeit" zu tun haben. Sie sind an den Buchstaben „h, m, d" zu erkennen, wie *Ahmed, Mohammed, Mahmoud.* Oder Namen, die ausdrücken, dass man sich in den Dienst Gottes gestellt hat, wie *Abdullah* oder *Abdul Rahman.* Die Namen der Propheten werden gerne vergeben oder Namen, die dem Koran entnommen wurden. Auch *Moses, Ibrahim* oder *Ismael* sind beliebte Namen. Die am häufigsten vergebenen Vornamen lauten *Fatima* und *Mohammed.* Gläubige Familien wählen in der Regel einen Namen aus, der einen Bezug zu ihrer Religion hat. Es gibt auch Namen, wie *Jasmin,* die keinen arabischen Ursprung haben, aber schön klingen. Durch die Globalisierung und durch die weltweite Information finden sich auch Namen, die beispielsweise einen europäischen Ursprung haben wie *Heidi.* Es gibt auch Kinder, die nach Schauspielerinnen, Sängern oder anderen bekannten Persönlichkeiten benannt werden.

Wer darf das Kind beim rechten Namen nennen?
Johann Wolfgang von Goethe (1749–1832)

3.8 Olga Anna Günthör-Ciążyńska: Mein polnisch-deutscher Name ist für beide Seiten schwierig auszusprechen.

Ich heiße *Olga Anna Ciążyńska*. Inzwischen habe ich geheiratet und heiße *Olga Anna Günthör-Ciążyńska*. Ich habe mich für einen Doppelnamen entschieden. Der deutsche Name *Günthör* ist für Polinnen und Polen sehr schwierig auszusprechen. Er hat zwei Umlaute, was sehr ungewöhnlich ist. Mein polnischer Name ist für Deutsche schwierig auszusprechen. Er klingt in etwa wie „Schounjreniska", aber das trifft es nicht ganz, man kann die Laute mit dem deutschen Alphabet nicht wiedergeben. Für deutsche Zungen ist er so schwierig, weil er vier polnische Laute enthält. Das „Ci" ist ein weiches „C" und wird wie „Schi" ausgesprochen, das „ą" klingt wie „ou", die folgenden Buchstaben klingen wie das „J" im französischen Wort Journal gefolgt von einem nasalen „N". Ja, das ist schwierig. Mein Mann sagte, das klingt ein bisschen wie ein chinesischer Name. In der deutschen Schreibweise fallen die Sonderzeichen alle weg und kaum jemand weiß, wie er meinen Namen aussprechen soll. Aber ich dachte, der deutsche Name ist auch schwierig auszusprechen für Polen, dann kann mein Name auch schwierig für Deutsche sein.

Meine Vornamen, *Olga Anna,* haben meine Eltern ausgesucht. Meine Mutter hat meinen ersten Namen ausgesucht und mein Vater meinen zweiten Vornamen. Ich habe zwei jüngere Schwestern. Die Schwester, die nach mir zur Welt kam, heißt *Anna Magdalena,* die jüngste Schwester *Magdalena Weronika*. Der zweite Name wurde immer zum ersten Vornamen der nachgeborenen Schwester. Meine Eltern fanden diese Namen sehr schön. Sie haben sie ausgesucht, weil sie ihnen gefallen haben. Die Weitergabe des zweiten Namens verbinden uns Schwestern. Eigentlich wollte mein Vater, dass ich mit ersten Vornamen *Anna* heiße, aber meine Mutter wünschte sich *Olga*.

Nun heißt meine Schwester *Anna* mit ersten Vornamen und meine Mutter hat ihren zweiten Vornamen ausgewählt.

Meine Tochter wollten wir *Anja Antonia* nennen. So heißen auch meine Mutter, meine Schwester und ich. Eigentlich heißen wir *Anna*. Meine Mutter hat ihren Namen bei der Konfirmation ausgesucht. Ich habe gedacht, auch meine Tochter soll so heißen. Aber im Polnischen spricht man den Namen anders aus. Die Koseform von *Anna* lautet *Ania*. Also habe ich mich für *Anja* entschieden. Der Name wird zwar anders geschrieben, aber er klingt wie unser polnischer Name in Deutschland und in Polen. Ich glaube, es ist die russische Variante von *Anna*. Mir hat der Klang gut gefallen. Im letzten Moment haben wir uns aber für die umgekehrte Reihenfolge entschieden. Meine Tochter heißt also *Antonia Anja*. Wir nennen sie oft *Tosia,* ausgesprochen wird es „Toscha". Das ist die polnische Kurzform von *Antonia*. In Deutschland würde man *Toni* sagen. Diese Kurzformen sind sehr populär.

In Polen spricht man die Menschen fast nie mit ihrem Vornamen an, sondern verwendet eigentlich immer eine Abwandlung, eine Koseform des Vornamens, eine Kurzform oder eine Verniedlichung. Es gibt unzählige Namensvarianten. Ich habe einmal die Namen gezählt, mit denen ich angesprochen werde. Es waren zwölf verschiedene Formen. Zum Beispiel *Olgunia,* so nannten mich meine Eltern meistens. *Olgusia, Oleńka, Olunia, Ola, Oluśka* oder *Olguś* sind weitere Varianten. Meine Freundinnen nennen mich meistens *Oluśka*. *Olguś* hat mich mein Opa gerufen. In der Regel hat jede Person einen Lieblingskosenamen und verwendet die anderen Namensformen selten. So heiße ich bei verschiedenen Menschen ganz unterschiedlich.

Die Form *Ola* war für mich als Kind sehr angenehm. In Polen ist der Name *Aleksandra* sehr populär. Die Koseform lautet in Polen *Ola* während man in Deutschland die Kurzform *Alex* verwendet. Es ist vielleicht ungewöhnlich, dass der Anfangsbuchstabe bei der polnischen Koseform nicht ein „A" sondern ein „O" ist. Eine Freundin, die *Aleksandra* heißt, hat mir erklärt, dass der Name in der Ukraine *Oleksandra* lautet und die Kurzform wurde aus dieser Namensvariante gebildet. Bei dem männlichen Namen *Aleksander* ist das auch so üblich, Männer werden *Olek* genannt. Im Kindergarten hatten alle Kinder andere Namen als ich. Das war ein bisschen schwierig für mich. Ich hätte gerne einen weniger seltenen Namen getragen. Aber es gab viele Kinder, die *Anna* hießen, was mir durch meinen zweiten Namen vertraut war oder *Aleksandra*. Da die Koseform für *Aleksandra* und *Olga Ola* lautet, habe ich mich gefreut, mit *Ola* angesprochen zu werden. Als Kind wollte ich keinen originellen Namen, sondern heißen, wie die anderen. Erst später gefiel mir mein Name.

In Polen denkt man, dass *Olga* ein skandinavischer Name ist. In Deutschland ist man der Meinung, dass *Olga* ein russischer Name ist. Ich habe erlebt, dass mich Menschen manchmal gar nicht richtig wahrnehmen. Sie ordnen mich als Russin ein. Als ich einer Frau erzählte, dass ich nach Warschau fahren würde, sagte sie zu mir, dass ich ja oft nach Moskau reise. Sie differenzierte nicht zwischen Warschau und Moskau, Polen und Russland landeten in einem Sack. Ich finde es nicht

133

so schön, wenn ich so etwas erlebe. Ich habe nichts gegen Russland, aber ich möchte gerne als die wahrgenommen werden, die ich bin. In Deutschland spricht man meinen Namen auch anders aus. Er klingt viel weicher als in Polen. Auch das hat mich manchmal gestört. Mir hat die vertraute Ansprache gefehlt. Mein Mann hat das gemerkt und bemüht sich darum, meinen Namen polnisch auszusprechen. Das ist sehr schön für mich.

Mein Urgroßvater war Deutscher. Er hieß *Weimann*. Dann hat man den Namen verpolnischt und er wurde *Wajman*. Ich kann mir für mich nicht vorstellen, dass mein Name eingedeutscht wird und plötzlich ein ganz anderes Schriftbild hat. Da müsste ich lange üben, bis ich meinen Namen aufschreiben könnte, „Schounjreniska", nein das ist ausgeschlossen. Ich heiße *Ciążyńska*. Ich glaube, dass der Name ein Teil der Identität ist. Ich kann mir nicht vorstellen, dreißig Jahre lang einen Namen zu tragen und am nächsten Tag ganz anders zu heißen. Nein, das kann ich mir nicht vorstellen. Ich wollte aber nicht nur meinen Namen behalten. Es war mir auch wichtig, bei der Gründung einer Familie die Zusammengehörigkeit durch einen gemeinsamen Namen auszudrücken. Ich habe die Schwierigkeit des Doppelnamens damit ganz bewusst auf mich genommen. Unserer Tochter wollten wir es leichter machen und da wir in Deutschland leben, trägt sie nur den deutschen Familiennamen.

Als ich mich für meinen Doppelnamen entschieden habe, waren meine Freunde und unsere Familien überrascht. Sie hatten angenommen, dass ich den Namen meines Mannes annehmen würde, um Komplikationen zu vermeiden. Ich habe mich aber für beide Namen entschieden. Für den Standesbeamten war das ein großes Problem. Er bekam meinen Namen einfach nicht richtig über die Lippen und wir haben alle, einschließlich ihm selbst, viel gelacht. Den deutschen Namen habe ich voran gestellt, da dies doch in vielen Situationen in Deutschland einfacher ist. Ich habe auch nichts dagegen, wenn mich jemand mit „Frau *Günthör*" anspricht und meinen polnischen Namen weg lässt. Aber ich finde es sympathischer, wenn man das begründet und sagt, dass man meinen Namen weglässt, weil er so schwer auszusprechen ist, es vielleicht aber mal versucht. Aber auch der Name *Günthör* wird immer falsch geschrieben. Die Umlaute sind für viele gewöhnungsbedürftig. Ich kenne auch kein anderes deutsches Wort außer dem Namen meines Mannes, das mit zwei Umlauten geschrieben wird.

In Polen werden die Namenstage gefeiert, sie sind populärer als Geburtstage. Es gibt Heilige und Selige und es ist schon üblich, dass Kinder einen Namen erhalten, dessen Namenstag auch gefeiert werden kann. Manchmal braucht es keinen Heiligen, es reicht auch ein Seliger. Mein Vater heißt *Zdzisław*. Ich bewundere meine Schwiegereltern, dass sie gelernt haben, seinen Namen auszusprechen. Es gibt keinen Heiligen, der *Zdzisław* heißt. Meine Familie macht darüber Scherze und sagt, dass er selbst der Heilige ist, da ein Mann mit vier Frauen im Haushalt ein Heiliger sein muss.

Beliebte Frauennamen sind *Agnieszka* und *Krystyna,* populäre Männernamen sind *Andrzej* und *Piotr. Anna Kowalska* ist ein sehr häufiger Frauenname. *Kowalska* und *Kowalski* sind die männliche und die weibliche (Adjektiv-)Form von der Berufsbezeichnung „Schmied".

Der Mensch ist die Medizin des Menschen.
Nigerianisches Sprichwort

3.9   Uchechukwu Benedict Akpulu: Namen sind in Nigeria sehr wichtig.

Namen sind für uns in Nigeria sehr wichtig. Ich bin ein Ibo und stamme aus dem Südosten Nigerias. Für fast alle nigerianischen Bevölkerungsgruppen, in Nigeria leben etwa 450 unterschiedliche Gruppen und es werden ebenso viele verschiedene Sprachen und Dialekte gesprochen, sind Namen wichtig. Aber für die Ibo haben Namen noch einmal eine besondere Bedeutung. Namen sagen etwas aus, sie beziehen sich auf das Leben selbst, auf Inhalte oder Wünsche, die für das Leben eines Einzelnen oder einer Gruppe Bedeutung haben. Normalerweise tragen wir nicht nur einen Namen sondern mehrere. Vater und Mutter, aber auch die Großeltern dürfen dem neugeborenen Kind einen Namen geben. Manche Namen drücken Freude darüber aus, dass ein Kind geboren wurde, da dies ein sehr schönes Ereignis ist. Manche Namen sollen dem Kind Zuversicht oder Schutz geben. Ich selbst trage nur zwei Vornamen. Wer sie ausgewählt hat, weiß ich leider nicht. In meiner Familie haben wir nie darüber gesprochen. Mein Vorname, *Uchechukwu*, bedeutet „Gottes Wille". Eigentlich lautet mein Name *Uchechukwugeme,* das heißt: „Der Wille Gottes wird geschehen." Aber diese lange Form des Namens wird nicht als Anrede verwendet, auch die verkürzte Version ist nur bei offiziellen Schreiben üblich. Gewöhnlich werde ich mit *Uche* angesprochen. Diese Kurzform ist bei den Ibos sehr gebräuchlich. Die Kurzform *Uche* wird auch für die Namen *Uchenna* und *Uchechi* verwendet. Alle drei Namen haben eine ähnliche Bedeutung. In der Igbo-Sprache lautet „Chukwu" Gott, die Silbe „ma" bedeutet Vater.

Mein zweiter Name ist mein Taufname, ein christlicher Name. Meine Familie ist katholisch und es ist bei katholischen Familien üblich, seinem Kind auch den Namen eines Heiligen zu geben. Im Alltag spielt mein zweiter Vorname keine Rolle. Sicher hatten meine Eltern einen Grund, diesen Heiligen als Namenspatron zu wählen, aber den Grund kenne ich nicht.

Die Bedeutung meines Familiennamen wusste ich anfangs nicht, weil dieser Name sehr selten bei den Ibos ist. Irgendwann habe ich meinen Vater gefragt, worauf sich unser Name *Akpulu* bezieht. Er erzählte mir, dass dieser Name ein sehr alter Name ist. Seine Bedeutung ist sehr kriegerisch. „Akpuluegbue" heißt, jemanden nehmen und töten. Wahrscheinlich leitet sich der Name aus Konflikten verschiedener Stämme in der Vergangenheit ab. Mit dem Namen war in Kriegszeiten Ruhm verbunden. Der Name bezeichnete einen guten Kämpfer. Bei den Ibos entwickelten sich Namen aus Eigenschaften. Das ist ja auch in Deutschland Tradition gewesen, beispielsweise habe ich den Namen *Augustus der Starke* auf einer Wandmalerei in Dresden gesehen. Bei den Ibos sind auch Spitznamen oder Ehrennamen sehr verbreitet. Ehrennamen haben eine hohe gesellschaftliche Bedeutung. Manche geben sich selbst Namen, mit denen sie angesprochen werden wollen. Ich vermute, der Familienname *Akpulu* ist aus so einem Ehrennamen entstanden. Es gibt zwar auch ein Dorf, das so heißt, aber es liegt nicht in der Gegend, aus der meine Familie stammt. Den Namen tragen nur Mitglieder meiner Familie. Wenn jemand *Akpulu* heißt und ein Ibo ist, muss er ein Verwandter sein. Nur einmal bin ich einer Frau begegnet, die auch diesen Familiennamen trug, aber keine Ibo war, sondern zu einem anderen Stamm gehörte. Bei 450 Stämmen kann dieselbe Buchstabenkombination bei einem Namen vorkommen, aber eine andere Bedeutung haben.

In Nigeria kann man in der Regel am Namen die Herkunft eines Menschen ablesen. An den Vornamen kann man die Stammeszugehörigkeit erkennen. Jeder in Nigeria weiß beispielsweise sofort, ob jemand Ibo oder Yoruba ist, wenn der Name genannt wird. Nicht nur die Stammeszugehörigkeit, auch aus welchem Gebiet jemand kommt, lässt sich am Namen ablesen, auch wenn das für den Alltag nur noch wenig Bedeutung hat. Ich bin beispielsweise im Ibo-Land geboren. Aber als ich fünf oder sechs Jahre alt war, ging meine Familie nach Lagos. Dadurch spreche ich besser Yoruba, obwohl ich Ibo bin. Im Westen Nigerias wird Yoruba in der Schule gelehrt. Igbo ist zwar meine Muttersprache, aber außerhalb der Familie habe ich überwiegend Yoruba oder Englisch gesprochen. Englisch ist in Nigeria Amtssprache. Bei etwa 450 unterschiedlichen Sprachen in einem Land kommt man nicht weiter, wenn es nicht auch eine gemeinsame Sprache gibt. Wechselt man in Nigeria den Wohnort, ist das oft auch mit dem Wechsel der Sprache verbunden. Aber der Name bleibt und damit die Identität der Personen.

Manchmal wird ein Kind auch nach den Großeltern benannt, wenn diese kurz vor der Geburt des Kindes gestorben sind. Das ist bei den Yorubas häufig der Fall. Damit ist die Vorstellung verbunden, dass die verstorbene Person in die Familie zurückgekehrt ist. Das Kind ist eine Inkarnation des Großvaters oder der Großmutter. Der Name *Babatunde* bedeutet: „Der Vater ist zurück gekommen". *Yetunde,* „Ye" ist in Yoruba die Bezeichnung für Mutter, ist die weibliche Entsprechung.

An den Vornamen ist meistens auch das Geschlecht der Person zu erkennen. Aber mein Name zum Beispiel, die Kurzform *Uche,* wird auch von Frauen getragen. Der Frauenname leitet sich häufig von *Uchechi* oder *Amauche* ab. Der Name *Amauche* entspricht in seiner Bedeutung einer Frage nach den Gedanken, etwa: „Wer kennt die Gedanken?". Ein häufiger weiblicher Vorname der Ibo ist *Ngozi,* auch das ist ein Kurzname von *Ngozichika* oder *Ngozichukwu.* Die Namen bedeuten „Segen", „großer Segen" oder „Segen Gottes". *Onyinyechi* bedeutet „Geschenk Gottes". Beliebte männliche Namen lauten *Emeka,* die Kurzform von *Chukwuemeka,* was „Gott hat Gutes getan" bedeutet, oder *Obi,* die Kurzform von *Obinna. Obinna* heißt „das Herz des Vaters" oder *Ezenwa* bedeutet in etwa „das königlichste unter den Kindern".

Häufige Familiennamen der Ibos lauten *Okafor* oder *Okoye.* Das sind ganz traditionelle Namen. In den Familiennamen ist die Geschichte enthalten. Die Ibos haben eine andere Anzahl der Wochentage. Vor der Christianisierung bestand eine Woche aus vier Tagen, nicht aus sieben Tagen. Auf den Dörfern im Ibo-Land hat die Woche noch immer vier Tage. „Afor" und „Oye" sind zwei dieser Wochentage. Die Familiennamen leiten sich aus diesen Wochentagen ab. Es kann sein, dass einer der ersten Namensträger an diesem Wochentag geboren wurde. Oder dass an diesem Tag ein Ereignis stattgefunden hat, das für den ersten Namensträger und seine Familie von besonderer Bedeutung war.

Einige Menschen in Nigeria sind abergläubisch, was ihren Namen betrifft. Wenn man von einer Person mit Namen angesprochen wird, die man nicht sieht, weil es beispielsweise zu dunkel ist oder weil die Person hinter irgendetwas steht, dann antwortet man nicht. Man darf nicht antworten, weil man nicht weiß, wer einen ruft. Es könnte sein, dass es kein Mensch sondern ein böser Geist ist.

Ältere Menschen dürfen bei uns grundsätzlich nicht mit ihrem Namen angesprochen werden. Das hat aber andere Gründe. Die Anrede soll Respekt und Achtung ausdrücken. Die Ibo sprechen ältere Personen nur mit Sir oder Madam an. Ich darf auch meinen eigenen Vater nicht mit Namen ansprechen. Das wäre sehr respektlos. Auch meine Mutter darf ich nicht bei ihren Namen rufen. Auch sie spreche ich mit „Sir" oder „Ma" an. Wenn aber eine ältere Person einen Ehrennamen trägt, darf man diesen für die Anrede verwenden. Ansonsten ist der Vorname der wichtigere Name. Menschen einer Generation sprechen sich in der Regel bei den Ibos mit der Kurzform des Vornamens an, auch wenn sie sich noch nicht kennen. Erst nach der Kolonialisierung wurde es üblich, Personen mit Mister oder Misses anzusprechen oder mit Sir oder Madam, um Höflichkeit auszudrücken. Das ist aber nur in offiziellen Kontexten üblich. Traditionell hat diese Form der Anrede keine Bedeutung. Sie wurde von den Engländern eingeführt. Traditionell ist nur die Ehrerbietung gegenüber älteren Personen.

Als ich als Flüchtling nach Deutschland kam, habe ich mich als *Uche* vorgestellt, wie das bei uns üblich ist. Auf die Frage nach meinem Namen habe ich immer mit *Uche* geantwortet. Ich habe nicht weiter darüber nachgedacht. Irgendwann bekam ich die Aufenthaltserlaubnis und seit ich ein Bleiberecht habe, veränderte sich das. Da ich Zeugnisse habe, die auf den Namen *Uchechukwu Benedict Akpulu* ausgestellt sind, gab ich diesen Namen auch offiziell an. Mit der Kurzform meines Namens habe ich in Deutschland keine Probleme. *Uche* klingt ähnlich wie *Uschi*. Manchmal sind Leute irritiert und sagen fragend *Uschi?* Dann buchstabiere ich meinen Namen und sage, dass das „ch" als „sch" ausgesprochen wird. Aber wenn ich meinen ganzen Namen angebe, wird es schwieriger. Er wird immer wieder falsch geschrieben. Aber da ich jahrelang *Uche Akpulu* war, ist das für mich unproblematisch.

In Nigeria sind die Stammeszugehörigkeiten, aber auch die Religionszugehörigkeiten am Namen zu erkennen. Das kann zu Diskriminierungen führen. Es gibt Abgrenzungen zwischen Muslimen und Christen und unter den Stämmen. Auch die Ibo sind nicht einheitlich. Es gibt Dialekte, die ich selbst nicht verstehe, und auch Konkurrenzen unter verschiedenen Dörfern. Es kann passieren, dass auf einer Behörde ein hoher Offizier Hausa ist, der am Namen erkennt, dass er es mit einem Ibo zu tun hat. Das kann zu einem Problem werden, wenn er die Ibos nicht mag. Es kann auch passieren, dass ein Hausbesitzer etwas gegen Angehörige einer Bevölkerungsgruppe hat. Er erkennt die Zugehörigkeit am Namen und schließt nur Mietverträge mit denen ab, die er selbst akzeptiert. Solche Formen der Diskriminierung gibt es, auch wenn das Grundgesetz in Nigeria Diskriminierung verbietet.

In Deutschland werde ich selten nach der Bedeutung meines Namens gefragt. Das finde ich seltsam. Ich glaube das liegt daran, dass die Menschen hier nicht wissen, wie wichtig Namen für uns sind, dass jeder Name eine eigene Bedeutung hat. Für mich selbst ist mein Name ein Gebet. Bei uns sind die Leute sehr religiös. Auch vor der Kolonisation und der Christianisierung waren die Menschen religiös. Sie haben an Gott geglaubt, aber die christlichen Missionare haben der regionalen Religion keine Beachtung geschenkt. Viele unserer Vornamen haben eine religiöse Bedeutung. Ja, er ist meine Identität und er ist ein Gebet.

Allein der Name verändert die Begegnung.
Reyhan Kulaç

3.10 Reyhan Kulaç: Meine Kinder sollen nach mir heißen.

Ich heiße *Reyhan Kulac*. Eigentlich wird mein Familienname *Kulaç*, also mit einem Häkchen unter dem „c" geschrieben, was ich aber immer weglasse. Ausgesprochen wird der Name „Kulatsch". Namen sind für mich sehr wichtig. Sie prägen meines Erachtens die Persönlichkeit von Menschen. Sie klingen schön, haben oft Bedeutungen, und ich lege Wert darauf, dass Namen richtig ausgesprochen werden. Für mich ist es so, dass der Name zum Menschen gehört, er ein Teil der Person ist.

Als Kind, das weiß ich noch ganz genau, habe ich meinen Namen nicht gemocht. Ich habe mir immer gewünscht, einen anderen Namen zu haben. Das lag daran, dass einer meiner Onkel mich immer mit meinem Namen geärgert hat. Er hat oft ein Lied gesungen, in dem eine *Reyhan* vorkommt, die bestimmte Dinge macht, die ich ziemlich doof fand. Erst als ich älter war, so mit fünfzehn, sechzehn, siebzehn fand ich Gefallen an meinem Namen. Als mir während meines Studiums ein Freund aus Tunesien erzählt hat, was mein Name bedeutet, ich wusste das bis dahin noch nicht, fand ich meinen Namen richtig schön. *Reyhan* ist ein Gewürz, so etwas Ähnliches wie Basilikum. Das Wort kommt aus dem Arabischen, am Ende ist ein „A" angehängt. *Reyhan* ist eher ein seltener Name. Bis mir mein Name gefallen hat, das war eine lange Entwicklung. In der Grundschule hier in Deutschland wurde ich immer geärgert. Die anderen Kinder konnten meinen Namen nicht aussprechen. Sie machten aus *Reyhan* „Reh" und „Hahn" und ein Gericht aus „Reh" und „Hahn" ist Gulasch, also nannten sie mich „*Gulasch*". Auch das fand ich doof. Ich habe versucht, mir einen Spitznamen zuzulegen, aber das ist nicht gelungen, *Reyhan* kann man nicht abkürzen.

Ich habe nur einen Vornamen. Das ist in unserer Familie so üblich. Wir Kinder haben alle nur einen Vornamen, außer meinen Eltern und einem Bruder, die zwei Vornamen haben. Meine Eltern kommen beide aus der Türkei von der Schwarzmeerküste. Sie gehören der größten Glaubensgruppe, den Sunniten an, sind aber nicht religiös. Meine Mutter heißt *Fadime Müceffer*. *Fadime* ist ein religiöser Name und kommt von *Fatima*. Ihr zweiter Name *Müceffer* bedeutet Diamant. Mein Vater heißt *Mehmet,* ein ganz typischer türkischer Name. Sein zweiter Vorname ist seltener. Er lautet *Dursun*. Interessant ist, dass alle unsere deutschen Freunde und Bekannten meine Mutter immer *Fatima* genannt haben und meinen Vater *Mehmet*. In der Türkei ist es umgekehrt. Meine Mutter wird dort als *Müceffer* und mein Vater als *Dursun* angesprochen. Ich weiß nicht, wie das entstanden ist, dass unterschiedliche Namen verwendet werden. Vielleicht, weil die Namen *Mehmet* und *Fatima* Deutschen bekannter sind und ihnen leichter über die Lippen gehen. Aber seltsam ist das schon, wenn man in Deutschland und in der Türkei unterschiedlich heißt.

Ich war das erste Kind meiner Eltern, und meine Mutter hätte gerne meinen Namen ausgesucht. In der Türkei ist es aber üblich, zumindest in meiner Herkunftsregion, dass entweder die Großmutter oder eine Tante den Namen des Kindes auswählt. Meine Tante, die älteste der fünf Schwestern meines Vaters, wollte unbedingt, dass ich *Reyhan* heiße. Sie hätte selbst immer gerne eine Tochter namens *Reyhan* gehabt, hat aber zwei Söhne bekommen. Sie lebte im Elternhaus meines Vaters zusammen mit meinen Großeltern und auch meinen Eltern und hat sich bei der Namenwahl in der Familie durchsetzen können.

Richtig ausgesprochen wird mein Name auf der zweiten Silbe betont. Die meisten Menschen hier in Deutschland betonen ihn aber auf der ersten Silbe oder gar nicht. Die richtige Betonung fällt ihnen schwer. Interessant finde ich auch die häufig vorkommende falsche Anrede. Wenn ich von Institutionen, beispielsweise von einer Bank oder einer Versicherung, angeschrieben werde, heißt es immer „Herr Reyhan Kulac". Man macht mich in der Regel zum Mann. Manchen Freundinnen die auch aus der Türkei kommen, passiert das auch. Woran das liegt, wissen wir nicht. Womöglich klingt mein Name in deutschen Ohren männlich. Wünschen würde ich mir, dass ich als „Frau Reyhan Kulac" angeschrieben werde, dass ich als Frau angesprochen werde und dass mein Name richtig geschrieben wird. Dabei kann das Häkchen unter dem „c" gerne wegfallen. Das ärgert mich nicht, da dieser Buchstabe auf der deutschen Tastatur nicht vorkommt. Aber der Name sollte richtig geschrieben werden und das ist selten der Fall. Manchmal fehlt das „Y" im Vornamen, dann wieder finde ich meinen Namen mit einem doppelten „H" geschrieben oder mein Familienname endet mit „tsch" statt mit einem „C". Da gibt es sehr viele Varianten. Ja, und ich wünsche mir, dass mein Name richtig ausgesprochen wird, das ist mir wichtig.

Es gibt traditionelle Familien in der Türkei und auch in Deutschland, die ihre Kinder nach religiösen Vorbildern benennen. Aber die Situation verändert sich. In den weniger traditionellen jungen Familien sind moderne oder modische Namen beliebt. In der Türkei gibt es eine ganze Reihe an modernen internationalen Namen. Ich habe eine sehr große Verwandtschaft in der Türkei und auch meine Kusinen bevorzugen moderne Namen, beispielsweise englisch oder französisch oder einfach schick klingende Namen. Namen, die in der Türkei neu sind. Meine Kusine hat den Namen für ihren Sohn im Internet recherchiert. Traditionell orientierte Familien wählen dagegen eher Namen, die eine religiöse Bedeutung haben oder die für die Familie eine Bedeutung haben und mit der Familiengeschichte verbunden sind. Es hat viel damit zu tun, wer die Namen auswählt oder wer in der Familie die Namen auswählen darf. Meine Eltern sind nicht religiös. Sie benannten meinen Bruder nach einem verstorbenen Onkel. Mein Bruder hat einen Doppelnamen und heißt *Ayhan Özcan*. Ayhan ist ein häufiger Name. „Ay" ist der Mond, der Name bedeutet in etwa „aufgehender Mond" oder „großer Mond" und *Özcan* bedeutet so was wie „das reine" oder „das ursprüngliche Leben". *Ayhan* wurde ausgewählt, damit unsere Namen ähnlich klingen: *Reyhan* und *Ayhan*.

Als Jugendliche habe ich mir die Möglichkeit gewünscht, dass ich zu dem Namen, der mir gegeben wurde, einen weiteren Namen hinzufügen kann, den ich selbst auswählen darf. Das ist zwar möglich, aber weil das mit einem riesigen Aufwand verbunden ist, habe ich das nie versucht. Aber ich fände es schön, wenn man einen Namen bekommt, der eine Vorgeschichte hat und von anderen ausgewählt wird und dass man sich dann als junge Erwachsene selbst für einen Namen entscheiden kann, mit dem man sich identifiziert. Wenn ich mir einen Namen hätte wählen können, hätte ich mich für *Selin* entschieden. Der Name hat für mich einen sehr schönen Klang. Meine Tochter würde ich möglicherweise *Selina* nennen, da mir der Name so gut gefällt. Als Jungenname gefällt mir *Demian*. Den Namen habe ich in einem Buch und einer schönen und beeindruckenden Geschichte gelesen. Ich kannte ihn vorher nicht. Vielleicht würde ich einen Sohn *Demian* nennen. Wenn ich heirate, werde ich meinen Familiennamen behalten und auch meine Kinder werden *Kulac* heißen. Ja, keine Frage, ich hätte gerne, dass meine Kinder nach mir heißen. Vielleicht wäre es für die Kinder aber auch wichtig, dass sie die Namen beider Elternteile tragen.

Was mich im Zusammenhang mit Namen beschäftigt, ist, dass es in Deutschland Migrantengruppen gibt, die mehr Ansehen genießen, und andere, die wenig Ansehen genießen. Die türkische Bevölkerung hat kein hohes Ansehen. Das habe ich schon sehr früh zu spüren bekommen, da ich noch im Vorschulalter war, als ich nach Deutschland kam. Aber auch später konnte ich solche Erfahrungen machen. Von meinem Aussehen passe ich nicht in die „türkische Schublade". Besonders während meines Studiums bin ich immer wieder darauf angesprochen worden. Man hielt mich oft für eine Migrantin aus Lateinamerika oder fragte mich, ob ich aus Brasilien käme. Immer wenn ich meinen Namen genannt habe, war dann ganz schnell klar, nein, sie muss eine Türkin sein bzw. doch keine Spanierin. Manchmal konnten die Leute meinen Namen auch nicht einordnen. Aber ein türkisches Aussehen oder ein typisch türkischer Name wird weniger toll oder interessant gefunden und das empfinde ich als diskriminierend. Allein der Name verändert die Begegnung.

Das habe ich auch bei der Wohnungssuche erfahren, als ich zum Studium nach Regensburg ziehen wollte. Wenn ich am Telefon meinen Namen nannte, das ist mir mehr als einmal passiert, zeigten die Vermieter kein Interesse mehr, weil der Name ausländisch klingt. Bei einem französisch klingenden Namen, „Madame Soundso", hätte ich mir die Wohnungen vielleicht anschauen können. Bei einer vereinbarten Wohnungsbesichtigung, meine Mutter hat mich begleitet, wurde uns sogar die Tür quasi vor der Nase zugeknallt. Nur aufgrund unseres ausländischen Aussehens bekamen wir keinen Zutritt. Es ärgert mich sehr, dass diese Unterschiede zwischen verschiedenen Bevölkerungsgruppen gemacht werden, dass es Gruppen gibt, die man mag, toll oder exotisch findet, und andere, die man ablehnt.

Die Schwester von Hast heißt Reue,
der Bruder von Reue heißt Hast.
Bosnisches Sprichwort

3.11 Pavo Džijan:
Meinen Namen gibt es nur in meinem bosnischen Heimatdorf.

Mein Familienname ist kein slawischer Name. Ich glaube er hat islamische Wurzeln. In Bosnien und Herzegowina gab es über fünfhundert Jahre Osmanen und osmanische Einflüsse in der Sprache. Es könnte auch einen chinesischen Einfluss geben. Mein Name lautet *Džijan*. Früher konnte ich mich mit meinem Namen nicht so gut identifizieren. Er ist für Kroaten schwierig auszusprechen, für Serben weniger und hier in Deutschland ist es besonders schwierig. Im Nachhinein finde ich meinen Namen interessant. Auf kurdisch heißt mein Name „der Berg", auf persisch bedeutet er „die Welt". Ich sprach von einem chinesischen Einfluss, weil ich in einer kroatischen Zeitung las, dass ein Präsident eines kommunistischen Komitees in China *Dži-Jan* heißt. Eine große Provinz in China, *Zhejiang,* sie wird zwar anders geschrieben, aber ausgesprochen klingt sie sehr ähnlich wie mein Name. Genau weiß ich nicht, wo mein Name herkommt. Ich nehme an, er wurde irgendwann mitgebracht. Interessant ist, er existiert nur in meinem Dorf. Ich habe mich in verschieden Städten, in Belgrad, Zagreb oder Split informiert, ob mein Name auch dort vorkommt. Mein Name ist in keinem der Telefonbücher dort verzeichnet. Wenn mir der Name *Džijan* hier in Deutschland begegnet und ich nachfrage, dann lässt er sich auf mein Dorf zurückführen. Die Menschen kommen entweder aus meinem Dorf oder ihre Eltern oder Großeltern und oft kenne ich Familienangehörige oder habe von ihnen gehört. Ich weiß, dass unsere Familie vor etwa hundert Jahren noch *Džijanović* hieß. Diese slawisch klingende Endung war sehr lang und fiel irgendwann weg, ab da hießen wir *Džijan*.

Mein Vorname *Pavo* ist ein typisch katholischer Name, hier *Paul*. In unserer Familie wurde der Namenstag gefeiert. Christlich religiöse Familien feiern den Namenstag. In anderen Familien wird der Geburtstag gefeiert. Auch meine fünf Geschwister, meine Brüder heißen *Luka*, *Ilija* und *Marko*, meine Schwestern *Marija* und *Lucija*, haben christliche Vornamen. Meine Eltern sind katholische Kroaten. Christliche Namen sind in den verschiedenen Ländern des ehemaligen Jugoslawien gleich oder ähnlich. Zwischen serbischen und kroatischen Namen gibt es da wenig Unterschied. Es gibt nur wenige Namen, die man als serbisch oder kroatisch bezeichnen kann. Auch bei den Familiennamen gibt es kaum Unterschiede. Beispielsweise wurde der Familienname *Marković* vom Vornamen *Marko* abgeleitet oder *Petrović* von *Petar*. Diese Namen sind sehr häufig und kommen sowohl in Serbien als auch in Kroatien vor. Sie sind aus christlichen Heiligennamen entstanden. Die serbische oder kroatische Herkunft ist nicht an den Familiennamen zu erkennen, sondern nur an der Sprache oder an der Religionszugehörigkeit. Wenn mir in meiner Beratungsarbeit eine Familie erzählte, sie sei orthodoxen Glaubens, dann wusste ich, dass sie serbischer Herkunft ist. Muslimische Familien geben ihren Kindern natürlich islamische Vornamen wie *Ahmed*, *Mustafa*, *Emina* oder *Alma*. Bosniakische Familiennamen sind oft aus islamischen Vornamen abgeleitet wie beispielsweise *Mustafić*.

Einen Spitznamen hatte ich nicht, ich wurde immer *Pavo* genannt. Aber es gibt unterschiedliche Aussprachen. Wenn ich in Zagreb bin, werde ich *Pavao* genannt, also in Kroatien heißt mein Name *Pavao*. *Pavo* ist nur in Bosnien-Herzegowina üblich. Und in Dalmatien sagt man *Pave* und Serben nennen mich *Pavle*.

In unserer Familie war unser Familienname kein Gesprächsthema. Erst im Exil war es für mich interessant, von Menschen unterschiedlicher Herkunft die Bedeutung meines Familiennamen zu erfahren, wie von Iranern, Kurden oder Türken. Das hat mich gefreut. Ein Kollege erzählte mir, dass die türkische Bedeutung von *Džijan* „Wurm" lautet. Das hat mir gar nicht gefallen. Da ist mir die kurdische Übersetzung „Berg" im Sinne von „großer Mann" sehr viel lieber.

Ansonsten habe ich in Deutschland die Erfahrung gemacht, dass mein Name schwierig zu schreiben und schwierig auszusprechen ist. Bei uns wird „dž" als ein Buchstabe ausgesprochen, „dsch", wie in Dschingis Khan. Es gibt verschiedene Buchstaben, die in Deutschland nicht vorkommen und deren Aussprache nicht bekannt ist. Ich hatte da auch schöne Erlebnisse, wenn mein Name ganz anders ausgesprochen wurde. Sehr oft werde ich Herr „Dezian" genannt. Ich habe mich daran gewöhnt. Bei uns ist es üblich, jemanden mit „Herr" oder „Frau" und dem Vornamen anzusprechen. In der sozialistischen Zeit lautete die Anrede „Genosse" oder „Genossin" in Verbindung mit dem Vornamen. Die Anredeformen sind im Umbruch und es wird unterschiedlich gehandhabt, aber die Verwendung des Vornamens ist noch weit verbreitet. Der Umgang ist persönlicher, man kommt sich auch räumlich näher, die Gesprächsdistanz ist geringer. Das hängt natürlich davon ab, wo man sich aufhält. Auf einer Polizeiwache wäre der Abstand größer. Im normalen, alltäglichen Umgang ist auch die Ansprache mit „Du" nicht ungewöhnlich. Das ist in Deutschland nicht üblich und ich stelle mich hier mit meinem Familiennamen vor. Es ist aber so, dass, wenn ich mich vorstelle, beispielsweise in einer Sitzung, dass kaum jemand die Aussprache meines Namen behält.

Man müsste die Aussprache üben, weil sie ungewohnt ist. Wenn die Kontakte häufiger sind, wird auch die Aussprache besser. Ein Erlebnis war lustig, aber ich habe dann auch Angst bekommen, dass, wenn ich zum Beispiel in einer Arztpraxis aufgerufen werde, meinen Namen nicht erkenne und mich nicht angesprochen fühle. Das ist einmal passiert. Ich habe lange gewartet und irgendwann habe ich nachgefragt, wann ich denn dran wäre. Mir wurde geantwortet, dass man mich schon vor einiger Zeit aufgerufen hätte. Ich hatte nicht erkannt, dass mein Name gemeint war.

Namen – damit hat es eine geheimnisvolle Bewandtnis.
Ich bin mir nie ganz klar geworden,
ob sich der Name nach dem Kinde formt, oder ob sich
das Kind verändert, um zu dem Namen zu passen.
John Steinbeck (1902–1968)

3.12 Roberta Basilico: Mein italienischer Name passt zu mir.

Ich bin meinen Eltern sehr dankbar, dass sie mich *Roberta* genannt haben. Ich mag meinen Namen. *Roberta,* der Name hat so viel Energie, und besonders gut gefällt mir das gerollte „R" mit dem mein Name beginnt. Die italienische Aussprache spiegelt mein Temperament. Ein Name wie beispielsweise *Valentina* wäre einfach nicht passend für mich. Ich bin meinen Eltern dankbar, weil sie einen Namen gewählt haben, der mir entspricht, der zu mir passt. *Roberta* kommt aus dem Germanischen. Ich habe gelesen, dass der Name „voller Ruhm" bedeutet. Jetzt bin ich in Deutschland gelandet und auch das passt zu einem Vornamen germanischer Herkunft. Ansonsten ist mit der Namenswahl keine persönliche Geschichte verbunden. Ich wurde weder nach meiner Oma oder sonstigen Familienmitgliedern benannt. Ich komme aus Norditalien, wie auch meine Eltern. Da ist die Tradition, dass man den Namen der Großeltern an die Enkel weiter gibt, nicht so wichtig. Das ist in Süditalien noch anders. Dort wird in der Regel dem ersten Kind der Name der Großmutter oder der Name des Großvaters väterlicherseits gegeben. In unserer Familie, wir haben eine sehr große Familie, ist das nicht üblich. Auch alle meine Kusinen tragen nicht die Namen von ihren Großmüttern. Meinen Eltern hat der Name *Roberta* einfach gefallen. In meiner Generation, in den siebziger Jahren, wurden viele Mädchen so genannt, der Name war sehr beliebt. Heute ist er nicht mehr so populär.

Auch mein Familienname, *Basilico,* gefällt mir. Als Kind habe ich allerdings auch unter diesem Namen gelitten, da in der Schule oft Spott damit getrieben wurde. *Basilico* ist die Pflanze Basilikum, ein Gewürzkraut. Wollten mich meine Mitschülerinnen ärgern, nannten sie mich *Prezzemolo,* was Petersilie bedeutet. Ich war als Kind sehr schüchtern und konnte mich schlecht gegen diese Art von Spott wehren. Als ich älter wurde, änderte sich das und ich fand Gefallen an meinem Namen. Seit ich in Deutschland lebe, finde ich ihn noch schöner. Alle wissen, was *Basilico* ist und können sich meinen Namen gut merken. Die deutsche Aussprache klingt auch ganz ähnlich und das macht mir den Kontakt sehr leicht. *Basilico* ist in unserem Herkunftsdorf ein sehr verbreiteter Familienname, vergleichbar mit *Müller* oder *Meier* in Deutschland. Auch in München gibt es den Namen mehrmals. Gerade vor kurzer Zeit habe ich Post bekommen mit dem Namen *Basilico,* aber sie war an eine andere Person adressiert.

Mein Kosename in meiner Familie lautet *Roby.* Auch meine Freunde nennen mich so. In der Oberschule ist es üblich, sich untereinander auch mit dem Familiennamen anzusprechen. Da kam es auch vor, dass ich scherzhaft *Prezzemolo* gerufen wurde. Aber als wir älter wurden, fanden meine Schulfreunde das dann auch nicht mehr lustig. Ich hatte sogar einen Lehrer, er hieß *Pepe,* also Pfeffer, der Scherze über unsere Namen gemacht hat. Er sagte, wir haben in unserer Klasse Pfeffer und Basilikum, das spricht für ein gutes Aroma. Ansonsten hatte ich keine Spitznamen. Wenn meine Mutter mich *Roby* gerufen hat, wusste ich, es ist alles in Ordnung. Wenn meine Mutter mich dagegen mit *Roberta* angesprochen hat, dann wusste ich gleich, ich habe irgendetwas angestellt. Mein Mann, der aus Rom stammt, nennt mich *Robbé.*

In Deutschland hatte ich ein lustiges Erlebnis. Eine Frau konnte sich meinen Namen nicht merken. Sie wusste nur noch, er hat irgendetwas mit Essen zu tun und klingt italienisch. Sie nannte mich Frau *Balsamico.* Ich musste lachen. Balsamico hat zwar auch etwas mit Tomaten und Mozzarella zu tun, aber ich bin Frau *Basilico.* Wenn ich mich vorstelle, sage ich in der Regel, ich heiße *Basilico* wie die Pflanze, werde am Ende aber mit „co" geschrieben. Das ist für die meisten ganz einfach.

In Italien ist es üblich, junge Frauen mit Signorina anzusprechen. Das ist anders als in Deutschland. Die Anrede Fräulein ist in Deutschland verpönt. Aber in Italien befremdet es eher, wenn junge Frauen mit Signora angesprochen werden. Das klingt, als wäre man schon alt und es wirkt nicht schmeichelhaft. Auch mir ging es so, dass, wenn ich als junge Frau mit Signora angesprochen wurde, dachte, oje, da sehe ich wohl doch schon alt aus. Wenn ich meine Kinder dabei hatte, dann war das okay, aber sonst habe ich mich alt aussehend gefühlt. In der älteren Generation macht die Anrede von Frauen auch den Familienstand deutlich. Eine Lehrerin von mir, sie ist inzwischen bereits achtzig, besteht darauf, dass sie als Signorina angesprochen wird. Sie ist nicht verheiratet und möchte, dass dies durch die Ansprache deutlich wird. Sie legt großen Wert auf die richtige Anrede.

Die Namengebung in Nord- und in Süditalien unterscheidet sich. In Süditalien wird der Name der Großeltern weitertradiert. Auch die Benennung nach Schutzpatronen ist weit verbreitet und unterscheidet sich regional. In Neapel wird oft der Name des Schutzpatrons der Stadt vergeben. *Rocco, Antonio* oder *Maria* sind beispielsweise sehr verbreitete Namen und sie bleiben es auch, weil sie an die Enkel weiter gegeben werden. Die Namen von Heiligen werden sehr häufig vergeben. Auch ich wurde vom Priester bei der Taufe meiner Kinder gefragt, ob ich ihnen den Namen eines Schutzheiligen geben will. Da die Familie meines Mannes aus Süditalien kommt, habe wir zwar nicht die Namen des Großvaters weiter gegeben, wie dies in der Familie meines Mannes üblich war, aber unsere Söhne haben auch Heiligennamen bekommen, *Massimo* und *Alessandro*. Das wird auch heute noch wichtig genommen. In Norditalien sind dagegen auch moderne Namen sehr verbreitet, auch ausländische Namen, besonders nordische oder englische Namen. *Mike, Kevin* oder *Leo* waren beispielsweise so etwa vor zehn Jahren sehr häufig vergebene Jungennamen. Das ist auf die zu dieser Zeit aktuellen Spielfilme und ihre Protagonisten zurückzuführen. Aber auch traditionelle italienische Vornamen sind sehr beliebt wie *Giuseppe* oder *Giorgia*.

In Italien ist es üblich, dass die Frau bei der Eheschließung ihren Familiennamen behält. In Deutschland ist das nicht so normal. Die Kinder bekommen automatisch den Familiennamen des Vaters. Das ist auch in Italien üblich. Aber in Italien ist es selbstverständlich, dass Mann und Frau zwei verschiedene Familiennamen haben. Auch in Deutschland ist das inzwischen möglich, trotzdem werde ich sehr oft gefragt, warum meine Kinder anders heißen als ich. Selbst in der Leihbücherei, als ich einen Leseausweis für meine Kinder ausstellen lassen wollte, musste ich unsere unterschiedlichen Namen erläutern. Ich musste sehr oft erklären, warum wir unterschiedlich heißen. Ich habe mich dann irgendwann entschlossen, auch den Familiennamen meines Mannes in meine Ausweispapiere eintragen zu lassen. Das ist inzwischen möglich, früher war das nicht erlaubt. Inzwischen kann man beim Konsulat beantragen, dass der Familienname des Mannes an den Familiennamen der Frau angehängt wird. Alle anderen Dokumente lauten nur auf meinen Familiennamen. In italienischen Papieren wird der Familienname des Ehemannes in der Regel nicht angegeben. Es gibt Ausnahmen, beispielsweise in Todesanzeigen, da wird häufig angegeben, mit wem eine Frau verheiratet war.

Anfangs habe ich angesprochen, dass der Name viel über die Person aussagt. Davon bin ich überzeugt. Aber ich weiß nicht, ob der Name die Persönlichkeit eines Menschen beeinflusst oder ob es anders herum ist. Das habe ich mich oft gefragt. Wenn ich meinen älteren Sohn anschaue, er heißt *Massimo,* dann weiß ich, er ist *Massimo* (der Größte) und ich hätte keinen anderen Namen für ihn wählen können. Auch bei meinem jüngeren Sohn ist das so. Er ist *Alessandro*, er entspricht seinem Namen. Als mir eine griechische Freundin erzählte, was der Name bedeutet, „Alexander der Große" (der Männer Abwehrende), das entspricht seinem Auftreten: Ich bestimme, ich bin der Chef! Da denke ich manchmal: Sind wir Eltern wirklich so frei, den Namen der Kinder zu wählen? Oder erkennen wir schon frühzeitig, wer unsere Kinder sind? Oder ist es einfach nur Schicksal und Kinder wachsen mit ihren Namen zusammen. Deshalb finde ich die Wahl des Namens für ein Kind sehr, sehr wichtig.

Meine Mutter hat mir eine Geschichte aus ihrem Dorf erzählt. Dort lebte eine Frau, die *Culetto* hieß. Das bedeutet „Popo". Sie nannte ihre Tochter *Rosa*. Wie kann man so gemein sein und seinem eigenen Kind so einen Namen geben, der ihm das ganze Leben schwer machen wird?

Ich wollte meinen Kindern Namen geben, die ihnen Kraft für ihr Leben geben. Nicht dass sie dadurch zu etwas besonderem gemacht werden sollten, sondern dass sie die Möglichkeit haben, Energie aus ihren Namen zu schöpfen für ihr Leben.

„W." ist Initiator eines sog. Literaturkreis in der
4. Baukompanie. (...)
„W" trat am 12.5.1985 mit einer Eingabe an den
Minister für Nationale Verteidigung in Erscheinung (...)
Dieses Pamphlet stellt objektiv einen Angriff im Sinne
des § 106 StGB dar (...).
HAI/AKG-Dok, Kopie BStU, AR 2, 16.04.02

3.13 Stephan Schack: Mein Deckname lautete Wühlmaus

Zu meinem Namen gibt es viele Geschichten. Ich bin Stephan Schack, Schack ist mein Geburtsname. Stephan kommt aus dem Griechischen und bedeutet so viel wie „der Gekrönte". Das war mir nie wirklich wichtig. Aber es gibt eine biblische Figur, den „Stephanus", der mir von seiner Überzeugung her sehr nahe ist. Er starb für seinen christlichen Glauben als Märtyrer und wurde am Ende seines Lebens gesteinigt. Das bleibt mir hoffentlich erspart. Wichtig ist für mich, für seine Überzeugung einzustehen, die Konsequenzen, die aus der eigenen Überzeugung resultieren auch zu tragen. Das verbinde ich mit diesem Namen.

Lange Zeit habe ich selbstverständlich angenommen, dass ich den Namen Stephan trage, weil mein Vater evangelischer Theologe ist und auch mein jüngerer Bruder einen biblischen Namen hat, Christoph. Aber das stimmte so nicht. Mein Vater, er war 1945 acht Jahre alt, lebte in einer Kleinstadt in Thüringen, die zunächst von den Amerikanern befreit wurde, dann aber von der Roten Armee übernommen wurde. Zu dieser Zeit hat er einen jungen russischen Soldaten kennen gelernt, der auf der Suche nach sozialen, privaten Kontakten war. Mein Großvater war Bäcker. Als die Russen kamen, hat er sich aus Angst hinter Mehlsäcken versteckt. Er befürchtete, dass aufgrund seiner Parteimitgliedschaft eine Enteignung stattfinden würde. Dass er aber einen russischen Soldaten ein Stück weit in die Familie aufgenommen hat, war eine überraschende Wendung. Leider hat mein Großvater mit mir nie über diese Zeit gesprochen. Alles, was mit Hitler, dem Krieg und seinem Ende zusammenhing, war angstbesetzt bei ihm und er hat es bis zu seinem Lebensende verborgen. Auf der einen Seite hatte mein Großvater damals offenbar viele Vorbehalte und Angst, auf der anderen Seite hat er aber zugelassen, dass dieser junge Soldat Anschluss an die Familie gesucht hat. Er wurde zum Essen eingeladen und mein Vater freundete sich mit ihm an.

Der Soldat hieß Stepan. Der Kontakt zu ihm ist völlig abgebrochen, als er wieder in die Heimat zurück ging, mein Vater hat nie wieder etwas von ihm gehört. Er hat aber dann seinen ersten Sohn in Erinnerung an diese Begegnung Stephan genannt.

Mir ist wichtig, dass mein Name mit „ph" geschrieben wird. Darauf bestehe ich auch in vielen Zusammenhängen, da er oft mit „f" oder, auch gerade heute in einer E-Mail, mit „ff" geschrieben wird. Der Name kommt aus dem Griechischen und ich lege auf die ursprüngliche Schreibweise Wert.

Mein Nachname ist Schack. Ich weiß nicht, wo der Name herkommt. In Norddeutschland gab es ein Adelsgeschlecht und in mehreren Städten gibt es heute „Von-Schack-Straßen" oder eine „Graf-Schack-Allee". Mit denen haben wir aber leider nichts zu tun. Mir ist mein Nachname auf eine andere Art jedoch sehr wichtig. Mein Ur-Urgroßvater war Handwerkmeister in der Töpferstadt Bürgel in Thüringen und hatte dort eine kleine Manufaktur. Er hat sich gemeinsam mit anderen dafür eingesetzt, dass die Tradition dieser Handwerkskunst bewahrt aber auch modernisiert wurde. Die Töpferei gehörte zu den bedeutendsten der Stadt am Anfang des 20. Jahrhunderts. Wenn ich heute durch das Keramikmuseum in Bürgel gehe, kann ich mir eine Drehscheibe von ihm ansehen und eine sehr schöne Jugendstilvase von ihm. Dann merke ich mit zunehmendem Alter, dass mir diese Familientradition etwas bedeutet.

Ich bin ein paar Jahre verheiratet gewesen. Bei der Eheschließung ist es mir damals leicht gefallen, auf meinen Familiennamen zu verzichten. Nach dem geltenden Namenrecht mussten wir uns für einen Familiennamen entscheiden. Da es meiner Ex-Frau sehr wichtig war, ihren Namen zu behalten, haben wir uns dazu entschieden, diesen als unseren Namen zu wählen. Wir wollten beide, dass wir und unsere Kinder einen gemeinsamen Familiennamen haben. Zu der Zeit habe ich viel in der kirchlichen Friedens- und Jugendarbeit in Thüringen gemacht. Mein Vater war ein relativ bekannter Pfarrer in der kleinen Landeskirche. Schon während meiner ehrenamtlichen Tätigkeit bin ich häufig als der „Sohn von" wahrgenommen worden. Als ich mich um unsere Hochzeit herum für eine Stelle an der Evangelischen Akademie Thüringen bewarb, kam es mir sehr entgegen, dass ich mich unter einem neuen Namen bewerben konnte. Ich wollte nicht als „der Sohn von" gelten. Es gab ganze in Thüringen so manche Pfarrerdynastie, bei denen Töchter oder Söhne in die Fußstapfen ihrer Väter traten und immer als „Kinder von" galten. Ich wollte aber gern die Chance haben, mich über mich selbst zu identifizieren. Das ist auch geglückt.

In diesem Zusammenhang gab es eine Episode, die mich bis heute noch zum Lachen bringt, wenn ich sie erzähle. Der Thüringer Landesjugendpfarrer, mit dem ich bereits viel zusammengearbeitet habe, war verärgert darüber, dass zum einen die ausgeschriebene Stelle ohne Absprache mit ihm und zum anderen noch durch eine ihm vollkommen unbekannte Person besetzt worden war. In einer Sitzung äußerte er seinen Ärger darüber sehr deutlich. Nach seiner Kenntnis müsse es sich bei dem neuen Mitarbeiter um eine Person aus dem Friedensarbeitskreis in Jena handeln, der viele Jahre lang von Stephan Schack geleitet wurde, aber eben vollkommen unbekannt bisher war. Er wurde nun von einem Kollegen aus Jena darüber aufgeklärt, dass es sich sehr wohl um den Stephan Schack handelte, der inzwischen geheiratet hatte und einen Ehenamen angenommen hatte.

Der vermeintlich unbekannte Bewerber also mit mir identisch war. Der Landesjugendpfarrer fiel offenbar aus allen Wolken und sein Widerstand gegen das ganze Verfahren kippte in Zustimmung um, wir haben in den folgenden Jahren wunderbar zusammengearbeitet. Ich habe es auch oft genossen, mit meinem Vater zum Beispiel auf Tagungen anwesend zu sein, und niemand wusste, dass wir Vater und Sohn waren. Ich glaube, auch ihm ging es so, dass er in unseren verschiedenen Namen eher Chancen für vor allem meine Entwicklung als kirchlicher Mitarbeiter in Thüringen sah.

Meine Ehenamen habe ich zu einer Zeit angenommen, in der es noch nicht üblich war, dass der Mann den Namen seiner Frau annimmt. Das löste oft Irritationen aus. Auf dem Standesamt war das überhaupt kein Problem. Aber als ich ein Visum für Litauen beantragte, prophezeite mir eine Sachbearbeiterin, dass ich nicht in das Land rein gelassen würde. Ein Mann der den Namen seiner Frau annimmt, war bei der Visumbeantragung offenbar nicht vorgesehen. Ich erhielt mein Visum und es gab dann doch keine Probleme bei der Ein- und Ausreise. Aber die Irritation wiederholte sich bei Versicherungen, Krankenkassen oder bei Bankgeschäften. Geburtsnamen von Männern lösten beim Ausfüllen von Formularen doch noch Verwunderung aus. Es gab aber auch zustimmende Reaktionen in der Art: „Das finde ich aber toll, ich werde es meinem Partner auch mal vorschlagen." Für manche war es also auch eine Anregung, darüber nachzudenken, dass nicht selbstverständlich die Frau ihren Familiennamen hergeben muss.

Nach meiner Scheidung habe ich erwogen, gleich meinen Geburtsnamen wieder anzunehmen. Ich habe darauf verzichtet, da meine Kinder noch klein waren und ich ihnen das Gefühl vermitteln wollte, dass wir auch durch den gemeinsamen Namen zusammen gehören. Erst als die Kinder älter waren und ich meinen Reisepass neu beantragen musste, habe ich mit meinen Kindern darüber gesprochen und mit ihrem Einverständnis mit dem Neuantrag auch wieder meinen Geburtsnamen angenommen. Ein Grund dafür war, dass mit zunehmendem Alter die Eingebundenheit in unsere Familientradition für mich wichtiger wurde, ich stolz auf die Leistungen meines Ur-Urgroßvaters bin und dies auch einen kleinen Teil meiner Identität ausmacht. Mein Familienname repräsentiert meine Wurzeln und ich bin in gewisser Weise auch auf ihn stolz. Ich bin Teil dieser Familie und der mit ihr verbundenen Traditionen.

Mein Spitzname: Ich war vom ersten bis zum letzten Schultag „Schacki". Das war üblich in dem Umfeld, in dem ich groß geworden bin. In meiner Klasse hatten alle Spitznamen, die fast immer einen Teil des Vornamen oder des Nachnamen enthielten und die auf „i" endeten: „Reini", Robbi", „Schacki", „Tommi". Im Kreis meiner Klassenkameraden hat sich das bis heute auch gehalten, bei Klassentreffen bin ich nach wie vor „der Schacki". Das finde ich auch okay, den Namen mochte ich. Wegen meines Namens bin ich nicht diskriminiert worden. Das waren andere Sachen, die es mir in meiner Kindheit und frühen Jugend schwer gemacht haben, die mit meiner sozialen Herkunft zu tun hatten oder damit, dass ich als Kind schon eine Brille tragen musste.

So viel zu meinen offiziellen Namen. Ich habe noch einen weiteren Namen. Bekannt geworden ist er mir während der Revolution in der DDR Anfang 1990. Gemeinsam mit einer Gruppe junger Leute aus der Bürgerbewegung hatten wir im Dezember 1989 die Kreisdienststelle Jena des Ministeriums für Staatssicherheit besetzt, um die Vernichtung der dortigen Aktenbestände zu verhindern. Ich erfuhr recht bald, dass zu meiner Person eine Operative Personenkontrolle unter dem Namen „Wühlmaus" geführt worden war. Eine OPK bedeutete die erste Stufe der gezielten und geplanten Beobachtung durch die Staatssicherheit. Friedensaktivisten, Dissidenten und ähnliche Personengruppen wurden oft in OPKs oder Operativen Vorgängen bearbeitet. Auch Schwule wurden zum Beispiel beobachtet, nur weil sie schwul waren oder Künstler wurden beobachtet, nur weil sie Künstler waren.

Bei mir war der Anlass, dass ich in der DDR den Waffendienst verweigert hatte und 1984 zu den so genannten Bausoldaten eingezogen wurde. Das war die einzige Möglichkeit im gesamten Ostblock, überhaupt den Waffendienst in einer Armee legal zu verweigern. Es war ein sonst vollwertiger Wehrdienst, der auch innerhalb der Struktur der Nationalen Volksarmee stattfand, der aber waffenlos war. Das heißt, wir hatten als Bausoldaten keine Schieß- oder Gefechtsausbildung. Bausoldaten wurden an zivilen, zum Teil aber auch militärischen Bauprojekten eingesetzt. Halt gegeben hat mir damals, dass ich in der Kaserne Freunde fand, die sich intensiv mit ihrer Situation als Bausoldaten auseinandersetzten und versuchten, Veränderungen herbeizuführen. In dieser Zeit wurde dann meine Stasi-Akte angelegt, wobei ich auch vorher schon unter besonderer Beobachtung stand. Anlass für die Eröffnung der OPK war dann wohl mein Austritt aus der Freien Deutschen Jugend im Herbst 1984. Das war schon ein kleines Politikum, diesen Schritt zu gehen.

Es gibt da ein Dokument, eine Fachschulabschlussarbeit aus der Hochschule des Ministeriums für Staatssicherheit aus dem Jahr 1986, in der einige Stasi-Akten als Quellenmaterial verwendet wurden. Die OPK-Akte „Wühlmaus" taucht dort im Literaturverzeichnis auf, neben so Namen wie Honecker, Mielke usw. Das war schon ein komisches Gefühl, als ich das las, aber darauf bin ich heute auch irgendwie stolz. In der Arbeit wird dargestellt, was ich und was andere in dieser Zeit gemacht haben. Ich gelte als Initiator eines so genannten Literaturkreises, der als subversiv eingeschätzt wurde. Vorangegangen war unserer Arbeit ein Brief von zwei Bausoldaten an den damaligen Verteidigungsminister Hoffmann, um ihn über die zum Teil fast menschenunwürdigen Zustände in der Kaserne in Prora zu informieren. Daraufhin fand der einzige Besuch eines Ministers für Nationale Verteidigung bei Bausoldaten überhaupt statt. Gegen den Widerstand der Offiziere vor Ort kam es auch zu einem Gespräch mit den Briefschreibern. Es änderten sich in der Folge ein paar Zustände. Beispielsweise erhielten wir regelmäßigen wöchentlichen Ausgang, wir konnten ein Wochenende im Monat Kurzurlaub nehmen. Zuvor hatten wir nur einmal in achtzehn Monaten, also nur einmal in der gesamten Dienstzeit, Anspruch auf einen längeren Urlaub. Auch die Verpflegungsrationen für die, die besonders schwere Arbeit auf dem Fährhafen Mukran leisten mussten, hat sich geringfügig zum Besseren geändert. An der Haltung der Offiziere in der Kaserne uns gegenüber änderte sich aber nichts. Wir wurden von morgens früh um fünf bis abends um neun als Staatsfeinde behandelt, schikaniert und gedemütigt. Ein Jahr nach diesem so genannten Truppenbesuch des Ministers, habe ich ihm einen neuen Brief geschrieben, um über die stattgefundenen Veränderungen zu berichten, aber auch darüber, dass bei weitem nicht alles in Ordnung war. Im so genannten Literaturkreis haben wir uns damit beschäftigt, Eingaben an die Kirchen in der DDR zu erarbeiten, um auf die Situation der Bausoldaten aufmerksam zu machen. Unser Ziel war, dass wir eine andere Vorbereitung auf den Wehrdienst innerhalb der Kirchen etablieren. Die übliche Vorbereitung auf den Bausoldatendienst durch die Kirche bestand darin zu sagen, dass wir eine Bibel mitnehmen und uns vor Ort andere Christen suchen sollten, dann würden wir schon zurecht kommen. Ich ging also völlig blauäugig in eine Situation völliger Entmündigung und fast blinden Hasses mancher Offiziere uns gegenüber. Die ständigen Schikanen und die menschenunwürdige Behandlung haben zwischen den Bausoldaten zu einer großen Solidarität geführt. Wir haben dann später in der Kaserne ein erfahrungsorientiertes Seminarkonzept entwickelt, um auf die Zeit als Bausoldat vorzubereiten. Nachts, in abgedunkelten Räumen haben wir uns getroffen und gearbeitet. Das hat die Staatssicherheit von Anfang an offenbar beunruhigt. Aber wir haben unsere Arbeit gemacht, erst in der Kaserne, später in der kirchlichen Friedensbewegung.

So kam ich zu meinem Decknamen „Wühlmaus". Solche Decknamen hatten immer etwas zu tun mit der Art und Weise, wie sich Menschen in dem System verhalten haben. „Wühlmaus" stand offenbar für politische Untergrundtätigkeit. Ein Freund wurde unter dem Decknamen „Verfasser" geführt. Er entwarf viele unserer Eingaben, die wir damals gemacht haben, und hatte eine Schreibmaschine in die Kaserne geschmuggelt, was verboten war. Verfasser liegt bei ihm also ebenso nahe wie Wühlmaus bei mir.

Ich selbst habe niemals Probleme mit der Stasi gehabt, aber ich stand bis Ende 1989 unter veilfacher Beobachtung. Wenn ich daran denke, ist mein Gefühl sehr zwiespältig. Einerseits ist es sehr perfide zu erfahren, was alles beobachtet wurde. Wie viele inoffizielle Mitarbeiter an der Bespitzelung beteiligt waren, die auch alle einen Decknamen hatten. Beispielsweise erfuhr ich später, dass der Jenaer Kreisjugendpfarrer inoffizieller Mitarbeiter der Stasi war, den sie auch auf mich angesetzt hatten. Er hat minutiöse Protokolle unserer Treffen an die Stasi weiter geleitet, alle unsere Eingaben finden sich in unseren Akten oder kopierte Briefumschläge, die wir uns geschickt haben.

In den Akten sind viele Decknamen zu finden. Bei einigen weiß ich in der Zwischenzeit auch, wer dahinter steckt. Einen Namen möchte ich aber noch herausfinden. Das ist „IM Liesa". Aus meiner Akte ist zu entnehmen, dass sie aus meinem Umfeld stammen müsste, zu einer Zeit, als ich in einem Hotel in Weimar arbeitete. Mein berufliches wie privates Umfeld sollte stärker beobachtet werden. Ich hatte eine kurze leidenschaftliche und sehr schöne „Affäre" mit einer jungen Frau, die auch in dem Hotel tätig war. Ich habe den Verdacht oder mehr eine Angst, dass sie mir damals nicht aus freien Stücken so zugetan war, sondern die Staatssicherheit dahinter steckte. Ich würde viel dafür geben, ihr noch einmal zu begegnen, weil ich hoffe, dass der Verdacht sich als falsch heraus stellt. Das beschäftigt mich noch immer.

Ich meine, wenn ich von Zwiespältigkeit spreche, dass einerseits mit meinem Decknamen Gefühle des Misstrauens und der Enttäuschung verbunden sind. Wenn ich daran denke, wie perfide das Vorgehen der Staatsicherheit war, kommt mir noch heute der Magen hoch. Auf der anderen Seite, wenn ich die Akten lese, dann denke ich, es hat Sinn gemacht, politisch aktiv zu sein und einen ganz kleinen Beitrag dazu geleistet zu haben, das dieses System so zu Ende ging, wie es zu Ende gegangen ist. Auch dieses Gefühl ist mit meinem Decknamen verbunden. Ich bin auch stolz darauf, dass ich „Wühlmaus" war. Vor ein paar Jahren bin ich dem Satiriker Ernst Röhl bei einer Lesung begegnet. Eine seiner Geschichte erzählt die Geschichte des Herrn Rohlinger, der in seinem Garten gegen die Wühlmäuse kämpft und alles versucht, diese los zu werden mit immer drastischer werdenden Maßnahmen. Am Ende wird seine Laube ein Opfer der Flammen. Während der Lesung musste ich herzlich lachen ob des Kampfes gegen die Wühlmaus. Ich habe mir das Buch mit der Geschichte von ihm signieren lassen. Er hat hineingeschrieben „Für OPK Wühlmaus, mit herzlichen Grüßen". Die Geschichte passt sehr gut zu meinem Decknamen und dem, was ich als Wühlmaus getan habe und wie vergeblich der Kampf der Rohlingers auch da war.

Richtig schlecht ging es mir, als ich Anfang 1990 meinen Namen auf einer Liste von Leuten las, deren Inhaftierung in einem Internierungslager geplant war, für den Fall, dass die Revolution nicht so friedlich verlaufen wäre, wie sie verlaufen ist, falls also der Staat eingegriffen hätte. Das hat mich sehr schockiert. Zu dem Zeitpunkt wusste ich noch nicht viel, da meine eigene Akte in der für mich zuständigen Kreisdienststelle nicht auffindbar war bis dato. Es gab nur einige Auszüge aus dem Zentralarchiv in Berlin. Das meiste weiß ich aus den Akten anderer, in denen mein Name und meine Aktivitäten vorkommen.

Eine Ironie der Geschichte zum Schluss: Im Frühjahr 1990 wurden Leute aus der Friedensbewegung gesucht, die nach dem Erlass des Zivildienstgesetzes in der DDR die Verwaltungsstrukturen dafür mit aufbauen helfen sollten. Ich wurde quasi von heute auf morgen, ohne jegliche formale Bewerbung eingestellt und erhielt einen Dienstausweis mit DDR-Emblem vorn drauf und auf den Namen: „Stephan Schack": Mitarbeiter des Rates der Stadt Jena. Dass mein Name auf so einen Dokument stand, wäre noch ein halbes Jahr zuvor völlig undenkbar gewesen. Das fand ich Klasse und den Dienstausweis habe ich natürlich aufgehoben. Ich werde ihn meinen Enkeln zeigen und meine Geschichten dazu erzählen.

Allgemein zu Vornamen in der DDR fällt mir noch eins ein: Es gab in den 1980er Jahren Vornamen, die in Westdeutschland eher selten sind, wie „Jaqueline", „Dennis" oder „Mandy". An die denke ich jetzt spontan, weil ich Personen mit diesen Namen kenne. In Seminaren erzählten Teilnehmerinnen und Teilnehmer, dass ihre Namen häufig aus Filmen oder Büchern aus dem „Westen" inspiriert waren. Ich glaube jedoch eher nicht, dass das auch mit politischem Protest zu tun hatte, Kindern „westliche" Namen zu geben. Ich nehme nicht an, dass Eltern ihrem Sohn beispielsweise den Namen „Kevin" gaben, um deutlich zu machen, dass sie mit dem Sozialismus nichts am Hut hatten, sondern ihre Wahl drückte eher die Sehnsucht nach einer Welt aus, die zu dieser Zeit nicht erreichbar war.

Er schätze Meinungsstärke, verkündete H.,
aber es gebe auf alles im Leben mindestens
zwei mögliche Perspektiven, von der keine
eine absolute Geltung beanspruchen könnte.
Juli Zeh

3.14 Herrad Meese: So ein seltener Name hat was

Erst spät habe ich begonnen, mich damit zu beschäftigen, was mein Name bedeutet – als Vorbereitung auf mein Examen in Germanistik. Im Nibelungenlied wurde ich tatsächlich fündig: Herrad heißt die Frau des Dietrich von Bern, die ihrem heimgekehrten tapferen Kriegsmann den Tee reicht. Es ist nur eine Zeile in der kritischen Ausgabe des Nibelungenlieds, in der sie erwähnt wird. Dazu passt die mögliche etymologische Bedeutung meines Namens: Man kann den Namen splitten in die Vorsilbe „her" und in die Nachsilbe „rat", das bedeutet „die Beraterin des Heeres".

Dann habe ich herausgefunden, dass es eine Herrad von Landsberg gab, eine Äbtissin, die am Ende des 12. Jahrhunderts im Kloster Hohenburg auf dem Odilienberg im Elsass lebte und dort für ihre Klosterschülerinnen alles Wissenswerte aufschrieb und kenntnisreich illustrierte: die erste von einer Frau verfasste Enzyklopädie mit dem Titel „Hortus deliciarum", was wörtlich mit „Garten der Wonnen" übersetzt werden kann und wohl einen paradiesischen Garten meint. Das Kloster gibt es heute noch, aber ich bin nie da gewesen.

Ich vermute, dass ich zu dem Namen Herrad gekommen bin, weil von dem katholischen Bistum Köln – ich bin in Essen geboren – eine Kirchenzeitschrift herausgegeben wurde, in der das Leben von Heiligen und Äbtissinnen in einer Reihe beschrieben wurde. Neben der Lebensgeschichte der Elisabeth von Thüringen oder Hildegard von Bingen wurde, so meine Vermutung, auch über Herrad von Landsberg geschrieben. Die Frauen, von denen ich weiß, dass sie auch Herrad heißen, kommen aus der Gegend um Köln und sind aus meiner Generation – so scheint mir meine Variante der Namensgebung recht nahe liegend.

Erst sehr spät habe ich meine Mutter gefragt, warum meine Eltern diesen Vornamen ausgewählt haben. Sie meinte, na ja, ich sollte ein Junge werden. Sie hatte sich den Namen Konrad überlegt, in Bezug auf Adenauer natürlich. Dann wurde ich ein Mädchen und da ein „rad" im Namen vorgesehen war, wurde ich eben Herrad genannt. Diese Geschichte war weniger schön, darum bevorzuge ich für mich die Variante, dass Herrad von Landsberg meine Namensgebung inspirierte. Der Name Herrad war ja auch nicht geläufig. Von daher bin ich fast sicher, dass die Wahl mit der Lebensbeschreibung der Äbtissin zusammenhängt. Mein Name ist aber nie weitergegeben worden – zum Beispiel an die Töchter von Schulfreunden oder so. Er bleibt offensichtlich in meiner Generation.

Da ich katholisch erzogen wurde, war es ein Problem, dass es keine Namenspatronin gab. Das passt nicht so richtig zu der vorherigen Geschichte. Aber es gibt den Namenstag zu Herrad nicht. Um korrekt getauft zu werden, musste mir noch der Name einer Heiligen gegeben werden. Diesen Namen kennt niemand aus meinem Freundeskreis, weil er mir nicht gefällt und ich keine Beziehung zu ihm habe. Ich möchte ihn auch nicht veröffentlichen. Das könnte dazu führen, dass man mich mit dem zweiten Vornamen anspricht und das fände ich einfach blöd, er hätte nichts mit mir zu tun.

Das Gefühl zu meinem Namen ist gut. Ich bin nie gehänselt worden, das war natürlich toll. Ich hatte das Gefühl, einen besonderen Namen zu tragen. Wenn ich mich vorstellte, löste das eher Aufmerksamkeit und Neugier aus, aber nie eine herablassende Haltung. Das war für mich natürlich besonders in der Pubertät super. Ich habe nie die Erfahrung anderer Kinder gemacht, dass es andere gibt, die den gleichen Namen haben, und die feststellen müssen, dass ihr eigener Name nicht singulär ist. Das kann heftig sein und ist aber gleichzeitig für Kinder eine wichtige Erfahrung. Gehänselt worden bin ich also nie. Das einzige Mal wurde mit meinem Namen gespielt, als ich schon erwachsen war: Im Unterricht gingen die Kinder im Kreis, erzählten eine Geschichte und mussten bei einem bestimmten Begriff das Wort an ein anderes Kind weitergeben, und ein türkischer Junge, den ich besonders mochte, weil er so pfiffig war, sagte auf einmal: „Herrad, Fahrrad." Als Kind ist mir das nie passiert. Es gab später mal eine Situationen, in der mich jemand scherzhaft mit „Harry" angesprochen hat, das habe ich aber sofort recht heftig zurückgewiesen und das wurde auch gleich akzeptiert. Ich habe also nur positive Erfahrungen mit meinem Namen gemacht.

Spät, ich war um die Vierzig, da habe ich einen Prozess geführt. Ich habe einen Anwalt mit Erfahrungen im Urheberrecht gesucht. Derjenige, der mir empfohlen wurde, arbeitete in einer Gemeinschaftskanzlei und auf seinem Briefkopf entdeckte ich dann, dass er mit einer Kollegin mit dem Vornamen Herrad zusammenarbeitet. Das war eine echt aufregende Erfahrung und ich habe ihm – im Scherz, aber mit ernstem Unterton – gesagt, dass ich mich nur durch ihn vertreten lassen würde, wenn ich seiner Kollegin vorgestellt würde, weil ich einmal einer Frau begegnen wollte, die den gleichen Namen hat. In der Nacht vor der Begegnung habe ich tatsächlich geträumt, dass ich in einer langen Schlange stehe und irgendjemand ruft von hinten, so, wie Mütter ihre Kinder rufen: „Herrad". Ich drehe mich um und es dreht sich doch tatsächlich noch jemand um. Das kannte ich überhaupt nicht. Ich war sehr aufgeregt. Das hätte ich vorher nicht gedacht, obwohl ich mir überlegt hatte, wie das ist, einer Frau mit meinem Namen zu begegnen. Ich hatte das ja auch selbst so arrangiert. Ich wollte sie kennen lernen, aber ich war aufgeregt. Für sie war das nicht so emotional bewegend; für mich schon, das macht der Traum vor der Begegnung deutlich.

Mein Nachname „Meese" ist vermutlich von „Meisje", also dem niederländischen „Mädchen", abgeleitet. Aber das ist Spekulation, ich habe das nie recherchiert. Im Ruhrgebiet gibt es sehr viele Handwerker mit diesem Namen. Einige sind ausgewandert in die USA. Ich habe das im Buch der Auswanderer in New York nachgeschlagen. Auch aus meiner Familie sind Verwandte ausgewandert. Es gab einen amerikanischen Justizminister „Meese", der wegen eines Skandals zurücktreten musste, zu dem aber keine Verbindung bestand. Dann gibt es den deutschen Künstler Jonathan Meese, der jetzt so um die vierzig ist und vor einiger Zeit als absoluter Superstar gehandelt wurde. Ein Maler, Bühnenbildner, Schauspieler ... Ich fand in der Berliner Zeitung einen Hinweis in der Zeit, als er noch unbekannt war und damals sein Atelier eröffnet hat. Auf der RAF-Ausstellung in Berlin habe ich Bilder von ihm gesehen, die mir völlig fremd geblieben sind. Auf Jonathan Meese bin öfter angesprochen worden, aber ich bin nicht mit ihm verwandt.

Mein Name wird selten richtig geschrieben, selbst wenn ich ihn buchstabiere. Viele kennen die Stadt Herat in Afghanistan, die eine schöne Blaue Moschee hatte. In den 1960er Jahren, als viele Hippies über Afghanistan nach Indien reisten, waren viele auch in der Blauen Moschee. Ich habe eine ganze Reihe von Karten der blauen Moschee bekommen, was ich sehr schön fand. Manche schreiben meinen Namen wie die Stadt „Herat" oder mit „th" am Ende.

Was sehr häufig vorkommt, ist die Anrede mit „Herr". Der Name Herrad wird als männlicher Vorname eingeordnet. Eine Freundin von mir reagierte sehr ungehalten, als sie bei mir zu Besuch war: Wenn jemand anrief und einen Herrn Meese sprechen wollte, sagte sie kurz angebunden, dass ihr dieser Herr nicht bekannt sei und legte auf. Das fand ich gut. Es ist sehr schwierig, die falsche Anrede zu korrigieren. Auch wenn ich darum bitte, dass die Anrede z. B. in Adresskarteien geändert wird, passiert das nur in den seltensten Fällen. Es ärgert mich nicht, ich gehe eher ironisch damit um. Bei meiner letzten Reise nach Istanbul erhielt ich auf Herrn Meese ausgestellte Reiseunterlagen. Ich habe dann dort angerufen und gesagt, da ich keine Geschlechtsumwandlung vornehmen wolle, müssten sie die Anrede ändern. Das ist dann auch problemlos und mit Entschuldigung passiert.

Ich denke, es ist wichtig, dass man sich mit seinem Namen anfreundet. Es gibt ja Menschen, die ihren Namen ändern, weil sie ihn blöd finden oder ihn mit ihnen nicht sympathischen Menschen oder anderen Assoziationen verbinden. Der eigene Name hat schon etwas mit Identität zu tun. Ich bin die Person mit dem Namen, den ich trage. Wenn einem der eigene Name komisch vorkommt, fühlt man sich unwohl. Auch meine Geschichte mit der Anwältin gleichen Namens, der Wunsch ihr zu begegnen, hat etwas mit Identität zu tun. Ich glaube, dass Kinder, die sich selbst als „Emil" oder „Susanne" begreifen, erst einmal irritiert sind, wenn sie erfahren, dass ihr Name ihnen nicht alleine gehört. Bei mir war das anders. Ich kannte als Kind keine andere reale Person, die meinen Namen trug. Ich war die einzige. Ich denke, dass mein Traum auch zeigt, dass es mich beschäftigt hat, dass ich einer anderen Person begegnen würde, die so heißt wie ich. Es spricht viel dafür, dass die eigene Identität und der eigene Name eng miteinander verknüpft sind.

Ein kleines Herrenvolk sieht sich in Gefahr: man hat
Arbeitskräfte gerufen, und es kommen Menschen.
Max Frisch (1911–1991), Tagebuch 1966–1971

4. HERKUNFTSLÄNDER IN DEUTSCHLAND LEBENDER MIGRANTEN

Einführung

Migration

Deutschland ist seit vielen Jahrzehnten ein Land, das Arbeitsmigrantinnen und -migranten ge-braucht hat, um die wirtschaftliche Entwicklung zu gewährleisten. Schon in den ersten Jahren des 20. Jahrhunderts waren es Polen im Ruhrgebiet, die zur Arbeit gekommen und sesshaft geworden sind. Nach dem Zweiten Weltkrieg sind es zwölf Millionen Flüchtlinge und Vertriebenen gewe-sen, die in den Arbeitsprozess und das soziale Leben eingegliedert werden wollten und die ein Reservoir für lange Zeit zu sein schienen. Ihr Integrationsprozess war schwieriger, als rückblickend unsere Gesellschaft wahrhaben will, und weist viele Parallelen zu späteren Zeiten auf. Auch ihnen schlugen vielfach Misstrauen und Ablehnung entgegen, soziale Wertschätzung und die Anerken-nung gerade auch ihrer Aufbauleistung blieb vielen versagt. Gleichwohl waren ökonomischer Aufschwung und soziale Integration schon nach einer Dekade soweit abgeschlossen, dass eine neue Phase der Arbeitsmigration eingeleitet werden musste.

Eine wahre Völkerwanderung hat seit 1955 begonnen, als sich die Bundesrepublik Deutschland entschieden hat, ihr „Wirtschaftswunder" zehn Jahre nach Ende des 2. Weltkriegs durch „Gast-arbeiter" zu stabilisieren, weil im Lande praktisch Vollbeschäftigung herrschte. Zwischen 1955 und 1968 wurden mit sieben Ländern rund ums Mittelmeer offizielle Anwerbevereinbarungen abgeschlossen. Beide Seiten gingen übereinstimmend davon aus, dass der Arbeitsaufenthalt nur vorübergehend sein werde. Auf die sich verschlechternde ökonomische Situation reagierten Ausländerpolitik und Ausländerrecht sehr restriktiv durch einen generellen Anwerbestopp mit der Folge, dass die angeworbenen Arbeitskräfte blieben, ihre Familien nachholten bzw. hier neu gründeten und zu einem Teil der Wohnbevölkerung wurden. Die Bundesrepublik war – ohne es zu wollen und ohne es politisch anzuerkennen – zum Einwanderungsland geworden.

Darüber hinaus garantierte Deutschland unter dem Eindruck der Schrecken des Nazi-Regimes in seinem Grundgesetz von 1949 in Art. 16 ein großzügiges Asylrecht. Die Ost-West-Konfrontation des Kalten Krieges, Bürgerkriege in vielen Teilen der Welt sowie ökonomische und ökologische Katastrophen waren Ursachen für einen weiteren Zustrom von Menschen aus anderen Ländern als Flüchtlinge und Vertriebene, der erst mit dem „Asylkompromiss" von 1993 ein Ende gefunden hat.

Die Wanderungsbewegungen halten trotz Anwerbestopp und Asylrechtsverschlechterungen auf geringerem Niveau bis heute an. Im Jahr 2006 zogen insgesamt 89 799 Unionsbürgerinnen und -bürger aus den alten EU-Staaten nach Deutschland. Ihr Anteil an Zuzügen entspricht 13,6 % an der Gesamtzuwanderung. Die größten Gruppen bildeten Staatsangehörige aus Italien (20,4 %), aus Frankreich (14,1 %) und aus den Niederlanden (11,9 %).

Aus den neuen EU-Staaten wurden 199 447 Zuzüge von Unionsbürgerinnen und -bürgern registriert. Ihr Anteil beträgt 30,1 % an der Gesamtzuwanderung. Mehr als drei Viertel der Zuzüge entfiel auf polnische Staatsangehörige (76,6 %). Die zweitgrößte Gruppe bilden ungarische Staatsangehörige (9,4 %) vor Slowaken (5,7 %) und Tschechen (3,9 %).

Mit der Reform des Staatsangehörigkeitsrechts von 2000 und einem neuen Ausländerrecht im Jahr 2005 hat die deutsche Politik rechtlich und politisch nachvollzogen und anerkannt, dass Deutschland ein „Zuwanderungsland" geworden ist. Damit ist aber noch längst nicht die soziale und kulturelle Integration der Zugewanderten erreicht. Interkulturelle Verständigung ist von Anerkennung geprägt. Zur Wertschätzung von Menschen gehört deren Wahrnehmung, das beinhaltet die Kenntnis ihrer Herkunft. Dazu sollen die folgenden Länderinformationen einen Beitrag leisten.

Auswahl der Länder

Bei den länderspezifischen Kurzinformationen mussten wir uns auf eine Auswahl von Ländern beschränken. Orientiert haben wir uns dabei zunächst an den größten Einwanderungsgruppen in Deutschland und damit an den Ländern, aus denen die von der Bundesrepublik Deutschland und der ehemaligen Deutschen Demokratischen Republik angeworbenen Arbeitsmigrantinnen und Arbeitsmigranten stammen. Ferner waren uns die großen Nachbarländer wichtig, mit denen intensive Kontakte bestehen oder aus denen zunehmend große Zuwanderungsgruppen kommen. Ein weiteres Auswahlkriterium waren größere Gruppen von Menschen, die aus unterschiedlichen Gründen aus ihren Ländern flüchten mussten und für die die Dienstleistungen von Kommunen und Verbänden sich gleichfalls öffnen sollten. Das gilt für einige Länder des arabischen Raums und für Afrika. Wichtig war uns, daran zu erinnern, dass von einer durch die Staatsangehörigkeit ausgewiesenen nationalen Herkunft der Zugewanderten nicht auf deren vermeintliche sprachliche und ethnische Homogenität geschlossen werden kann. Das deutsche Recht und ihm folgend das Bildungssystem, Gesundheitswesen oder die Soziale Arbeit orientieren sich an der durch den Pass dokumentierten staatlichen Nationalität und kennen nur Spanier oder Türken, differenzieren nicht beispielsweise nach Katalanen oder Kurden. Soweit möglich, soll deshalb die Vielfalt ethnischer und religiöser Minderheiten angesprochen und die Herkunftssprache zum Ausgangspunkt einer angemessenen Würdigung gemacht werden.

Information zum Herkunftsland

Jede Kurzinformation stellt zunächst das Herkunftsland vor und beschränkt sich dabei auf wichtige Informationen zu den Migrationsmotiven der Zugewanderten und zur Größenordnung der Minderheit, wobei die amtliche Statistik nur ausländische Staatsangehörige ausweist und damit Eingebürgerte nicht berücksichtig. Die tatsächlichen Zahlen der Zugewanderten aus den einzelnen Ländern sind daher deutlich höher. Weiter wird darüber informiert, wie viele Zuwanderungsgruppen schon sehr lange in Deutschland leben und damit zu einem Teil der Wohnbevölkerung geworden sind. Je nach Anlass finden sich auch Angaben zur Bevölkerungsstruktur im Herkunftsland im Hinblick auf ethnische Minderheiten, auf die Vielfalt der gesprochenen Sprachen und auf die wichtigsten religiösen Gruppen. Als Quellen dient uns neben dem Standardlexikon zu den ethnischen Minderheiten in der Bundesrepublik Deutschland (Schmalz-Jakobsen/Hansen 1995) vorwiegend das Auswärtige Amt, insbesondere dann, wenn unterschiedliche Quellen einander widersprechende Zahlen enthalten. Alle Zahlen geben deshalb eher Größenordnungen, Relationen und Tendenzen an. Diese Beschränkung rechtfertigt es auch, für einzelne Länder, bei denen Informationen schwieriger zu finden waren, wikipedia als Quelle heranzuziehen.

Namensystem und Namenrecht

Wichtig waren uns die Hinweise auf Namen und Namenrecht, ohne eine namenkundliche Abhandlung vorlegen zu wollen. Aus den Unterschieden zwischen den rechtlichen Bestimmungen im Herkunftsland, den Traditionen und Alltagsbräuchen und unseren eigenen Regeln und praktischen Erfahrungen erwachsen ja die Missverständnisse und Missbräuche, die eine interkulturelle Verständigung erschweren. Wir haben deshalb die Tradition der Namengebung, das jeweilige überkommene oder rechtlich kodifizierte Namensystem und Namenrecht sowie die Auswirkungen auf die Geschlechter knapp dargestellt. An Beispielen wird das jeweils erläutert und, soweit vorhanden bzw. recherchierbar, werden die Bedeutungen der Namen vorgestellt. Dafür waren die Interviews und sonstigen Gespräche mit Vertreterinnen und Vertretern der Minderheiten sehr hilfreich. Für die rechtlichen Grundlagen waren die Länderinformationen des Bundesministeriums des Innern wertvoll, auf die verwiesen wird. Eingegangen wird auch auf Formen der höflichen Anrede und des Gebrauchs von Titeln oder Ehrennamen.

Die Unterschiedlichkeit der Namensysteme bedingt, dass unsere gewohnte Terminologie nicht immer anwendbar ist. Wir schreiben deshalb in der Regel Vor- bzw. Rufname und Nach- bzw. Familienname, weil der nachgestellte Familienname in einigen Kulturen wie China auch vorange-stellt wird oder weil es gar keine Familiennamen gibt wie in Äthiopien.

Hinweise zur interkulturellen Kommunikation

Da gerade die länderspezifischen Hinweise zur interkulturellen Kommunikation einerseits immer wieder gewünscht werden, andererseits schnell als Orientierungshilfe überbewertet werden kön-nen und damit die Gefahr besteht, dass das Gelingen interkultureller Kommunikation stattdessen durch Klischees behindert wird, möchten wir hier noch einmal auf allgemeine Grundlagen der interkulturellen Kommunikation eingehen.

Erfolgreich ist Kommunikation dann, wenn die Gesprächspartnerinnen und Gesprächspartner verstehen, was gemeint ist. Auch wenn beide Gesprächspartner die gleiche Sprache sprechen, kann vieles uneindeutig bleiben, da die Entschlüsselung von Botschaften immer durch soziale und kulturelle Deutungsmuster bestimmt ist. Hinzu kommt, dass, insbesondere bei der ersten Begegnung, die Aufmerksamkeit darauf gerichtet ist, zu klären, mit wem man es zu tun hat. Noch bevor ein Wort gesprochen wurde, kommuniziert man bereits, da es, wie Paul Watzlawick (1969) formulierte, nicht möglich ist, nicht zu kommunizieren. Schon der erste Blick ist Kommunikation und bestimmt die Haltung, mit der man jemanden gegenüber tritt. Die folgende Interviewpassage mit einem jungen Mann aus Afghanistan aus einer Studie zur interkulturellen Kommunikation in der Verwaltungspraxis verdeutlicht dies:

> „Wenn man reingeht, merkt man sofort, wie der Mensch reagiert. Sagt er etwas zu mir? Was sagt er? Ist er nett? Reagiert er überhaupt? Der Mann, merkt man im ersten Schritt, ist okay und manchmal nicht" (Sorg 2002: 36).

Uschi Sorg kommt in ihrer Studie zu dem Ergebnis, dass bereits im ersten Kontakt die Weichen für eine erfolgreiche Kommunikation gestellt werden (ebd.). Kommunikation findet nie nur auf einer Sachebene statt, sondern sendet stets auch Mitteilungen auf der Beziehungsebene, aus denen hervorgeht, was man vom Gegenüber hält und wie man ihn/sie sieht (Schulz von Thun 1990: 28). Die Beziehung wird in der Regel aufgebaut durch Höflichkeitsrituale der Begrüßung, die sich insbesondere in interkulturellen Kontexten unterscheiden können. Die gegenseitige oder einseitige Vorstellung ist dabei immer mehr als eine sachliche Information, selbst im formalisierten Behördenkontakt. Da Kommunikationsstörungen überwiegend durch differente Kulturmuster bedingt sind, die auch Formen der Höflichkeit betreffen, und Beziehungsbotschaften überwiegend nonverbal, also durch Mimik, Tonfall, Gestik oder räumliche Distanz ausgedrückt werden, die einerseits kulturspezifisch andererseits nicht bewusst sind, kommt Georg Auernheimer (2003: 107) zu dem Schluss, dass die Hauptstörungsquellen in der interkulturellen Kommunikation auf der Beziehungsseite zu suchen sind.

Wie wir an verschiedenen Stellen deutlicht gemacht haben, ist kulturspezifische Kommunikation nie eindeutig und damit kann es auch keine eindeutigen Verhaltensregeln geben, die auf eine interkulturelle Kommunikationssituation vorbereiten können. Nicht nur die Erstsprache, die nationale oder ethnische Herkunft sondern viele Faktoren, hier seien nur die Generationszugehörigkeit und das Geschlecht genannt, beeinflussen das Senden und Dekodieren von Nachrichten. In einer Gruppe von Jugendlichen kann es durchaus als Wohlwollen interpretiert werden, wenn ein unbekannter junger Mann einen Schulterhieb erhält verbunden mit der Frage: „Hey, Alter, wer bist denn Du?" Im Kontext einer Gruppe von Senioren würde die Interpretation von Gestik, Stimmmodulation, Körperdistanz und Ansprache wohl anders ausfallen. Dementsprechend sind unsere kurzen Hinweise zur interkulturellen Kommunikation nicht als Interpretationsregeln, sondern als Möglichkeiten einer Interpretation zu verstehen. Sie können lediglich dazu anregen, in der Begegnung die Aufmerksamkeit auf nonverbale Signale zu richten. Sie wollen die Bereitschaft fördern, bewusst die jeweiligen Gesprächspartnerinnen und Gesprächspartner wahrzunehmen und sensibel mit Kommunikationsunterschieden umzugehen, ohne dass diese stereotyp verallgemeinert werden können. Ob Verständigung gelingt, hängt vor allem vom gegenseitigen Verständigungswillen ab und der freundlichen Nachfrage bei Irritationen.

Dem Unwissenden erscheint selbst ein kleiner Garten
wie ein Wald.
Äthiopisches Sprichwort

4.1 Herkunftsland Äthiopien

Äthiopien, in ferner Vergangenheit eines der reichsten und fruchtbarsten Länder Afrikas, ist in der jüngsten Geschichte mit Krieg, Armut und Hunger assoziiert. Der Vielvölkerstaat Äthiopien gehört heute zu den ärmsten Ländern der Welt. Seine Bevölkerung von etwa 60 Millionen Menschen umfasst mehr als 80 ethnische Gruppen. Die größten Gruppen (die Zahlenangaben unterscheiden sich in verschiedenen Publikationen) sind die Amhara (ca. 30 %), die Oromo (32 %) und die Tigray (ca. 6 %) (Auswärtiges Amt 2008a). Bis 1991 zielte eine staatliche Amharisierungspolitik darauf, die amharische Kultur allen anderen Ethnien aufzuzwingen, bis hin zu kriegerischen Übergriffen und der systematischen Vernichtung ganzer Bevölkerungsgruppen. Ein Druck zur Assimilation wurde auch durch ein ausgeklügeltes Heiratsprinzip ausgeübt. Die königlichen Familien anderer Ethnien mussten in die Herrscherfamilie der Amhara einheiraten und wurden dabei auf amharische Namen umgetauft Bis zum Ende der Regierungszeit von Haile Selassie mussten alle Staatsbürgerinnen und Staatsbürger einen Ausweis bei sich tragen, in dem ihre Stammeszugehörigkeit vermerkt war. Nach einem revolutionären Umsturz des politischen Systems 1991 wurde die Dominanz der Amhara durch die Vorherrschaft der Tigray abgelöst (vgl. Daffa 1995: 18f).

Die Ende 1994 verabschiedete föderale Verfassung garantiert zwar allen Bürgerinnen und Bürgern ihre Grundrechte, die Menschenrechtslage ist aber problematisch geblieben. Auch die Frauenrechte sind trotz Diskriminierungsverbot nicht durchgehend verwirklicht. Beispielsweise ist im Grundgesetz, Artikel 4 formuliert, dass Frauen „das Recht auf staatlichen Schutz vor schädlichen Traditionen" genießen und dass „Praktiken, die sie unterdrücken und ihnen körperlich oder physisch schaden", verboten sind (Deutsche Gesellschaft für technische Zusammenarbeit 2008).

Dennoch sind laut Demografic and Health Survey 2000 ca. 80 % der weiblichen Bevölkerung von Genitalverstümmelung betroffen (ebd.).

In der Bundesrepublik Deutschland lebten Ende 2007 ca. 10 300 Menschen aus Äthiopien (Statistisches Bundesamt 2008: 27). Ein Teil kam, um in Deutschland zu studieren, und blieb, der größte Teil suchte in Deutschland Asyl und wurde geduldet.

Sprachen

In Äthiopien werden über 70 verschiedene Sprachen und um die 200 Dialekte gesprochen. Die Amtssprache auf der Bundesebene ist Amharisch, das zur Sprachfamilie Hamito-Semitisch gehört. Der größte Teil der Bevölkerung spricht Oromo. In vielen Oberschulen wird in englischer Sprache unterrichtet. Regional findet der Unterricht außer in Amharisch auch in den regional gesprochene Sprachen statt wie Oromo, Harari, Somali, Afar oder Kafficho. Äthiopien verfügt über eine eigene Schrift, die Silbenschrift „abugida". Es können aber nur etwa ein Viertel der Frauen und weniger als die Hälfte der Männer lesen und schreiben.

Religion

Ebenso heterogen wie die Zusammensetzung der Bevölkerung sind auch die von ihr praktizierten Religionen. Die wichtigsten Glaubensgemeinschaften sind die etwa gleich großen äthiopisch-orthodoxen Christen und die sunnitischen Muslime mit je 45 % (Auswärtiges Amt 2008a). Dazu kommen verschiedene christliche Glaubensgruppen, Angehörige der Hindus und Sikhs und verschiedener traditioneller Religionen.

Namen

In Äthiopien sind Familiennamen nicht üblich. Die Menschen tragen in der Regel drei Namen. Der erste Name ist der eigene Rufname, der zweite Name ist der Rufname des Vaters und der dritte Name der Rufname des väterlichen Großvaters. Zweiter und letzter Name sind von daher immer männliche Namen.

Weibliche Namen

Frauen behalten ihren Namen auch bei der Eheschließung.

1. Name	2. Name	3. Name
Ejegayehu	Kebebe	Dibabu
Rufnahme	Rufnahme des Vaters	Rufname des väterlichen Großvaters

Männliche Namen

1. Name	2. Name	3. Name
Abebe	Asefa	Habtamu
Rufnahme	Rufnahme des Vaters	Rufname des väterlichen Großvaters

Interkulturelle Kommunikation

Häufig wird der letzte Name als Familienname verwendet und ist auch in Dokumenten als solcher eingetragen.

Im offiziellen Kontext ist die Begrüßung mit einem Händedruck üblich, der häufig durch eine leichte Verbeugung begleitet wird. Die Vermeidung von Blickkontakt ist ein Zeichen von Höflichkeit.

Ich denke deutsch und träume afghanisch.
Khaleda Niazi

4.2 Herkunftsland Afghanistan

Die in Deutschland lebende afghanische Minderheit umfasste 2006 über 52 160 Menschen. Mehr als 2 400 von ihnen leben länger als zwanzig Jahre in Deutschland (Migrationsbericht 2006).

Afghanistan ist ein multiethnischer Staat mit einer Gesamtbevölkerung von ca. 14,5 Millionen Menschen. Die größte Gruppe, die den nordost-iranisch Dialekt Paschtu sprechenden Paschtunen, die etwa die Hälfte der Bevölkerung umfassen, verstehen sich selbst als das staatstragende Volk. Sie verwenden die Bezeichnung „Afghan" auch als Eigenbezeichnung, so dass auch aus der Sicht der anderen 57 weiteren ethnischen Gruppen Afghanistan nicht nur dem Wortsinn nach das Land der Afghanen also das Land der Paschtunen ist. So konnte sich keine, alle Bevölkerungsgruppen gleichermaßen umfassende, nationale Identifikation mit dem Land Afghanistan entwickeln. Laut afghanischer Verfassung vom 27. 01. 2004 (nach afghanischer Zeitrechnung vom 07. 11. 1382) haben sich alle Staatsbürgerinnen und Staatsbürger als Afghanen zu bezeichnen (Max-Planck-Institut 2004). Die Nationalhymne ist laut Art. 20 in Paschtu verfasst. In ihr werden die ethnischen Gruppen der Paschtunen, Tadschiken, Hazaras, Usbeken, Turkmenen, Balutschen, Paschais, Nuristanis, Aimaqs, Araber, Kirgisen, Qizilbaschos, Gojars, Brahuis erwähnt. Die zweitgrößte Bevölkerungsgruppe, etwa ein Viertel der afghanischen Bevölkerung, besteht aus den persisch (Dari) sprechenden Tadschiken. Es folgen die Usbaki (ein zentral-türkisches Idiom) sprechenden Usbeken mit ca. 1,35 Einwohnern und die etwa 1,1 Millionen umfassende Bevölkerungsgruppe der persisch (Hazaragi) sprechenden Hazara.

Für viele ethnische Gruppen in Afghanistan ist für das soziale Zusammenleben neben der ethnischen Zugehörigkeit ihre zur verwandtschaftlichen Solidarität verpflichtende Mitgliedschaft in einem Stamm von entscheidender Bedeutung. Verwandtschaftliche Bindungen werden durch eine weit verbreitete endogame Heiratsordnung gestärkt, das heißt, vorzugsweise heiraten Cousin und Cousine. Ein Wechsel der Stammeszugehörigkeit durch Heirat ist insbesondere unter Paschtunen verpönt. Spitzenpositionen in Militär, Verwaltung und Wirtschaft sind in der Regel mit Paschtunen besetzt. Die Tadschiken dagegen sind nicht in Stämmen organisiert. Sie stellen traditionellerweise in den Städten das Gros der Gewerbetreibenden und die Mehrheit der Gebildeten und Schreibkundigen im mittleren Bereich der Administration. Tadschikische Frauen gehörten zu den ersten Besucherinnen der Universitäten (vgl. Orywal 1995: 28ff).

Die meisten in der Bundesrepublik Deutschland lebenden Afghanen sind Flüchtlinge. Der 1978 von der Kommunistischen Partei Afghanistan durchgeführte Putsch und der Einmarsch sowjetischer Truppen 1979 führten dazu, dass sich ca. ein Drittel der Bevölkerung Afghanistans im Laufe der Kriegsjahre zur Flucht gezwungen sah. Die meisten Flüchtlinge zogen in die Nachbarstaaten Pakistan und Iran. Ein großer Teil kehrte nach Kriegsende in ihr Heimatland zurück. Die Islamische Republik Afghanistan wurde 1992 ausgerufen. Kämpfe zwischen ethnischen und politischen Gruppen lösten weitere Fluchtbewegungen aus (ebd., S. 36).

Sprachen

In Afghanistan werden mehr als 50 verschiedene Sprachen gesprochen. Laut Artikel 16 der afghanischen Verfassung sind Paschtu und Dari die offiziellen Sprachen des Staates. In Gebieten, in denen die Mehrheit der Bevölkerung eine der Sprachen Usbekisch, Turkmenisch, Paschai, Nuristani, Balutschi oder Pamiri spricht, ist diese die dritte offizielle Sprache. Die Schriftsprache ist das persische Arabisch, gelesen von rechts nach links. Unterschiedliche Schätzungen gehen von einer Analphabetenquote zwischen 75 % und 85 % der Bevölkerung aus, 80 % bis 90 % der afghanischen Frauen können weder schreiben noch lesen.

Religion

In Art. 2 der Verfassung ist der Islam als Staatsreligion festgelegt. Über 99 % der Bevölkerung sind Muslime, davon etwa vier Fünftel Sunniten und ein Fünftel Schiiten. Daneben gibt es noch etwa 20 000 Hindus und einige wenige hundert Sikhs. Der Islam wird seit Jahrhunderten sehr konservativ und von den unterschiedlichen ethnischen Gruppen zum Teil auch unterschiedlich ausgelegt. Trotz verfassungsmäßiger rechtlicher Gleichstellung der Geschlechter tragen viele Frauen auch heute noch eine Burka, den von der Taliban-Regierung Mitte der 1990er Jahre vorgeschriebenen „Ganzschleier", obwohl die Verpflichtung zum Tragen einer Burka 2001 offiziell aufgehoben wurde.

Namen

Familiennamen sind in Afghanistan ein relativ neues Konzept und nicht alle Bürgerinnen und Bürger sind im Besitz offizieller Ausweisdokumente. Auch heute noch trägt ein kleiner Teil der Bevölkerung keinen Familiennamen, sondern bezeichnet sich nach der Klanzugehörigkeit. In den Städten ist ein Familienname durchgängig vorhanden und offiziell eingetragen, was auch für alle in Deutschland lebende Menschen afghanischer Herkunft zutrifft, da eine Einreise ohne Dokumente nicht möglich ist. Paschtunen tragen meistens einen Vornamen und einen Familiennamen. In intellektuellen Kreisen, vor allem in größeren Städten, kommt die Vergabe eines zweiten Vornamen, vor allem an Jungen, häufiger vor.

Familiennamen

Gebräuchliche Familiennamen in Paschtu lauten *Bereshna*, *Mohmand* oder *Yusuzai*. Gebräuchliche Familiennamen in Dari lauten *Alikozay*, *Azizi* und *Sallihi*. Unverheiratete Frauen tragen den Namen des Vaters, verheiratete Frauen nehmen den Familienamen des Mannes an. Bei Scheidung wird in der Regel wieder der Familienname des Vaters angenommen. Kinder erhalten den Familiennamen des Vaters.

Vornamen

Geläufige Mädchennamen in Paschtu sind *Aasefa* oder *Spogmai*. Weibliche Vornamen in Dari sind *Jamila* oder *Zarghoona*. Häufig werden Jungen in Paschtu *Babrak* oder *Mirgul* und in Dari *Feisal* oder *Hamid* genannt. Die meisten Frauennamen enden auf „a" oder „ai". Üblich ist nur ein Vorname.

Weibliche Namen

Das folgende Beispiel ist der Sprache Dari zuzuordnen, es handelt sich um den Namen einer afghanischen, in Deutschland lebenden Schriftstellerin:

1. Vorname	Familienname
Khaleda	Niazi

Männliche Namen

Das folgende Beispiel ist der Sprache Paschtu zuzuordnen. Es handelt sich um einen afghanischen Dichter.

1. Vorname	2. Vorname	Familienname
Khosachal	Khan	Khattak

Interkulturelle Kommunikation

Innerhalb der familiären Strukturen gilt das Senioritätsprinzip. Die Familie wird vom ältesten Mann in der Öffentlichkeit vertreten (vgl. Ludwig Boltzmann Forschungsstelle 2005: 8). Häufig ergreift der Mann auch in Deutschland für seine Frau das Wort. Die Frau wird nach dem Ehemann begrüßt. Männer nehmen in der Öffentlichkeit keine Notiz von Frauen und begrüßen sie, wenn überhaupt, nur durch ein knappes, leichtes Nicken. Frauen und Männer berühren sich weder in der Öffentlichkeit noch nehmen sie Blickkontakt miteinander auf. Die Begrüßung unter Männern findet im Stehen statt, eine Begrüßung im Sitzen wird als unhöflich empfunden. Bekannte schütteln sich die Hände. Bei einer förmlichen Begrüßung in Afghanistan legt man sich die rechte Hand auf die linke Brust, was in Deutschland nur unter Landsleuten noch üblich ist. Der Blickkontakt und der Körperkontakt sind sehr sparsam. Blickkontakt, der über einen kurzen Moment hinausgeht, gilt als Aggression. Höflichkeit wird durch das Senken der Stimme ausgedrückt. Das Nennen des eigenen Namens wird außer bei der Abfrage von Personendaten möglichst vermieden. Den eigenen Namen auszusprechen, gilt bei vielen Afghanen als Unbescheidenheit und kann Unglück bringen (vgl. Alban u.a. 2000).

Zwei Dinge regieren die Welt: Lohn und Strafe.
Bosnisches Sprichwort

4.3 Herkunftsland Bosnien-Herzegowina

Die Migration von Angehörigen der heute in der Bundesrepublik Deutschland lebenden bosnischen Minderheit hatte vor allem zwei Ursachen. 1968 schloss Deutschland ein Abkommen über die Beschäftigung von jugoslawischen Arbeitnehmern in der Bundesrepublik ab. Bis zum Jahre 1973 wuchs die jugoslawische Minderheit auf über 707 500 Personen an und verkleinerte sich in den folgenden Jahren wieder durch Rückwanderung auf eine Personenzahl von ca. 552 000. Ab 1989 stieg die Anzahl der immigrierten Menschen durch Flucht vor dem Jugoslawienkrieg und erhöhte sich nochmals durch die Auflösung Jugoslawiens 1991 und in den Folgejahren (vgl. Belošević/Stanisavljević 1995: 278f). Dabei sind besonders viele Verfolgte aus Bosnien-Herzegowina nach Deutschland geflohen.

Derzeit beträgt die Zahl der ausländischen Bevölkerung aus dem heutigen Staat Bosnien-Herzegowina gut 157 000, von denen knapp 46 000 schon 20 Jahre und länger in Deutschland leben. Das heutige Bosnien-Herzegowina ist ein fragiles Staatswesen unter der Aufsicht der Vereinten Nationen. Es ist als staatliche Organisation auf Druck des Westens nach vielen Jahren des Krieges erhalten worden. Bosnien-Herzegowina konstituiert sich im Wesentlichen aus drei großen ethnischen Gruppen mit eigenständigen räumlichen Siedlungsschwerpunkten in zwei sog. Entitäten: der Föderation Bosnien-Herzegowina aus Kroaten und Bosniaken/Muslimen und der Republik Srpska der Serben. Auf dem Staatsgebiet leben die Bosniaken mit etwa 48 %, die Kroaten mit gut 15 % und die Serben mit 34 % Bevölkerungsanteil. Dazu kommen weitere Minderheiten wie Roma und Juden. Diese Zahlen sind Schätzungen, die offiziellen Zahlen stammen von der letzten Volkszählung aus dem Jahr 1991 (Auswärtiges Amt 2008b). Veränderungen durch Bürgerkrieg und Abwanderungen sind darin nicht berücksichtigt, aber die Verteilung von Mandaten oder

171

Funktionen richtet sich noch immer danach. Für Sarajewo schätzt man, dass der muslimische Anteil inzwischen 75 % beträgt. Ethnische Bosniaken gibt es auch als Minderheiten in den anderen Nachfolgestaaten des ehemaligen Jugoslawiens. Als Bosnier bezeichnet man alle Bewohnerinnen und Bewohner von Bosnien-Herzegowina, Bosniaken wird die muslimische Volksgruppe genannt. Diese wurde erstmals als „Nation" der bosniakischen Muslime schon 1971 innerhalb der jugoslawischen Föderation anerkannt.

Religionen

Im Vielvölkerstaat Bosnien-Herzegowina dominieren die zwei großen monotheistisch geprägten Religionen, der sunnitische Islam mit 44 % Bevölkerungsanteil, die Serbisch-Orthodoxen mit 34 % und der Katholizismus mit gut 15 %. Daneben gibt es noch eine größere Zahl kleinerer Konfessionsgemeinschaften wie Protestanten, Griechisch-Unierte oder Juden (ebd.).

Sprachen

Mit der Unabhängigkeit von Bosnien-Herzegowina war auch die Absage an die gemeinsame Sprache verbunden. Im Gegensatz zu Kroatien und Serbien gab es aber keine mit einer ethnischen Mehrheit verbundene eigene Staatlichkeit. Es leben vielmehr die drei großen ethnischen Gruppen eher unfreiwillig mit- bzw. nebeneinander. Die drei offiziellen Sprachen sind Bosnisch, Serbisch und Kroatisch. Die Bezeichnung „Serbokroatisch" wird als aufgezwungenes Vereinigungsmittel der ehemaligen jugoslawischen Regierung abgelehnt. Die sprachlichen Unterschiede zwischen Bosnisch, Kroatisch und Serbisch, alle südslawischen Ursprungs, sind aber gering. Es gibt kaum Unterschiede in Grammatik, Wortschatz, Syntax und Aussprache, wohl aber in der schriftlichen Form, weil das Serbische meist kyrillisch geschrieben wird (vgl. Belošević/Stanisavljević 1995: 275). In Bosnien-Herzegowina praktizieren also die drei großen Ethnien trotz gemeinsamer Staatlichkeit eine auseinanderdriftende Sprachenpolitik. Kyrillische für den serbischen Teil und lateinische Schriftform für den kroatischen und bosnischen Teil existieren nebeneinander.

So ist das Bosnische eigentlich keine eigene Sprache, eher eine Variation des Serbokroatischen. Und es ist im Grunde wenig konsequent, die Sprache nicht bosniakisch zu nennen, obwohl sie nur für die Volksgruppe der Muslime gilt, sondern bosnisch, was die Bezeichnung für alle Staatsangehörige ist. Gewisse Abweichungen gibt es in der Aussprache, größere Unterschiede bei den Wörtern. Die lange Herrschaft des Osmanischen Reichs und die Hinwendung der bosnischen Elite zur arabischen, türkischen und persischen Literatur haben dazu geführt, dass eine Vielzahl von Lehnwörtern aus diesen Sprachen sich bei den bosnischen Muslimen finden (vgl. Tošović 2008).

Namen

Für das Thema Namen allgemein wie speziell zu Vor- und Nachnamen gelten mit Blick auf die serbische und kroatische Volksgruppe die jeweiligen Ausführungen zu diesen Ethnien. Nähere Informationen finden sich dort. Für alle Bosnier gilt, dass sie einen Vor- und einen Nachnamen tragen.

Im Gegensatz zu Kroaten und Serben gehen die Namen der muslimischen Bosniaken auf osmanische bzw. islamische Ursprünge zurück.

Nachnamen

Auch die bosniakischen Nachnamen prägen die slawischen Suffixe „*-ić*" bzw. „*-ović*" und verbinden diese mit Familiennamen osmanisch-islamischer Herkunft. Dabei kann es sich um Vatersnamen handeln, um Berufsbezeichnungen oder Herkunftsnamen. So finden sich Namen wie *Imamović*, „Sohn des Imam", oder *Hadžiosmanović*, „Sohn des Hadschi Osman", oder – ohne „*ić*" – als Berufsbezeichnung *Zlatar*, „der Goldschmied".

Bei der Eheschließung übernimmt die Ehefrau den Namen ihres Mannes oder fügt ihrem Familiennamen den des Ehegatten mit Bindestrich an. Das Kind trägt den Namen des Vaters als Familiennamen.

Vornamen

Die Vornamen werden bisweilen noch nach denen der Grosseltern ausgewählt. Neben slawischen Namen wie *Zlatan* finden sich viele bekannte Namen aus dem arabischen und türkischen Raum, so z.B. *Ahmed, Adnan, Hasan, Muhamed, Sulejman* oder für Mädchen *Azira, Fatima, Naida, Rasima.*

Weibliche Namen

Ruf-/Vorname	Nach-/Familienname
Nadija	Smajić
Von arabisch „nada", d.h. Morgenstern oder Großzügigkeit	Sohn des Ismael, hebräisch „Gott hört"

Männliche Namen

Ruf-/Vorname	Nach-/Familienname
Hassan	Nuhanović
Von arab. „der Gute, der Schöne"	

Interkulturelle Kommunikation

Titel werden nur im beruflichen Zusammenhang benutzt, sie sind nicht Teil des Namens und werden dementsprechend nicht in Dokumenten wie dem Reisepass aufgeführt. Fremde benutzen in der Anrede die Höflichkeitsform des Sie (*Vi*, wörtlich Ihr, also die zweite Person Plural), allerdings wird auf dem Land häufig das Sie mit der Anrede des Vornamen verbunden und recht rasch zum vertraulichen Du *(ti)* gewechselt. In der Stadt benutzt man „Herr" bzw. „Frau" mit dem Nachnamen. Damit sind die deutschen Formen der Ansprache also vertraut. In der Kommunikation ist Blickkontakt üblich, der Körperabstand ist wie in vielen südlichen Ländern deutlich geringer als in Deutschland. Man schüttelt sich wie in Deutschland die Hand.

Aussprache

Die Buchstaben werden überwiegend wie im Deutschen ausgesprochen, mit folgenden Abweichungen und Ergänzungen:

C   tz wie in Ka**tz**e

Č   hartes tsch wie in Ma**tsch**

Ć   weiches tsch wie in Brö**tch**en

Đ   weiches dsch wie in **G**endarm

Dž   dsch wie englisches j in **J**ohn

Š   sch wie in **Sch**ule

Ž   sch zwischen weichem sch und j wie im französischen **J**ournal

Die Buchstaben Q, W, X und Y gibt es nicht. Sie kommen nur in Fremdworten vor.

Das Leben meistert man lächelnd,
oder überhaupt nicht.
Chinesisches Sprichwort

4.4 Herkunftsland China

In Deutschland leben etwas über 75 700 Chinesinnen und Chinesen. Nur ein kleiner Teil von ihnen, ca. 1 300 Personen, leben länger als 20 Jahre in Deutschland. Im Jahr 2006 schlossen 3 030 Studierende aus China ihre Ausbildung an einer deutschen Hochschule ab (Migrationsbericht 2006). Anlässe für die Migration nach Deutschland sind vor allem wirtschaftliche Beziehungen, politische Motive, Familienbindungen und die Absicht, in Deutschland zu studieren (Polm 1997: 42). China ist das bevölkerungsreichste Land der Erde. Die Volksrepublik China umfasst fast das gesamte als China bekannte kulturell-geografische Gebiet Asiens, mit Ausnahme der Insel Taiwan, und ist sowohl sprachlich als auch kulturell sehr heterogen. Etwa 91 % der Bevölkerung sind Han-Chinesen („ethnische" Bezeichnung für Chinesinnen und Chinesen). Offiziell sind 55 nationale Minderheiten mit wenigen Sonderrechten gegenüber der Han-Mehrheit in der Volksrepublik anerkannt (vgl. Schmidt 2008).

Religion
Die Volksrepublik China ist ein laizistischer Staat. Offiziell werden heute fünf Religionen anerkannt, der Daoismus, der Buddhismus, der Islam sowie das protestantische und katholische Christentum. Daneben gibt es halboffiziell noch eine russisch-orthodoxe Gemeinschaft und eine jüdische Gemeinde. Chinesinnen und Chinesen bekennen sich häufig zu mehr als einer Religion bzw. haben eine synkretische Glaubenseinstellung. Trotz der in der Verfassung verankerten Religionsfreiheit kritisiert u.a. Amnesty International, dass die Religionsfreiheit in der Volksrepublik China eingeschränkt ist, was von dieser als unberechtigt zurückgewiesen wird. Die Staatsmacht greift ein, wenn nach Regierungseinschätzung religiöse Aktivitäten die öffentliche Ordnung

stören, sie von ausländischen Machthabern kontrolliert werden oder aus ihnen eine Konterrevolution entstehen könnte. Insbesondere bestehen Spannungen zwischen Staatsregierung und muslimischen Minderheiten, wie etwa den Uiguren, die vor allem in Nordwestchina leben, sowie den lamaistische Buddhisten, vor allem in und aus Tibet, die sich zunehmend verschärfen und zuletzt im Vorfeld der Olympischen Spiele in offene Gewalt und verstärkte Repression umgeschlagen sind.

Sprachen

In der Volksrepublik China ist Hochchinesisch (Mandarin) Amtssprache. Als weitere Sprachen sind regional Kantonesisch, Koreanisch, Mongolisch, Tibetisch, Uigurisch und Xinjiang offiziell anerkannt. Darüber hinaus werden in China von großen Bevölkerungsgruppen zahlreiche Sprachen gesprochen, wie fünf verschiedenen Tai-Kadei-Sprachen, zwei tibeto-birmanische Sprachen, vier Turksprachen und das mongolische Mangghuer. Hinzu kommen weniger verbreite Sprachen und zahlreiche Dialekte. Die meisten Chinesinnen und Chinesen können trotz der sprachlichen Vielfalt Hochchinesisch lesen. Aus diesem Grund werden viele Sendungen im chinesischen Fernsehen mit der chinesischen Schrift untertitelt. Die chinesische Schrift besteht aus Schriftzeichen, die jeweils eine Silbe oder ein einsilbiges Wort wiedergeben. Gleichklingende Silben können durch unterschiedliche Zeichen dargestellt werden. Chinesisch ist die einzige noch geschriebene nicht phonografische Schrift und über 3000 Jahre alt. In der Volksrepublik China wurde 1956 die Schrift vereinfacht, die traditionellen „Langzeichen" werden aber immer noch parallel verwendet. Die Schreibrichtung der chinesischen Schrift war in der vormodernen Zeit in der Regel senkrecht von oben nach unten, und die daraus entstehenden Spalten waren von rechts nach links angeordnet. Seit der Schriftreform wird sie in Büchern häufig in Zeilen von links nach rechts und mit von oben nach unten angeordneten Zeilen geschrieben.

Namen

Die chinesischen Personennamen sind zwei-, drei-, selten auch viersilbig. Namen mit mehr als zwei Zeichen sind in der Regel keine traditionellen Han-Namen sondern beispielsweise mandschurische oder mongolische Namen. Trotz der offiziellen Anerkennung von Minderheiten zeigt das Beispiel des aus der Provinz Xinjiang stammenden Uiguren *Mehmet Tursun Chong*, dass eine namentlich erkennbare uigurischen Identität offiziell abgelehnt wird. Der für die Volksrepublik China boxende Sportler wurde unter dem Namen *Maimaitituersun Qiong* zur Olympiade angemeldet (Schmidt 2008).

Traditionell orientierte Han-Familien verleihen ihren Kindern einen Generationennamen, der von allen Familienmitgliedern einer Generation getragen wird. Je nach Familienbrauch steht der Generationenname an zweiter oder dritter Stelle. Der Generationenname von *Mao Zedong* lautet beispielsweise *Ze* und steht an zweiter Stelle. In der aktuellen Umschrift[11] wird *Ze* und *Dong* zusammen geschrieben. Bei dem Autor *Kuan Yu-Chien* ist *Chien* der Generationsname. Titel werden dem Namen nachgestellt. Bei der mündlichen Anrede in chinesischer Sprache werden der Vorname und der Generationenname weggelassen und nur der Familiennamen, gefolgt vom Titel, genannt (vgl. Kuan 1995:137). Seit Juni 2007 gibt es in China ein neues Namenrecht. Es erlaubt Eltern, ihrem Nachwuchs sowohl den Nachnamen des Vaters als auch den der Mutter zu geben. Mit diesen zusätzlichen Kombinationsmöglichkeiten soll vermieden werden, dass viele Kinder identische Namen haben (Reiss 2007).

Familiennamen

Die Anzahl der Familiennamen in China ist begrenzt, es gibt etwa nur 700 Familiennamen. In China spricht man von den „alten hundert Familiennamen", eine Redewendung, die die Durchschnittsbevölkerung bezeichnet. Ein Volksspruch fasst die acht geläufigsten Familiennamen zusammen, die *Zhao, Quian, Sun, Li, Zhou, Wu, Zheng und Wang* lauten (Kuan 1995:137).

Frauen behalten in der Regel ihren Familiennamen bei der Eheschließung. In einigen Regionen ist es auch üblich, den Familiennamen des Ehemannes dem eigenen Familiennamen voranzustellen. Kinder können inzwischen sowohl den Familiennamen der Frau als auch den Familiennamen des Mannes tragen.

Vornamen

Die persönlichen Namen oder Rufnamen sind unbegrenzt. Es gibt kein festes Namensrepertoire, da jedes Elternpaar einen Namen aus einem Fundus von etwa 80 000 Schriftzeichen ersinnen kann. Oft drücken die persönlichen Namen Wünsche der Eltern für ihr Kind aus, wie Glück oder ein langes Leben, und sie wählen entsprechende Schriftzeichen aus. Beliebt ist auch, Kinder nach Tugenden, Blumen oder Edelsteinen zu benennen. Da aber nur etwa 3 500 Schriftzeichen regelmäßig im Alltag verwendet werden, gibt es in der Volksrepublik China Bestrebungen, die zur Namengebung zur Verfügung stehenden Schriftzeichen auf 12 000 Schriftzeichen zu begrenzen. Ein Modetrend in der jüngeren Generation ist es, sich einen zusätzlichen westlichen Vornamen zuzulegen und sich damit ansprechen zu lassen. Diese Namen werden amtlich nicht eingetragen und können von daher auch gewechselt werden (Reiss 2007). Der aus Hongkong stammende Regisseur *Wang* verdankt seinen Vornamen *Wayne* der Vorliebe seines Vaters für John-Wayne-Filme (Gansera 2008). Eine Koseform der Ansprache ist die Verdoppelung der Vornamensilbe wie beispielsweise bei dem Namen *Jing Dong*, der von seiner Familie *Dong Dong* gerufen wird (Kuan 1995:140) oder wie beim Namen unserer Interview-Partnerin Fang Fang.

---

11 Für die Umschrift chinesischer Namen gilt in für Volksrepublik das Hanyu Pinyin. Namen enthalten danach keine Bindestriche und zweisilbige Namen werden zusammen geschrieben. Unterschiedliche Schreibweisen gibt es bei Namen, die noch in der alten Umschrift in Umlauf gekommen sind, wie *Mao Tse-tung* nach der alten und *Mao Zedong* nach der neuen Umschrift. Chinesinnen und Chinesen, die in der Bundesrepublik leben, benutzen die behördlich eingetragene Schreibweise, die oft nicht mit der offiziellen Umschrift übereinstimmt.

Weibliche Namen

Familien- oder Sippenname	Persönlicher Name
Li	Chan
	schön, anmutig

Männliche Namen

Familien- oder Sippenname	Persönlicher Name
Wang	Cheng
	erfolgreich sein

Interkulturelle Kommunikation

Die Anrede mit „Sie" und dem vollständigen Namen gilt als höflich. Wird nur der Familienname in Verbindung mit „Frau" oder „Herr" gebraucht, ist auch dies akzeptabel. Bei offiziellen Kontakten ist es üblich, an Stelle von Frau bzw. Mann die Funktion oder Position mit dem Namen zu verbinden, also beispielsweise Rechtsanwalt *Cheng* oder Managerin *Chan*. Eine höfliche Begrüßung wird durch ein Kopfnicken oder eine angedeutete Verbeugung ausgedrückt. Das Händeschütteln ist inzwischen stark verbreitet und wird nur noch selten als unangenehm empfunden. Es wird als erstes, unabhängig vom Geschlecht, die am nächsten stehende Person begrüßt. Bei einem offiziellen Empfang wird in Reihenfolge der Hierarchie begrüßt, zuerst die höchstgestellte Person. Die Körperdistanz ist bei Gesprächen in der Regel geringer als in Deutschland üblich. Ein Antippen des Gesprächspartners kann bei einem persönlicheren Gespräch durchaus vorkommen. Der Kommunikationsstil ist indirekter, offene Konfrontationen in Form von Kritik oder deutlichen Absagen werden vermieden und höflich umschrieben. Es ist nicht üblich, den Blickkontakt über längere Gesprächsphasen zu halten.

Aussprache

Die heute anerkannte Lateinumschrift für Chinesisch ist Hanyu Pinyin. Folgende Konsonanten werden anders ausgesprochen:

C	tz wie in Pla**tz**
Ch	tsch wie in **Tsch**echien
H	ch wie in Bu**ch**
J	englische Aussprache wie in **J**eep
Q	tj wie in **tj**a
Sh	sch wie in **Sch**ule
X	ch wie in Wi**ch**t
Ch	dsch wie in **Dsch**ungel

Heißt der Junge noch Müßiggänger, heißt der Alte
schon Dieb.
Dänisches Sprichwort

4.5   Herkunftsland Dänemark

In Deutschland sind drei Minderheiten völkerrechtlich anerkannt. Neben Sorben und Friesen
ist das die vor allem in Schleswig-Holstein lebende dänische Minderheit. Die zu dieser Gruppe
zählenden Personen haben meist eine deutsche Staatsangehörigkeit, sehen Dänemark als ihr
kulturelles Herkunftsland an und ihre Kinder besuchen dänische Schulen. Die Lehrpläne der
dänischen Minderheitenschulen definieren als ihre Aufgabe, Schülerinnen und Schülern die dänische Sprache zu vermitteln, sie in die dänische Kultur einzuführen, die dänische Gemeinschaft zu
festigen und gleichzeitig die Kinder auf ein Leben in der Bundesrepublik vorzubereiten (Sigaard-
Madsen 1995: 145). Keine deutsche Staatsangehörigkeit haben ca. 18 500 in Deutschland lebende
Däninnen und Dänen (Bundesministeriums des Inneren 2008).

Sprachen
Die Amtsprache Dänemarks ist Dänisch. Dänisch gehört zur Untergruppe der Ostskandinavi-
schen Sprachen der germanischen Sprachfamilie (Crystal 1995). Die deutschsprachige Minderheit
in Südjütland wird auf 35 000 Personen geschätzt (Zeit-Lexikon 03/2005: 230), etwa 13 000 in
Dänemark lebende Grönländer sprechen Kalaallisut oder Grönländisch, eine eskimo-aleutische
Sprache.

Religion

Die Religionsfreiheit ist im dänischen Grundgesetz festgeschrieben. Etwa 86 % der Bevölkerung gehören der evangelisch-lutherischen, staatlich geförderten Kirche an, etwa ein Prozent anderen protestantischen Kirchen und etwa 0,6 % der Bevölkerung sind katholisch. Die größte religiöse nicht christliche Minderheit sind Muslime mit über 60 000 Gläubigen. Der Anteil der jüdischen Gemeinde wird auf 7 000 geschätzt (ebd.). Ansonsten gibt es eine Reihe sehr kleiner organisierter Religionsgemeinschaften wie die Bahai und mehrere Buddhistenzentren.

Namen

Däninnen und Dänen tragen in der Regel einen oder zwei Vornamen und einen Nachnamen oder einen Vornamen, einen Mittelnamen und einen Nachnamen. Als Mittelnamen können alle Nachnamen geführt werden, außer Patronymika oder Namen, die von Eltern, Großeltern oder Urgroßeltern als Mittelnamen geführt werden oder geführt wurden (Bundesministerium des Innern 2008).

Nachnamen

In der Regel behalten beide Eheleute ihren Nachnamen bei Eheschließung. Bis Ende des 19. Jahrhunderts leiteten sich Familiennamen vor allem vom Vornamen des Vaters ab und änderten sich damit mit jeder folgenden Generation. 1904 regte die dänische Regierung an, auch andere Namensbildungen zu benutzen und es wurden die Vatersnamen häufig durch Berufsbezeichnungen oder geografische Herkunftsnamen ergänzt und mit einem Bindestrich angefügt. Inzwischen sind die Regelungen zu den dänischen Nachnamen sehr vielfältig. Seit dem neuen Namensrecht vom 1. April 2006 ist es möglich, dass Eheleute einen gemeinsamen Nachnamen aus einer Namensliste frei auswählen können. Nachnamen, die von weniger als 2000 Personen in Dänemark getragen werden, können aber nicht von anderen Personen angenommen werden, da sie geschützt sind. Als Nachnamen können auch Nachnamen oder Mittelnamen der Eltern, Großeltern, Urgroßeltern oder Urgroßeltern angenommen werden. Auch ist es möglich, den Nachnamen des aktuellen oder früheren Ehepartners zu führen oder einen Nachnamen, der bisher noch nicht in Dänemark geführt wurde, wenn dieser nicht geschützt ist und nicht zu einer Verwechselung mit einer bekannten ausländischen Person führen kann. Der Nachname kann auch aus dem Vornamen eines Elternteils unter Anfügung der Sufixe „søn" („Sohn) oder „datter" (Tochter) gebildet werden. Die Vornamen von Eltern, Großeltern können zum Nachnamen des Kindes bestimmt werden, wenn der Name seine Tradition in einer Kultur hat, die zwischen Vor- und Nachname nicht unterscheidet. Zwei Namen, die beide für sich genommen ein Nachname sein können, können zusammen als Nachname angenommen werden, wenn sie mit einem Bindestrich verbunden werden. Kinder erhalten einen von ihren Eltern ausgewählten Nachnamen. Erfolgt die Namengebung nicht innerhalb von sechs Monaten, wird ein Kind immer unter dem Nachnamen der Mutter eingetragen (ebd.).

Vornamen

Beliebte Mädchennamen in Dänemark sind *Bente,* abgeleitet von *Benedikta, Berrit,* was „die Erhabene" bedeutet, oder *Jonna,* abgeleitet von Johanna. Beliebte Jungennamen lauten beispielsweise *Thorben,* abgeleitet vom germanischen Donnergott Thor und der Bezeichnung für Bär, *Holger* mit der Bedeutung „Freund und Speerträger" oder *Nils,* abgeleitet von Nikolaus, mit der Bedeutung „der Gebende".

Weibliche Namen

Da die Namengebung in Dänemark so vielfältig ist, wählten wir als Beispiel für einen dänischen Frauennamen die dänische Regisseurin Lone Scherfig, bekannt durch ihren Dogma-Film „Italienisch für Anfänger".

Vorname	Mittelname	Nachname
Lone	Wrede	Scherfig

Männliche Namen

Als Beispiel für einen dänischen Männernamen wählten wir den bekannten dänischen Philosoph Søren Kierkegaard, Sohn von Michael Pedersen Kierkegaard:

Vorname	Mittelname	Nachname
Søren	Aabye	Kierkegaard
Abgeleitet von Severin		
„ernst, streng"		

Interkulturelle Kommunikation

In Dänemark selbst ist die Anrede mit „Du" und dem Vornamen allgemein üblich, auch bei offiziellen Kontakten, allerdings wird die Königin nur mit „Sie" angesprochen. In Deutschland lebende Menschen dänischer Herkunft haben sich in der Regel den deutschen Höflichkeitskonventionen angepasst. Der Umgangston, auch im offiziellen Kontakt, wirkt oft locker. Kurze Schweigephasen in Gesprächen werden in der Regel nicht als störend sondern als Aufmerksamkeit wahrgenommen. Berührungen werden eher vermieden, mit Ausnahme eines kurzen Händedrucks bei der ersten Begegnung. Ein direkter Augenkontakt wird erwartet und während des Gesprächs auch gehalten, die Vermeidung von Blickkontakt kann als Unaufmerksamkeit oder Desinteresse interpretiert werden. Mündliche Zusagen gelten als bindend. Der Kommunikationsstil ist direkt (vgl. Alban u.a. 2000).

Aussprache

Das dänische Alphabet unterscheidet sich kaum vom deutschen Alphabet, hinzukommen drei Sonderzeichen. Die Buchstaben „C", „Q" und „Z" kommen nur in Fremdworten vor. Es werden weder die deutschen Umlaute noch „ß" verwendet, statt „V" wird in der Regel „W" eingesetzt. Die Sonderzeichen Æ und Ø entsprechen dem deutschen „Ä" und dem deutschen „Ö". Das Sonderzeichen Å wird wie „O" ausgesprochen. Die Sonderzeichen sind die drei letzten Buchstaben des dänischen Alphabets. Die Aussprache weicht teilweise stark von der Schreibweise ab, da ein Teil der Konsonanten nicht ausgesprochen, sondern verschluckt wird.

Wunder kommen zu denen, die an sie glauben.
Französisches Sprichwort

4.6   Herkunftsland Frankreich

Unser großes westliches Nachbarland ist nach Jahrhunderten der „Erbfeindschaft" mit vielen kriegerischen Auseinandersetzungen zum Partner und Freund geworden. In Zeiten der europäischen
Einigung und der globalisierten Wirtschaftsbeziehungen gibt es auch viele französische Arbeitnehmer und Selbstständige, die in Deutschland arbeiten. Aber Frankreich war nie ein Land der
Arbeitskräfteemigration. So leben nur gut 104 000 Französinnen und Franzosen in Deutschland,
davon mehr als 38 000 schon 20 Jahre und mehr (Migrationsbericht 2006).

Es handelt sich dabei überwiegend um eine Migration aufgrund „persönlicher Bindungen" (etwa
90 %) (so Neuhaus 1997: 57). Ein flexibles Wechseln zwischen Frankreich und Deutschland wird
dadurch erleichtert, dass die Arbeitsmöglichkeiten durch den EU-Binnenmark für französische
Staatsbürger wesentlich von Vorteil sind. Die Franzosen in der Bundesrepublik Deutschland haben
durch einen „Rat der Franzosen im Ausland" eine starke Interessenvertretung, die sogar im Senat
der französischen Regierung vertreten ist. Darüber hinaus gibt es zahlreiche deutsch-französische
Gesellschaften, französische Institute, französische Schulen und diverse Vereine, in denen französische Staatsangehörige organisiert sind sowie betreut und gefördert werden (ebd.). Über 1000
französische Studierende haben 2006 in Deutschland ihren Abschluss gemacht. Franzosen in
Deutschland verstehen sich nicht als „ethnische Minderheit" sondern als EU-Bürger.

Nach dem französischen republikanischen Staatsverständnis, das auf der Nation und nicht auf einem ethnischen Prinzip beruht, fußt auch das Staatsangehörigkeitsrecht darauf, dass auf französischem Boden Geborene französische Staatsangehörige sind. Folglich sind die Nachkommen algerischer, marokkanischer und tunesischer Einwanderer französische Staatsangehörige. Das gilt nicht für Schwarzafrikaner aus den französischsprachigen afrikanischen Ländern wie Mali, Kamerun oder Tschad.

Religion

Frankreich versteht sich als laizistisches Staatswesen. Wichtigste und größte Religion ist der Katholizismus, dem etwa 81 % der Bevölkerung angehören. Ferner gibt es Protestanten (ca. 1 Million) und eine große muslimische Minderheit mit 4 Millionen Angehörigen überwiegend nordafrikanischer Herkunft. Daneben gibt es eine größere jüdische Gemeinde (700 000) sowie die armenische Kirche (300 000) (Zeit-Lexikon 05/2005: 77).

Sprachen

Aus dem erwähnten Staatsverständnis heraus verfolgt Frankreich eine eher zurückhaltende Minderheitenpolitik. Danach gibt es nur Franzosen und keine ethnischen Minderheiten. Die Pflege oder gar Förderung von Kulturen und damit auch Sprachen der existierenden Minderheiten wird erst in Ansätzen verfolgt, obwohl „nur" 70 % der Bevölkerung nach ihrer sprachlichen Herkunft Franzosen sind. Seit den 1970er Jahren werden Regionalsprachen und Dialekte erforscht und in einzelnen Grundschulen sogar gesprochen (Passet 1994: 56).

Es findet sich eine Vielzahl ethnischer Teilgruppen wie Auvergnaten, Bearner, Bretonen, Burgunder, Gascogner, Flamen, Lothringer, Katalanen, Normannen, Pikarden, Romands, Savoyarden und Wallonen sowie Menschen aus den Überseedépartements Guadeloupe, Französisch-Guayana, Martinique, Réunion und den Überseegebieten St. Oierre-et-Miquelon, Neukaledonien, Wallis-et-Futuna, Französisch-Polynesien, Neue Hebriden, Mayotte (ebd.). Entsprechend ist die Reichhaltigkeit regionaler Sprachen, z.B. Baskisch (100 000 Sprachangehörige), Bretonisch (knapp 1 Million), Elsässisch (deutscher Sprachbereich etwa 1 Million), Flämisch (ca. 400 000), Katalanisch (200 000), Korsisch (und sonstiger italienischer Sprachbereich 1 Million), Okzitanisch (oder provenzalisch, fast ausgestorben) (Zeit-Lexikon ebd.). Amtssprache ist aber ausschließlich französisch, was auch von fast allen Einwohnerinnen und Einwohnern gesprochen wird. Die französische Sprache wird als Identität stiftend angesehen und entsprechend gefördert.

Namen

Das Namenrecht besagt, dass französische Staatsangehörige einen Namen tragen können, der aus jeweils ein oder zwei Vornamen und einem Nachnamen besteht. In dem mehrheitlich katholisch bevölkerten Land ist auch die Namenswahl durch christliche Vornamen geprägt.

183

Nachnamen

In Frankreich ist die Familienzusammengehörigkeit, wie auch in Deutschland, nicht aus den Nachnamen ablesbar. In Frankreich wird der jeweilige Geburtsname bei der Eheschließung grundsätzlich beibehalten. Die Ehefrau bezeichnet sich jedoch häufig mit dem Familiennamen des Ehemannes, ja stellt sich sogar bisweilen (z.b. durch Überreichen einer entsprechenden Visitenkarte) als *Mme Frédéric Mercier* vor (ebd.: 86). Sie kann aber auch ihrem Nachnamen den Familiennamen des Ehemannes mit Bindestrich hinzufügen.

Das Kind erhält, unabhängig davon, ob die Eltern miteinander verheiratet sind, den Familiennamen des Vaters oder den Familiennamen der Mutter oder den durch zwei Bindestriche verbundenen Namen beider Elternteile in frei bestimmter Reihenfolge. Hat ein Elternteil selbst einen Doppelnamen (mit zwei Bindestrichen), so kann er davon nur einen Bestandteil weitergeben. Die Wahl dieses Namenbestandteils obliegt den Eltern. Der einmal gewählte Nachname gilt für alle nachgeborenen Geschwisterkinder. (Bundesministerium des Innern 2008).

Vornamen

Die Vergabe von Vornamen in Frankreich war bis in die 1990er Jahre streng reglementiert. Es waren nur anerkannte, der Tradition entsprechende Namen zugelassen. Selbst regional gebräuchliche Namen etwa aus der Provence oder aus der Bretagne wurden nicht akzeptiert. 1993 wurde das Namenrecht liberalisiert. Weiterhin wird aber sehr darauf geachtet, dass das Wohl des Kindes durch die Wahl des Vornamens nicht gefährdet wird. Es überwiegen noch immer traditionelle Vornamen mit christlichem Bezug. Der Brauch, Kinder nach den Eltern und Großeltern zu benennen, gewinnt wieder an Boden. Auch wenn Namen aus dem englischen Sprachraum zunehmen, so verhindert doch die schon angesprochene stabile nationale Identität die massive Amerikanisierung bzw. Globalisierung bei der Namenswahl, wie sie in vielen anderen Ländern zu beobachten ist. Das lässt sich an der Liste der beliebtesten Vornamen ablesen, die in den letzten Jahren relativ konstant geblieben ist, auch wenn die einzelnen Namen ihren Platz tauschen. Bei den Mädchen dominieren *Lea, Manon, Emma, Chloe, Camille* und *Clara*. Bei den Jungen werden bevorzugt *Lucas, Theo, Thomas, Hugo* und *Enzo* (vgl. http://www.beliebte-vornamen.de/franzoesische.htm).

Weibliche Namen

Ruf-/Vorname	Nach-/Familienname
Michelle	Rozier
Von hebr. Michael, „Wer ist wie Jahwe?"	Aus einem Haus nahe einem Rosenbusch

Männliche Namen

Ruf-/Vorname	Nach-/Familienname
Guillaume	Cherrier
Von germ. Wilhelm, „Wille" und „Helm"	Hüter der Ziegen

Interkulturelle Kommunikation

In offiziellen Dokumenten werden Vor- und Nachname aufgeführt. Auch wenn die Ehefrau im allgemeinen Alltagverkehr den Familiennamen führt, schlägt sich das nicht in öffentlichen Schriftstücken nieder. Bei Personen mit offizieller Funktion wird der Titel angehängt, der auch bei Frauen in der männlichen Form verbleibt, z.B. Madame le Ministre und ebenso Madame bzw. Monsieur le Professeur.

Im offiziellen Kontakt wird auf formelle Höflichkeit Wert gelegt. Der Handschlag hat sich als angemessene Begrüßung durchgesetzt. Die Kommunikation ist lebhaft und Gestik, Mimik, Körperhaltung, Lachen und Intonation sind mindestens so wichtig wie das Gesagte selbst (Passet 1994: 61). In Frankreich ist es üblich, sich im öffentlichen Leben zu Siezen. Die diesbezüglichen Konventionen sind strenger als in Deutschland. Selbst im privaten Kontakt gibt es immer noch Kinder im Großbürgertum, die ihre Eltern mit dem Sie ansprechen. Auch in Partnerschaften kommt es vor, dass es beim Sie bleibt. Simone de Beauvoir und Jean-Paul Sartre sind dafür ein berühmtes Beispiel. Die Verwendung von Sie und Du ist von sozialen Milieus abhängig. Das Du ist in der Regel gleichrangigen, befreundeten Personen vorbehalten. Wenn Menschen sich privat duzen, ist es keine Seltenheit, dass sie bei einer öffentlichen Begegnung wieder zum Sie zurückkehren. Die förmliche Anrede mit dem Familiennamen unter Menschen mit gleicher sozialer Stellung wird zunehmend durch das Sie in Verbindung mit dem Vornamen abgelöst. Bei offiziellen Kontakten wird häufig auf die Anrede mit dem Namen verzichtet, also nur Madame bzw. Monsieur gesagt. Das ist in Deutschland kaum möglich, allenfalls als „Gnädige Frau". „Herr" und „Frau" verlangen hier die Anrede mit Nachnamen. Die Anrede Mademoiselle entspricht in etwa dem deutschen Fräulein und wird, wie auch in Deutschland, von Frauen nicht gern gehört (ebd.: 21).

Aussprache

Das französische Alphabet ist mit dem deutschen identisch. Als Ergänzungen gibt es Hilfszeichen, nämlich drei Akzente (é für geschlossene, è für offene Aussprache, â zur Dehnung), die Cédille (ç wird wie „s" gesprochen) und das Trema (ï bzw. ë für getrennt zu sprechende Vokale).

Im Französischen werden viele Buchstaben nicht mitgesprochen, sie bleiben stumm wie beispielsweise das „h" am Anfang eines Wortes und häufig auch Konsonanten wie „s" und „t" am Ende mancher Worte bzw. Namen. So wird etwa *Humbert* als „Umbehr" ausgesprochen oder *François* wie „Franzwah".

Abwesenheit lässt ein Kind nicht gedeihen.
Sprichwort der Thsi, Ghana

4.7 Herkunftsland Ghana

Die ghanaische Minderheit ist nach der marokkanischen und der tunesischen Minderheit die drittgrößte Gruppe unter den afrikanischen Migranten. Ende 2005 lebten etwa 20 300 Personen in Deutschland (Statistisches Bundesamt 2008: 25). Die überwiegende Zahl der Ghanaer und Ghanaerinnen kommt aus dem Landesinneren, den Gebieten der Ashanti und Brong-Ahafo. In dem für afrikanische Verhältnisse kleinen Land leben über 100 unterschiedliche ethnische Gruppen zusammen. Die Amtssprache in Ghana ist Englisch, in den Grundschulen werden aber auch einheimische Sprachen unterrichtet, die wichtigsten Sprachen sind Akan (Twi, Fanti, Bong), Ga, Ewe und Dagbani. Akan und Ga werden von etwa 70 % der Bevölkerung verstanden. Zweisprachigkeit ist in Ghana die Regel, Mehrsprachigkeit nichts Ungewöhnliches (Haferkamp 1995: 167).

Die britische Kolonie Ghana war bis 1957 als so genannte Goldküste bekannt, aufgrund ihres Reichtums an Gold, Diamanten und Elfenbein. Verschiedene Kolonialmächte kämpften zwischen 1471 und 1874 um die Vorherrschaft in Ghana, die letztendlich an die Engländer fiel. 1901 drangen sie auch in das bis dahin noch von den Ashanti beherrschte Hinterland ein und ein Jahr später erklärten sie die Gebiete der Dagomba und Mossi im Norden zu ihrem Hoheitsgebiet. Bis dahin hatten die Machtzentren im Landesinneren vor allem bei den Ashanti gelegen. Das änderte sich radikal durch die europäischen Händler an der Küste, zu denen ehemals unbedeutende Küstenvölker wie die Fanti, Ga und Ewe den Zugang hatten. Insbesondere junge Menschen wurden in Missionsstationen ausgebildet, da die Kolonialherren Dolmetscher und Angestellte benötigten (ebd., S. 168).

Der wesentliche Auswanderungsgrund sind schlechte ökonomische Bedingungen von Familien. In vielen Fällen wird ein Familienmitglied ausgewählt und ins Ausland geschickt, um dort zu studieren oder zu arbeiten und die gesamte Familie zu versorgen. Häufig übersteigen die Erwartungen an die Migrantinnen und Migranten ihre Möglichkeiten. Eine Rückkehr von mittellosen Ghanaerinnen und Ghanaer stößt auf tiefe Verachtung und geht in der Regel mit einem sozialen Ausschluss einher. Ein Studienaufenthalt im Ausland garantiert inzwischen auch keinen Arbeitsplatz mehr in Ghana, da sich die Bildungssituation dort stark verbessert hat. Viele Migranten scheuen von daher die Rückkehr. Ein kleiner Teil der ghanaischen Bevölkerung kam als Asylsuchende in den 1980er Jahren nach Deutschland. Nach dem Rückkehrzwang entschieden sie sich zu einem Leben in der Illegalität oder gingen Ehen mit deutschen Partnerinnen und Partnern ein. Mehr als 10 % der in Deutschland lebenden Verheirateten haben eine deutsche Partnerin bzw. einen deutschen Partner (ebd., S. 171 ff).

Religion

Nach den Daten des Auswärtigen Amt (2008c) gehören etwa 20 % der Bevölkerung der evangelischen Kirche verschiedener Glaubensrichtungen an und ca. 10 % der katholischen Kirche, 30 % dem Islam und etwa 40 % werden verschiedenen Naturreligionen zugezählt. In verschiedenen Publikationen variieren die Zahlenangaben erheblich. In Ghana ist wie in vielen anderen afrikanischen Ländern eine synkretische Glaubenseinstellung weit verbreitet und häufig werden Elemente traditioneller Religionen mit christlichen oder muslimischen Glaubenselementen verbunden. Viele christliche Feiertage sind auch nationale Feiertage. Der islamische Festenmonat Ramadan wird in weiten Landesteilen praktiziert, überwiegend aber im Norden des Landes. Eine große Bedeutung hat die Verehrung von Ahnen, regionalen Geistern und Gottheiten. Die Ahnen stellen die direkte Verbindung zur spirituellen Welt dar und von ihnen wird Schutz und Hilfe erwartet. Ahnenverehrung wird auch von den meisten Christen und Muslimen als selbstverständlicher Teil des Glaubens akzeptiert.

Sprachen

Neben der Amtsprache Englisch, davon wird allgemein ausgegangen, werden in Ghana mehr als fünfzig unterschiedliche Sprachen gesprochen. In unterschiedlichen Quellen werden bis zu 100 verschiedene Sprachen genannt, abhängig davon, ob die regionale Sprache als Dialekt oder als eigenständige Sprache eingeordnet wird und ob Sprachen mit einer geringen Anzahl von Sprecherinnen und Sprechern berücksichtigt werden oder nicht. Die meisten Sprachen lassen sich entweder den überwiegend im Norden Ghanas gesprochenen Gur-Sprachen oder den überwiegend im Süden gesprochenen Kwa-Sprachen zuordnen, die beide zur Sprachfamilie Niger-Kongo gehören (Crystal 1995). Neun Sprachen werden offiziell gefördert, in ihnen erscheinen Veröffentlichungen und sie werden regional in Schulen unterrichtet. Akan, Verkehrssprache in Südghana, ist die Sprache mit der größten Anzahl von Sprecherinnen und Sprechern, da sie von vielen auch als zweite oder dritte Sprache beherrscht wird.

Namen

In Ghana bestehen mehrere Rechtssysteme nebeneinander. Neben dem allgemeinen staatlichen Recht existieren je nach Volksgruppenzugehörigkeit unterschiedliche Gewohnheitsrechte. Die Namengebung ist nicht gesetzlich geregelt. Grundsätzlich wird zwischen Familiennamen und Vornamen in offiziellen Dokumenten unterschieden und der Familienname durch Unterstreichung kenntlich gemacht. Da es aber weder das Recht noch die Pflicht einer festgelegten Form der Namensführung gibt, ändern Personen ihre Namen auch ohne behördliche Genehmigung und es ist üblich, unter verschiedenen Namen bekannt zu sein (Bundesministerium des Inneren 2008).

Vor- und Familiennamen in Akan

In der Sprache Akan werden Eigennamen aus dem Wochentag, an dem das Kind geboren wurde, und der ihm zugeordneten Gottheit und einem Zahlwort gebildet, das die Geschwisterfolge angibt. Der Wochentag Dienstag heißt beispielsweise „Benanda". Ihm ist die Gottheit „Akena" zugeordnet. Daraus leiten sich die weiblichen Namen *Abena* oder *Abla* und die männlichen Namen *Kobna* oder *Kabena* ab. Die Zahlen von eins bis fünf lauten „Ekor, Ebien, Ebaasa, Anan, Enum". Wird in einer Familie an einem Dienstag als fünftes Kind ein Junge geboren, erhält er beispielsweise den Namen *Kobna Enum*. Eine Tochter, die als drittes Kind an einem Dienstag zur Welt kommt, heißt beispielsweise *Abena Ebaasa*. Ein berühmter Träger eines Akan Namens ist der ehemalige Generalsekretär der Vereinten Nationen *Kofi Annan*. *Kofi* ist der von Freitag „Fida" und der Gottheit „Afi" abgeleitete Jungenname (Anan 1986: 22).

Überwiegend nehmen Frauen mit der Eheschließung den Namen des Ehemannes an. Oft behalten sie ihren Familiennamen aber weiterhin. Bei einigen Volksgruppen ist es auch üblich, dass der Mann den Familiennamen der Frau annimmt. Kinder führen häufig den Familiennamen des Vaters. Es ist aber auch möglich, dass die Eltern ihrem Kind einen neuen Familiennamen geben, der sich von dem Familiennamen beider Eltern unterscheidet (Bundesministerium des Inneren 2008). Auf dem Land ist in Ghana auch heute noch Polygamie keine Seltenheit.

Weibliche Vornamen

Als Beispiel für einen Frauennamen wählten wir die Schriftstellerin Amma Darko, die auch in deutscher Sprache publiziert:

Vorname	Familienname
Amma	Darko

Männliche Namen

Als Beispiel für einen Männernamen aus Ghana entschieden wir uns für den ehemaligen Generalsekretär der Vereinten Nationen, der zwei Vornamen trägt:

Vornamen	Familienname
Kofi Atta	Annan

Interkulturelle Kommunikation

Der Begrüßung wird ein hoher Wert beigemessen. Sie dient dem Beziehungsaufbau und drückt Respekt aus. Eine positive Gesprächseinleitung wird auch bei problematischen Sachverhalten erwartet. Wenn mehrere Personen mit Handschlag begrüßt werden, ist es üblich, von rechts zu beginnen. Gespräche sind häufig gestenreich und ergänzen dann verbale Mitteilungen. Blickkontakte sind in der Regel nur kurz. Ein intensiver Blickkontakt kann bedrohlich oder aufdringlich wirken.

Da ist Philipp auf Nathanael gestoßen.
(Bedeutung: Jeder Topf findet seinen Deckel.)
Griechisches Sprichwort

4.8 Herkunftsland Griechenland

Im Jahr 2006 lebten gut 303 700 Menschen griechischer Staatsangehörigkeit in Deutschland (Migrationsbericht 2006), davon fast 165 000 seit über zwanzig Jahren. Die griechische Minderheit in Deutschland ist die fünftgrößte nationale Gruppe. Mit Griechenland wurde schon 1960 ein Vertrag zur Anwerbung von Arbeitskräften geschlossen, bis zum Anwerbestopp 1973 kamen über 400 000 Griechinnen und Griechen vorwiegend aus Makedonien und Thrakien in die Bundesrepublik. Die Gründe für die Arbeitsmigration lagen in den schlechten Lebensbedingungen in den ländlichen Regionen Nordgriechenlands. Später war ein weiterer Anlass die Flucht vor Verfolgung durch das Obristenregime von 1967 bis 1974. Im Unterschied zu anderen Anwerbeländern zog auch ein großer Anteil allein stehender Frauen nach Deutschland. Ein Teil von ihnen war selbst angeworben worden, andere kamen aus Gründen der vermittelten Eheschließung mit einem Griechen, der sich bereits in Deutschland aufhielt. 1973 war ihr Anteil über 35 %. Von allen in Deutschland lebenden Arbeitsmigranten ist der Anteil der Verheirateten am höchsten, die Mehrzahl der Griechinnen und Griechen lebt mit ihrer Familie zusammen (Kokot 1995: 186f). Aus der griechischen Einwanderung von Arbeitnehmern hat sich inzwischen eine wachsende Gruppe von Selbständigen entwickelt, die vor allem in der Gastronomie und in Einzelhandel erfolgreich sind.

Einen Sonderfall griechischer Migrationsgeschichte bildete die Einreise von über 60 000 griechischen Flüchtlingen in die damalige DDR, die als Mitglieder der kommunistischen Partei während und noch lange nach dem Bürgerkrieg (1945 – 1949) in Griechenland politischer Verfolgung ausgesetzt waren und erst nach 1974 nach Griechenland zurückkehren konnten. Unter ihnen war ein Teil der etwa 25 000 Kinder aus Familien von Widerstandskämpfern, die während des Bürgerkrieges in sozialistische Länder verschickt wurden und dort in Familien oder Waisenhäuser aufwuchsen. Weder die Anzahl der griechischen Kinder noch die der griechischen Flüchtlingsfamilien, die noch heute in den neuen Bundesländern leben, ist bekannt (ebd., S. 188).

Ein besonderes Kapitel der griechischen Immigration ist das Thema Bildung und die damit verbundene Form von Pendelmigration. Viele Kinder blieben in Griechenland bei den Großeltern oder wurden für den Schulbesuch zurück geschickt. Die Kinder in Deutschland besuchten in der Regel die griechische Schule und gingen zum Teil zur weiteren Ausbildung wieder nach Griechenland. Dieses besondere Vorgehen, eigene Schulen als Ersatzschulen nach dem griechischen Schulsystem einzurichten, löste zahlreiche politische und pädagogische Diskussionen aus. Die erste griechische Privatschule wurde bereits 1965 in München gegründet. Anlass war der Protest griechischer Eltern gegen die Eingliederung ihrer Kinder in deutsche Regelklassen. Die Schulpolitik der griechischen Regierung nach 1981 zielte auf ein flächendeckendes Netz griechischer Schulen. 1985 besuchten etwa 11 000 griechische Kinder in der Bundesrepublik eine griechische Schule, die auf eine Berufsausbildung oder ein Studium in Griechenland vorbereiten sollte (ebd., S. 187f).

Griechenland ist ein Land vielfältiger Minderheiten, über die man in Europa wenig weiß, weil das Land sich der Förderung seiner Minderheiten sehr wenig aufgeschlossen zeigt. Im Gegenteil: eine nationalistische Politik, die griechische Sprache und griechisch-orthodoxe Religion als einzige und einigende Elemente der Nation hochhält, unterdrückt seit Jahrzehnten ihre Minderheiten, verweigerte deren Anerkennung in den Gesetzen und verhindert sprachliche, kulturelle und religiöse Entwicklung. Verlässliche Daten über ethnische und sprachliche Minderheiten gibt es deshalb nicht. Gesondert aufgeführt werden nur Muslime (und nur in West-Thrakien) und Juden, weil sich dazu Griechenland im Vertrag von Lausanne 1923 durch Anerkennung von deren Minderheitenstatus verpflichten musste. Andere Minderheiten sind zum Teil schon verschwunden oder kämpfen verzweifelt um das kulturelle Überleben. (Diese rigide Praxis erklärt zum Beispiel auch den aktuellen Konflikt mit dem benachbarten Staat Makedonien, weil man Begehrlichkeiten der eigenen Slawo-Makedonier befürchtet.)

Die jüdische Minderheit ist emigriert oder von den Nationalsozialisten ermordet worden. In West-Thrakien sind noch etwa 30 % der Bevölkerung Muslime türkischer Herkunft (insgesamt ca. 60 000). Es gibt die Minderheit der Pomaken, die zwar slawisch sprechen, aber als Muslime wie Türken behandelt werden (ca. 40 000). Aromunen und Sarakatsanen in den Berggebieten Nord- und Mittelgriechenlands waren ursprünglich nomadische Viehzüchter, gelten als integriert und werden auch als Vlachen (ca. 40 000) bezeichnet, in Griechenland zugleich als Schimpfwort für Rückständigkeit gebraucht. Es leben griechisch-orthodoxe Makedonier im Norden (ca. 40 000). Daneben gibt es noch die albanisch stämmigen Arvaniten, die völlig assimiliert sind, aber durch albanische Zuzüge wieder an Zahl gewinnen (ca. 25 000), sowie Armenier (ca. 30 000) und eine große Anzahl von Roma (ca. 22 000) (vgl. ebd.: 185; Autonome Region Trentino-Südtirol 2008).

Religion

Staatsreligion und mit circa 98 % Angehörigen (vgl. Polm 1997a: 62) die weitaus größte Religion ist die mächtige griechisch-orthodoxe Kirche. Ein Austritt aus der Kirche ist möglich, kommt aber einem Austritt aus dem gesellschaftlichen Leben gleich. Fast alle Feste und Feiertage, auch die staatlichen, sind kirchlich geprägt und werden innerhalb der Familie und mit Freunden, Nachbarn und Bekannten begangen. Ein Kirchenbesuch gehört dazu, Geburt, Tod und Eheschließung sind ohne kirchlichen Segen kaum vorstellbar.

Über ihren Minderheitenstatus zugleich anerkannten Religionen sind der Islam und das Judentum. Als Muslime anerkannt ist vor allem die türkische Bevölkerung, mit 0,5 %, ihr zugeschlagen werden die Pomaken und in Nordgriechenland muslimische Roma, Turko-gyftoi („Türk-Zigeuner") genannt (Kokot 1995: 186). Daneben gibt es noch Protestanten, Katholiken und die Gregorianer.

Sprachen

Staats- und Amtssprache ist das Neugriechische. Es wird mit dem griechischen Alphabet geschrieben. Gesprochen und zum Teil auch geschrieben wird von den Pomaken eine slawische, dem Bulgarischen verwandte Sprache, von den Aromunen eine dem Rumänischen verwandte Sprache. Von den Slawo-Makedoniern wird sowohl griechisch als auch makedonisch, von den Arvaniten wird in einzelnen Dörfern noch albanisch gesprochen, die Mehrheit ist aber völlig assimiliert (ebd.). Nachdem die griechische Einwanderung gerade aus den Siedlungsgebieten vieler Minderheiten erfolgt ist, sind viele der in Deutschland als Griechen geführten Immigranten eigentlich Angehörige ethnischer Minderheiten (vergleiche dazu das Gespräch mit Tassia Foúki).

Namen

Die griechische Namengebung ist längst nicht so vielfältig wie in anderen Ländern. Das gilt für Vor- wie für Nachnamen. Als fast durchgängig griechisch-orthodoxes Land sind die Vornamen mehrheitlich christlich geprägt. Namensrechtlich ist es so, dass Mann wie Frau lediglich einen Vor- und Nachnamen führen.

Nachnamen

Die griechischen Familiennamen sind häufig von väterlichen Vornamen abgeleitet, weisen also eine patronymische Bildung auf und werden zum Teil durch ein Suffix ergänzt, z.B. durch „-opoulos", etwa in *Papadópoulos,* das heißt „Sohn eines Priesters", aber auch als *Dimítri Dimitriádis,* „der Dimitri von Dimitri". Neben der Ableitung von Vatersnamen finden sich auch Ortsbezeichnungen oder Übernamen wie *Xénos,* „der Fremde" oder auch *Galánis,* „der Blauäugige". Abweichend von den süd- und mitteleuropäischen Ländern gibt es weibliche und männliche Formen von Familiennamen. In der Regel fällt das „s" des männlichen Namens beim weiblichen Namen weg. Beispiele für männliche bzw. weiblichen Namen sind: Herr Varélas oder

Frau Varéla, Herr Foúkis bzw. Frau Foúki, Herr Konstantinídis und Frau Konstantinídou, Herr Papadópoulos sowie Frau Papadopoúlou. An einigen Namensendungen kann man erkennen, dass es sich um vertriebene oder umgesiedelte Griechen aus Kleinasien handelt, zum Beispiel mit den Endungen „-oglou" (wie *Papázoglou*) oder „Kara-" (z.b. *Karajánis*), oder aus Russland, zum Beispiel mit der Endung „-zof" (wie *Papázof*).

Die Ehe hat nach griechischem Recht keine Änderung der Familiennamen der beiden Ehegatten zur Folge. Beide behalten ihren Namen bei. Das gilt aber erst nach einer Reform von 1983. Zuvor übernahm die Ehefrau den Familiennamen ihres Ehemannes, der an die weibliche Form der Schreibweise angepasst wurde. Die Ehefrau kann ihrem Mädchennamen mit Bindestrich auch den Namen des Ehemannes anfügen. Das Kind trägt in der Regel den Namen des Vaters, die Eltern müssen sich aber auf die jeweilige Namenswahl verständigen.

Vornamen

Etwa ein gutes halbes Jahr nach der Geburt erhält ein griechisches Kind im Rahmen einer aufwändigen Tauffeierlichkeit seinen Namen. Bis dahin bleibt es konfessions- und namenlos und wird als Junge *Bébis* und als Mädchen *Béba* (für Baby) gerufen. Denn erst wenn das Kind kräftig genug ist, den Festakt der Taufe zu überstehen – der mit Olivenöl eingesalbte Säugling wird dabei dreimal vollständig unter Wasser getaucht – erhält es „offiziell" seinen Namen (Pristl 2001: 127). Die Namenswahl orientiert sich an christlichen Namen, zum Teil auch an der griechischen Mythologie mit Namen wie *Athená*, *Heraklés* oder *Euphrosýne*, manchmal auch an ehrenvollen Bezeichnungen wie *Iríni* (Frieden) oder gar nach Wochentagen. Noch immer werden in Griechenland bei der Namengebung Traditionen beachtet. Das erste Kind erhält in der Regel den Namen des Großvaters oder den der Großmutter väterlicherseits. Das zweite Kind wird entweder den Namen der Großmutter oder den des Großvaters mütterlicherseits tragen. Weitere Kinder erhalten häufig den Namen ihrer Paten. Manchmal werden die Namen verstorbener Verwandter gewählt. Auch wenn diese wenig Vielfalt zulassenden Regeln in den Städten an Verbindlichkeit verlieren, ist die Namensauswahlliste begrenzt. Pristl stellt fest, dass sich im Prinzip alles um nur fünf männliche und fünf weibliche Namen dreht. Er führt als Männernamen *Dimítros, Konstadínos, Panajótis, Geórgios* oder *Nikoláos* und als Frauennamen *Stavrúla, María, Eléni, Sofía* oder *Panajóta* auf. Schaut man sich die fünf häufigsten Namen der griechischen Sportlerinnen *(María, Eléni, Aikataríni, Sofía, Iríni)* und Sportler *(Geórgios, Dimítros, Konstadínos, Nikoláos, Ioánnis)* an, die 2004 an den olympischen Spielen in Athen teilgenommen haben, vergrößert sich die Variationsbreite nur minimal. Da dies die Unterscheidung zwischen mehr als zehn Millionen Griechinnen und Griechen schwer macht, zudem die Vielfalt der Familiennamen auch nicht besonders groß ausfällt, ist es üblich, Namen durch zahlreiche Kose- oder Kurzformen zu variieren (ebd.: 128).

Weibliche Namen

Vor-/ Rufname	Nach-/Familienname
Aglaía	Konstantinídou
Die Glänzende	Nachkommen des Konstantin

Männliche Namen

Vor-/ Rufname	Nach-/Familienname
Panagiótis	Papadópoulos
Von Mutter Gottes abgeleitet	Sohn eines Popen

Interkulturelle Kommunikation

Wie in der Türkei war es auch in Griechenland bei einem Verwaltungsakt üblich, nicht nur den Namen der Person abzufragen, um die es geht, sondern auch die Vornamen der Eltern. Das hat sich inzwischen geändert, es werden heute nur Familien- und Vorname aufgeführt. Oft kommt es dennoch vor, dass beispielsweise bei einer Kontoeröffnung die Vornamen der Eltern abgefragt werden.

Bei der Kommunikation ist Blickkontakt üblich, die Begrüßung erfolgt meistens mit Handschlag. Der Körperabstand ist geringer als in Deutschland. Gespräche sind laut und werden von heftiger Mimik und Gesten begleitet. Die offiziellen Ansprachen sind Herr und Frau mit Familiennamen, verbunden mit „Sie", also genauso wie in Deutschland. Die förmlichen Begrüßungen orientieren sich an der Tageszeit. Der kurze vertraute Gruß, auf dem Land ganz allgemein üblich, ist jásu (hallo).

Aussprache

Bei der Übertragung aus dem Griechischen in lateinische Buchstaben kann es zu unterschiedlichen Schreibweisen kommen. Die griechischen Buchstaben werden nach der Transliteration wie die lateinischen ausgesprochen, wobei uns vor allem die Lautverbindungen fremd sind. Bei der Übertragung sind insbesondere folgende irritierende Unterschiede häufig: Die griechische Verbindung von „e" und „y", also *EY* bzw. „εv" wie z.B. im Namen Ευφροσύνη, kann in der lateinischen Schrift zu „Eu" („Eufrosini" und „Euphrosyne"), zu „Ey" (Eyfrosini) oder – wie im Griechischen gesprochen – zu „Ef" (Efrosini) werden. Der Doppelbuchstabe aus „o" und „y" im Griechischen „*OY*" bzw. „*ov*" wird als „u" ausgesprochen und findet sich geschrieben sowohl mit „u" wie mit „ou", also Papadópulos oder Papadópoulos bzw. Papadopoúlou und Papadopúlu.

Das „Δ, δ" im Deutschen „D, d" wird wie das englische „th" in **th**ese ausgesprochen, das „Θ, θ", im Deutschen „Th, th" wird wie das englische „th" in **th**ing artikuliert.

Der Nachbar kennt seinen Nachbarn.
Kurdisches Sprichwort

4.9 Herkunftsland Irak

In Deutschland leben ca. 73 560 Irakerinnen und Iraker, etwa 570 von ihnen seit mehr als zwanzig Jahren Das Hauptmotiv für die Migration nach Deutschland war die Flucht vor politischer Verfolgung. Im Jahr 2006 stellten 2 117 Menschen aus dem Irak in Deutschland einen Antrag auf Asyl (Migrationsbericht 2006).

Nach dem Irakkrieg und der Besetzung durch amerikanische und britische Truppen wurde im Frühjahr 2003 eine von der UNO sanktionierte zivile Übergangsverwaltung der Militärallianz ein halbes Jahr später durch eine Übergangsregierung eines Regierungsrates mit 25 Mitgliedern abgelöst. Seit 2004 ist der Irak (auf dem Papier) wieder ein souveräner Staat. 2005 fanden die ersten Wahlen zur Nationalversammlung statt und am 15. Oktober 2005 wurde der Entwurf für die endgültige Verfassung des Irak in einem landesweiten Referendum mit knapp 79 % der abgegebenen gültigen Stimmen angenommen. Die Wahlbeteiligung lag bei 63 %. Gegen die Verfassung stimmten vor allem Sunniten, irakische Turkmenen und Chaldo-Assyrer, die um ihr politisches Selbstbestimmungsrecht fürchten. Weiterhin bestehen interne machtpolitische Konflikte vor allem zwischen Sunniten und Schiiten (Eichhorst/Sinjen 2006: 90).

Die irakische Bevölkerung ist sowohl sprachlich, religiös als auch sozial sehr heterogen. Die größte Bevölkerungsgruppe (ca. 80 %) sind Araber, gefolgt von Kurden (ca. 15 %), die vor allem in der autonomen Region Kurdistan leben. Zu den zahlreichen Minderheiten gehören Türken, Turkmenen, Armenier und Iraner (Zeitlexikon 07/2005: 132).

Sprachen

In der irakischen Verfassung wurden als offizielle Amtssprachen Arabisch und Kurdisch (Sorani) festgelegt. Das Prinzip der Zweisprachigkeit bezieht sich auf alle offiziellen Bereiche. Weiter sichert die Verfassung in Art. 4 zu, dass in Gebieten, in denen große chaldo-assyrische und turkmenische Gruppen siedeln, auch Assyrisch und Turkmenisch als Amtssprachen eingesetzt werden. Alle Minderheiten haben laut Verfassung das Recht, ihre Kinder in staatlichen Ausbildungsstätten auch in ihrer Muttersprache unterrichten zu lassen (Eichhorst/Sinjen 2006: 96). Arabisch gehört zur Sprachfamilie Hamito-Semitisch (Chrystal 1995) und dort zur Untergruppe der Westsemitischen Sprachen. Arabisch wird von rechts nach links gelesen und mit dem arabischen Alphabet geschrieben.

Die Bezeichnung Kurdisch, auch Zentralkurdisch genannt, bezieht sich auf Sorani. Sorani gehört zur Indogermanischen Sprachfamilie (ebd.), dort zur Untergruppe der Kurdisch-Zentraliranischen Sprachen. Die Schriftsprache ist das arabische Alphabet mit Sonderzeichen. Zunehmend wird in der autonomen kurdischen Region auch das kurdische lateinische Alphabet verwendet, das von links nach rechts gelesen wird. Neben Sorani werden auch die drei anderen kurdischen Sprachen im Irak gesprochen, wobei Sorani überwiegt. Syrisch, auch Assyrisch genannt, ist die Minderheitensprache der christlich-aramäischen Bevölkerung des Irak. Turkmenisch wird in verschiedenen Dialektvarianten gesprochen.

Der Analphabetismus ist in den beiden letzten Jahrzehnten im Irak drastisch angestiegen. Der Bevölkerungsanteil von Menschen, die nicht schreiben und lesen können, wird in verschiedenen Publikationen zwischen 40 % und 44 % angegeben. Nur etwa ein Viertel der weiblichen Bevölkerung ist alphabetisiert.

Religion

Laut Verfassung ist der Irak ein islamischer Staat. Etwa 95 % der Bevölkerung sind Muslime, davon etwa 60 % Schiiten und 35 % Sunniten. Muslimische Kurden bekennen sich überwiegend zum sunnitischen Islam. Von den religiösen Minderheiten gehören etwa drei Prozent der Bevölkerung vielen verschiedenen christlichen, vor allem orientalisch-christlichen Glaubensgemeinschaften an, wie der Chaldäisch-Katholischen Kirche und der Assyrischen Kirche des Ostens. Weitere religiöse Minderheiten sind Jesiden, Mandäer und Bahai. Mit Kriegsbeginn flüchteten über eine Million Christen aus dem Irak. Die früher sehr große und alteingesessene jüdische Gemeinschaft existiert im Irak aufgrund von Flucht und Vertreibung seit der Staatsgründung Israels praktisch nicht mehr. Im Juni 2003 lebten in Bagdad nur noch 35 Juden (Zeitlexikon ebd.).

Namen

Das islamische Namensrecht kennt keine Familiennamen, sondern nur den persönlichen Eigennamen, dem der persönliche Name des Vaters und der des Großvaters folgen (vgl. Kapitel Namen im Islam). Vereinzelt werden auch noch die Namen weiterer bedeutender männlicher Vorfahren angefügt. Teilweise wird die Abstammung noch durch das Hinzufügen von Partikeln verdeutlicht, die die Namensträgerin als „Tochter von" („ibnat", „bent" oder „int") oder als „Sohn von" („ibn", „ben" oder „ould") ausweisen. Das irakische Namenrecht sieht zwar die Führung von Vor- und Familiennamen vor, in der Praxis wird aber überwiegend die Eintragung von Namensketten praktiziert. Gewöhnlich ist in den irakischen Dokumenten eine Vornamenskette eingetragen, die aus Name, Vatersname und Großvatersname besteht. Zusätzlich wird bei manchen Namensketten auch der Stammesname angefügt. In Deutschland kann auf Antrag der aus einer Namenskette bestehende Name zu Vor- und Familiennamen umgewandelt werden. Es besteht bisher noch keine einheitliche Handhabung bei der Umwandlung. Meistens wird der letzte Name der Namenskette zum Familiennamen umgewandelt und die übrigen Namen werden von Männern weiterhin als Vornamen geführt. (Siehe auch Interview mit Herrn El-Khalifa). Bei Frauen fallen die weiteren männlichen Personennamen der Namenskette ganz weg (Vogt 1997: 6f).

Wurde von irakischen Behörden, wie im Gesetz vorgesehen, ein Familienname eingetragen, gilt, dass bei Eheschließung beide Eheleute ihren Familiennamen behalten. Für die Dauer der Ehe kann aber mit Erlaubnis des Mannes die Ehefrau den Familiennamen ihres Partners führen. Sie muss ihn aber bei einer Auflösung der Ehe wieder ablegen. Eheliche Kinder erhalten den Familiennamen des Vaters. Gesetzliche Vorschriften über den Familiennamen eines Kindes, dessen Eltern nicht miteinander verheiratet sind, bestehen nicht. Das Kind, das von seinem Vater nicht anerkannt wurde, erhält allgemein einen vom Jugendgericht festgesetzten Familiennamen, in der Regel den Namen des Vaters der Mutter (Bundesministerium des Innern 2008).

Die folgenden Beispiele verdeutlichen die Umwandlung von irakischen Namensketten in Vor- und Familiennamen. Sie wurden von Reinhold Vogt (1997: 9) übernommen.

Weibliche Namen

Im Irak eingetragener Name:

Persönlicher Name	Vatersname	Großvatersname	Stammesname
Fatma	Mohammad	Said	Abbas
„die Enthaltsame"	„der Gepriesene"	„der Glückliche"	„der mit dem
„die Entwöhnte"			düsteren Gesicht"

Mögliche Umwandlung für ein deutsches Personenstandsbuch:

Vorname	Familienname
Fatma	Abbas

Männliche Namen

Im Irak eingetragener Name:

Persönlicher Name	Vatersname	Großvatersname	Stammesname
Ali	Hassan	Mohammad	Ismail
„der Erhabene"	„der Gute, Schöne"	„der Gepriesene"	„der Erhörte"

Mögliche Umwandlung für ein deutsches Personenstandsbuch:

Vorname	2. Vorname	3. Vorname	Familienname
Ali	Hassan	Mohammad	Ismail

Interkulturelle Kommunikation

Augenkontakt ist zwischen gleichgeschlechtlichen, gleichgestellten Personen akzeptabel, nicht aber bei einem Hierarchiegefälle oder zwischen den Geschlechtern. Ein direkter Blickkontakt, von einer Frau zu einem Mann aufgenommen, wird in der Regel als Ungehörigkeit interpretiert. Mädchen werden dazu erzogen, Blickkontakt zu vermeiden. Berührungen zwischen den Geschlechtern sind in der Öffentlichkeit tabu. Das gilt auch für die Begrüßung mit Handschlag. Stattdessen werden ein kurzes Nicken erwartet und einleitende Sätze zum Aufbau des Kontaktes, bevor das eigentliche Anliegen zur Sprache kommt. Forderndes, auch leicht aggressiv wirkendes Verhalten von Männern gilt als akzeptables Auftreten, um dem eigenen Anliegen Nachdruck zu verleihen oder vorhandene Unsicherheiten zu überspielen. Auch Wiederholungen dienen dazu, dem eigenem Anliegen Gewicht zu geben (vgl. Alban u.a. 2000). Von der Repräsentantin einer Behörde wird erwartet, dass sie sich seriös kleidet. Freizügige, sommerliche Kleidung kann befremden, wirkt auf manche unprofessionell und kann Ablehnung auslösen und die Kommunikation belasten, erfuhren wir unabhängig von zwei Bekannten aus dem Irak.

Klug zu fragen ist schwieriger als klug zu antworten.
Persisches Sprichwort

4.10 Herkunftsland Iran

Menschen aus dem Iran leben in einer Anzahl von gut 58 700 in Deutschland, davon knapp 13 000 schon 20 Jahre und länger. Fast 400 von ihnen haben 2006 einen akademischen Abschluss gemacht (Migrationsbericht 2006). Die Zuwanderung aus dem Iran war nie eine Arbeitskräftewanderung. Schon nach dem Zweiten Weltkrieg waren es vor allem Studentinnen und Studenten, die nach Deutschland zur Ausbildung gekommen sind. Daneben kamen Geschäftsleute, die hauptsächlich im Bereich Import, bekannt ist der Teppichhandel, tätig waren. Später waren es immer wieder beträchtliche Zahlen an politisch Verfolgten, die nach dem CIA-Putsch 1953 gegen die gewählte Regierung Mossadeq (1882–1967), während der Schah-Diktatur und bald darauf vor dem religiösen Regime der Mullahs geflohen sind. Viele sind in Deutschland geblieben, haben geheiratet, ein Teil hat sich einbürgern lassen (Amiri 1995: 211).

Etwas mehr als die Hälfte (ca. 51 %) der iranischen Bevölkerung sind Perser, des weiteren gibt es Aserbaidschaner (ca. 23 %), Kurden (7 %), Belutschen (2 %), Araber (2 %) und Turkmenen (2 %) sowie Gilaki, Mazandarani, Luren und christliche Minderheiten wie Armenier, Assyrer, Georgier sowie Juden. Im Land leben auch zahlreiche Flüchtlinge, insbesondere aus Afghanistan und dem Irak (www.minorityrights.org/5092/Iran/Iran-overview.htlm).

Religionen

Mehr als 98 % der Bevölkerung sind Muslime (davon ca. 90 % Schiiten, 10 % Sunniten); daneben gibt es, inzwischen stark dezimiert, Christen, Zarathustrier, Bahá'í und nur noch wenige Juden (Auswärtiges Amt 2008d). Mit über 300 000 Angehörigen sind die Bahá'í die größte, aber auch sehr verfolgte Minderheit. Anerkannt sind Christen, Juden und Zarathustrier.

Sprachen

Die offizielle Amtssprache ist Farsi (Persisch), daneben werden Turksprachen, Kurdisch, Arabisch, Belutschisch und andere gesprochen. Persisch ist eine indogermanische Sprache und wird von etwa 60 % der Bevölkerung beherrscht. Farsi wird von rechts nach links gelesen und in arabischer Schrift mit einigen Eigenheiten geschrieben. Wichtige weitere Sprachen, entsprechend dem Bevölkerungsanteil, sind die Turksprachen aserbaidschanisch und turkmenisch.

Namen

Schah Reza Pahlavi hat 1926 verfügt, dass alle Bürgerinnen und Bürger einen Vor- und einen Nachnamen haben sollten, was bis dahin nicht üblich war. Dabei ist es vorgekommen, dass sich Familien nicht auf einen Namen einigen konnten und sich zwei Namen gaben, häufig einen Herkunftsnamen. Seitdem bestehen persische Namen zwar aus zwei Teilen, dem Vor- und Nachnamen, wie in Deutschland. Bei beiden Namen gibt es aber die Möglichkeit, jeweils zwei Bestandteile zu wählen. So hieß der frühere Präsident ursprünglich *Ali Akbar Haschemi Behramani* (nach dem kleinen Ort *Behramani* in der Nähe der Stadt *Rafsandschani*). Er wurde aber immer *Rafsandschani* gerufen und so ist ihm der Name als zweiter Bestandteil des Nachnamen geblieben. Bei zwei Bestandteilen gibt es manchmal auch den Brauch, eine Mischung aus islamischen und altpersischen Namen zu wählen.

Nachnamen

Der Familiennamen verdanken sich unterschiedlicher Herkunft. Sie können vom Vater abgeleitet sein, sie können von Herkunftsorten stammen, z.B. kommt der Name *Rashti* von der Stadt Rasht, oder sich am Äußeren oder aber auch an Tugenden des ursprünglichen Namengebers orientieren.

Die Ehefrau behält in der Regel bei der Verheiratung ihren Geburtsnamen, sie kann aber auch den Familiennamen des Ehegatten nutzen. Die ehelichen Kinder erhalten den Familiennamen des Vaters.

Vornamen

Die überwiegende Zahl der Vornamen wird aus der islamischen Kultur genommen. Es finden sich häufig aber auch altpersische Namen. Beliebte Namen sind für Jungen *Arian, Armin, Mehran* oder *Hashem*, für Mädchen *Jasmin, Schahrzad, Minou, Manijeh*.

Weibliche Namen

Ruf-/Vorname	Nach-/Familienname
Farah	Zeini
Freude, Glück	

Männliche Namen

Ruf-/Vorname	Nach-/Familienname
Reza	Alizadeh
Einwilligung, Zustimmung	

Interkulturelle Kommunikation

In Dokumenten und Formblättern, etwa bei Anträgen auf ein Visum, wird neben dem Vor- und Nachnamen auch der Vorname des Vaters abgefragt. Iraner sind höflich und hierarchieorientiert. Die Anrede verbindet deshalb einen Titel wie Dr. oder Prof. mit dem Nachnamen. (Commer / v. Thadden 1998: 184). Männer begrüßen nur Männer mit Händedruck und mit einer angedeuteten Verbeugung. Frauen begrüßen nur Frauen. Das gilt aber eher bei sehr traditionellen und religiösen Personen oder im offiziellen Kontext der Islamischen Republik. Unter Freunden begrüßt man sich mit Umarmungen und Küssen auf die Wangen (ebd.). Die Ansprache erfolgt mit Herr bzw. Frau.

Nicht du, bloß dein Name ist mein Feind
(Romeo und Julia)
William Shakespeare (1564–1616)

4.11 Herkunftsland Italien

Italienische Restaurants und Eiscafés gehören in Deutschland wie in vielen Ländern zum Stadtbild selbst kleinster Orte. Italien war seit dem 19. Jahrhundert Auswanderungsland. Zunächst waren die Ziele der Emigranten Länder in Lateinamerika und die USA. Nach dem 2. Weltkrieg ging die Migration nach Zentral- und Nordeuropa. Es leben knapp 535 000 Immigranten italienischer Herkunft in Deutschland (vgl. Migrationsbericht 2006). Diese Zahl ist relativ konstant, da sich Zu- und Abwanderung in etwa die Waage halten. Knapp 25 300 Personen lebten 2006 erst unter vier Jahren in Deutschland, fast 330 700 länger als zwanzig Jahre, davon über 216 200 seit mehr als dreißig Jahren. Menschen italienischer Herkunft stellen damit (nach der Auflösung Jugoslawiens) die zweitgrößte Gruppe der zugewanderten Bevölkerung in Deutschland.

Es handelt sich dabei fast ausschließlich um Migrantinnen und Migranten aus Süditalien, aus dem Mezzogiorno[12], die schon 1975 mehr als drei Viertel ausgemacht haben. Die Menschen kamen in drei Phasen: Der erste Vertrag zur Anwerbung von Arbeitskräften überhaupt wurde 1955 mit Italien geschlossen. In den ersten zehn Jahren warben deutsche Unternehmen fast ausschließlich junge Männer aus Süditalien für befristete Arbeitsaufenthalte an, vor allem in der Industrie und im Baugewerbe. In der zweiten Zuwanderungsphase, zwischen 1965 und 1975 wanderten vermehrt

---

12 Der Mezzogiorno ist die untere Hälfte Italiens südlich von Rom und umfasst die Gebiete des alten Königreichs Neapel (Abruzzen, Molise, Apulien, Kampanien, Basilikata, Kalabrien) und die zwei italienischen Hauptinseln Sizilien und Sardinien.

Ehepaare und ganze Familien nach Deutschland ein. Seit 1975 gleichen sich Ein- und Rückwanderung aus, wie überhaupt die Pendelmigration auf Grund räumlicher Nähe und rechtlicher Privilegierung aus dem EU-Status eine große Rolle spielt. Die Remigration wird auch dadurch gefördert, dass seit Mitte der 1970er Jahre ernsthafte und erfolgreichere politische Initiativen zur wirtschaftlichen Förderung des Mezzogiorno unternommen werden.

Ein bedeutender Teil der einstigen Angeworbenen hat in den vergangenen Jahren einen wirtschaftlichen Aufstieg geschafft und sich selbständig machen können. Fast jeder zweite der im Jahr 2003 in Deutschland selbständig tätigen Ausländer kam aus einem ehemaligen Anwerbeland. Darunter sind die Italiener mit 46 000 Selbständigen die größte Gruppe (Beauftragte für Migration 2005: 86). Die Motive für die Auswanderung aus den industriell und landwirtschaftlich unterentwickelten Regionen waren in der Regel wirtschaftliche Gründe. Der Süden war und ist politisch, sozial, ökonomisch und bildungsmäßig noch immer benachteiligt, was durch ein Patronage-Klientel-Wesen, (das bedeutet Abhängigkeiten auf Grund unterschiedlicher sozio-ökonomischer Verhältnisse, die beiden Seiten von Nutzen sind), und durch mafiose Strukturen (vgl. Saviano 2007) noch verschärft wird (Giordano 1995: 229).

Religion

Über 80 % der Bevölkerung gehören der römisch-katholischen Kirche an, die bis 1984 Staatsreligion gewesen ist und noch immer großen politischen Einfluss auch auf die Innenpolitik hat. Daneben zählen die verschiedenen protestantischen Kirchen etwa 300 000 Mitglieder. Eine große Minderheit bilden mit über 1 Million die Muslime. Die jüdische Gemeinde umfasst etwa 32 000 Mitglieder (vgl. Zeit-Lexikon 072005: 185).

Sprachen

Italien ist sprachlich und kulturell sehr viel heterogener, als Touristen im Land ahnen. Amtssprachen sind neben italienisch im ganzen Land noch regional deutsch (Provinz Bozen) und französisch (Aostatal). Ferner sind als offizielle Sprachen vertreten sardisch und katalanisch (auf Sardinien), ladinisch (in den Alpen), slowenisch und serbokroatisch (in Friaul-Julisch-Venetien), albanisch und griechisch (im südlichen Italien und auf Sizilien). Dazu kommen noch zahlreiche Dialekte, die stark voneinander abweichen (Polm 1997b: 76).

Namen

Die italienische Namengebung ist sehr vielfältig, abhängig von regionaler Herkunft und geprägt von den jeweiligen Dialekten. Als mehrheitlich katholisches Land sind die Vornamen christlich geprägt. Die derzeitige Namengebung folgt, wie in den meisten Ländern, individuellen Vorlieben und aktuellen Moden.

Nachnamen

Eigenständige Familiennamen gibt es in Italien seit dem Hochmittelalter, also schon länger als im deutschen Sprachraum. Die Entstehung der Namen ist ähnlich wie in Deutschland (vgl. Kapitel „Entstehung von Familiennamen"), häufig vertreten sind Herkunftsnamen (wie der gegenwärtige Staatspräsident *Giorgio Napolitano,* „aus Neapel stammend", ebenso *Di Napoli*), Farbbezeichnungen (*Rossi* oder *Russo,* „rot, rothaarig"; *Bianchi,* „weiß, blond"), nicht so häufig wie in Deutschland sind berufsbezogenen Namen wie *Ferrari,* „der Schmied". Italiener tragen in der Regel nur einen Nachnamen. Bei der Eheschließung gibt es keinen gemeinsamen Familiennamen, beide Ehepartner behalten ihre Geburtsnamen bei. Allerdings kann die Ehefrau ihrem eigenen Namen den des Ehegatten hinzufügen, behält ihn auch während eines Witwenstandes bis sie wieder heiraten sollte. Das ist dann aber kein Doppelname wie im deutschen Namenrecht. Maßgeblich im Rechtsverkehr bleibt der Mädchenname, (selbst wenn in einer deutsch-italienischen Ehe nach deutschem Recht geheiratet worden ist und die italienische Ehefrau in Deutschland den Geburtsnamen des Mannes führt). Der Name des Mannes ist immer Familienname und wird auch von den Kindern getragen.

Vornamen

Die italienischen Vornamen gehen überwiegend auf christliche Namen und damit auf die des Alten Testaments, (sind also hebräischen Ursprungs), und auf katholische Heiligennamen zurück. Früher waren typisch italienische Vornamen *Giuseppe* und *Maria,* die stark in den Hintergrund getreten sind. Nach Zeiten exotischer Namenwahl wie *Noemi* oder *Goya* orientieren sich italienische Eltern, unabhängig von ihrer Glaubenszugehörigkeit, wieder zunehmend an biblischen und Heiligengestalten. Nach Daten des statistischen Amtes Istal von Mitte 2008 werden Jungen vorzugsweise *Francesco, Alessandro* und *Christian* genannt. Bei den Mädchen sind *Giulia, Sara* und *Sofia* am häufigsten. Bei der Auswahl der Namen lassen sich die Eltern noch immer von Namen aus dem Verwandtenkreis beeinflussen. Der Brauch, das Kind nach dem Großvater oder der Großmutter zu benennen, ist zum Teil noch lebendig, aber eher in Süditalien, in Norditalien immer seltener.

Auch für Italien gilt, dass die Namen als männliche bzw. weibliche Vornamen das Geschlecht eindeutig erkennen lassen müssen. So, wie in Deutschland der männliche Vorname *Andrea* nicht für Jungen zugelassen wird, gibt es in Italien einen Rechtsstreit, den Namen für ein Mädchen zu akzeptieren, obwohl das Gericht anerkennen musste, dass der Name als Mädchenname in vielen anderen Ländern existiert. Der Ausgang des Verfahrens ist derzeit (Mitte 2008) noch offen.

Weibliche Namen

Ruf-/Vorname

Angela

Die Engelgleiche, Botin Gottes

Nach-/Familienname

Esposito

nach der Eheschließung möglich: Esposito Romano

(fällt weg bei Scheidung/Neuverheiratung)

Männliche Namen

Ruf-/Vorname

Franco

Franz

Nach-/Familienname

Romano

Aus Rom stammend

Interkulturelle Kommunikation

In offiziellen Schriftstücken werden Vor- und Nachnamen abgefragt. Bei verheirateten Frauen wird nur der Mädchenname, nicht der eventuell nachgestellte Name des Ehemannes aufgeführt. Titel haben nach wie vor große Bedeutung, der *dottore* bzw. die *dottoressa* werden regelmäßig gebraucht, vor allem für Ärzte. Sonst finden Berufsbezeichnungen bei der Ansprache Verwendung, z.B. *avvocato, ingegnere, architetto, geometra,* oft auch statt des Namens. Das gilt genauso für den *professore* oder die *professoressa,* wobei auch der Lehrer aus Deutschland bei einem Besuch zum *professore* promoviert werden kann.

„Bella figura" – ein gepflegtes Äußeres, ein gutes Auftreten und höfliche Umgangsformen – spielen für eine gelungene Kommunikation eine wesentliche Rolle. Blickkontakt ist üblich, die räumliche Distanz zwischen den Gesprächspartnern deutlich geringer als in Deutschland. Die Kommunikation ist oft gestenreich, laut und lebhaft, begleitet von ausdrucksvoller Mimik und Gestik. Es ist nicht unhöflich, einander ins Wort zu fallen und überlappend zu reden. Das Händeschütteln gilt als höfliche und übliche Begrüßungsform. Beliebt ist es, beim Handschlag mit der zweiten Hand den Arm des Gegenübers zu berühren. Förmliche Begrüßungen orientieren sich an der Tageszeit. Fremde siezen sich. Häufig kommt schon nach kurzer Zeit das Angebot zum Du, aber vom Älteren bzw. Ranghöheren. Üblich unter guten Bekannten ist das formlose *„ciao"* (vgl. Westdeutsche Handwerkskammer 2005: 7f.).

Aussprache

Die Buchstaben werden meistens wie im Deutschen ausgesprochen, mit folgenden Unterschieden:

c   vor a, o, u wie **k**
        vor e und i wie **tsch**

ci   vor a, o, u wie **tsch**

ch   vor e und i wie **k**

g   vor a, o, u wie **g**
        vor e u i wie **dsch**

gh   vor e und i wie **g**

gi   vor a, o, u wie **dsch**

gli   wie **lj** (aber gl vor anderen Vokalen wie im Deutschen z.b. gloria, glutine)

gn   wie **nj**

s   vor Vokalen und stimmlosen Konsonanten (c, f, p, s, t) stimmloses **s** wie in Last
        vor stimmhaften Konsonanten (b, d, g, l, m, n, r, v) stimmhaftes **s** wie in Rose

sc   vor a, o, u wie **sk**
        vor e und i wie **sch**

sch   vor e und i wie **sk**

sci   vor a, o, u wie **sch**

v   wie **w**

Die Buchstaben J, K, W, X und Y gibt es im Italienischen nicht, sie kommen nur in Fremdworten vor.

Die Sprache umfasst alles,
was die Seele einer Nation ist.
Takeo Doi (geb. 1920)

4.12 Herkunftsland Japan

In Deutschland leben etwas mehr als 30 000 Japanerinnen und Japaner. Nur eine kleine Gruppe von japanischen Immigranten, etwas mehr als 4200 Personen, lebt seit über zwanzig Jahren in der deutschen Bundesrepublik. 2006 schlossen 355 Studierende aus Japan ihre Ausbildung an einer deutschen Hochschule ab (Migrationsbericht 2006). Die Migration nach Deutschland ist vor allem ökonomisch motiviert. Viele in Deutschland lebende Japanerinnen und Japaner arbeiten in den zahlreichen japanischen Firmen und Handelsniederlassungen oder üben in Deutschland akademische oder musische Berufe aus. Ein kleiner Teil hält sich zu Studienzwecken in Deutschland auf (Polm 1997c: 80).

Religion

Japanerinnen und Japaner gehören vielfach mehreren Glaubensgemeinschaften an bzw. praktizieren je nach Situation Zeremonien aus verschiedenen Glaubensrichtungen. So kann ein Paar sich für eine christliche Hochzeitszeremonie entschieden haben und ihr neugeborenes Kind im Shintō-Schrein den Göttern vorstellen, ein verstorbenes Familienmitglied aber nach buddhistischem Ritus beisetzen lassen. Die meisten Japanerinnen und Japaner haben eine synkretische Glaubenseinstellung und fühlen sich gleichzeitig beiden Hauptreligionen, dem Shintōismus und dem Buddhismus, zugehörig

Sprachen

Japanisch ist in Japan Amtssprache und wird von der gesamten japanischen Bevölkerung beherrscht. Darüber hinaus werden auf den Ryūkyū-Inseln verschiedene Ryūkyūsprachen gesprochen, die sich von der japanischen Sprache so stark unterscheiden, dass eine gegenseitige Verständigung nicht möglich ist. Die in verschiedene Dialekte unterteilte Anui-Sprache wird immer seltener neben der japanischen Sprache gesprochen. Sie ist die isolierte Sprache der indigenen Minderheit, die nur noch einige Zehntausende Menschen umfasst. Es gibt in Japan eine ainusprachige Zeitung, die Ainu Times

Die japanische Sprache ist geschlechtsspezifisch, sie wird von Frauen und Männern unterschiedlich verwendet. Soziale Rollenerwartungen haben sich im Sprachgebrauch niedergeschlagen und sind bereits bei erst dreijährigen Kindern feststellbar (Reynolds 1991).

Die moderne japanische Schrift besteht aus chinesischen Schriftzeichen, Kanji, der Silbenschrift in den Schreibweisen Hiragana und Katakana und dem lateinischen Alphabet Rōmani. Diese Schriftarten haben je eine spezifische Funktion und werden parallel verwendet. Die traditionelle Schreibweise erfolgt in Zeilen von oben nach unten und rechts nach links. Zunehmend wird in waagerechten Zeilen von rechts nach links geschrieben, wodurch Zitate in lateinischer Schrift in den japanischen Text eingearbeitet werden können, ohne die Schriftrichtung zu wechseln. Auch in Japan muss man sich zunächst orientieren, wo ein Text beginnt und in welcher Richtig er zu lesen ist.

Namen

Die Entwicklung Japans von der Stammes- über die Adels- und Feudalgesellschaft bis zur Moderne bildet sich auch in der Geschichte der Namengebung ab. Etwa ab dem 5. Jahrhundert unserer Zeitrechnung war es in der japanischen Oberschicht üblich, zusätzlich zu dem die Herkunft bezeichnenden Sippennamen einen Adelstitel zu führen, der an die Kinder weitergegeben wurde. Durch die Vielzahl der Titel reduzierten sich diese bald auf die Funktion eines weiteren Nachnamens. Während der Zeit der Shōgun-Dynastie (1603–1867) war der Besitz eines Familiennamen ein Privileg. Nur Samurai, Hofadlige, Ärzte, Shintō-Priester und andere, von der Regierung ausgewählte Familien, durften einen Familiennamen führen. Allen anderen war es verboten, einen Familiennamen oder einen traditionellen Zusatznamen zu tragen. Erst ab 1870 wurden Familiennamen auch für die gesamte Bevölkerung erlaubt und fünf Jahre später ein Gesetz erlassen, das alle Bürgerinnen und Bürger verpflichtete, einen Familiennamen zu tragen (Wikipedia 2008c). Zum Teil erhielten ganze Dörfer den gleichen Familiennamen. So gibt es nur ca. 10 000 unterschiedliche Familiennamen.

Familiennamen

Viele japanische Namen sind international bekannt, wie *Kawasaki, Nikon, Toyota* oder *Mitsubishi* und werden eher als Produktwerbung wahrgenommen denn als Familiennamen. Da die japanische Schrift auf Ideogrammen basiert, haben die meisten japanischen Namen eine Bedeutung. So bedeutet *Yamamoto* „Fuß des Berges". Es gibt nur wenige Anhaltspunkte, um Familiennamen von Vornamen zu unterscheiden. Endet beispielsweise ein Name auf „-ta", wie bei *Toyota,* auf „-da", wie bei *Honda* oder auf „-moto" wie bei *Yamamoto,* dann handelt es sich mit hoher Wahrscheinlichkeit um einen Familiennamen. Familiennamen sind dem Vornamen vorangestellt. Nicht selten passen sich Japanerinnen und Japaner aber bei der lateinischen Umschrift von Namen den westlichen Gepflogenheiten an und wechseln die Reihenfolge von Ruf- und Familiennamen auf Visitenkarten, was die Zuordnung der Namen zusätzlich erschwert. Es ist sowohl bei der Anrede von Frauen als auch bei der Anrede von Männern in Japan üblich, an den Familiennamen „-san" anzuhängen (Thomas/Haschke 2005: 46f).

Vornamen

Viele weibliche Vornamen enthielten früher die Silbe „-mi-" (schön) oder endeten auf „-ko" (Kind), wie bei *Yoshiko,* und boten so eine Orientierungshilfe. Eine Ausnahme stellt *Kaneko* dar, ein in Japan weit verbreiteter Familienname. Inzwischen ist die Silbe „-ko" aus der Mode gekommen und Namen wie *Miyu* oder *Yui* sind populär. Es werden auch zunehmend amerikanische oder europäische Vornamen vergeben, beliebt ist beispielsweise *Erika* (ebd.). Bei der Anrede von Mädchen wird in Japan die Silbe „-chan" angehängt und *Yukiko* wurde beispielsweise als *Yukiko-chan* angesprochen. Vornamen mit den Endsilben „-kazo" (Umschreibung für „erster Sohn") oder „-ji" (Umschreibung für „zweiter Sohn") sind als männliche Vornamen zu erkennen (ebd.). So bedeutet der Name *Shikazu* „erster Sohn von Shige". Bei der Anrede von Jungen wird in Japan die Silbe „-kun" angehängt und *Masao* würde beispielsweise als *Masao-kun* angesprochen (vgl. ebd.).

Weibliche Namen

Familienname	Vorname
Arakawa	Haruko
Fluss	Frühling

Männliche Namen

Familienname	Vorname
Shishido	Akiyama
Tür	Herbst und Berg

Interkulturelle Kommunikation

Eine höfliche Begrüßung wird durch eine Verbeugung ausgedrückt. In Deutschland lebende Menschen japanischer Herkunft reichen in der Regel die Hand mit einer angedeuteten Verbeugung durch ein Kopfnicken. Dabei gilt ein fester Händedruck als unhöflich. Emotionen werden bei einem offiziellen Gespräch nicht offen gezeigt, höflicher Selbstbeherrschung wird ein hoher Wert beigemessen. Einfühlsamkeit und Geduld werden erwartet. Es gilt als ungehobelt, seine Gefühle in Worte auszudrücken. Von daher hat die nonverbale Kommunikation, die sich durch kleine Gesten und verschiedene Arten des Lächelns ausdrückt, einen hohen Bedeutungsgehalt (Lutterjohann 2004: 22f). Die Körperdistanz ist größer, die Blickkontaktaufnahme und die Dauer des Blickkontaktes sind geringer als in Deutschland üblich. Intensiver Blickkontakt wird in der Regel als Aufdringlichkeit, als ein Eindringen in die Privatsphäre oder gar als Unanständigkeit gedeutet (Böckelmann 1998: 45). Es gilt als unhöflich, direkte Kritik zu äußern. Ein zischendes Einziehen der Luft drückt Höflichkeit aus (vgl. Alban u.a. 2000).

Aussprache

Rōmaji ist die Umschrift japanischer Schriftzeichen in das lateinische Alphabet, die an allen japanischen Schulen unterrichtet wird. Es gibt verschiedene Transkriptionssysteme. In westlichen Ländern ist die „Hepburn-Umschrift" am stärksten verbreitet, die von dem amerikanischen Arzt und Missionar Dr. James Curtis Hepburn 1967 entwickelt wurde. Ihre Aussprache der Konsonanten orientiert sich am amerikanischen Englisch. Von daher werden einige Laute anders wiedergegeben, als sie in Deutschland ausgesprochen werden (vgl. Thomas/Haschke 2005: 49):

S   wird scharf ausgesprochen wie in Ku**ss**

Z   wird weich ausgesprochen wie in **S**ahne

       Der Name Suzuki wird demnach „**Z**u**s**uki" ausgesprochen.

Sh   wird als „**sch**" ausgesprochen

J   englische Aussprache wie in „**jet**"

Worte, die geflüstert werden,
reichen weiter als solche, die man ruft.
Koreanisches Sprichwort

4.13 Herkunftsland Korea

In Deutschland leben knapp 22 800 Koreanerinnen und Koreaner, davon ca. 4 670 seit mehr als zwanzig Jahren. Im Jahr 2006 schlossen 753 Studierende aus Korea ihre Ausbildung an deutschen Hochschulen ab (Migrationsbericht 2006). Dabei ist die Herkunft aus Nord- bzw. Südkorea zu unterscheiden. Korea ist seit dem zweiten Weltkrieg in zwei Staaten geteilt, die „Demokratische Volksrepublik" im Norden und die „Republik Korea" im Süden der ostasiatischen Halbinsel. Die Migration aus Nordkorea nach Deutschland ist vor allem politisch motiviert. Diese in Deutschland lebenden oppositionellen Koreanerinnen und Koreaner entzogen sich durch Flucht der Verfolgung in ihrem Heimatland Die Anzahl ist aber gering, es handelt sich um ca. 1 500 Personen. (Polm1997d: 93).

Der größere Teil kommt aus Südkorea und hält sich aus ökonomischen Gründen oder zu Studienzwecken in Deutschland auf. Dabei handelt es sich auch um gezielt angeworbene Arbeitskräfte. So wurden von 1959 bis 1976 koreanische Krankenschwestern angeworben, um die großen Lücken im deutschen Gesundheitswesen zu schließen. Insgesamt sind ca. 10 000 Schwestern eingereist. (Yoo 1997: 290). Neben den Krankenschwestern waren Bergarbeiter die zweite bedeutende Gruppe von koreanischen Arbeitskräften. Diese wurden zunächst seit 1963 auf privater Basis angeworben. Von 1970 bis 1977 gab es dann ein offizielles Regierungsabkommen. Es kamen etwa 8 000 Bergleute aus Südkorea (ebd.: 294). Gut die Hälfte der nach Deutschland immigrierten Koreaner ist christlichen Glaubens.

Religion

In Nordkorea gelten ca. 70 % der Bevölkerung offiziell als nicht religiös. 15 % der Bevölkerung werden traditionellen koreanischen Religionen schamanistischer[13] Ausrichtung zugerechnet und etwa 13 % der Chundo-gyo-Religion, die Elemente des koreanischen Volksglaubens mit christlichen Glaubenselementen verbindet. In Südkorea wird die Religionszugehörigkeit auf etwa 40 % Christen, überwiegend Protestanten, mehr als 20 % Buddhisten und ca. 20 % Anhänger eines religiös geprägten Konfuzianismus geschätzt. Etwa 10 % der Bevölkerung werden traditionellen koreanischen Religionen schamanistischer Ausprägung zugerechnet (Zeit-Lexikon 08/2005: 216). Die südkoreanischen Buddhisten fühlen sich von Regierungsseite diskriminiert. Sie demonstrierten gegen die Politik von Präsident Lee Myng-bak, die das Christentum in Südkorea präferiert. An den Demonstrationen Ende August 2008 in Seoul, die auf Benachteiligung und Schikanen aufmerksam machen sollten, nahmen mehr als 60 000 Buddhisten teil (Neidhart 2008).

Sprache

In beiden koreanischen Staaten ist Koreanisch Amtsprache. Koreanisch wird den isolierten Sprachen zugerechnet (Crystal 1995) und in der koreanischen Schrift Hangeul geschrieben. Vereinzelt kommen auch chinesische Schriftzeichen vor. Hangeul ist eine ostasiatische Schrift, ihr Alphabet besteht aus 10 Vokalen, 11 Diptongen und 19 Konsonanten. Sie wurde in mehreren Stufen aus der chinesischen Schrift entwickelt (Zeitlexikon 08/2005: 224). Da sie der koreanischen Aussprache folgt, ist sie leichter zu erlernen als die chinesische Schrift, die aus Schriftzeichen besteht, deren Bedeutung nicht phonetisch abgeleitet ist. Die Übertragung der koreanischen Schrift in das lateinische Alphabet folgt in Korea drei unterschiedlichen Systemen. Amtlichen Status hat eine leicht veränderte Fassung von McCune-Reischauer in Nordkorea. McCune-Reischauer wurde 1937 von den beiden Amerikanern George M. McCune und Edwin O. Reischauer zur phonetischen Wiedergabe koreanischer Wörter für englischsprachige Leserinnen und Leser entwickelt. In Südkorea wird seit dem Jahr 2000 die „Revidierte Romanisierung" offiziell als Umschrift eingesetzt.

Da Koreanerinnen und Koreaner selbst entscheiden können, welche Schreibweise ihres Namens offiziell eingetragen werden soll, sind die Umschriften nicht einheitlich. *Roh Moo-hyun,* der bis Februar 2008 Präsident von Südkorea war, schreibt sich in der Umschrift McCune-Reischauer *No Mu-hyŏn* und in der revidierten Romanisierungsversion *No Mu-hyeon* (wikipedia 2008d).

---

13 Der koreanische Schamanismus zeichnet sich dadurch aus, dass er menschliche Probleme zu lösen versucht, indem Menschen durch den Zugang zur Geisterwelt Erkenntnisse oder Einsichten zur Lösung ihrer Probleme erlangen. Diese Zugänge werden durch die Führung einer oder eines „mudang" ermöglicht. Schamanismus wird überwiegend von Frauen praktiziert.

Namen

Koreanische Namen bestehen in der Regel aus einem einsilbigen Familiennamen und einem zweisilbigen Vornamen. Es gibt aber auch Familiennamen mit zwei Silben, etwa eine von tausend Personen, oder Vornamen mit drei Silben. In Korea werden zuerst der Familienname und dann der Vorname genannt. In Deutschland passen sich Koreanerinnen und Koreaner in der Regel der umgekehrten Reihenfolge an. Ist nicht bekannt, bei welchem Namen es sich um den Familienname handelt, kann man sich oft an der Silbenzahl orientieren, da die beiden Vornamensilben häufig mit einem Bindestrich geschrieben werden.

Familiennamen

Die Anzahl der koreanischen Familiennamen beschränkt sich auf etwa 300 Namen. Etwa die Hälfte der koreanischen Bevölkerung trägt die vier häufigsten Familiennamen *Kim, Lee, Park* oder *Choe,* wobei die Schreibweisen je nach verwendeter Umschrift unterschiedlich sein können. Die Bedeutung der Familiennamen hat weder mit Eigenschaften, Aussehen oder Berufen der Vorfahren zu tun, da die Familiennamen vom König vergeben wurden. Der Urahn von einem Herrn *Yun* muss also keineswegs ein Ortsvorsteher gewesen sein, nur weil er einen Familienname mit dieser Bedeutung erhalten hat, oder eine Frau *Kim* nicht aus einer ehemals sehr reichen Familie stammen, obwohl die Bedeutung ihres Namens „Gold" ist.

Frauen behalten bei der Eheschließung ihren Familiennamen. Kinder erhalten in der Regel den Familiennamen des Vaters. Ist die Mutter das Familienoberhaupt, ist es auch möglich, den Familiennamen der Mutter einzutragen. Adoptierte Kinder behalten auch nach der Adoption ihren ursprünglichen Familiennamen (Bundesministerium des Innern 2008).

Vornamen

Jedem Kind wird ein individueller Name gegeben, der die Kenntnis chinesischer Schriftzeichen voraussetzt, da Vornamen überwiegend aus sinokoreanischen Silben gebildet werden. Ihre Bedeutung erschließt sich aus den chinesischen Schriftzeichen. Traditionell fiel die Vergabe von Namen dem ältesten männlichen Familienmitglied der väterlichen Linie zu. Inzwischen ist es in modernen Familien durchaus üblich, sich durch eine Agentur beraten zu lassen, die sich auf das Kreieren von Vornamen spezialisiert hat. In einigen Familien wird ein Generationenname vergeben. Das heißt, alle Kinder einer Generation erhalten einen gleich klingenden männlichen oder weiblichen Namensteil. So nannte der ehemalige Präsident und Friedensnobelpreisträger *Kim Dae-jung* seine drei Söhne *Hong-in, Hong-yup* und *Hong-gul.* Vornamen sind in der Regel geschlechtstypisch, es werden aber auch Vornamen sowohl an Jungen als auch an Mädchen vergeben. Die Namensteile „Mi" und „Ae" sind eindeutig weiblich, die Namensteile „Dong" oder „Chul" eindeutig männlich.

213

Weibliche Namen

Als Beispiel wählten wir den Namen der deutsch publizierenden und in Deutschland lebenden Schriftstellerin You-Il Kang:

Familienname	Vorname
Kang	You-Il
Ingwer	*Il* bedeutet Sonne

Männliche Namen

Familienname	Vorname
Lim	Il-Sung
Wald	„werden wie die Sonne"

Interkulturelle Kommunikation

Die Anrede ohne Titel gilt als unhöflich. Die Ansprache erfolgt entweder nur mit dem Titel: „Frau Professor" oder „Herr Doktor" oder mit dem Titel und dem vollständigen Familiennamen. Vornamen allein werden in der Regel nicht benutzt. Der Austausch von Visitenkarten ist üblich. Auf ihnen ist immer der Titel vermerkt (vgl. Alban u.a. 2000).

Männer begrüßen sich mit Handschlag, Frauen bevorzugen eine angedeutete Verbeugung oder ein Kopfnicken. Die Kommunikation ist indirekt, klare Aussagen insbesondere kritische Aussagen oder Ablehnungen werden vermieden oder, wenn das nicht möglich ist, höflich umschrieben. Leises Sprechen gilt als höflich. Emotionen werden nicht nach außen gezeigt. In der Öffentlichkeit gilt ein selbst beherrschtes Benehmen als angemessen. Der Blickkontakt wird nur kurz aufgenommen und während des Gespräches in der Regel nicht gehalten. Intensiver Blickkontakt während eines Gespräches kann als Aufdringlichkeit wahrgenommen werden.

Der Gutmütige und der Dumme: zwei Brüder
Kroatisches Sprichwort

4.14 Herkunftsland Kroatien

Die Migration von Angehörigen der heute in der Bundesrepublik Deutschland lebenden kroatischen Minderheit hatte vor allem zwei Ursachen. 1968 schloss Deutschland ein Abkommen über die Beschäftigung von jugoslawischen Arbeitnehmenden in der Bundesrepublik ab. Unter den jugoslawischen Herkunftsregionen stellte Kroatien mit etwa einem Drittel der angeworbenen Immigranten die größte Gruppe. Bis zum Jahre 1973 wuchs die jugoslawische Minderheit auf über 707 500 Personen an und verkleinerte sich in den folgenden Jahren wieder durch Rückwanderung auf eine Personenzahl von ca. 552 000. Ab 1989 stieg die Anzahl der immigrierten Menschen durch Flucht vor dem Jugoslawienkrieg und erhöhte sich nochmals durch die Auflösung Jugoslawiens 1991 und in den Folgejahren (vgl. Belošević/Stanisavljević 1995: 278f).

Inzwischen umfasst die Zahl der ausländischen Bevölkerung aus dem heutigen Staat Kroatien ca. 227 500 Personen, von denen mehr als 141 000 länger als 20 Jahre in Deutschland leben (Migrationsbericht 2006). Zur Gruppe der Immigranten aus Kroatien zählen auch die in der Republik Kroatien lebenden Minderheiten, die etwa 10,4 % der kroatischen Bevölkerung ausmachen und von denen die serbische Minderheit (4,5 %) und die bosniakische Minderheit (0,5 %) die größten Gruppen sind, gefolgt von Italienern, Ungarn, Albanern, Slowenen, Tschechen, Roma, Montenegrinern, Slowaken und Mazedoniern (Auswärtiges Amt 2008e). Zugleich ist die Minderheit der ethnischen Kroaten größer, weil sie z.B. eine der drei konstituierenden Völker der Republik Bosnien-Herzegowina ausmachen und dort ca. 17,5 % der Bevölkerung umfassen. Viele der bosnischen Kroaten verfügen allerdings über die doppelte Staatsangehörigkeit. Zielländer in der Bundesrepublik waren insbesondere Baden-Württemberg, Nordrhein-Westfalen und Bayern.

Religionen

Die größte in Kroatien vertretene religiöse Gemeinde ist römisch-katholisch, zu ihr bekennen sich etwa 85 % der kroatischen Bevölkerung. Ca. 5 % sind Orthodoxe, dazu kommen kleine Gruppen von Protestanten, Juden und Muslimen (ebd.).

Sprache

Nach der Unabhängigkeitserklärung 1991 erklärte die Republik Kroatien Kroatisch zur eigenständigen Sprache und erhob sie zur Amtssprache. Von kroatischer Seite werden kulturelle und historische Unterschiede zum Serbischen betont. Dazu wurden auch Wörter, die seit 1918 aus dem Sprachgebrauch verschwunden waren, wieder in den offiziellen Sprachgebrauch eingeführt. Die Bezeichnung „Serbokroatisch" wird als aufgezwungenes Vereinigungsmittel der ehemaligen jugoslawischen Regierung abgelehnt. Die sprachlichen Unterschiede zwischen Kroatisch und Serbisch, beide südslawischen Ursprungs, sind aber gering. Es gibt kaum Unterschiede in Grammatik, Wortschatz, Syntax und Aussprache, wohl aber in der schriftlichen Form, weil in Serbien meist kyrillisch geschrieben wird (vgl. Belošević/Stanisavljević 1995: 275).

In Istrien sowie in geringerem Maße auch in Rijeka und auf einigen der Kvarner-Inseln wird auch Italienisch gesprochen. In Grenznähe zu Ungarn, insbesondere in Nordost-Slawonien, gibt es kleine ungarische Sprachinseln. Im westlichen Slawonien befinden sich tschechische und in Ostslawonischen slowakische Sprachinseln. Albanische und slowenische Muttersprachler leben über das gesamte Staatsgebiet verteilt (ebd.)

Namen

Das Namenrecht wurde nach der Unabhängigkeit neu geregelt. Danach tragen kroatische Staatsangehörige einen Namen, der aus jeweils höchstens zwei Vor- und Nachnamen bestehen darf. Aus früherer Zeit kann es aber noch einen *Lenin Engels Marx Stalin* geben. Bei diesem ist den kommunistisch begeisterten Eltern der Eifer durchgegangen. Der Sohn praktiziert heute als Arzt unter dem Namen *„Lems" Jerina* (wikipedia 2008e). Aktuell haben die meisten Menschen lediglich einen Vor- und Nachnamen. Als weitgehend katholisch geprägtes Land ist auch die Namengebung durch christliche Vornamen dominiert, ergänzt allerdings durch aktuelle Moden. Die Namenwahl ist in Kroatien und Serbien sehr ähnlich, nur selten lässt sich schon am Namen ablesen, welcher Ethnie der Namensträger angehört. Als Ausnahme gilt etwa der kroatische Vorname *Hrvoje,* was „der Ringer" bedeutet oder der kroatische Nachname *Ivanević,* der im serbischen *Jovanović* lautet.

Nachnamen

Kroatische Nachnamen enden häufig auf „-ić", ein patronymisches Suffix, das eine Verkleinerungsform darstellt, in der Regel eines Vornamens wie *Marković,* (der Kleine von Marko), *Petrović* oder *Tomić.* Es gibt aber viele weitere Endungen und Namenbildungen. Das Serbische und Kroatische besitzen knapp 300 verschiedene Suffixe zur Bildung von Familiennamen (Naumann 2007: 30), z.B. *Kranjčar, Šapina, Babalj* oder *Džijan.*

Bei der Eheschließung haben die Ehegatten (wie in Deutschland) ein Wahlrecht, ob sie als gemeinsamen Familiennamen den Namen des Ehemannes oder den der Ehefrau wählen wollen, ob jeder seinen eigenen Familiennamen behält oder ob ein Ehegatte seinem Familiennamen den des anderen Ehegatten beifügen will. Doppelnamen werden stets mit Bindestrich geschrieben. Die Reihenfolge der Namen muss vereinbart werden. Bei einer Scheidung kann jeder Ehegatte den zu diesem Zeitpunkt geführten Namen beibehalten. Die Eltern bestimmen, ob das Kind den Nachnamen eines Elternteils oder den von beiden Eltern gemeinsam geführten Namen erhalten soll.

Vornamen

Die Vornamenvergabe ist traditionell davon geprägt, sich an den Namen der Großeltern zu orientieren. Dieser Brauch hat sich gelockert. Geblieben ist aber die Auswahl christlicher Namen von Aposteln und Heiligen wie zum Beispiel *Marko, Luka* oder *Petar* bzw. *Marija, Lucija* oder *Jelena*. Daneben finden sich Vornamen slawischer Herkunft wie *Ivan*. Weibliche kroatische Vornamen sind eindeutig und enden immer auf „-a", männliche in der Regel auf einem Konsonanten, aber mit vielen Ausnahmen (ähnlich wie im Italienischen): *Luka, Andre, Nikola* oder *Ilija*. Der katholische Hintergrund der Familien und der Namenwahl hat dazu geführt, dass – zumindest in ländlichen Bereichen – überwiegend der Namenstag und nicht der Geburtstag gefeiert wurde und wird.

Dieser Brauch ist in den Städten längst verloren gegangen. Auch die Namenwahl hat sich dort verändert, und ein junger Kroate kann schon mal *Elvis* heißen. Beliebte Vornamen sind derzeit für Jungen *Luka, Karlo, Filip* und *Antonio*. Für Mädchen sind das die Namen *Petra, Sara, Lucija* und *Mirjana* (vgl. www.beliebte-vornamen.de/kroatische.htm).

Weibliche Namen

Ruf-/Vorname	Nach-/Familienname
Marijana	Marković
kleine Maria, Marianne	Sohn, der Kleine von Marko

Männliche Namen

Ruf-/Vorname	Nach-/Familienname
Pavo	Tomić
Paul	Sohn, der Kleine von Tomo, Thomas

Interkulturelle Kommunikation

Titel werden nur im beruflichen Zusammenhang benutzt, sie sind nicht Teil des Namens und werden dementsprechend nicht in Dokumenten wie dem Reisepass aufgeführt.

Fremde benutzen in der Anrede die Höflichkeitsform des Sie (*Vi,* wörtlich Ihr, also die zweite Person Plural), allerdings wird auf dem Land häufig das Sie mit der Anrede des Vornamens verbunden und recht rasch zum vertraulichen Du *(ti)* gewechselt. In der Stadt benutzt man Herr bzw. Frau mit dem Nachnamen. Damit sind die deutschen Formen der Ansprache also vertraut. In der Kommunikation ist Blickkontakt üblich, der Körperabstand ist wie in vielen südlichen Ländern deutlich geringer als in Deutschland. Man schüttelt sich wie in Deutschland die Hand.

Aussprache

Die Buchstaben werden überwiegend wie im Deutschen ausgesprochen, mit folgenden Abweichungen und Ergänzungen:

C   tz wie in Ka**tz**e

Č   hartes tsch wie in Ma**tsch**

Ć   weiches tsch wie in Brö**tch**en

Đ   weiches dsch wie in **G**endarm

Dž   dsch wie englisches j in **J**ohn

Š   sch wie in **Sch**ule

Ž   sch zwischen weichem sch und j wie im französischen **J**ournal

Die Buchstaben Q, W, X und Y gibt es im Kroatischen nicht. Sie kommen nur in Fremdworten vor.

Tu, was deine Nachbarn tun. Oder zieh weg.
Marokkanisches Sprichwort

4.15 Herkunftsland Marokko

Menschen aus Marokko stellen die stärkste nordafrikanische Einwanderungsgruppe in Deutschland und nach den Irakis (vgl. Kapitel Irak) die zweitstärkste muslimisch und arabisch stämmige Ethnie. Es leben fast 70 000 Marokkanerinnen und Marokkaner hier, davon fast 20 000 schon 20 Jahre und länger. 461 junge Marokkaner haben 2006 ein Studium in Deutschland abgeschlossen (Migrationsbericht 2006).

Es ist in der deutschen Öffentlichkeit wenig bekannt, dass auch mit nordafrikanischen Ländern Anwerbevereinbarungen abgeschlossen worden sind. Schon 1963 (mit Tunesien 1965) einigten sich die Bundesrepublik Deutschland und das Königreich Marokko darauf, die Arbeitskräftemigration zu ermöglichen. Beschäftigungsschwerpunkte waren Nordrhein-Westfalen und Hessen. Zunächst kamen ausschließlich männliche Arbeitnehmer, die aber, wie viele andere auch, ihre Familien nachholten, als die Rückkehrabsicht sich immer mehr als Illusion erwies. Von 1973, also seit dem Anwerbestopp, bis 1981 verdoppelte sich die Zahl der Marokkanerinnen und Marokkaner. Seit Ende der 1980er Jahre gilt die Familienzusammenführung als abgeschlossen (Al-Hashimy 1997: 108). Ursachen der Arbeitsemigration waren auch hier ökonomische Gründe. Die Arbeitsmöglichkeiten auf dem Land und für die städtischen Unterschichten waren und sind schlecht. Es kamen vor allem Berber aus der ländlichen und relativ übervölkerten Rif-Region, daneben auch Menschen aus anderen Landesteilen und den Städten Marokkos (ebd.).

Marokko ist ein Land insbesondere zweier kultureller Gruppen und gekennzeichnet durch deren Vermischung. Die marokkanisch-arabische Kultur ist durchwoben von traditionellen Elementen der Berber-Kultur, was sich vor allem in der Religionsausübung feststellen lässt. Dadurch ist auch die

Grenze zwischen arabischer und berberischer Bevölkerung fließend geworden. Zahlenangaben über die Bevölkerungsanteile gehen weit auseinander. Grob eingeteilt besteht die Bevölkerung zu zwei Dritteln aus Arabern bzw. arabisierten Berbern, vor allem in den Ebenen und Küstengebieten, und zu etwa einem Drittel aus Berbern, die in den Gebirgen Sprache und Brauchtum bewahrt haben (Zeitlexikon 09/2005: 360). Über die Herkunft der Berber ist wenig bekannt, sie gelten jedoch als indigene Bevölkerung, die schon vor den Arabern in Nordwestafrika gesiedelt haben. Sie selbst bezeichnen sich, gerade in Marokko, als Amazighen, als „die Freien, Edlen" (Zeit-Lexikon 02/2005: 105).

Religion

Islam ist Staatsreligion, etwa 99 % der Bevölkerung sind Muslime, davon 90 % Sunniten der malekitischen Rechtsschule. Es gibt eine kleine Minderheit von Christen, etwa 70 000, mehrheitlich Katholiken, und Juden, geschätzt zwischen 8000 und 16 000. Der marokkanische Volkssislam ist vergleichsweise liberal und von mystischen Vorstellungen und Glaubenspraktiken geprägt, die sich der Kultur der Berber verdanken (Al-Hashimy 1997: 108).

Sprachen

Amtssprache ist das Hocharabische, etwa 60 % der Bevölkerung sprechen dies in verschiedenen Dialekten. Dazu kommen diverse Berbersprachen. Im Bereichen von Handel und Bildung dominiert Französisch, die Sprache der alten Kolonialmacht, und zum Teil auch Spanisch (ebd.). Die Berbersprache gehört zu den hamito-semitischen Sprachen (Crystal 1995).

Namen

Das marokkanische Namenrecht kennt keine Namenketten mehr. Solche Ketten entsprechend der klassischen islamischen Namengebung (vgl. Kapitel „Namen im Islam") bestehen aus den Namen des Vaters, des Großvaters und eventuell des Urgroßvaters sind zwar noch anzutreffen und gerade auf dem Land gebräuchlich. Im Pass finden sich aber nur noch auf getrennten Zeilen der Vor- und der Familienname. Es gibt jeweils einen Vor- und Familiennamen. Die Namenwahl folgt islamischer Tradition. Obwohl eine freie Namenwahl rechtlich vorgesehen ist, gibt es noch immer Listen mit arabischen Namen, die vereinzelt herangezogen werden, um die Wahl eines Amazigh-Namens, also eines vorislamischen Berber-Namens zu verhindern oder zumindest zu erschweren, worüber im Internet eine heftige Diskussion geführt wird (z.B. http://www.gazelle-magazin.de/forum/viewtopic.php?p=36082).

Nachnamen

Die Nachnamen haben sich häufig aus den Geschlechter- oder Herkunftsnamen der Familien entwickelt (vgl. das Interview mit Herrn El-Khalifa), zum Teil auch aus den jeweiligen Väternamen. Die Adelstitel oder Bestimmungsartikel „El" haben sich erhalten. Manchmal bleiben auch die Abstammungspartikel „ben" bzw. „bent" bestehen, wenn sie zu einem integrierten Teil des Nachnamens geworden sind wie beispielsweise bei dem bekannten Schriftsteller *Taher Ben Jelloun*. Das marokkanische Recht kennt keinen gemeinsamen Familiennamen der Ehegatten, beide behalten ihre Geburtsnamen. Allerdings kann die Frau, ähnlich wie in Frankreich, den Namen des Ehemannes als „Gebrauchsnamen" führen, was in Marokko auch mit dem Zusatz „éxpouse" im Pass aufgenommen wird. Das Kind verheirateter Eltern erhält den Familiennamen des Vaters (Bundesministerium des Innern 2008).

Vornamen

Die Wahl der Vornamen durch den arabischen und arabisierten berberischen Teil der Bevölkerung folgt vorwiegend islamischen Vorbildern. Die Auswahl dabei ist enorm groß, besondere Vorlieben sind nicht bekannt.

Weibliche Namen

Vor-/Rufname	Nach-/Familienname
Asma	El Maati
Von arab. „die Erhabene"	Verheiratet: El Maati éxpouse Ben Jelloun

Männliche Namen

Vor-/Rufname	Nach-/Familienname
Abdallah	Ben Jelloun
Von arab. „Diener Gottes"	Sohn des Jelloun

Interkulturelle Kommunikation

Im offiziellen Schriftverkehr werden ausschließlich der Vor- und der Nachname eingetragen. Der „Gebrauchsname" von Frauen findet sich nur mit obigem Zusatz im Pass. Bei der Begrüßung ist Händeschütteln üblich, Eine Begrüßung mit Händedruck gilt aber nur unter gleichgeschlechtlichen Personen als höflich. Frauen vermeiden die Berührung von Männern. Die Kommunikation ist indirekt, Kritik oder ein „Nein" werden vermieden. Auf einleitende Sätze wird Wert gelegt, um eine Beziehung zum Gesprächspartner oder der Gesprächspartnerin aufzubauen. Die Gesprächsdistanz unter Partnern gleichen Geschlechts ist eher geringer, der Blickkontakt kurz und weniger intensiv als in Deutschland üblich. Häufig vermeiden Frauen einen direkten Blickkontakt mit Männern. Botschaften werden auch durch Gestik vermittelt. Hierarchisch höher gestellten Personen wird durch große Zurückhaltung Respekt gezeigt (vgl. Alban u.a. 2000). Umarmungen und Wangenküsse bleiben dem Umgang von Marokkanern untereinander vorbehalten. Die Anrede erfolgt mit Herr bzw. Frau und Nachnamen. Titel oder Ehrenbezeichnungen wie *Hadj* (als jemand, der nach Mekka gepilgert ist), sollten benutzt werden (Commer/v.Thadden 1999: 206).

Aussprache

Bei der Aussprache ist zu beachten:

ch	stets wie in ach (nicht wie in ich),
dj	stimmhaftes dsch, wie türkisches c
j	deutsches j, wie türkisches y,
th	stimmloses englisches th.
dh	stimmhaftes englisches th

Der holländische Hang nach Originalität führt häufig
zum größtmöglichen Unsinn.
Han Laumers
(Kommissar der Königin der Provinz Flevoland, 1987)

4.16 Herkunftsland Niederlande

Die Nachbarländer Niederlande und Deutschland verbindet eine weit zurück reichende Geschichte, die geprägt ist von Austausch, Distanz und wieder zunehmender Kooperation in einem gemeinsamen Europa. Ein Jahrhunderte währender reger Austausch verdankt sich gegenseitigen kulturellen Einflüssen, wirtschaftlichen Verflechtungen und politisch-dynastischen Verbindungen der Herrschaftshäuser (van der Veen 1997: 344). Die Zeit der nationalsozialistischen Besatzung, die Annexion des Landes und die Ermordung eines Großteils der niederländischen Juden hat über Jahrzehnte das Verhältnis der Völker bis heute belastet. Das zunehmende europäische Zusammenwachsen trägt dazu bei, dass auch zwischen den Niederlanden und Deutschland allmählich „eine friedliche Koexistenz wiederhergestellt" werden kann (ebd., S. 346). So wie im 17. Jahrhundert in Brandenburg-Preußen oder in den 1920er Jahren in Berlin lassen sich Niederländerinnen und Niederländer wieder in Deutschland nieder.

Menschen von niederländischer Herkunft belegen den elften Platz unter den Populationen der verschiedenen Migrantengruppen. Laut Migrationsbericht der Bundesregierung (2006) beträgt ihre Anzahl knapp 123 500 Personen, von denen fast die Hälfte seit mehr als zwanzig Jahren in Deutschland lebt, viele schon in der zweiten und dritten Generation. Der Zuzug von Niederländern ist oft wirtschaftlich motiviert oder er hat private Gründe, da im Grenzgebiet zwischen Deutschland und den Niederlanden seit Generationen enge Kontakte bestehen. Der Zuzug hat aber mit der klassischen Arbeitsmigration nichts zu tun (ebd.).

Die ethnische Zusammensetzung der Niederlande spiegelt die koloniale Vergangenheit des Landes wider. Neben den ca. 360 000 Friesen sind es vor allem Zuwanderinnen und Zuwanderer aus den ehemaligen Kolonien, die das Bild niederländischer Städte bestimmen. Etwa 12,5 % der niederländischen Bevölkerung sind nicht niederländischer Herkunft, aber im Besitz der niederländischen Staatsangehörigkeit. Eine große Gruppe von ihnen wanderte aus den in die Unabhängigkeit entlassenen Kolonien ein, von 1945 bis in die 1950er Jahre aus Indonesien und Ostindien, ab Beginn der 1970er Jahre aus Surinam und den kleinen Antillen. Sie besaßen zum Zeitpunkt der Einreise bereits die niederländische Staatsangehörigkeit. Die größten Einwanderungsgruppen bilden die Indonesier (2,4 %) und die Deutschen (2,3 %), gefolgt von den in den 1960er Jahren angeworbenen Arbeitsmigrantinnen und Arbeitsmigranten aus der Türkei (2,3 %) und Marokko (2,0 %) sowie den Surinamesen (2,0 %) (Niederländisches Außenministerium 2009). Ferner leben bis zu 10 000 Sinti und Roma in den Niederlanden, davon ein großer Teil auf Wohnwagenplätzen. Insgesamt sind fast 20 % der niederländischen Bevölkerung nicht niederländischer Abstammung, d. h. sie sind im Ausland geboren oder haben mindestens einen ausländischen Elternteil (Auswärtiges Amt 2008f).

Das „Königreich der Niederlande", wie der offizielle Name lautet, ist eine konstitutionelle Erbmonarchie, mit einem parlamentarischen Regierungssystem. Die weibliche Thronfolge ist seit 1983 verfassungsrechtliche verankert

Fast 70 % der niederländischen Zugewanderten lebt in den grenznahen Bundesländern Nordrhein-Westfalen (56 %) und Niedersachsen (14 %), aber zunehmend auch in den südlichen Ländern (Polm 1997e: 114). Die Beschäftigten sind überwiegend in gehobeneren Berufen und als Selbständige tätig.

Sprachen
Das Niederländische ist die prinzipiell von allen Einwohnerinnen und Einwohnern gesprochene Sprache. Neben ihr ist auch das Friesische regionale Amtssprache.

Religionen
Die Katholiken umfassen etwa 30 % der Bevölkerung, die verschiedenen protestantischen Kirchen 21 %, Muslime gibt es rund 6 % sowie mehr als 40 000 Juden. Etwa 41 % sind konfessionslos (Niederländisches Außenministerium 2009). Die Protestanten in Deutschland haben eine eigene niederländische Kirche in Deutschland, die oftmals eine erste Anlaufstelle für Zugezogene darstellt (van der Veen 1997: 348).

Namen

Familiennamen wurden bereits im 13. Jahrhundert weitergegeben, allgemein setzte sich die Weitergabe Mitte des 17. Jahrhunderts durch. Familiennamen leiteten sich vor allem vom Vornamen des Vaters, oft auch von seinem Spitznamen ab, seltener entwickelten sie sich aus Berufs- oder aus Ortsbezeichnungen. Häufige Beispiele sind die Patronymika *Janssen* (Sohn von Jan) und *Hendriks* (Sohn von Hendrik), der Beruf des Schmieds ist im Familiennamen *Smeet* erhalten. *Adriaans,* die niederländische Form des lateinischen Namen Adrians ist auch ein vom väterlichen Vornamen abgeleiteter Familienname. Er besagt, dass der Namensträger ursprünglich vom adriatischen Meer kam. Niederländischen Familiennamen sind oft „van", „van der", „van den" vorangestellt. Sie entsprechen nicht dem „von", das in deutschen Namen einer Adelsbezeichnung entspricht, sondern deuten auf eine geografische Herkunft.

Nachnamen

Das niederländische Ehenamensrecht unterscheidet sich grundlegend vom deutschen Namensrecht. In den Niederlanden ist die Führung eines gemeinsamen Ehenamens nicht vorgesehen. Die Ehegatten behalten nach der Eheschließung ihren Namen. Gewohnheitsrechtlich ist es jedoch in den Niederlanden möglich, dass die Ehefrau im täglichen Gebrauch den Namen des Ehegatten führt, was in Deutschland nicht möglich ist, es sei denn, die Frau hat den Namen ihres Mannes auch angenommen. Offiziell werden Verheiratete unter ihrem Geburtsnamen mit dem Zusatz „echtgenoot(e) van ..." („verheiratet mit") geführt.
Es besteht für Niederländerinnen und Niederländer die Möglichkeit, eine ausdrückliche Erklärung vor dem deutschen Standesbeamten über die Führung eines gemeinsamen Familiennamens (Ehename) abzugeben, wenn sie in Deutschland heiraten und leben (Deutsche Botschaft Den Haag 2009).

Kinder verheirateter Eltern erhalten wahlweise bei der Geburt den Familiennamen der Mutter oder den des Vaters. Erfolgt keine Wahl, erhalten sie den Namen des Vaters. Sind die Eltern nicht verheiratet, erhält das Kind bei Geburt den Familiennamen der Mutter. Auf Antrag kann gewählt werden (Bundesministerium des Innern 2009)

Vornamen

In den Niederlanden legt man großen Wert auf originelle Vornamen. Der Sprachwissenschaftler Dr. Gerrit Bloothooft, Universität Utrecht, erklärte, dass jährlich ca. 6000 neue Namen kreiert werden. Seiner Forschung zufolge gibt es in den Niederlanden ca. 180 000 verschiedene Vornamen, etwa 100 000 Kinder tragen einen Vornamen, den sie mit niemandem teilen müssen, wie der DJ *Tiesto,* der bei der Olympia-Eröffnungsfeier Musik auflegte. *Sanne* und *Daan* gehören zu den beliebtesten weiblichen bzw. männlichen Vornamen. Die Vielfalt entsteht auch durch verschiedene Varianten eines Namens. Beispielsweise hat der weibliche Vorname *Angelica* allein einundzwanzig verschiedene Schreibweisen, ohne die Kurzformen mit zu berücksichtigen. Bloothof (holland news 2009) ermittelte, dass lediglich im Norden der Niederlande noch eine gewisse Tradition in Form der Weitergabe von mütterlicher oder väterlicher Vornamen festzustellen ist.

Weibliche Namen

Vorname	Mittelname	Nachname
Jette	Noelle	Van de Meer
Kurzform von Henriette, „die Beschützende"	„Gottes Geschenk" oder „die an Weihnachten geborene"	„Vom Meer"

Männliche Namen

Vorname	Mittelname	Nachname
Piet	Lodewijk	Zylstra
Niederländische Kurzform von Pieter, „der Fels"	Niederländische Variante von Ludwig, „gerühmter Kämpfer"	Schleusenwärter

Interkulturelle Kommunikation

Es wird eine freundliche, korrekte aber eher lockere Begrüßung erwartet, nicht unbedingt ein Händedruck. Unverblümte Kritik gilt als Unhöflichkeit und schlechtes Benehmen. Die Anrede „Sie" wird seltener als in Deutschland gebraucht, ist im offiziellen Kontext aber üblich. Titel werden bei der Anrede eher weggelassen, auf partnerschaftlichen Umgang wird Wert gelegt. Blickkontakt und Gesprächsdistanz entsprechen in etwa den in Deutschland üblichen Kommunikationsformen (vgl. Alban u.a. 2000).

Aussprache

Die meisten Buchstaben werden etwa wie in Deutschland ausgesprochen oder klingen ähnlich. Folgende Buchstaben bzw. Buchstabenkombinationen haben eine deutlich abweichende Aussprache:

eu etwa wie ein langes „ö"

ou etwa wie „u"

u/uu etwa wie „ü"

c wird vor „a", „o" und „u" überwiegend als „k" gesprochen, ansonsten wie „c" im englischen Wort „city"

g wird wie „ch" in „ach" ausgesprochen, ist gelegentlich aber auch stimmlos

z wie „s" in „senden" oder „sehen"

Unsere polnischen Namen haben uns nicht gekennzeichnet, sie gehörten zu uns, wie unsere Augen oder unsere
Hände. Die neuen Namen, die wir selbst noch nicht
aussprechen können, gehören nicht zu uns. Sie sind wie
Ausweiskarten, seelenlose Schildchen, die Objekte benennen, die zufällig meine Schwester und ich sind.
Eva Hoffmann (1995: 115)

4.17 Herkunftsland Polen

In Deutschland leben etwa 361 700 Polinnen und Polen. Davon ca. 35 000 seit mehr als zwanzig Jahren (Migrationsbericht 2006). Nicht berücksichtigt sind dabei die Angehörigen der
Arbeitsmigranten, die gegen Ende des 19. Jahrhunderts vor allem im Ruhrgebiet eine polnische
Minderheit bildeten. Ihre Nachkommen sind nicht als Minderheit in Deutschland anerkannt,
da sie als integriert und nicht schutzbedürftig gelten, sie deutsche Staatsangehörige sind und nur
noch ihre Familiennamen auf die polnische Herkunft hinweisen. Ihre Zahl wird auf 80 000 bis
100 000 Personen geschätzt (Stefanski 1995). Bis in die 1980er Jahre kamen viele Polinnen und
Polen vor allem aus politischen Gründen nach Deutschland. In der heutigen Zeit ist die Migration
von Polen nach Deutschland überwiegend ökonomisch motiviert. 2006 haben über 1500 junge
Menschen aus Polen ein Hochschulstudium in Deutschland absolviert. Unter den ausländischen
Studierenden nehmen sie von der Anzahl nach den Studierenden aus China den zweiten Platz ein
(Migrationsbericht 2006).

Die Bevölkerung Polens ist seit 1945 sehr homogen, da große Siedlungsgebiete der Ukrainer und
der Weißrussen nach dem 2. Weltkrieg an die UdSSR angegliedert wurden. Nur ein kleiner Teil
(die Zahlenangaben variieren zwischen 2,5 % bis 3,5 %) gehört verschiedenen Minderheiten an,
von denen die Gruppe der Deutschen die größte ist, gefolgt von Weißrussen und Ukrainern.
Weiter leben kleine Minderheitengruppen von Tataren, Litauer, Roma, Lemken, Karäer, Slowaken
und Tschechen in Polen.

Sprachen

In Polen ist Polnisch Amtssprache. Polnisch gehört zur indogermanischen Sprachfamilie und dort zur lechischen Untergruppe der Westslawischen Sprachen. Polnisch wird mit dem lateinischen Alphabet geschrieben, ergänzt um diakritische Zeichen. Regional wird Deutsch, Ukrainisch und Weißrussisch gesprochen.

Religion

Etwa 95 % der polnischen Bevölkerung gehören der Römisch-Katholischen Kirche an. In Polen wird deshalb der Namenstag gefeiert. Von den weiteren christlichen Religionsgemeinschaften sind die Polnisch-Ortodoxe Kirche, gefolgt von der Evangelisch-Augsburgischen Kirche und der Altkatholischen Kirche die größten. Die Jüdische Gemeinde, die vor dem 2. Weltkrieg über drei Millionen Menschen zählte, wurde vernichtet. Nach Schätzungen des Moses Schorr Centre leben inzwischen wieder mehr als 30 000 Juden in Polen (wikipedia 2008f). Die Anzahl der Muslime gibt Meyers Lexikon (2006) mit etwa 30 000 Gläubigen an.

Namen

Polnische Namen setzen sich in der Regel aus zwei vorangestellten Vornamen und dem Familiennamen zusammen oder seltener aus nur einem Vornamen und einem Familiennamen.

Familiennamen

Im 16. Jahrhundert war es in Polen üblich, dass der Landadel die Namensendungen „ski" oder „cki" annahm. Dadurch erhielten diese Suffixe eine „adelige" Konnotation (Hagedorn 2001: 27). In späteren Jahren übernahm auch die nicht adelige Bevölkerung diese Endung, die sinngemäß „Sohn von" bedeutet. Von daher sind Familiennamen mit der Endung „ski" in Polen häufig, wie beispielsweise die Namen *Kowalski* oder *Rudziński*. Nimmt mit der Eheschließung eine Frau einen auf „ski" oder „cki" endenden Namen als Familiennamen an, wird die jeweilige Endung in die weiblich Form „ska" oder „cka" umgewandelt (Bundesministerium des Innern 2008). Die früher gebräuchlichen Endungen von Frauennamen zur Unterscheidung des Familienstands der Frau, „owa" und „ina" standen für verheiratete und „ówna" und „anka" für ledige Frauen, sind im modernen Polen nicht mehr üblich. Einigen sich Eheleute auf einen gemeinsamen Familiennamen wird dieser nach der Scheidung oder beim Tod des Partners bzw. der Partnerin beibehalten. Auf Antrag kann aber auch der voreheliche Name wieder angenommen werden. Eine Familiennamensänderung eines Kindes in Folge einer erneuten Eheschließung, setzt ab dem 14. Lebensjahr die schriftliche Zustimmung des Kindes voraus.

Beide Eheleute behalten weiterhin den zur Zeit der Eheschließung geführten Familiennamen. Frauen können den Namen des Ehemannes ihrem Familiennamen voranstellen oder auch anhängen. Durch eine gemeinsame Erklärung kann von beiden Eheleuten auch ein gemeinsamer Familienname bestimmt werden. Dabei werden bei Übernahme des Familiennamen des Mannes Endungen auf „ski" oder cki" beim Namen der Frau zu „ska" oder „cka", wie beim folgenden Beispielen dargestellt. Kinder erhalten wahlweise den Namen der Mutter oder den des Vaters. Die Namensführung von Geschwistern ist einheitlich.

227

Vornamen

Häufig erhalten Kinder zwei Vornamen. Der erste Vorname ist der Rufname. Er wird nach den persönlichen Vorlieben der Eltern ausgewählt. Beliebt sind Namen bekannter Persönlichkeiten aus Kultur, Sport, Gesellschaft und Politik. Die Vergabe slawischer Namen wie *Bogumił*, „der Liebling Gottes" oder *Bogdan*, „Gottesgeschenk" ist weniger verbreitet als in früheren Jahren. Der zweite Vorname ist der katholischen Tradition folgend der Name einer Heiligen oder der eines Heiligen und soll das Kind lebenslang führen und behüten. Er wird im Alltag nicht benutzt und findet sich nur in Dokumenten wieder. Mädchennamen enden auf „a", wie bei *Ewa* oder *Zuzanna*, Jungennamen in der Regel auf Konsonanten wie bei *Patryk* oder *Kamil*. Nur sehr selten enden männliche Namen auch auf einen Vokal. So sind *Mieszko* oder *Barnaba* Ausnahmen von der Regel. Der Rufname, nicht nur von Kindern, wird bei der Ansprache durch zahlreiche Koseformen variiert. So kann eine Frau namens *Zofia* als *Zosia*, *Zośka* oder *Zosieńka* angesprochen werden, um nur drei von zahlreichen Varianten zu nennen.

Weibliche Namen

Rufname	2. Vorname	Familienname
Bronia	Marta	Rudeńska
Kurzform von Bronisława	Poln. Form von Martha	„bei einer Erzmine wohnend"
„Ruhmeskampf"		

Männliche Namen

Rufname	2. Vorname	Familienname
Jan	Paweł	Rudeński
Poln. Form von Johannes	Poln. Form von Paul	„bei einer Erzmine wohnend"

Interkulturelle Kommunikation

Auf Titel wird Wert gelegt und ein „Frau Professor" oder „Herr Ingenieur" vor den Familiennamen, oder wenn man sich besser kennt, auch vor den Vornamen gesetzt, sind sowohl bei der schriftlichen als auch bei der mündlichen Anrede ein Zeichen von Respekt. Im offiziellen Kontext ist die Kommunikation förmlich. Auf angemessene Kleidung und Höflichkeit wird Wert gelegt. Saloppe Freizeitkleidung von Verwaltungsangestellten kann als unangemessen empfunden werden, da die Person als Repräsentantin oder Repräsentant der jeweiligen Behörde oder Einrichtung wahrgenommen wird. Eine Begrüßung mit Handschlag ist üblich. Üblich ist auch, sich mit dem Familiennamen vorzustellen und sich mit „Sie" anzusprechen. Bei häufigen Kontakten ist der Wechsel zum „Sie" in Verbindung mit dem Vornamen nicht ungewöhnlich. Im Gespräch wird Blickkontakt aufgenommen und auch während des Gespräches gehalten (vgl. Commer/ v. Thadden 1999: 223f).

Aussprache

Die polnische Sprache enthält viele Zischlaute und Kombinationen von Zischlauten, die die Aussprache für Zweitsprachler sehr erschweren. Außerdem wird zwischen harten, verhärteten und weichen Konsonanten unterschieden. Die polnische Aussprache des lateinischen Alphabets wird durch diakritische Zeichen wiedergegeben. Die Beispiele beschränken sich hier auf die Aussprache von Buchstaben, die erheblich von der deutschen Aussprache des lateinischen Alphabets abweichen, wobei Buchstabenfolgen nicht berücksichtigt wurden.

Folgende Anekdote erzählte uns eine Befreundete Polin: Als sie erst kurz in Deutschland war um hier zu studieren, wurde sie von einer deutschen Kommilitonin gefragt, was sie von Walesa (gesprochen wie geschrieben) hielte. Sie antwortete, dass sie diese Person nicht kennen würde. Ihrer Gesprächspartnerin zog sich irritiert zurück. Die deutsche Aussprache des polnischen Friedensnobelpreisträger Lech Wałęsa war der polnischen Studentin völlig fremd, da der Buchstabe „ł" wie ein englisches „w" und nicht wie „l" ausgesprochen wird.

ą	je nach Buchstabenfolge „on", „om" oder nasales „O", wie in Bonbon
c	z wie Zar
ć	tch wie in Entchen
ł	englische ausgesprochenes w wie world
ó	u wie in dumm
ś	ähnlich wie ch in Kirche
z	s wie in Suppe
ż	stimmhaftes sch wie in Garage

Drei Brüder, drei Festungen.
Portugiesisches Sprichwort

4.18 Herkunftsland Portugal

Portugal ist eines der klassischen europäischen Auswanderungsländer. In Deutschland leben gut 115 000 Männer und Frauen portugiesischer Herkunft, davon knapp 50 000 schon 20 Jahre und länger (Migrationsbericht 2006). Damit gehören Portugiesinnen und Portugiesen zu den kleineren Minderheiten. 1964 wurde eine Anwerbevereinbarung abgeschlossen, die in den nächsten zehn Jahren zu einer Einreise von etwa 165 000 Portugiesen und Portugiesinnen führte (Pelotte 1995: 403). Nach 1974, dem Jahr der portugiesischen „Nelkenrevolution"[14], ging die portugiesische Auswanderung in die verschiedenen europäischen Länder, insbesondere nach Frankreich zurück. Die weitere Arbeitszuwanderung nach Deutschland wurde durch den Anwerbestopp verhindert. Mit dem Beitritt Portugals zur Europäischen Gemeinschaft im Jahr 1986 war auch die Freizügigkeit der Arbeitskräftewanderung verbunden. Schwerpunkte der Ansiedlung waren die industrialisierten Bundesländer Nordrhein-Westfalen, Baden-Württemberg, Hessen und Hamburg.

Ursachen der Migration waren ökonomische Gründe und zum Teil auch politische Diskriminierung und Verfolgung durch das rechte Salazar-Regime. Portugal war (und ist es zum Teil noch heute) ein wenig entwickeltes Agrarland mit starkem regionalen Gefälle insbesondere zwischen Stadt und Land sowie zwischen Küstenregionen und Binnenland (Polm 1997f: 127). Zunächst kamen überwiegend männliche Arbeitskräfte, bald nahm aber auch die Zahl angeworbener

---

14 Die Nelkenrevolution war der unblutige Putsch eines Teils des portugiesischen Militärs gegen das rechte Salazar-Regime. Die dankbare Bevölkerung steckte den Soldaten rote Nelken in die Gewehrläufe.

Frauen deutlich zu, bis 1973 auf ca. 20 000. Der Anteil der Erwerbstätigen lag über die Jahre der Zuwanderung um 80 %. Das verkehrte sich mit dem Anwerbestopp als die Zugewanderten sich zum Bleiben entschieden und ihre Familien nachholten. Zugleich stieg die Zahl der Rückkehrer stark an, begünstigt durch die Revolution und die Hoffnung, dass sich die politische, soziale und ökonomische Lage bald verbessern werde. So überstieg 1974 die Zahl der Wegzüge die der Zuzüge (Pelotte 1995: 404f.).

Portugal ist ethnisch, sprachlich und religiös ein sehr homogenes Land.

Religion

Die Portugiesen gehören zu etwa 95 % der Römisch-katholischen Kirche an. Mag das Land auch verfassungsrechtlich laizistisch definiert sein, so gibt es doch eine starke Verbindung von Staat und Kirche. Das hat auch Auswirkungen auf das Leben der zumeist aus ländlichen Gebieten stammenden portugiesischen Zuwanderinnen und Zuwanderer in Deutschland. Kirche, religiöse Feste und Familienfeiern prägen den Alltag. Neben dem Katholizismus gibt es kleinere Gemeinden von Protestanten (ca. 48 000), Orthodoxen (17 000), Muslimen (12 000) und Juden (2000) (Auswärtiges Amt 2008g).

Sprachen

Die portugiesische Sprache ist romanischen Ursprungs und wird auf dem ganzen Festland und auf den Inseln Madeira und den Azoren gesprochen (und ferner in ganz Brasilien). Aussprache und Betonung lassen regionale Unterschiede erkennen (ebd.). Als einzige, auch anerkannte Minderheitensprache gibt es einen dem Asturischen zugehörigen Dialekt, Mirandes genannt, der in den Dörfern von Miranda do Douro gesprochen wird (Wikipedia 2008g).

Namen

Die portugiesische Namengebung kennt eine Namenfolge ganz ähnlich der in spanisch sprachlichen Ländern. Die gebräuchliche Folge von Vor- und Familiennamen ist auf sechs Namenteile begrenzt. Die Vornamenwahl ist traditionell christlich geprägt. Im Alltag führen Portugiesen zumeist nur jeweils einen Vor- und Nachnamen, häufig den zweiten Namen als Rufnamen und den zweiten, letzten Namensteil als Nachnamen. Die Bestandteile *da, de, do, dos* und *das* sind Bindungswörter zwischen Vornamen, zwischen Vor- und Familiennamen oder zwischen Familiennamen, die nach Belieben Verwendung finden

Nachnamen

Familiennamen haben sich in Portugal früh entwickelt, Adlige führten sie schon im 11. Jahrhundert, ab dem 16. Jahrhundert waren sie erblich. Meistens orientierte man sich am Namen des Grundbesitzes, was vielfach beibehalten wurde. Wie in vielen anderen Sprachen finden sich auch im Portugiesischen Familiennamen als Patronyme von Personennamen, gebildet durch das Suffix „-es", also beispielsweise *Marques* als Nachkomme eines Marcus.

Ebenso wie im Spanischen führen Portugiesen zwei Nachnamen, die sich in der Regel aus den Namen von Vater und Mutter zusammensetzen Im Gegensatz zu Spanien wird aber der Name der Mutter vor den Namen des Vaters gesetzt. Es ist auch nicht vorgeschrieben, welche Namensbestandteile der Eltern gewählt werden müssen. Die Ehegatten führen keinen gemeinsamen Familiennamen kraft Gesetzes. Jeder Ehegatte führt weiterhin den zur Zeit der Eheschließung geführten Familiennamen. Beide Ehegatten können ihrem Familiennamen den Familiennamen des anderen Ehegatten anfügen, so dass vier Nachnamen möglich sind. Häufig wählt die Ehefrau im sozialen Verkehr den Familiennamen des Ehemannes als „Gebrauchsnamen".

Das Kind, dessen Eltern miteinander verheiratet sind, erhält bei der Geburt einen aus maximal vier Namensbestandteilen zusammengesetzten Familiennamen, der aus den Bestandteilen der Familiennamen von Vater und Mutter oder nur eines Elternteils oder aus Familiennamen der Vorfahren (auf deren Führen die Eltern ein Recht haben) gebildet wird. Die einheitliche Namensführung von Geschwistern ist nicht zu beachten. (Bundesministerium des Innern 2008).

Vornamen

Die Wahl der Vornamen folgt christlichen Traditionen, sie bilden Altes und Neues Testament und insbesondere die Heiligen ab. Beliebt ist bei Mädchen *Maria* als ein Vorname, meistens als erster, so dass dann der zweite Vorname zum Rufnamen wird, um die Unterscheidbarkeit zu erleichtern. Die häufigsten Vornamen der letzten Jahre lauten für Mädchen *Ana, Joana, Rita, Inês* und *Catarina*, für Jungen *João, Pedro, André, Tiago* und *Luis* (http://www.beliebte-vornamen.de/portugiesische.htm).

Weibliche Namen

Erster Vor-/Rufname	Zweiter Vor-/Rufname	Familienname von der Mutter	Familienname vom Vater
Maria dos Anjos	Manuela	Peres	Ferreira
Maria von den Engeln	Von hebr. Immanuel, Name des Messias	Nachkomme des Pero, hebr. Petrus	Von einem Schmied abstammend

Männliche Namen

Erster Vor-/Rufname	Zweiter Vor-/Rufname	Familienname von der Mutter	Familienname vom Vater
Carlos	Jose	Castro	Carvalho
Von deutsch Karl	Von hebr. Josef, „Gott möge noch einen Sohn schenken."	Von lat. castrum, „die Festung, die Burg"	Von einem Grundstück mit Eichen herstammend

Interkulturelle Kommunikation

Im offiziellen Behörden- und Schriftverkehr werden alle vier Namensbestandteile aufgeführt. Titel sind ganz wichtig in Portugal und werden selbst dann benützt, wenn das Gegenüber gar keinen akademischen Titel trägt. Die Ansprache erfolgt mit *Señhora Doctor* oder *Señhor Engenheiro* (Commer/v. Thadden 1998: 227).

Der Händedruck ist in Portugal üblich, Frauen begrüßen einander häufig durch einen Kuss auf die rechte Wange. Nach längerer Bekanntschaft ist das auch zwischen den Geschlechtern gebräuchlich. Frauen werden mit dem Vornamen angesprochen und so auch vorgestellt. Das Duzen gibt es in Portugal nicht, das „Sie" ist obligatorisch, bisweilen werden sogar noch die Eltern von den Kindern gesiezt. Gefühle werden gezeigt. In Gesprächen werden die verbalen Botschaften durch nonverbale Botschaften ergänzt. Die Sprache ist gestenreich (ebd.).

Aussprache

Einige Buchstaben tragen Diakritika wie á, é, ó, í und ú, ferner â für die richtige Betonung. Eine veränderte Aussprache ergibt sich insbesondere bei folgenden Buchstaben bzw. Lautkombinationen:

â   ä wie in **Ä**pfel

ão   verschmelzen die beiden Buchstaben zu dunklem u bis w

ç   scharfes s wie in Fa**ss**

j   weiches sch wie in **J**ournal

lh   wie lj Fami**li**e

nh   wie nj in A**nj**a

Die Buchstaben k, w und y gibt es nicht im Portugiesischen.

Ein geliebtes Kind trägt viele Namen.
Russisches Sprichwort

4.19 Herkunftsland Russland

Die Zuwanderung von Bürgerinnen und Bürgern der Russischen Föderation nach Deutschland hat sich seit dem Zerfall der Sowjetunion und dem Ende des kalten Krieges enorm beschleunigt. So lebten Ende 2006 mehr als 187 000 Russinnen und Russen in Deutschland, sie nehmen damit Platz 7 in der Liste der Migrantengruppen ein. Der überwiegende Teil von fast 158 000 lebt noch keine zehn Jahre hier, langjährige Aufenthalte von 20 und mehr Jahren haben nur wenige Hundert. Inzwischen gibt es auch einen hohen Prozentsatz an Studierenden. Im Jahr 2006 haben mehr als 1 300 junge Russen einen akademischen Abschluss in Deutschland gemacht (Migrationsbericht 2006).

Bis Anfang der 1990er Jahre waren die Migrationsursachen vorwiegend politische oder religiöse Diskriminierung. Politische Dissidenten wurden drangsaliert, ausgewiesen oder auch von Deutschland freigekauft. Ähnliches gilt für die Ausreise religiöser Minderheiten, insbesondere russischstämmiger Juden. Verstärkt wurde der Ausreisewille vieler Menschen auch durch die sich immer mehr verschlechternde wirtschaftliche Situation. Nach dem Zerfall der Sowjetunion hat sich dann die ökonomische und soziale Lage zunächst drastisch verschlechtert, was zu einer neuen Migrationswelle aus rein ökonomischen Gründen geführt hat. So hat die Zuwanderung von Russinnen und Russen von 1992 (5808) bis 1995 (39 967) um mehr als das Sechsfache zugenommen. Die Zuwanderer und Zuwanderinnen sind durchschnittlich recht jung, gut ein Drittel zwischen 20 und 40 Jahren, darunter sind über 50 % Frauen (Polm 1997g: 136).

Russland ist mit gut 143 Millionen Einwohnern ein Vielvölkerstaat, entsprechend ist auch die Zusammensetzung der Emigranten. Bis zur Auflösung der UdSSR waren alle Migrantinnen und Migranten Unionsbürger, die aber aus den zahlreichen Teilrepubliken stammen konnten. Nach dem Zerfall sind 15 neue Staaten entstanden, einer davon ist die Russische Föderation, die wiederum aus 21 Teilrepubliken besteht mit eigenem Rechtscharakter, eigener Verfassung und Gesetzgebung. Russland ist also auch heute noch ein multiethnisches und multireligiöses Imperium mit allen Problemen eines Vielvölkerstaates: es gibt über 120 Völker und Völkerschaften, wobei die slawischen Russen mit knapp 80 % dominieren, gefolgt von Tataren (knapp 4 %), Ukrainern (2 %) sowie Tschuwaschen, Baschkiren und Tschetschenen (mit jeweils ca. 1 %) (Auswärtiges Amt 2008h).

Religion

Eine große Gruppe der Bevölkerung ist als Folge der sowjetischen Politik zwischen 1917 und 1990 als konfessionslos zu bezeichnen. Großes, auch politisches Gewicht hat wieder die Russisch-Orthodoxe Kirche gewonnen, die sich allmählich zur Staatsreligion zu entwickeln scheint. Umfragen zufolge sollen sich zwei Drittel der Bevölkerung zur Russischen Orthodoxie bekennen, etwa 10 % (rund 20 Millionen) zum Islam, daneben gibt es sehr kleine katholische, etwas größere protestantische und zum Teil noch jüdische Gemeinden. Weiterhin gibt es eine Million Buddhisten (z.B. Kalmücken) sowie vorchristliche Naturreligionen (z.B. die Manzi im Ural) (Russland-Aktuell 2008). Alle Zahlen sind allerdings nicht eindeutig belegt, geben nur eine ungefähre Orientierung. So zitiert Löwe eine Umfrage, wonach sich nur 40 % der Bevölkerung überhaupt als „gläubig" bezeichnen (Löwe 2002: 86).

Sprachen

In Russland gibt es allein fünf Sprachgruppen, nämlich indo-europäische, finno-ugrische, Altaj-Sprachen, kaukasische und paläoasiatische Sprachen. Zu den indo-europäischen Sprachen gehören auch die slawischen Sprachen, hierzu die ostslawischen und damit das Russische (ebd.: 81). Russisch ist für die gesamte Föderation Amtssprache und gilt für die nicht-russischen Völker als „zweite Muttersprache". Geschrieben wird mit dem kyrillischen Alphabet. Daneben gibt es die lateinische Schrift in Tartastan. Alle Bürgerinnen und Bürger haben das Recht, ihre jeweilige Muttersprache im privaten Bereich, im Bildungswesen und im amtlichen Verkehr zu nutzen (ebd.: 82). „Lingua franca" bleibt jedoch das Russische.

Namen

Russische Personennamen bestehen grundsätzlich aus drei Teilen: dem Vornamen *(ímja)*, dem Vatersnamen *(ótčestvo)* und dem Familien- oder Nachnamen *(famílija)*. So kann ein Mann *Iván Ivánovič Ivanóv* heißen und eine Frau *Ekaterína Pávlovna Pávlova* (ebd.: 190).

Nachnamen

Die Entwicklung des russischen Namensystems war ein längerer Prozess, der bereits im 14. Jahrhundert begonnen hat und erst mit der Oktoberrevolution zu Beginn des 20. Jahrhunderts geendet ist. Die Nachnamen leiten sich vielfach aus Ortsbezeichnungen und aus biblischen Begriffen ab. Größtenteils sind sie aber – wie die Vaternamen – Patronymika (Hagedorn 2002:15). So besagen die Nachnamen *Ivanóv* oder *Petróv*, dass es sich um Nachkommen eines Ivan bzw. Peters handelt. Die Namen *Rozhdestvenskij* und *Voskresenskij* verdanken sich wahrscheinlich einem gefestigten russisch-orthodoxen Glauben, verweisen sie doch auf Weihnachten bzw. die Auferstehung. Aus den Nachnamen ist immer eindeutig das Geschlecht der Namensträger erkennbar. Weibliche Nachnamen enden immer auf „-a".

Vornamen

Der Vorname besteht aus dem eigentlichen Rufnamen und dem Vornamen des Vaters. Im Beispiel oben handelt es ich also um *Iván*, Sohn des *Iván*, und um *Ekaterína*, Tochter des *Pável*. Der Vatername im heutigen Verständnis ist erst in der zweiten Hälfte des 19. Jahrhunderts formal vereinheitlicht worden und wird durch das Suffix „*-vič* " (nach anderer Transliteration „-witsch") in der männlichen Form bzw. „*-ovna* " (oder „*-owna* ") gebildet (ebd.). So kennen wir den *Boris Nikolajewitsch Jelzin*, der also ein Sohn des Nikolai ist, oder die verstorbene *Raissa Maximowna Gorbatschowa*, die Tochter des Maxim.

Die höfliche und korrekte, durchaus nicht vertrauliche und persönliche Ansprache unter Personen besteht in der Nennung von Vor- und Vatersnamen, verbunden mit dem Sie. Das gilt ebenso gegenüber höher gestellten Persönlichkeiten und wird auch in der Briefform angewendet (Löwe 2002:190). Schon ab einer gewissen Vertrautheit, also bereits unter guten Bekannten, werden Kurz- oder Verkleinerungsformen der Vornamen benutzt, die es in schier unendlicher Fülle im Russischen gibt. So wird aus Maria *Mascha, Manja* oder *Marusja*, aus Alexander macht man *Sascha, Sanja* oder *Schura*. Unter Freunden und in der Familie werden daraus vielfältige Koseformen, für diese Beispiele etwa *Maschenka, Maschutka* bzw. *Saschanka, Saschok*. Gefährlich für Fremde ist der Gebrauch des Suffix „k", das in der Familie auch freundlich gemeint sein kann, meistens jedoch eine Verächtlichmachung ausdrücken will, z.B. wenn aus *Marina* eine *Marinka* wird oder aus *Wolodja Wolodka*.

Weibliche Namen

Vor-/Rufname	Vatersname	Nach-/Familienname
Svetlana	Alexandrowna	Michajlov
Von russ. „hell"	Tochter des Alexander	Nachkomme des Michael

Männliche Namen

Vor-/Rufname	Vatersname	Nach-/Familienname
Ivan	Nikolajewitsch	Shiroff
Von hebr. Johannes	Sohn des Nikolai	Sohn eines großen Mannes

Interkulturelle Kommunikation

In behördlichen Anreden, Anschreiben oder Schriftstücken werden alle drei Namen aufgeführt, es wird also immer auch der Nachname einbezogen. Titel und Rangordnung haben in Russland eine wichtige Funktion. Diese zu beachten ist eine wesentliche Voraussetzung etwa für eine erfolgreiche Verhandlung und gelingende Kommunikation. Das hängt auch mit der sowjetischen Vergangenheit zusammen, in der die richtige Interpretation der jeweiligen Ordnung und ihrer Repräsentanten geradezu (über-) lebenswichtig sein konnte. In Russland ist es für Russinnen und Russen im Kontakt mit Fremden besonders wichtig, dass diese ihre „Fremdenrolle" beibehalten, das heißt, dass sie sich nicht wie Russinnen und Russen aufführen. Zugleich bedeutet diese Rolle, dass jeder Fremde „als eine Art Prototyp seines Landes betrachtet wird" (ebd.: 181).

Für die russische Körpersprache gilt generell ein Gegensatz von einem eher zurückgenommenen Verhalten in der Öffentlichkeit und einem intensiveren Agieren im privaten Umfeld. Mimik und Gestik sind in der Öffentlichkeit zurückhaltend. Sofern es sich nicht um neureiche Aufsteiger handelte, folgen Russen dem Prinzip der Über- und Unterordnung, werden sich also zum Beispiel bei Behördenkontakten eher unterwürfig zeigen. Direkter Blickkontakt ist nicht üblich und wirkt unbescheiden und aufdringlich. Das gilt besonders für Frauen, die auch dem sonst durchaus üblichen Händedruck lieber meiden. Allerdings werden Berührungen und Körperkontakt gesucht, der Körperabstand ist deutlich geringer als in Deutschland. Unter guten Bekannten kommt es zu heftigen Umarmungen mit zwei oder meistens drei Wangenküssen, auch unter Männern (ebd.: 182 ff.). Wegen der eigenen Ansprachegewohnheit mit Vornamen bitten Russen häufig um den Vornamen des Gegenübers, (manchmal auch um den des Vaters), um dann jeweils den Vornamen mit dem Sie zu verbinden. Bei nicht nur offiziellen Begegnungen kann der Austausch von Visitenkarten geradezu als Sucht bezeichnet werden. Nach einem Gespräch in mittelgroßer Runde geht man mit einem Päckchen neuer, zum Teil prachtvoll gestalteter Karten nach Hause. Hat man selbst keine Visitenkarten, steht man recht ärmlich da. Auch für Höflichkeitsbesuche ist sie ein unentbehrliches Utensil.

Aussprache

Je nach Transliteration fällt die Aussprache leichter oder schwerer. So kann es zu folgenden besonderen Aussprachen kommen:

č	tsch
e	je
ë	jo
é	offenes e
s	stimmloses s wie in das
š	stimmloses sch wie in schön
šč	schtsch
ž	stimmhaftes j wie in Journal
z	stimmhaftes s wie in Rasen
z	z wie in Zank

Der gute Ruf reicht weit, aber der schlechte Ruf
reicht weiter.
Serbisches Sprichwort

4.20 Herkunftsland Serbien

Die Migration von Angehörigen der heute in der Bundesrepublik Deutschland lebenden serbischen Minderheit hatte vor allem zwei Ursachen. 1968 schloss Deutschland ein Abkommen über die Beschäftigung von jugoslawischen Arbeitnehmern in der Bundesrepublik ab. Bis zum Jahre 1973 wuchs die jugoslawische Minderheit auf über 707 500 Personen an und verkleinerte sich in den folgenden Jahren wieder durch Rückwanderung auf eine Personenzahl von ca. 552 000. Ab 1989 stieg die Anzahl der immigrierten Menschen durch Flucht vor dem Jugoslawienkrieg und erhöhte sich nochmals durch die Auflösung Jugoslawiens 1991 und in den Folgejahren (vgl. Belošević/Stanisavljević 1995: 278f).

Nach dem Auseinanderbrechen Jugoslawiens führten Serbien und Montenegro ab 1992 zunächst unter dem Namen Bundesrepublik Jugoslawien gemeinsam einen nicht anerkannten Staat fort. Seit Juni 2006 sind Serbien und Montenegro zwei unabhängige Staaten, was sich aber in der deutschen Statistik von 2006 noch nicht niederschlagen konnte. 2008 hat sich auch noch der Kosovo für unabhängig erklärt, die albanische Minderheit ist aber ebenso noch in deutschen Statistiken als Teil der serbischen Bevölkerung enthalten. Geblieben ist Serbien damit nur noch die autonome Provinz Vojvodina, ein Vielvölkergemisch, wo die Ungarn mit gut 14 % die zweitgrößte Bevölkerungsgruppe bilden. Nach der Volkszählung von 2002 machen Serben knapp 83 % der Bevölkerung aus, gefolgt von Ungarn mit knapp 4 %, Bosniaken mit 2,1 %, Roma und Sinti mit 1,5 % und weiteren Minderheiten wie Walachen, Kroaten, Albaner oder Slowaken (Auswärtiges Amt 2008i).

Aktuell umfasst die Zahl der ausländischen Bevölkerung aus dem heutigen Staat Serbien in Deutschland knapp 482 000 Menschen, von denen mehr als 142 000 schon 20 Jahre und länger hier leben. Zur Gruppe der Serben zählen auch weitere ethnische Minderheiten, die inzwischen in unabhängigen Staaten wie beispielsweise in Kroatien oder Bosnien-Herzegowina leben.

Religionen

Die größte ethnische Gruppe der Serben mit 85 % ist serbischen orthodoxen Glaubens, gefolgt von den größtenteils katholischen Ungarn mit 6 % und 3 % Muslimen. Daneben gibt es eine Vielzahl kleinerer Konfessionen wie Protestanten oder Juden.

Sprachen

Nach dem Zerfall Jugoslawiens und nachdem der Versuch, mit der Bundesrepublik Jugoslawien den alten Staat als Rechtsnachfolgerin zu beerben, gescheitert war, hat auch das Serbokroatische aufgehört zu existieren. Nun wird auch von Serbien alles getan, die Eigenständigkeit zu betonen und Serbisch in seiner Unterschiedlichkeit hervorzuheben (vgl. Belošević/Stanisavljević 1995: 275). Die sprachlichen Unterschiede zwischen Kroatisch und Serbisch, beide südslawischen Ursprungs, sind aber gering. Es gibt kaum Unterschiede in Grammatik, Wortschatz, Syntax und Aussprache, wohl aber in der schriftlichen Form, weil in Serbien meist kyrillisch geschrieben wird (ebd.). Daneben wird auch das lateinische Alphabet benutzt, ergänzt um serbische Sonderzeichen. Neben der Hauptsprache Serbisch wird auch Ungarisch, Russisch, Slowakisch und Rumänisch gesprochen. Diese Sprachen sind in der Vojvodina alle auch Amtssprachen.

Namen

In Serbien tragen Männer wie Frauen in der Regel einen Vor- und Nachnamen. Als ein Land mit überwiegend orthodoxer Bevölkerung geben die Eltern ihren Kindern in vielen Fällen christlich geprägte Vornamen. Die Namenwahl ist in Serbien und Kroatien sehr ähnlich, nur selten lässt sich schon am Namen ablesen, welcher Ethnie der Namensträger angehört. Als Ausnahme gilt etwa der kroatische Nachname *Ivanević*, der im Serbischen *Jovanović* lautet.

Nachnamen

Die serbischen Namen enden ebenso wie die kroatischen häufig auf einem „*-ić*", nach Schätzungen etwa zwei Drittel aller Namen. Es ist ebenfalls ein Diminutiv, allerdings sowohl als Patronym wie als Metronym gebräuchlich. Bei Patronymen wird oft ein *ev, ov* oder *v* eingefügt, also z.B. *Jovanović* (von Johannes). Bei männlichen Vornamen auf „*-a*" entfällt dieses und wird durch „*-ić*" ersetzt, also *Nikolić* (von Nikola) oder *Kostić* (von Kosta). Ebenso verfährt man bei Metronymen, da in der Regel weibliche Vornamen auf „*-a*" enden: *Marić* (von Maria) oder *Radić* (von Rada). Weitere Suffixe, die häufig Verwendung finden, sind: *-in, -ski, -ev, -as, -ak*. Die am meisten verbreiteten Nachnamen sind *Jovanović* (von Johannes), *Petrović* (von Peter), *Marković* (von Marko) und *Djordjević* (von Georg) (Wikipedia 2008h).

Bei der Eheschließung übernimmt die Ehefrau den Namen ihres Mannes oder fügt ihrem Familiennamen den des Ehegatten mit Bindestrich an. Das Kind trägt den Namen des Vaters als Familiennamen.

Vornamen

Auch in Serbien war es lange Zeit Brauch, sich bei der Wahl des Vornamens an den Namen der Großeltern zu orientieren. Neben biblischen Vornamen finden sich vor allem in jüngster Zeit Namen, die angeblich rein serbisch sind und dem neuen Nationalgefühl entsprechen: *Dragan, Ratko* oder *Simisa*. Weibliche serbische Vornamen sind eindeutig und enden immer auf „-a", männliche in der Regel auf einem Konsonanten, aber mit vielen Ausnahmen. Beliebte Vornamen sind derzeit für Jungen *Milan, Daniel* und *Milo*, für Mädchen *Lana, Mia* oder *Vera* (vgl. http:// www.baby-vornamen.de/Sprache_und_Herkunft/serbische_Vornamen.php).

Weibliche Namen

Ruf-/Vorname	Nach-/Familienname
Milica	Popović
Die Liebe, die Freundliche	Sohn des Popen

Männliche Namen

Ruf-/Vorname	Nach-/Familienname
Radovan	Dragović
Der, der arbeitet	Sohn des Drago, d.h. der Liebe

Interkulturelle Kommunikation

Titel werden nur im beruflichen Zusammenhang benutzt, sie sind nicht Teil des Namens und werden dementsprechend nicht in Dokumenten wie dem Reisepass aufgeführt.

Fremde benutzen in der Anrede die Höflichkeitsform des Sie (*Vi*, wörtlich Ihr, also die zweite Person Plural), allerdings wird auf dem Land häufig das Sie mit der Anrede des Vornamen verbunden und recht rasch zum vertraulichen Du *(ti)* gewechselt. In der Stadt benutzt man Herr bzw. Frau mit dem Nachnamen. Damit sind die deutschen Formen der Ansprache also vertraut. In der Kommunikation ist Blickkontakt üblich, der Körperabstand ist wie in vielen südlichen Ländern deutlich geringer als in Deutschland. Man schüttelt sich wie in Deutschland die Hand zur Begrüßung.

Aussprache

Die Buchstaben werden überwiegend wie im Deutschen ausgesprochen, mit folgenden Abweichungen und Ergänzungen:

C tz wie in Katze

Č hartes tsch wie in Matsch

Ć weiches tsch wie in Brötchen

Đ weiches dsch wie in Gendarm

Dž dsch wie englisches j in John

Š sch wie in Schule

Ž sch zwischen weichem sch und j wie im französischen Journal

Die Buchstaben Q, W, X und Y gibt es im Serbischen nicht. Sie kommen nur in Fremdworten vor.

Ein guter Name ist mehr wert als Reichtum.
Miguel de Cervantes (1547–1616)

4.21 Herkunftsland Spanien

Die Migration von spanischen Arbeitskräften nach Deutschland erfolgte vor allem seit der staatlichen Anwerbevereinbarung von 1960. Lebten im Vorjahr nur etwas mehr als 2000 Menschen spanischer Herkunft in der Bundesrepublik, stieg ihr Anteil nach Abschluss des Anwerbeabkommens auf etwa 16450 Personen. Anfang der 1970er Jahre betrug ihr Anteil über 270000 (vgl. Romano-García 1995: 470).

Migrationsgrund war vor allem die ökonomisch motivierte Arbeitsmigration, insbesondere aus Südspanien und Galicien, und die spätere Familienzusammenführung. Ein weiteres wichtiges Motiv für die Emigration für Familien war der Wunsch vieler Eltern, ihren Kindern eine gute Ausbildung zu ermöglichen. Die schulische Ausbildung in den ländlichen Regionen Spaniens war zum Teil unzureichend und die höheren Schulen waren privat und so teuer, dass ein Schulbesuch von spanischen Landarbeiterfamilien nicht finanziert werden konnte. Die deutsche Schulverwaltung sah sich unvorbereitet mit tausenden ausländischen Schülern konfrontiert. Trotz späterer Maßnahmen der deutschen und spanischen Regierung und der Initiativen zahlreich sich bildender spanischer Elternvereine zur Abwendung der sich anbahnenden Bildungskatastrophe, blieben viele der Schülerinnen und Schüler ohne Schulabschluss und ohne eine berufliche Ausbildung (ebd., S. 471f). Ein weiteres Wanderungsmotiv bestand darin, politischer Unterdrückung und Verfolgung durch das Francoregime zu entgehen. Daneben gab es aber auch immer „Abenteurer", die Neues kennen lernen, und Menschen, die der konservativen Enge der Heimat entkommen wollten. Inzwischen ist die Zahl der Spanierinnen und Spanier auf etwa 106800 Personen gesunken, von denen ca. 70000 bereits länger als zwanzig Jahre in Deutschland leben (Migrationsbericht 2006). 5 % der ausländischen Studentinnen und Studenten an deutschen Hochschulen kommen aus Spanien.

Die Große Anzahl von Rückwanderungen wurde vor allem durch die politische Liberalisierung und den wirtschaftlichen Aufschwung nach dem Tod Francos (1975) und dem Ende des spanischen Militärregimes ausgelöst. Eine neue Verfassung wurde 1978 in einer Volksabstimmung bestätigt und damit Spanien als eine konstitutionelle Monarchie mit einem parlamentarischen Regierungssystem festgelegt. Ihr Repräsentant, König Juan Carlos I., verfolgte eine Redemokratisierung Spaniens. Die während der Francozeit politisch und kulturell unterdrückten Regionen Katalonien, Galicien und das Baskenland wurden als „Historische Nationalitäten" eingestuft, ihre zuvor verbotenen Sprachen wurden wieder anerkannt und alte Autonomierechte wurden wieder eingeräumt (Drouve 2008: 151ff). Diese gehen den Regionen nicht weit genug. Insbesondere der Terrorismus der baskischen Separatistenorganisation ETA sorgt durch die Opfer zahlreicher Attentate bis heute für ein bedrückendes Konfliktpotential

Religion

Die römisch-katholische Kirche ist zwar nicht mehr Staatskirche, aber immer noch sehr mächtig. Ihr gehören 93 % der spanischen Bevölkerung an. Daneben gibt es kleine Minderheiten von Juden (ca. 13 000), Muslimen (geschätzt 100 – 300 000) und Protestanten (300 000) (Zeit-Lexikon 13/2005: 567).

Sprachen

Laut Verfassung muss jede Spanierin und jeder Spanier español, also das so genannte Hochspanisch kennen, das durch den Sprachgebrauch der zentralspanischen Region Kastilien geprägt ist und von daher auch oft als castellano bezeichnet wird. Daneben gibt es drei weitere offizielle Sprachen: Katalanisch (català), Galicisch (galego) und Baskisch (euskera). Castellano, Katalanisch und Galicisch gehören zu den romanischen Sprachen. Baskisch zählt zu den so genannten isolierten Sprachen und kann keiner anderen im heutigen Europa gesprochenen Sprachfamilie zugerechnet werden. Die Schriften werden lateinisch geschrieben.

Namen

In Spanien spielen regionale Unterschiede bei der Vornamenwahl und der Häufigkeit von Familiennamen eine große Rolle. Überregional ist ein großer Einfluss der Religion bei der Wahl von Vornamen feststellbar.

Familiennamen

Spanierinnen und Spanier tragen in der Regel zwei Nachnamen. Der erste Nachname entspricht dem ersten Nachnamen des Vaters, der zweite Nachname dem ersten Nachnamen der Mutter. Bei der Eheschließung behalten beide Partner ihren eigenen Namen. So geben die Namen keine Auskunft über den Familienstand, aus ihnen ist aber die Familienbindung über Generationen hinweg erkennbar. Obwohl gesetzlich die Möglichkeit besteht, seinen Familiennamen zu ändern und beispielsweise einen der beiden Familiennamen abzulegen, ist in der Verwaltung die Frage nach dem zweiten Familiennamen obligatorisch. Notfalls wird in Formularen in die entsprechende Spalte ein X eingetragen, um die Erfordernissen des Computersystems zu erfüllen (vgl. ebd., S. 234). Bei der Endung vieler spanischer Familiennamen auf „ez" handelt es sich um ein patronymisches Suffix. Der Nachname *Sánchez* hat beispielsweise die Bedeutung „Sohn von Sancho".

Amtlich wird Ehefrauen teilweise auch der erste Nachname des Ehemannes mit „de" angefügt. Das Beispiel unten würde dann lauten: *Isabel Maria del Dulce Nombre Elena Isabel García Sánchez de Álvares.*

Vornamen

Viele Kinder erhalten in Spanien einen religiös motivierten Vornamen. So ist *María* fast immer ein Bestandteil des Namens von Mädchen. Jungen heißen häufig *Jesús*. In Katalonien sind besonders *Montserrat* und *Jordi*, die Namen der katalanischen Schutzheiligen weit verbreitet. In Andalusien ist die Pfingstwallfahrt zum Heiligtum der Virgen del Rocío ein wichtiges gesellschaftliches Ereignis. Der Name *Rocío* (Morgentau) ist überdurchschnittlich häufig, ebenso der Name *Paloma* (Taube), da die heilige Jungfrau den Beinamen *Blanca Paloma* (Weiße Taube) trägt (vgl. Drouve 2008: 234). Nicht selten erhalten Kinder mehr als einen Vornamen. Bei der Vergabe traditioneller Vornamen wird noch immer häufig den Wünschen der Großeltern entsprochen, ein Tribut an das Erbe, was in vermögenden Familien zu langen Vornamenketten führen kann. Im Internet (vgl. http://www.20minutos.es/notical/134427/4/) sind unter den beliebtesten Vornamen in Spanien auch katalanische, baskische und arabische Namen abrufbar. 2006 lauteten die spanischen Spitzenreiter *Alejandro* und *Lucía*. Bei den Katalanen führen die weiblichen Vornamen *Paula, Carla* und *Laia* und die männlichen Vornamen *Marc, Alex* und *Pau* die Listen an. Im Baskenland waren die Mädchennamen *Irita, Ane, Naroa* und die Jungennamen *Iker, Unai, Ander* besonders beliebt. Unter den arabischen Namen wurde der Mädchenname *Salma* und der Jungenname *Mohamed* am häufigsten vergeben. Viele spanische Vornamen werden in der Familie und im Freundeskreis verkürzt. Oft hat die Kose- oder Kurzform nur noch wenig Ähnlichkeit mit den Rufnamen, wie bei *María de los Dolores,* dessen Koseform *Lola* lautet. Oder *Mamen,* die Kurzversion von *María del Carmen.* Auch ist der Gebrauch von Spitznamen weit verbreitet. Der Torero *Julián Lópes Escobar* ist allgemein als *El Juli* bekannt (Drouve 2008: 234). Ein Dorf in Spanien ließ gar ein Telefonbuch drucken, in dem die Spitznamen aller Bewohner aufgeführt sind (AZ, 11.07.2000).

Zusammensetzung spanischer Namen

Spanische Namen setzen sich in der Regel aus einem oder zwei Vornamen, von denen der letztere in der Regel der Rufname ist, und zwei Nachnamen zusammen. Diese oft sehr langen Namen werden aber im Alltag nicht benutzt. Üblich ist, sich auf drei Namen zu beschränken und sich entweder mit zwei Vor- und einem Nachnamen oder mit einem Vornamen und zwei Nachnamen vorzustellen. Oft werden auch nur der erste Vorname und der erste Nachname genannt (ebd.)

Weibliche Namen

Rufname	Eingetragene Vornamen und Rufname	1. Nachname	2. Nachname
Isabel	María del Dulce Nombre Elena Isabel	García	Sánchez
	Maria des süßen Namens Helene Isabel	1. Name des Vaters	1. Name der Mutter

Männliche Namen

Erster Vor-/Rufname	Zweiter Vor-/Rufname	Familienname von der Mutter	Familienname vom Vater
Nicolás	Pablo Nicolás de Todos los Santos	Fernándes	Díaz
	Paul Nikolaus von allen Heiligen	1. Name des Vaters	1. Name der Mutter

Interkulturelle Kommunikation

Bei Anträgen wird in Spanien der zweite Familienname aufgenommen, für den in Formularen ein eigenes Feld für den Eintrag vorgesehen ist. Akademische Titel sind nicht Teil des Namens und werden im Alltag auch nicht bei der Anrede genannt.

In der jüngeren Generation ist ein direkter Blickkontakt üblich und gehört zu einer höflichen Begrüßung. Der als normal empfundene Körperabstand kann geringer sein als in Deutschland erwartet. Körperliche Berührungen am Arm oder an der Schulter während eines Gespräches unter gleichgestellten Personen sind nicht ungewöhnlich. Das „Sie" verliert in der Kommunikation an Bedeutung, wird aber in einer formellen Begegnung eher erwartet. Alltäglich ist das „Du" in Verbindung mit dem Vornamen weit verbreitet. Begrüßung und Verabschiedung findet in einem formellen Kontext mit Handschlag statt. Bekannte begrüßen sich in der Regel mit einem dezent gehauchten Rechts-Links-Wangenkuss. Die als normal empfundene Gesprächslautstärke ist im Vergleich häufig höher und die Kommunikation gestenreicher (vgl. Alban u.a. 1999).

Aussprache

Die meisten Buchstaben werden wie in Deutschland ausgesprochen. Folgende Buchstaben haben eine abweichende Aussprache:

c   vor a,o,u und Konsonanten wie k (kalt), vor e und i wie engl. „th" (think)

ch   wie tsch (rutschen)

h   bleibt stumm

j   wie ch (Dach)

ll   wie j, manchmal auch wie lj (Familie)

ñ   wie nj (Champgner)

qu   wie k (Käse)

v   wie b (Bombe), manchmal auch wie w (Wein)

y   wie j (ja)

z   wie engl. „th" (think)

Dass er melancholisch wurde, als er die
falsch platzierten Akzente über seinem Namen sah,
wird jedermann verstehen.
Milan Kundera (geb. 1929)

4.22 Herkunftsland Tschechien

In Deutschland leben ca. 361 700 Tschechinnen und Tschechen, nicht ganz 35 000 von ihnen seit mehr als zwanzig Jahren (Migrationsbericht 2006). Bis zum Ende der 1980er Jahre waren politische Gründe das Hauptmotiv für die Migration nach Deutschland. Nach der „samtenen" Revolution[15] und seit dem Ende der kommunistischen Herrschaft und insbesondere seit der Unterzeichnung der Deutsch-Tschechischen Versöhnungserklärung von 1996 besteht ein reger Austausch zwischen den Nachbarländern Tschechien und Deutschland. Die Migration ist vor allem wirtschaftlich motiviert oder hat persönliche Gründe wie Ausbildung, Studium oder Beziehungspflege.

Nach der 1993 in Kraft getretenen Verfassung ist die Tschechische Republik ein demokratischer Staat. Die Amtssprache ist Tschechisch. Etwa 94 % der Bevölkerung sind Tschechen, außerdem leben Slowaken (1,9 %), Polen (0,5 %), Deutsche (0,4 %) Ukrainer (0,2 %) und Angehörige anderer Herkunft (3 %) in Tschechien. Die Minderheit der Roma umfasst etwa 300 000 Personen (Zeit-Lexikon 15/2005: 103).

---

15 Mit „samtener Revolution" ist der gewaltfreie Übergang vom kommunistischen System zur einer demokratischen Staatsordnung und die konfliktfreie Trennung von Tschechien und der Slowakei Ende der 1980er Jahre gemeint.

Religion

Nach Angaben des Statistischen Amtes der Tschechischen Republik (2003) sind 59 % der Einwohner Tschechiens konfessionslos. Knapp ein Drittel der Bevölkerung gehört der katholischen Kirche an und etwa 3,2 % sind Protestanten. Unter den christlichen Glaubensgemeinschaften gibt es zahlreiche Minderheitskirchen wie Katholiken des byzantinischen Ritus, Orthodoxe, romfreie Katholiken, die Tschechoslowakische Hussitische Kirche, Altkatholiken und andere. Zu den sonstigen Religionsgruppen zählen vor allem Buddhisten (ca. 7000), Juden (ca. 5000), Muslime (ca. 3700).

Sprachen

Tschechisch gehört zur Untergruppe der Westslawischen Sprachen der Indogermanischen Sprachfamilie. Die tschechische Amtssprache beruht auf dem zentralböhmischen Dialekt. Darüber hinaus werden drei mährische Dialekte gesprochen. Zwischen Schrift- und Umgangssprache bestehen erhebliche regionale Unterschiede (ebd., S.105). Viele Tschechinnen und Tschechen sprechen deutsch, auch aufgrund eines intensiven Bildungsaustausches zwischen der ehemaligen Tschechoslowakei und der ehemaligen Deutschen Demokratischen Republik. Bei den Fremdsprachen liegt Deutsch mit 40 Prozent in Führung, es folgt Russisch mit 29 Prozent, und dann erst Englisch mit 27 Prozent. Dieser Trend kehrt sich immer mehr um und die englische Sprache gewinnt an Bedeutung (Schubert 2003).

Namen

In Tschechien bestehen die Namen in der Regel aus einem Vor- und einem Familiennamen. Zunehmend werden den Kindern auch zwei Vornamen gegeben, was erst seit der Liberalisierung des Namensrechts von 1989 möglich ist. Zuvor durften Eltern nur einen Namen an ihr Kind vergeben und mussten diesen aus einem staatlich festgelegten Namenskalender auswählen. Die häufigste männliche Namenskombination, ähnlich wie in Deutschland *Hans Müller*, ist *Jan Novak*.

Familiennamen

Tschechische Familiennamen sind geschlechtspezifisch und auch in Deutschland wird der Name grundsätzlich in der grammatisch-geschlechtsspezifischen Form geführt. Frauennamen enden mit der Silbe „ova", oder bei einem Namen, der in der männlichen Form mit „y" endet, wird dieses in der weiblichen Form in „a" verändert. Unter bestimmten Voraussetzungen sind Ausnahmeregelungen möglich (Bundesministerium des Innern 2008). In Tschechien wird auch mit fremdländischen Namen so verfahren, so dass sich in der Presse *Angela Merkel* beispielsweise als *Angela Merkelová* wieder finden kann. Die Eheleute können einen gemeinsamen Familiennamen bestimmen oder weiterhin den zur Zeit der Eheschließung geführten Familiennamen beibehalten. Beide können auch den Familiennamen des anderen ihrem Familiennamen anfügen (ebd.). Viele Familiennamen haben eine Bedeutung und können sinngemäß übersetzt werden. So bedeutet der Name des tschechischen Komponisten *Svodoba* „Freiheit" und der vom tschechischen Vater übernommene Name der österreichischen Literaturnobelpreisträgerin *Jelinek* „Hirschkalb". Kinder, deren Eltern miteinander verheiratet sind, erhalten bei der Geburt den gemeinsamen Familiennamen der Eltern. Führen diese keinen gemeinsamen Familiennamen, erhält das Kind wahlweise den

Familiennamen des Vaters oder der Mutter. Dieser wird durch die Eltern bei der Eheschließung vereinbart oder nach der Geburt des Kindes einvernehmlich angezeigt. Kinder, deren Eltern nicht miteinander verheiratet sind, erhalten bei der Geburt wahlweise den Familiennamen der Mutter oder des Vaters (ebd.).

Frauen können ihren Familiennamen bei der Eheschließung behalten und auf Wunsch den Namen ihres Ehepartners an ihren Namen anfügen. Sie können auch den Familiennamen des Ehepartners annehmen.

Vornamen

Beliebte weibliche Namen sind *Tereza, Natálie* und *Kateřina*. Beliebte männliche Vornamen lauten *Jan, Lukáš* und *David*. Im Alltag ist es üblich, sich nicht mit dem offiziellen Vornamen anzusprechen. Sympathie wird ausgedrückt durch die Verwendung zahlreicher inoffizieller, aber feststehender Namenvarianten und Koseformen. So wird *Kateřina* als *Kačina* angesprochen und *Jan* wird *Honza* genannt, oder man gebraucht die Koseform *Honzík*.

Weibliche Namen

Vorname	Familienname
Adéla	Hlavacekova
Form von Adele	Dickschädel

Männliche Namen

Männer können ihren Familiennamen bei der Eheschließung behalten und auf Wunsch den Namen ihrer Ehepartnerin an ihren Namen anfügen. Sie können auch den Familiennamen der Ehepartnerin annehmen.

Vorname	Familienname
Ondřej	Karasek
Form von Andreas	Goldfisch

Interkulturelle Kommunikation

Korrektes Benehmen findet soziale Anerkennung. Ein lockeres oder forsches Auftreten in einem offiziellen Kontext fällt unangenehm auf. Zurückhaltung und ein eher leises, freundlich korrektes Auftreten werden in der Regel als Entgegenkommen interpretiert. Die Begrüßung mit einem leichten Händeschütteln ist üblich, oft wird aber auf das Geben der Hand ganz verzichtet. Man stellt sich mit dem Familiennamen vor und verwendet das „Sie". Bei häufigen Kontakten ist der Wechsel zum „Sie" in Verbindung mit dem Vornamen nicht ungewöhnlich. Auf Titel wird Wert gelegt und ein „Frau Doktor" oder „Herr Ingenieur" vor den Familiennamen, oder wenn man sich besser kennt, auch vor den Vornamen gesetzt, sind sowohl bei der schriftlichen als auch bei der mündlichen Anrede ein Zeichen von Respekt (vgl. Commer/v. Thadden 1999: 249). Im Gespräch wird Blickkontakt aufgenommen und auch während des Gespräches gehalten. Anliegen werden direkt angesprochen.

Aussprache

Tschechisch wird mit dem lateinischen Alphabet, ergänzt durch diakritische Zeichen geschrieben. Für Zweitsprachler ist Tschechisch aufgrund von vokallosen Silben und zahlreichen Zischlaute schwer auszusprechen. Auch der Buchstabe „ř", ein so genannter laminaler Vibrant, ist besonders schwer zu artikulieren. Eine literarische Einführung zur Aussprache tschechischer Namen findet sich in dem Roman „Die Langsamkeit" von Milan Kundera (1995: 55–59), in der beschrieben wird, dass die wie Vögel oder Schmetterlinge aussehenden Häkchen über den Buchstaben „č" und „š" diese in „tsch" und „sch" verwandeln. Mit einem Akzent versehene Buchstaben werden gedehnt ausgesprochen. Im Tschechischen wird immer die erste Silbe des Wortes betont, was auch für Eigennamen gilt. Unsere tschechische Freundin *Evá* erzählte uns, wie schwer es ihr gefallen sei, die richtige Aussprache ihres Vornamen (Äwah) in ihrem deutschen Bekanntenkreis durchzusetzen, die ihr so wichtig sei, um sich akzeptiert zu fühlen. Die folgenden Beispiele geben nur Buchstaben wieder, deren Aussprache sehr stark von der deutschen Aussprache des lateinischen Alphabets abweichen.

c   z wie Zucker

č   tsch wie Tschechien

ě   je wie in jeder

ř   rsch etwa wie in Barsch mit leicht gerolltem r in dem ein j anklingt

š   sch wie in rasch

ť   tj wie in tja

v   w wie in Weg

z   s wie in Rose

ž   wie das französisch ausgesprochene j in Journal

Ein guter Name verspricht ein gutes Geschäft.
Türkisches Sprichwort

4.23 Herkunftsland Türkei

Menschen aus der Türkei bilden die größte Migrantengruppe in Deutschland. Für das Jahr 2006 gibt das statistische Bundesamt (Migrationsbericht 2006) ihren Bevölkerungsanteil mit 1738831 Personen an. Davon lebten Ende 2006 etwa 94000 Personen unter vier Jahren in Deutschland. Die Mehrzahl der Immigranten aus der Türkei, über 830000 Personen, hält sich seit über zwanzig, davon mehr als die Hälfte seit mehr als dreißig Jahren in Deutschland auf.

Der überwiegende Anteil der in Deutschland lebenden Migrantinnen und Migranten aus der Türkei sind entweder selbst als Arbeiterinnen und Arbeiter nach Deutschland gekommen oder ihr Aufenthalt ist die Folge der vor allem in den 1960er bis 1980er Jahren stattfindenden Familienzusammenführung. Die ersten Verträge zwischen Deutschland und der Türkei zur Anwerbung von Arbeitnehmern im Rahmen der deutschen „Gastarbeiteranwerbung" wurden 1961 geschlossen. Aber bereits vor dem ersten Weltkrieg bestand eine enge wirtschaftliche Kooperation zwischen Deutschland und der Türkei. So lebten im Jahr 1912 allein in Berlin etwa 1350 Immigranten aus dem Osmanischen Reich, die vor allem in der Zigarettenindustrie arbeiteten, eine Ausbildung machten oder studierten (Özcan 1995: 511). Für einen kleineren Bevölkerungsanteil waren völkerrechtliche, humanitäre und politische Gründe Anlass für die Einreise. Zwischen 1995 bis 2006 beantragten über 130000 Menschen türkischer Herkunft Asyl in Deutschland, von denen etwa 80 % der kurdischen Minderheit angehören (Migrationsbericht 2006).

Die Gruppe der Immigranten aus der Türkei in Deutschland ist ebenso vielfältig wie die türkische Bevölkerungszusammensetzung selbst. In der Türkei leben über 25 ethnische und religiöse Gruppen. 98 % der Bevölkerung werden von staatlicher Seite den Muslimen zugerechnet, davon etwa 85 % den Sunniten und 15 % den Aleviten (Özcan 1995:517). Der Lausanner Vertrag von 1923 garantiert (nach einer engen Interpretation: nur) den drei nicht muslimischen Minderheiten, der jüdischen, armenischen und griechischen Bevölkerung Religions- und Kulturfreiheit. Alle anderen Minderheiten (wie Kurden, Tscherkessen, Georgier, Albaner, Bosnier, Tschetschenen, Abchasen, syrisch-orthodoxe und arabisch-orthodoxe Christen) genießen keine besonderen Rechte und mussten sich nach dem kemalistischen Nationalverständnis zur Türkei bekennen (ebd., S. 518). So war beispielsweise der Gebrauch der kurdischen Sprache bis 1991 strikt verboten.

Sprachen

In der Türkei ist die Turksprache Türkisch Amtssprache, die von etwa 80 % der Bevölkerung als Erstsprache gesprochen wird. Über die National- und Amtssprache hinaus werden in der Türkei etwa zwanzig Sprachen aus fünf unterschiedlichen Sprachfamilien von ethnischen Minderheiten gesprochen. Etwa 10 Millionen Menschen in der Türkei sprechen das indogermanische Kurmandschi oder Nordkurdisch. In der östlichen Türkei wird von über einer Million Zazaki, die Sprache der Zasa gesprochen, die von einigen Sprachwissenschaftlern ebenfalls den kurdischen Dialekten zugeordnet wird. Etwa eine Million Menschen mit einer türkischen Staatsangehörigkeit sprechen das afroasiatische Arabisch.

Namen

Entsprechend der vielfältigen Bevölkerungszusammensetzung ist auch die Herkunft der Personennamen vielfältig, wobei die islamische Namengebung weit verbreitet ist. Nicht mehr üblich ist in der modernen Türkei die traditionelle Form islamischer Namengebung, wie sie in Kapitel „Namen im Islam" vorgestellt wurde.

Familiennamen

Die Muster der Namengebung in der Türkei veränderten sich mit dem Gesetz zur Annahme von Familiennamen gravierend. Bereits das Bürgerliche Gesetzbuch der Türkei von 1926 verlangte, dass Familiennamen geführt werden sollten. Aber erst acht Jahre später wurde angeordnet, dass jede Familie einen Familiennamen im Sinne europäischer Namen tragen müsse. Bis zu diesem Zeitpunkt war die Namengebung muslimischer Türken mehrheitlich nach islamischen Regeln erfolgt. Das veränderte sich nicht nur durch die neue Gesetzgebung, sondern war auch dadurch beeinflusst, dass die arabische Schrift abgeschafft und stattdessen ab 1928 die lateinische Schrift eingeführt wurde. Namen erhielten dadurch ein völlig anderes Schriftbild und wurden statt von rechts nach links von links nach rechts gelesen. Mustafa Kemal, türkischer Staatspräsident ab 1923, schickte seine Beamten mit langen Namenslisten durch die neue Republik, damit jede Großfamilie sich aus den mitgeführten Listen einen Familiennamen auswählen konnte. Viele Menschen konnten diese Listen gar nicht lesen.

Traditionell hatte bereits jede Sippe einen Namen. Die Namen bezeichneten oft einen Beruf oder die Herkunftsregion. Teilweise wurden diese Namen beibehalten, teilweise aber auch ausgetauscht (vgl. Albrecht 1998: 35). Der Staatspräsident selbst legte sich den Namen *Atatürk* zu, was *Vater der Türken* bedeutet. Seine Nachfahren sollten sich *Atadan,* also *vom Vater* nennen. Nach Schätzungen wurden etwas 75 % der neuen Namen nach persönlichen Vorlieben gebildet, so dass oft die Familienzugehörigkeit nicht mehr durch den Familiennamen erkennbar war, weil sich verschiedene Familienzweige unterschiedlich benannten (vgl. Schimmel 1995: 176). Nicht selten drückten die neu gewählten Namen Sehnsüchte, Überzeugungen oder Familiengeschichte aus.

Eine ungewöhnliche Wahl war der Familienname *Bayer.* Zur Zeit der Namenwahl wurde Aspirin als Wundermittel der Firma *Bayer-Leverkusen* in der Türkei bekannt und war im wahrsten Sinne des Wortes in aller Munde. Einige Familien benannten sich nach dem Pharmaziekonzern, ließen aber *Leverkusen* weg, um den Namen abzukürzen (vgl. Kang 1998: 35). Weniger Probleme mit der Namenslänge hatte eine Familie, die den wohl längsten Familiennamen wählte, der aus einem alten Beinamen entstanden sein dürfte: *Uzunnağaçaltïndayataruyaroğlu, was Sohn dessen, der unter dem großen Baum liegt und schläft* bedeutet (Schimmel 1995: 177).

Türkische Namen setzen sich in der Regel aus einem Vor- oder Rufnamen und einen Familiennamen zusammen. Frauen nehmen mit der Eheschließung den Familiennamen des Ehemannes an, können aber ihren Namen dem Ehenamen auch voranstellen. Geschiedene Frauen nehmen ihren Geburtsnamen mit der Scheidung wieder an oder können auf Antrag ihren Ehenamen behalten. Beim Tod des Ehemannes wird der Ehename nicht verändert. Kinder bekommen den väterlichen Familiennamen (Bundesministerium der Innern 2008).

Weibliche Namen

Ruf-/Vorname	Familienname
Gülseren	Yilmaz
Die Rosenstreuerin	Der sich nicht fürchtet.

Männliche Namen

Ruf-/Vorname	Familienname
Ahmet	Coşkun
Der Dankbare	Der Begeisterte

Interkulturelle Kommunikation

Bei Anträgen werden in der Türkei in der Regel die Vornamen beider Elternteile abgefragt und in das Formular mit aufgenommen. In der Türkei war es üblich, anders als in Deutschland, zuerst den Vornamen und dann den Familienamen in offiziellen Schriftstücken aufzuführen. In neueren Dokumenten wird in der Regel zuerst der Familienname genannt.

In der Türkei ist es üblich, sich mit dem Vornamen anzureden, außer bei offiziellen Anlässen. Es wird eine höfliche Begrüßung erwartet, die einleitende Worte umfasst, um einen guten Kontakt aufzubauen. Oft wird sich einleitend nach dem Befinden der Familie erkundigt. Im öffentlichen Kontext wird häufig die Hand zur Begrüßung gereicht. Streng gläubige Muslime vermeiden den Körperkontakt zwischen Frauen und Männern. Blickkontaktvermeidung gegenüber Amtspersonen kann ein Zeichen von Respekt sein. Ein Gespräch mit übereinander geschlagenen Beinen zu führen, kann als Unhöflichkeit interpretiert werden. Nonverbale Botschaften ergänzen in der Regel den Gesprächsinhalt. Der Gesprächsabstand ist eher geringer als in Deutschland üblich. Bei der Anrede wird häufig nur der Vorname in der Verbindung mit „Herr" oder „Frau" verwendet.

Aussprache

Die meisten Buchstaben werden wie in Deutschland ausgesprochen. Folgende Buchstaben haben eine abweichende Aussprache:

â   wird als langes a ausgesprochen, wie in W**a**gen

c   wird wie ein weiches dsch ausgesprochen, wie in dem englischen Wort **G**entleman

ç   wird wie tsch ausgesprochen, wie in der Landesbezeichnung **Tsch**echien

ğ   verlängert die dunklen Vokale a, ı, o, u und wird selbst nicht ausgesprochen

       in Wörtern mit hellen Vokalen, e, i, ö, ü wird es etwa wie j ausgesprochen

h   wird etwa wie ch ausgesprochen, in Worten mit hellen Vokalen etwa wie in i**ch**, in Worten mit dunklen Vokalen etwa wie au**ch**, der Name Ahmet wird A**ch**met ausgesprochen

ı   wird etwa wie ein dumpfes e ausgesprochen

r   wird als gerolltes Zungen-r ausgesprochen

s   wird wie ß ausgesprochen wie in Stra**ß**e

ş   wird als sch ausgesprochen wie in **Sch**ule

û   wird als langes u wie in Sch**u**le ausgesprochen

y   wird wie ein j in **j**emand ausgesprochen

z   wird wie ein stimmhaftes s ausgesprochen wie in Na**s**e

Erst nach längerer Reise erkennt man,
wie weit der Weg ist.
Vietnamesisches Sprichwort

4.24 Herkunftsland Vietnam

In Deutschland leben ca. 83 000 Vietnamesinnen und Vietnamesen, 4719 von ihnen seit mehr als zwanzig Jahren (Migrationsbericht 2006). Nord- und Südvietnam wurden unter dem Namen Sozialistische Republik Vietnam 1976 wiedervereint Die heutige vietnamesische Verfassung wurde 1992 verabschiedet. Vietnam ist ein Vielvölkerstaat. Etwa 88 % der Bevölkerung sind Vietnamesen (Việt oder Kinh), die übrige Bevölkerung besteht aus 53 als ethnische Minderheiten anerkannten Bevölkerungsgruppen (Hyder 2007: 65). Unter den im Ausland lebenden Vietnamesinnen und Vietnamesen sind die Kinh und Hoa (aus Vietnam kommende so genannte Auslandchinesen) überproportional vertreten (Vorsatz 1995: 533). Nordvietnam gehörte zu den Anwerbeländern der damaligen DDR, die 1980 ein entsprechendes Abkommen traf und zwischen 1980 und 1990 insgesamt etwa 68 870 Werktätige beschäftigte, davon ca. 45 % junge Frauen (ebd., S. 541). Ein Teil der ehemaligen Vertragsarbeiterinnen und Vertragsarbeiter aus Vietnam erhielt 1993 ein zunächst befristetes Bleiberecht. In der Bundesrepublik Deutschland lebten bis 1989 etwa 30 900 Vietnamesinnen und Vietnamesen. Ihre Migration aus Südvietnam begann erst in den 1960er Jahren, Anlass waren zunächst Studienaufenthalte im Rahmen der wissenschaftlich-technischen und kulturellen Zusammenarbeit mit dem Deutschen Akademischen Austauschdienst. Mit dem Vietnamkrieg kamen vor allem Kontingentflüchtlinge, so genannte „boat people" in die Bundesrepublik und später, im Rahmen der Familienzusammenführung, ihre Familienangehörigen nach Deutschland (Polm 1997h: 174). Bis zur Wiedervereinigung 1989 hatten die Vietnamesinnen und Vietnamesen in Ost- und Westdeutschland keine Möglichkeit, einander zu begegnen (Vorsatz 1995: 537). Die Migration nach Deutschland war also vor allem politisch und ökonomisch motiviert und hatte seit den 1980er Jahren (Polm 1997h: 173) überwiegen ökonomische Gründe.

Laut Migrationsbericht 2006 der Bundesregierung nimmt Vietnam aber noch immer den 6. Platz unter den ersten zehn Herkunftsländern der Menschen ein, die in Deutschland um politisches Asyl nachsuchen.

Religion

Die Religionsfreiheit ist in der vietnamesischen Verfassung verankert. Angaben zur Religionszugehörigkeit können nur ungenau erfolgen, da das vietnamesische Verständnis von Religion nicht strikt zwischen verschiedenen Konfessionen trennt. 1999 gaben bei einer Umfrage 80 % der Befragten an, keiner Religion anzugehören (vgl. wikipedia 2008i). Religiöse Vorstellungen spielen dennoch im alltäglichen Leben eine große Rolle. Sie speisen sich aus unterschiedlichen Quellen, wie dem Buddhismus, dem Taoismus, dem Konfuzianismus sowie dem Animismus (der Vorstellung von einer beseelten Natur) und sind insbesondere durch Ahnenkulte beeinflusst. Geschätzt orientieren sich etwa 55 % der Bevölkerung am Buddhismus und 7 % sind katholische Christen (Polm 1997h: 173).

Sprachen

Vietnamesisch ist die Amtsprache in Vietnam. Die zahlreichen vietnamesischen Minderheiten sprechen jeweils eigene Sprachen, die sich vom Vietnamesischen stark unterscheiden, können sich aber in vietnamesisch miteinander verständigen. Vietnamesisch wird unterschiedlichen Sprachfamilien zugeordnet, aber auch als isolierte Sprache behandelt. Crystal (1995: 446) ordnet sie der Sprachfamilie „Austro-Asiatisch" zu. Die vietnamesische Sprache ist mit Vokabeln chinesischer Herkunft durchsetzt. Sie besteht aus einsilbigen Wörtern bzw. aus zusammengesetzten Begriffen, wobei jede Silbe separat geschrieben wird. Vietnamesisch gehört zu den tonalen Sprachen. Das bedeutet, dass viele Begriffe in sechs unterschiedlichen Tonhöhen mit jeweils eigener Bedeutung vorkommen. Die jeweilige Tonhöhe ist durch diakritische Zeichen erkennbar (Vorsatz 1995: 542). Die im 17. Jahrhundert von Missionaren entwickelte Lateinschrift ist seit 1945 offizielle Schrift in Vietnam. Dem vietnamesischen Alphabet liegen 26 Buchstaben zugrunde, außerdem gibt es zusätzliche Laute, elf Buchstabengruppen und sechs diakritische Zeichen (Zeit-Lexikon 15/2005: 498).

Namen

Vietnamesische Namen bestehen aus mindestens zwei Teilen, dem Familien- oder Sippennamen und dem Vor- bzw. Rufnamen. Überwiegend sind die Namen dreiteilig, ergänzt durch einen Zwischennamen. Zwischennamen geben oft, aber nicht immer, einen Hinweis auf das Geschlecht. Der Zwischenname *Thị* ist weiblich, der Zwischenname *Văn* männlich. Im Alltag werden Zwischennamen häufig weggelassen und sie verlieren zunehmend an Bedeutung, beispielsweise könnte Frau *Lý Thị Thu Nga* ein Dokument mit *Lý Thu Nga* unterschreiben, ohne dass dies als eine Falschangabe ihres Namens geahndet würde (vgl. Heyder 2007: 154). Um die Familienzusammengehörigkeit auszudrücken, erhalten Töchter oft den Zwischennamen der Mutter und Söhne den des Vaters. Thu Lan Böhm (2008) weist darauf hin, dass falsch ausgesprochene Namen nicht nur ihren schönen Klang verlieren, sondern auch eine falsche Bedeutung erhalten können.

Spricht man beispielsweise den Frauennamen *Thu Vân* (Herbstwolke) aus wie „Tu Fan" würde das in vietnamesischen Ohren wie „Thu Phân" klingen, was „Mitte Herbst" im meteorologischen Sinne bedeutet. Besonders fatal wäre es, den Zwischennamen „Thu" wegzulassen und die Frau nur mit „Phân" anzusprechen. Das hätte dann die Bedeutung „Mist" oder „Dünger".

Familiennamen

Lässt man die verschiedenen Tonhöhen der Silben unberücksichtigt, so gibt es in Vietnam etwa 300 Familiennamen mit einem unterschiedlichen Schriftbild. Im Alltag hat der Familienname eine geringe Bedeutung, da sich Vietnamesinnen und Vietnamesen, außer bei hochoffiziellen Anlässen, immer mit dem Vornamen ansprechen oder vorstellen (Heyder 2007:154).

Verheiratete Frauen behalten den Namen ihrer Sippe. Kinder erhalten meistens den Namen ihres Vaters. Es kann auch vorkommen, dass in einer Sippe die Mädchen nach der Mutter und die Jungen nach dem Vater benannt werden (ebd., S. 155).

Vornamen

Die Vornamen sind nicht geschlechtsgebunden, wobei bestimmte Namen lieber an Mädchen und andere lieber an Jungen vergeben werden. Vornamen haben immer eine Bedeutung. Eltern legen häufig Wert auf klangvolle, poetische Namen. Mädchen tragen häufig Namen von Blumen wie *Xuân Lan* (Orchidee im Frühling) oder ihre Namen drücken Charaktereigenschaften aus, wie *Hêin* (sanft, tugendhaft). Als typische Jungennamen gelten *Hùng* (Held) oder *Dũng* (mutig, tapfer) (ebd.).

Weibliche Namen

Familien- bzw. Sippenname	Zwischenname	Vorname
Lý	*Thị*	Thu Nga
		Herbstmond

Männliche Namen

Familien- bzw. Sippenname	Zwischenname	Vorname
Nguyễn	Minh	Hùng
	Klarheit, Intelligenz	Held

Interkulturelle Kommunikation

Eine höfliche Begrüßung geht zwischen Männern mit dem Reichen der Hand einher, manchmal werden auch beide Hände gereicht, da dies besonders höflich ist. Gelegentliche Berührungen während eines Gespräches am Arm signalisieren Aufmerksamkeit. Frauen reichen nur ungern die Hand zur Begrüßung und vermeiden in der Regel den Körperkontakt mit Männern. Die Körperdistanz ist bei Gesprächen geringer als in Deutschland üblich. Es gilt als unhöflich, bei einem Gespräch sofort zum Thema zu kommen. Die Kommunikation ist indirekter und stark darauf bedacht, dass das Gesicht gewahrt bleibt. Wünsche und Anliegen werden häufig in Bildern ausgedrückt oder „zwischen den Zeilen" ausgesprochen. Der Blickkontakt ist seltener und weniger intensiv als in Deutschland üblich. Direkter, anhaltender Augenkontakt kommt einer Respektlosigkeit gleich. Oft signalisiert ein Zwinkern, dass das Gesagte verstanden wurde. Gefühle werden nicht offen ausgedrückt. Es gilt als höflich und angemessen, Beherrschung zu zeigen. Meinungsverschiedenheiten offen anzusprechen, gilt als unhöflich, ebenso ein „Nein" oder eine direkte Absage (vgl. Vorsatz 1995; Alban u.a. 1999).

Aussprache

Die vietnamesische Aussprache ist für Zweitsprachler schwer, da viele Konsonanten und Vokale nicht nur anders ausgesprochen werden, sondern es auch zur richtigen Aussprache gehört, die richtige Tonhöhe zu treffen, die durch Diakritika angegeben ist. Die folgenden Beispiele führen von daher nur Konsonanten auf, die erheblich anders ausgesprochen werden als in der deutschen Sprache:

C	ausgesprochen wie „g" in gut
Ch	am Silbenanfang wie „tj" wie in der lautmalerischen Silbe „tja"
D	„S" wie in Summe
G	„R" ähnlich wie in Rad
Gi	„S" wie in Salz
Kh	„ch"
Nh	„nj"
Ph	„F" wie in Fisch
Tr	„Tsch"
X	stimmloses „S"

Glossar

Akronym
Das Akronym (aus den griechischen Worten *ákros* und *ónoma,* Spitze und Name) oder Initialwort ist ein Kurzwort, das aus zusammengefügten Anfangsbuchstaben gebildet wird, z.b. ADAC aus Allgemeiner Deutscher Automobil-Club.

Anerkennung
Nach Axel Honneth (1994) sind für eine ungestörte Selbstbeziehung drei Formen der Anerkennung Voraussetzung: Liebe, Recht und Wertschätzung. Ihnen stehen drei phänomenologische Typen der Missachtung entgegen: Misshandlung, Entrechtung und Entwürdigung. Mit Missachtung geht die Gefahr einer Verletzung einher, die die Identität der ganzen Person beschädigt oder zerstören kann. Anerkennung ist neben Gleichbehandlung einer der beiden Grundsätze interkultureller Pädagogik (Auernheimer 1999).

Anthroponymik
Das Wort Anthroponymik ist ein wissenschaftlicher Neologismus, also eine sprachliche Neubildung die sich aus den griechischen Begriffen für *ánthropos* und *ónoma,* Mensch und Name, ableitet. Die Anthroponymik ist ein Fachgebiet der Onomastik oder allgemeinen Namenkunde, deren zweites großes Fachgebiet, die Toponymik, Ortsnamen erforscht. Diese Unterscheidung ist weder durchgängig noch trennscharf, da Personen- und Ortsnamen häufig eng miteinander verwoben sind. So können Orte nach Personen, wie im Fall Washington, oder Personen nach Orten, wie im Fall Israel, benannt sein (Crystal 1995).

Animismus
Animismus ist der Glaube an die Beseeltheit der Natur ohne jeden weiteren religiösen Überbau. Mit ihm ist die Vorstellung einer allen Dingen innewohnenden Seele verbunden, die als eine allgemeine Lebenskraft verstanden wird. Natur wird als heilig im Sinne von Respekt gebietend betrachtet. Jedem Stein, jeder Pflanze, jedem Tier und jedem Menschen, also allen beseelten Einheiten der Natur, dazu gehören auch als heilig definierte Orte, wohnt Lebenskraft inne, deren eigene natürliche Regeln zu respektieren sind. Ihre Nichtbeachtung stört die natürliche Lebensenergie und schadet der Natur und dem Zusammenspiel der natürlichen Elemente insgesamt, also auch dem gesellschaftlichen Zusammenleben. Als Vorstufe des Animismus gilt der Animatismus, der Glaube an die Allbelebtheit.

Beiname
Vor den Familiennamen trugen Personen Beinamen. Diese hatten die Funktion den Namenträger oder die Namenträgerin aufgrund besonderer Merkmale zu charakterisieren und zu identifizieren und wurden innerhalb sozialer Gruppen verliehen. Beinamen konnten sich auf charakterliche Merkmale, berufliche Tätigkeiten, auf die Herkunft, die Wohnstätte oder Wohnumgebung sowie

auf das Aussehen von Personen beziehen oder aus anderen Merkmalen, die mit der gemeinten Person assoziiert waren, abgeleitet werden. Die meisten Familiennamen (→) entwickelten sich aus Beinamen.

Bibel

Der Begriff entstammt dem Griechischen *tá biblía,* d.h. die Bücher. Die Bibel ist als „Heilige Schrift" das Buch der Bücher. Sie stellt das offenbarte Wort Gottes dar (Die Offenbarung verbindet Juden, Christen und Muslime.) und ist verbindliche Richtschnur für Lehre und Glauben. Die Bibel besteht aus dem hebräischen Alten Testament und dem griechischen Neuen Testament. Das Alte Testament ist in gleicher Weise Heilige Schrift der Juden wie der Christen.

Deutungsmacht

Deutungsmacht ist die Macht, Definitionen, Deutungen und Bedeutungen durchzusetzen. Sie resultiert nach Pierre Bourdieu (1992) aus sozialem Kapital (→). Soziale Gruppen, die über eine große Macht durch ihr soziales Kapital verfügen, haben den größten Einfluss auf Bewertungskategorien und befinden sich in einer privilegierten Position, die ermöglicht, das Kapital von mit weniger Macht ausgestatteten Gruppen symbolisch abzuwerten und Anerkennung (→) zu verweigern. Durch symbolische Macht werden Gruppen nicht nur bewertet, sie werden auch geschaffen, beispielsweise durch die Konstruktion von Fremdheit (→), die sich auch in Umbenennungen niederschlagen kann. Deutungsmacht beinhaltet die Möglichkeit, gesellschaftliche Diskurse durchzusetzen und Gesellschaftsstrukturen zu manipulieren. Der Kampf um die Durchsetzung einer bestimmten Sicht sozialer Verhältnisse wird auf der Grundlage von Deutungsmacht ausgetragen.

Diaspora

Der Begriff Diaspora kommt aus dem Griechischen und bedeutet „Zerstreuung". Er wurde aus der hellenistisch-jüdischen Literatur als Bezeichnung für Minderheiten und das Gebiet, das diese bewohnen, übernommen.

Diminutiva

Diminutiva sind Verniedlichungen oder Verkleinerungsformen von Namen, die durch Suffixe (→) gebildet werden. Sie sind sowohl bei Familiennamen als auch bei Vornamen verbreitet. Deutsche Verkleinerungsformen unterscheiden sich regional und leiteten sich ursprünglich oft aus örtlichen Dialekten ab. Diminutiva des Familiennamens *Schmitt* sind beispielsweise *Schmittchen, Schmidtke, Schmidi, Schmidel* oder *Schmittlein,* aus denen sich teilweise offizielle Varianten des Familiennamen entwickelt haben. Diminutiva können als Koseform eines Namens verwendet werden, Vertraulichkeit ausdrücken, aber auch die so bezeichnete Person lächerlich machen oder herabsetzen. In der Kommunikation wird durch den Gebrauch von Diminutiva bei der Vornamen- oder Familiennamennennung häufig eine bestehende Machtasymmetrie (→) zum Ausdruck gebracht, beispielsweise von Erwachsenen gegenüber Kindern, zwischen den Geschlechtern oder bei der Markierung gesellschaftlicher Positionen.

Ethnie

Ethnie, abgeleitet aus dem griechischen Wort *éthnos* „Volk", bezeichnet eine Gruppe von Menschen, die Sprache und Kultur miteinander teilt. Ethnizität ist eine soziale Konstruktion, in deren Zentrum soziale Prozesse der Grenzziehung und der Überlieferung stehen. Bei der Konstruktion von Ethnien geht es nach Rudolf Leiprecht (2001) um sozial-historische Kategorisierungen sowie um die reale oder vermeintliche kulturelle Verbundenheit von Gruppen, die ein kollektives Gedächtnis teilen und damit Deutungen, Mythen aber auch Erfindungen. Die Mitglieder berufen sich dabei auf eine Verbundenheit, von der sie annehmen, dass diese ihre soziale, politische, kulturelle und ökonomische Position beeinflusst. Im Rahmen von Nationalstaaten werden ethnische Minderheiten als „nicht richtig zur Nation gehörend" und ethnische Mehrheiten als die „eigentliche Nation" konstruiert, was bedeutsam für ihre Positionierung innerhalb einer Gesellschaft ist und mit einer Ethnisierung einhergeht. Ethnizität kann sowohl eine Voraussetzung für Gruppensolidarität sein wie auch für Gruppendiskriminierung. Ethnozentrismus beinhaltet eine Höherbewertung der eigenen Gruppe und die Abwertung anderer Gruppen, die mit einem Gefühl der Überlegenheit einhergeht.

Familiennamen

In deutschen Städten wurden Familiennamen seit dem 12. Jahrhundert eingeführt, vor allem, um Erbansprüche besser durchsetzen zu können. Erst im 17. Jahrhundert wurde durch behördliche Verordnungen die Zweinamigkeit aus Ruf- und Familiennamen durchgesetzt, der beliebige Wechsel des Familiennamens unterbunden und die Schreibweise von Familiennamen festgelegt, um vor allem Personen verwaltungsmäßig zu erfassen und Familienzugehörigkeiten für Verwaltungszwecke durchschaubar zu machen. Gesellschaftliche Veränderungen und damit einhergehende Änderungen des Namenrechts haben dazu geführt, dass der Familienname seine Funktion als Kollektivname für die Angehörigen einer Familie verloren hat. Inzwischen können die Familienmitglieder aus einer Kernfamilie bereits unterschiedliche Familiennamen führen. Der Familienname fungiert überwiegend als Teil des Individualnamens und wird auch als Nachname oder Zuname bezeichnet (Kunze 2004).

Fremdheit

Bezogen auf das gesellschaftliche Verhältnis zwischen Zugewanderten und der nicht zugewanderten deutschen Bevölkerung ist Fremdheit als ein Verhältnis im sozialen Raum zu verstehen, dessen Konstruktion mit Praktiken von Abwertung und Ausgrenzung einhergeht. Welche Gruppen als fremd ausgegrenzt werden, hängt von den jeweiligen bestimmenden Konstellationen, Interessen und politischen Bedingungen ab und hat nichts mit den Ausgegrenzten selbst zu tun, noch damit, dass sie in eine bestehende Gesellschaft eingewandert sind. Auch Binnenmigration kann zu Fremdheitskonstruktionen führen, wie die Untersuchungen von Elias und Scotson (1990) „Etablierte und Außenseiter" belegen. Allein die Tatsache des späteren Zuzugs einer Gruppe von Arbeiterfamilien veranlasste die alteingesessenen Arbeiterfamilien dazu, die Zugezogenen als moralisch und sozial minderwertig abzuwerten und ihnen den Zugang zu formellen und informellen

Machtpositionen in der Gemeinde zu verweigern. Häufig gehen Fremdheitskonstruktionen mit einer sprachlichen Abwertung der als fremd konstruierten Personen einher, die sich durch die Belegung mit individuellen oder kollektiven Spott- oder Schimpfnamen ausdrückt, wie beispielsweise „Kanaken", „Spaghettifresser" oder „Nigger".

Habitus
(von lateinisch *habere,* haben, also das Gehabe) Der Habitus ist allgemein ein Ausdruck für das Verhalten und Benehmen eines Menschen. Soziologisch ist der Begriff Habitus die Antwort von Bordieu (1992) auf die eigene Frage „Wie können Verhaltensweisen geregelt sein, ohne dass ihnen eine Befolgung von Regeln zugrunde liegt?" Der Habitus ist eine Tendenz oder Disposition, so zu handeln, wie man es einmal gelernt hat. Durch mehrfache Wiederholung prägt sich das Muster ein, es wird habitualisiert, eine Handlung wird zur Gewohnheit (Rehbein 2006: 90). Die Entwicklung des Habitus ist abhängig von der jeweiligen sozialen Lage, z.B. vom sozialen und kulturellen Kapital (→) und generiert zugleich die jeweiligen Lebensstile.

Hypokoristika
Kosenamen oder Kurznamen, von griechisch *hypokorízesthai,* was bedeutet, wie ein Kind zu sprechen, verkleinern, beschönigen. Verkleinerung von Vornamen meist durch das Anhängen von Diminutiv-Suffixen (→) wie „-i", „-le", „-chen" oder „-lein", also beispielsweise Heini, Mariele, Karlchen oder Heinzilein bzw. Axel von Alexander oder Bienchen aus Sabine.

Interkulturelle Kompetenz
Interkulturelle Kompetenz wird unterschiedlich definiert. Weitgehende Übereinstimmung besteht darin, unter interkultureller Kompetenz die Fähigkeit zu fassen, interkulturelle Verständigungs- und Aushandlungsprozesse zu initiieren und zu gestalten. Das beinhaltet auch die Fähigkeit, Machtasymmetrien (→) zu reflektieren, und Wissen um und die Fähigkeit zur Analyse von strukturellen Benachteiligungen. Interkulturelle Kompetenz umfasst interkulturelles Verstehen, ermöglicht Perspektivübernahmen und ist die wichtigste Ressource für einen gelingenden interkulturellen Dialog. Ihre konstituierenden Werte beinhalten die Grundprinzipien der Gleichheit und der Anerkennung (→), die mit einer Haltung des Respekts für Andere einhergehen. Sie umfasst Handlungskompetenz in interkulturellen Überschneidungssituationen und damit die Fähigkeit, Aushandlungsprozesse beteiligungsorientiert und unter Berücksichtigung von Vielfalt zu gestalten.

Isolierte Sprache
Unter einer isolierten Sprache wird eine Sprache verstanden, bei der sich bisher keine Verwandtschaft zu einer anderen Sprache nachweisen lässt. Eine Ursache für die fehlende Zuordnungsmöglichkeit zu einer Sprachfamilie (→) kann sein, dass es keine schriftliche Fixierung der Sprache gibt und die Sprache selbst ausgestorben ist. Die einzige heute noch gesprochene isolierte Sprache in Europa ist Baskisch.

Koran

Qur'ân heißt arabisch Lesung oder Vortrag und ist das Heilige Buch des Islam (wörtlich „Hingabe an Gott"). Es enthält die Mohammed geoffenbarte Botschaft Gottes und stellt ein großartiges arabisches Prosawerk dar. In 114 Suren (Abschnitten) regelt der Koran umfassend das Leben der Muslime und ist Grundlage auch des islamischen Rechts. Er basiert auf jüdischen und christlichen Quellen und stellt zugleich etwas ganz Neues und Eigenes dar. Der Koran prägt viel tief gehender als etwa die Bibel für Christen die islamische Kultur und regelt die Lebensführung von Muslimen insgesamt, also normativ und moralisch, nicht nur ihre religiösen Bräuche (Schöller 2004: 168).

Kultur

Kultur ist Gegenstand verschiedener Disziplinen und wird entsprechend unterschiedlich definiert. Die Definition von Kultur in dieser Publikation entspricht dem der interkulturellen Pädagogik, wie sie vor allem von Georg Auernheimer (1999, 2003) herausgearbeitet wurde. Danach wird Kultur als ein veränderbares, offenes Orientierungssystem mit einem symbolischen Charakter verstanden. Kultur wirkt danach auf die Wahrnehmung, die Bewertung und das Handeln. Kultur umfasst den Symbolbestand einer Gesellschaft, also ihr Repertoire an Kommunikations- und Repräsentationsmitteln. Kultureller Wandel ist ein gesellschaftlicher Produktionsprozess, an dem jeder mitwirken kann, wobei kulturelle Transformationen (→) immer umkämpft sind.

Kulturelles Kapital

Kulturelles Kapital ist nach Pierre Bourdieu (1983) vor allem Bildungskapital und durch Bildungsabschlüsse institutionalisiert. Da in Familien mit höherer Schulbildung der Umgang mit Bildungsinstitutionen und kulturellen Einrichtungen oft seit Generationen selbstverständlich ist, wird kulturelles Kapital nicht nur individuell erworben, sondern auch durch Herkunft weitergegeben und vermehrt.

Machtasymmetrie

Machtasymmetrie ist die Ungleichverteilung von Einflussmöglichkeiten und Deutungsmacht (→). Interkulturelle Beziehungen sind nach Georg Auernheimer (2002) fast durchweg durch Machtasymmetrien gekennzeichnet. Machtasymmetrie kann bestimmt sein durch Ungleichheit des rechtlichen und sozialen Status, durch Wohlstandsgefälle oder auch durch unterschiedliche Sprachkompetenz. In der (interkulturellen) Kommunikation zwischen Fachkraft und Klientel liegt das Urteilsmonopol in der Regel bei der Fachkraft. Sie kann durch ihre institutionell bedingte Amts- oder Fachautorität implizit den thematischen Rahmen einer Kommunikation bestimmen. Aufgabe von Pädagogen ist es, Machtasymmetrien zu reflektieren und durch ein dialogisches Verständnis von Koproduktion einen angemessenen Umgang mit Machtasymmetrien zu ermöglichen, ohne diese zu leugnen. Ein respektloser Umgang durch die Vermeidung der namentlichen Ansprache oder durch die Verwendung einer unkorrekten Ansprache mit dem Namen vergrößert Machtasymmetrien und ist in der interkulturell kompetenten (→) Verständigung durch die Fachkraft zu vermeiden.

Metronyme

Metronyme oder Matronymika sind vom Namen der Mutter abgeleitete Familiennamen. Sie kommen wesentlich seltener als Patronyme (→) vor. Beispiele sind der Name *Meiensohn,* „Sohn der Maria" (Kunze 2004) oder der Familienname *Jüttner,* der auf den Vornamen *Jutta* zurück geht (Kohlheim 1995).

Migration

Migration wird von Annette Treibel (1999) als ein auf Dauer angelegter bzw. ein dauerhaft werdender Wechsel von einzelnen oder mehreren Menschen in eine andere Gesellschaft bzw. in eine andere Region definiert. Migration setzt erwerbs- und familienbedingte, politisch oder biografisch bedingte Wanderungsmotive voraus und einen relativ dauerhaften Aufenthalt in der neuen Gesellschaft. Die beiden Hauptursachen von Migration sind die Suche nach Arbeit und der Schutz vor Verfolgung.

Migrationshintergrund

Migrationshintergrund ist eine statistische Kategorie, unter der seit dem Mikrozensus 2005 Daten zur Zuwanderung und Staatsangehörigkeit ermittelt werden. Als Personen mit Migrationshintergrund definiert das Statistische Bundesamt alle seit 1949 auf das heutige Gebiet der Bundesrepublik Deutschland Zugewanderten sowie alle in Deutschland geborenen Ausländer und alle in Deutschland als Deutsche Geborenen mit zumindest einem zugewanderten oder als Ausländer in Deutschland geborenen Elternteil. Damit gehören auch „deutschstämmige" Spätaussiedler und deren Kinder zu den Personen mit Migrationshintergrund.

Nachname

(→) Familienname

Namenkunde

(→) Anthroponymik

Namenrecht

Unter Namenrecht wird die Gesamtheit der gesetzlichen Vorschriften verstanden, die regeln, welchen Namen eine Person zu führen berechtigt oder verpflichtet ist und welche Rechte mit dem Namen einhergehen, wie das Recht auf einen Namen und das Recht, andere vom unbefugten Gebrauch dieses Namens auszuschließen. In Deutschland ist das Namenrecht im Bürgerlichen Gesetzbuch ausgeführt. Das Familienrecht regelt die Vornamengebung von Kindern und enthält alle Bestimmungen, die das Führen von Ehe- und Familiennamen und damit einhergehende Namensänderungen umfassen. Diese bürgerlichen Bestimmungen sind grundsätzlich nur auf Deutsche anwendbar. Für in Deutschland lebende Ausländerinnen und Ausländer gilt das Recht des Staates, dem diese Personen angehören.

Namenstag
Der Namenstag wurde von der katholischen Kirche eingeführt. Im Mittelalter wurden Kinder häufig auf den Namen der Heiligen oder des Heiligen „des Tages" getauft. Die Bedeutung des Namenstages nahm in der Zeit der Gegenreformation zu. Um sich von den Protestanten abzuheben, sollten katholische Gläubige sich ihrer Verbindung zu ihren heiligen Namenspatronen vergewissern und dies durch einen feierlichen Akt ausdrücken. Das Konzil von Trient (1545 bis 1563) initiierte die Vergabe von Heiligennamen nachhaltig und die Feier des Namenstages wurde von den Seelsorgern mit Erfolg propagiert und ist bis heute noch in vielen Gegenden üblich geblieben (Kunze 2004). Die Listen mit Heiligennamen und ihre Zuordnung zu Daten sind nicht einheitlich. So gibt es beispielsweise erhebliche Unterschiede zwischen den Tagen zugeordneten Auflistungen von Heiligen der katholischen Kirche im deutschen Sprachraum und den Namenskalendern verschiedener Orthodoxer Kirchen.

Patronyme
Unter Patronymen versteht man Vorausstellungen oder Endungen bei Familiennamen, aus denen ablesbar ist, dass der Familienname vom Vater auf den Sohn übergegangen ist. Patronymische Präfixe und Suffixe also „Sohn von" sind beispielsweise sen oder son wie in den Namen Robertsen oder Erikson, Mac in schottischen Familiennamen, Ó in irischen, Ap in walisischen oder -poulus in griechischen Familiennamen.

Pseudonyme
Pseudonym bedeutet so viel wie „falscher Name". Pseudonyme sind stets selbst gewählt und haben den Zweck, die bürgerliche Identität einer Namenträgerin oder eines Namenträgers zu verbergen. Das Zulegen eines Pseudonyms kann unterschiedliche Motive haben, wie Schutz vor politischer Verfolgung oder Schutz der Privatsphäre. Viele Schriftstellerinnen und Schriftsteller veröffentlichen unter Pseudonymen. Um Urheberrechte zu sichern, können Pseudonyme seit 1901 in Deutschland amtlich geschützt werden (Kunze 2004).

Rufname
(→) Vorname

Soziales Kapital
Pierre Bourdieu (1983) definiert soziales Kapital, das er auch als symbolisches Kapital bezeichnet, als Beziehungen, auf die Menschen zurückgreifen können. Symbolisches Kapital ist immateriell und wirkt als Prestige, das einem nur deshalb zusteht, weil man einer bestimmten Gruppe angehört. Es dient als Mittel der Unterscheidung. Symbolisches Kapital reguliert die Gewährung oder Verweigerung von Anerkennung (→) und verschleiert in allen Gesellschaften ökonomische Macht, die für sich allein genommen keine Machtposition garantiert. Machtpositionen manifestieren sich erst durch die Verbindung von ökonomischem, kulturellem und sozialem Kapital. Die Bekanntheit von Namen und der mit ihnen verbundene „gute Ruf" stellt eine Form sozialen Kapitals dar, das durch Migration (→) geschwächt werden oder ganz verloren gehen kann, da der „gute Name" in der Diasporasituation seine soziale Bedeutung verloren hat oder kulturelles Kapital (→), das sich durch erworbene Titel ausdrückt, keine gesellschaftliche oder juristische Anerkennung findet.

Sprachfamilie

Eine Sprachfamilie ist eine Gruppe genetisch verwandter Sprachen. Die geschichtlich orientierte genetische Klassifikation von Sprachen ist seit Ende des 18. Jahrhunderts gebräuchlich. Sie stützt sich auf die Annahme, dass Sprachen von einem gemeinsamen Vorläufer, einer gemeinsamen Protosprache abstammen (Crystal 1995: 293). Weltweit wurden bisher über 180 Sprachfamilien klassifiziert, von denen heute einige vom Aussterben bedroht sind. Zu den 62 Sprachfamilien (einschließlich isolierter Sprachen →) mit mindestens 20 000 Sprecherinnen und Sprechern gehört beispielsweise Indogermanisch, das etwa 280 verschiedene Sprachen umfasst, die zunächst in Europa und Asien, inzwischen aber weltweit gesprochen werden; oder Aru, eine Sprachfamilie, der drei Sprachen zugeordnet sind, die in Bolivien, Peru, Chile und Argentinien gesprochen werden.

Suffix

Der Begriff Suffix leitet sich aus dem lateinischen Wort „suffixum" ab, das so viel wie „Aufgestecktes" bedeutet. Ein Suffix ist eine an den Wortstamm angehängte Nachsilbe, die, abhängig von der jeweiligen Sprache, unterschiedliche grammatikalische Bedeutungen haben kann. Es gibt unterschiedliche Kategorien von Suffixen. In Bezug auf Namen sind vor allem Diminutive (→) für die Alltagskommunikation von Bedeutung sowie das Geschlecht bestimmende Suffixe, wie beispielsweise die Namensendungen im Russischen.

Synkretismus

Synkretismus ist die Verschmelzung verschiedener religiöser Ideen, Philosophien und damit verbundener Praktiken aus zuvor voneinander abgrenzbaren, unterschiedlichen Religionen und Philosophien. Aspekte unterschiedlicher Religionen werden zu einem neuen Glaubenssystem oder Weltbild geformt.

Talmud

Talmud bedeutet hebräisch Lehre und ist neben dem Alten Testament das Hauptwerk des Judentums. Er entstand als Ergebnis eines mündlichen und schriftlichen Überlieferungsprozesses in vielen Jahrhunderten. Er enthält die jüdischen Religionsgesetze sowie deren vielschichtige Kommentierungen und regelt ein gottgefälliges Leben in umfassender, den kultisch-religiösen Bereich übergreifender Weise (Zeit-Lexikon 14 2005: 381).

Transformation

Umwandlung oder Umformung (aus dem Lateinischen *transformare* umformen), meint allgemein die Veränderung einer Form oder Struktur. Hier geht es um kulturelle (→) Transformationsprozesse als Folge von Migration, die eine besonders radikale Veränderung der Lebensverhältnisse der Betroffenen zur Folge haben. Kulturwandel ist damit ein gesellschaftlicher Prozess, der notwendig ist, um in einer sich stets verändernden Welt weiterhin Orientierung zu finden. Diese Veränderungen werden als kulturelle Transformation bezeichnet. Damit verbunden sind neue Formen der Identitätsbildung, die Stuart Hall (1994) als „hybrid" bezeichnet, also kulturelle Identitäten, die gleichzeitig auf verschiedene Traditionen zurückgreifen können.

Übernamen

Unter Übernamen werden Spitz-, Kose- oder Spottnamen verstanden, die sich aus einer sich verfestigenden ursprünglich neckenden, liebevollen oder ironischen Ansprache von Personen zu Namen, später auch zu Familiennamen entwickelt haben. Sie sind vergleichbar mit den heute verwendeten Spitznamen (→). Die Motive der Namengebung können aus der lexikalischen Bedeutung des Namens nicht abgeleitet werden. So kann der Familienname Schönbein durchaus aus der Verspottung einer krumm- oder o-beinigen Person hervorgegangen sein.

Vornamen

Die Freiheit bei der Vornamenvergabe ist vom jeweiligen nationalen Namenrecht (→) abhängig. Sie ist beispielsweise in England oder in China fast uneingeschränkt. Änderungen des Namens gehen in manchen Kulturen mit dem Wechsel von Lebensphasen einher. In Deutschland wird der Vorname eines Kindes in der Regel von den Eltern oder von einem Elternteil ausgewählt. Er wird nach der Geburt amtlich eingetragen und kann in bestimmten Fällen (beispielsweise nach einer Geschlechtsumwandlung) aufgrund eines amtlichen Antrags verändert werden. In der Regel aber trägt eine Person ihren Vornamen Zeit ihres Lebens. Die Freiheit der Namenwahl ist durch das deutsche Vornamenrecht dahingehend eingeschränkt, dass das Kindeswohl (es dürfen keine willkürlichen, anstößigen oder problematischen Namen vergeben werden) und die Unterscheidungsfunktion von Vornamen (das Geschlecht muss erkennbar sein, Geschwister dürfen nicht denselben Vornamen tragen) gewahrt bleiben müssen. Statt Vorname ist auch die Bezeichnung Rufname gebräuchlich, die noch aus der Zeit der Einnamigkeit herrührt. In christlich orientierten Bevölkerungskreisen wird häufig analog der Begriff Taufname verwendet.

Literatur

Akreyî Ezîz R. (1997): Kurdische Vornamen – Navên Kurdî. NAVEND-Schriftenreihe-Band 1. Bonn

Alban, Susanne/Leininger Madeleine M./Reynolds, Cheryl L. (2000): Multikulturelle Pflege. München. Jena

Albrecht, Ulrike (1998): Türkei in München. Herausgegeben von der AusländerInnenbeauftragten der Landeshauptstadt München. München

Al-Hashimy, Zayneb (1997): Marokkaner/Marokkanerinnen. In: Schmalz-Jakobsen, Cornelia/Hansen, Georg (Hrsg.): Kleines Lexikon der ethnischen Minderheiten in Deutschland. München, S.108–110

Amiri, K. (1995): Die iranische Minderheit. In: Schmalz-Jakobsen, Cornelia/Hansen, Georg (Hrsg.): Ethnische Minderheiten in der Bundesrepublik Deutschland. Ein Lexikon. München, S.203–217

Anan, Kobna (1986): Zu Gast in Afrika. Materialien für den Unterricht. Zürich

Aria, Barbara (1992): Mamatoto. Herausgegeben vom Body Shop. Köln

Auernheimer, Georg (1999): Notizen zum Kulturbegriff unter dem Aspekt der interkulturellen Bildung. In: Gemende, Marion/Schröer, Wolfgang/Sting, Stephan (Hrsg.): Zwischen den Kulturen. Pädagogische und sozialpädagogische Zugänge zur Interkulturalität. Weinheim/München, S. 27–36

Auernheimer, G. (2002). Interkulturelle Kompetenz – ein neues Element pädagogischer Professionalität? In: Ders. (Hg.). Interkulturelle Kompetenz und pädagogische Professionalität. Opladen, S. 183–205

Auernheimer, Georg (2003): Einführung in die interkulturelle Pädagogik. Darmstadt

Auswärtiges Amt (2008a): Länderinformation Äthiopien. In: http://www.auswaertiges-amt.de/diplo/de/Laenderinformationen/01-Laender/Aethiopien.html

Auswärtiges Amt (2008b): Länderinformation Bosnien-Herzegowina. In: http://www.auswaertiges-amt.de/diplo/de/Laenderinformationen/01-Laender/BosnienUndHerzegowina.html

Auswärtiges Amt (2008 c): Länderinformation Ghana. In: http://www.auswaertiges-amt.de/diplo/de/Laenderinformationen/01-Laender/Ghana.html

Auswärtiges Amt (2008 d): Länderinformation Iran. In. http://www.auswaertiges-amt.de/diplo/de/Laenderinformationen/01-Laender/Iran.html

Auswärtiges Amt (2008 e): Länderinformation Kroatien. In: http://www.auswaertiges-amt.de/diplo/de/Laenderinformationen/01-Laender/Kroatien.html

Auswärtiges Amt (2008 f): Länderinformation Niederlande. In: http://www.auswaertiges-amt.de/diplo/de/Laenderinformationen/01-Laender/Niederlande.html

Auswärtiges Amt (2008 g): Länderinformation Portugal. In. http://www.auswaertiges-amt.de/diplo/de/Laenderinformationen/01-Laender/Portugal.html

Auswärtiges Amt (2008 h): Länderinformation Russische Föderation. In: http://www.auswaertiges-amt.de/diplo/de/Laenderinformationen/01-Laender/RussischeFoederation.html

Auswärtiges Amt (2008 i): Länderinformation Serbien. In: http://www.auswaertiges-amt.de/diplo/de/Laenderinformationen/01-Laender/Serbien.html

Autonome Region Trentino-Südtirol (2008): Minderheiten in Europa – Griechenland. In: http://www.regione.taa.it/biblioteca/minoranze/Grecia_d.aspx (20.08.2008)

Bach, Adolf (1953): Deutsche Namenkunde Bd. I.: Die deutschen Personennamen. 2. überarbeitete Auflage. Heidelberg

Bachmann, Ingeborg (1961): Das dreißigste Jahr. Erzählungen. München

Bachstein, Andrea (2001): Ein Kind namens „Wirf den Motor an" In: Süddeutsche Zeitung vom 22.02.2001

Barley, Nigel (2000): Tanz ums Grab. München

Bauer, Michael Gerard (2006): Nennt mich nicht Ismael! München

Belošević, Danijela / Stanisavljević, André (1995): Die ehemaligen „jugoslawischen" Minderheiten. In: Schmalz-Jacobsen / Hansen, Georg (Hrsg.): Ethnische Minderheiten in der Bundesrepublik Deutschland. Ein Lexikon. München, S. 269–285

Beauftragte der Bundesregierung für Migration, Flüchtlinge und Integration (Hrsg.) (2005): Bericht der Beauftragten der Bundesregierung für Migration, Flüchtlinge und Integration über die Lage der Ausländerinnen und Ausländer in Deutschland. Berlin

Beier, Ulli (1993): Nichts erscheint einem Yoruba unmöglich. Chief Councellor Twins Seven Seven – Ein wahrer Yoruba. In: Kunstforum Bd. 122: Afrika – Inwalewa, S. 137–149

Bering, Dietz (1991): Kampf um Namen. Bernhard Weiß gegen Joseph Goebbels. Stuttgart

Bering, Dietz (1995): Die Namen der Juden und der Antisemitismus. In: Eichler, Ernst/Hilty, Gerold/Löffler, Heinrich/Steger, Hugo/Zgusta, Ladislav (Hrsg.): Namenforschung. Ein internationales Handbuch zur Onomastik. Berlin, New York. S. 1300–1310

Böckelmann, Frank (1998): Die Gelben, die Schwarzen, die Weißen. Frankfurt/Main

Boettcher, Wolfgang/Herrlitz, Wolfgang/Switalla, Bernd (1993): Das Buch, das alles über Sprache sagt. Braunschweig

Bourdieu, Pierre (1983): Ökonomisches Kapital, kulturelles Kapital, soziales Kapital. In: Kreckel, Reinhard (Hrsg.): Soziale Ungleichheiten. Soziale Welt. Sonderband 2. Göttingen

Bourdieu, Pierre (1992): Rede und Antwort. Frankfurt/Main

Bundesministerium des Innern (2009): Namensführung der Ehegatten nach ausländischem Recht. In: http://www.bmi.bund.de/cln_104/SharedDocs/Standardartikel/DE/Themen/Migration Integration/Asyl/Namensfuehrung_der_Ehegatten_nach.html?nn=267412_(07.04.2009)

Bundesministerium des Innern (2009): Familiennamen des Kindes nach ausländischem Recht. In: http://www.bmi.bund.de/cln_104/SharedDocs/Standardartikel/DE/Themen/Migration Integration/Asyl/Familiennamen_des_Kindes_nach.html?nn=267412#doc157830bodyText13 (07.04.2009)

Bundesministerium des Innern/Bundesamt für Migration und Flüchtlinge (Hrsg.): Migrationsbericht 2006. Nürnberg

Commer, Heinz/von Thadden, Johannes (1999): Managerknigge 2000. Düsseldorf/München

Crystal, David (1995): Die Cambridge-Enzyklopädie der Sprache. Übersetzung und Bearbeitung der deutschen Ausgabe von Stefan Röhrich. Frankfurt am Main/New York

Daffa, Paulos (1995): Die äthiopische und eritreische Minderheit. In: Schmalz-Jakobsen, Cornelia/ Hansen, Georg (Hrsg.): Ethnische Minderheiten in der Bundesrepublik Deutschland. Ein Lexikon. München, S. 15–28

Daxelmüller, Christoph (1995): Namenmagie und Aberglaube, Namenmystik, Namenspott und Volksglaube, Namenbrauch und Frömmigkeit. In: Eichler, Ernst/Hilty, Gerold/Löffler, Heinrich/Steger, Hugo/Zgusta, Ladislav (Hrsg.): Namenforschung. Ein internationales Handbuch zur Onomastik. Berlin, New York. S. 1866–1875

Deutsche Botschaft Den Haag (2009): Namensrecht. In: http://www.den-haag.diplo.de/Vertretung/ denhaag/de/04/Konsularischer__Service/Namensrecht.html (07.04.2009)

Deutsche Gesellschaft für technische Zusammenarbeit (GTZ) (2008): Weibliche Genitalverstümmelung in Äthiopien. In: www 2.gtz.de/dokumente/bib/06-0902_2.pdf (15.08.08)

Diedrichsen, Uwe (1995): Namenrecht, Namenpolitik. In: Eichler, Ernst/Hilty, Gerold/Löffler, Heinrich/Steger, Hugo/Zgusta, Ladislav (Hrsg.): Namenforschung. Ein internationales Handbuch zur Onomastik. Berlin, New York. S. 1763–1780

Drouve, Andreas (2008): KulturSchock Spanien. Bielefeld

Eichhorst, Kristina/Sinjen, Svenja (2006): Die irakische Verfassung: ein geeignetes Mittel zur Lösung der ethnischen Konflikte? In: Politische Studien, Jg. 57, Nr. 405, Januar/Februar 2006, S. 90–103

Elger, Ralf/Stolleis, Friederike (2004): Kleines Islam-Lexikon. Bonn

Elias, Norbert/Scotson, John L. (1990): Etablierte und Außenseiter. Frankfurt/Main

Fahr, Margitta-Sybille (2001): Von mongolischen Vorfahren, polnischen Adelsgeschlechtern und jüdischen Familiennamen. ProJugend 1/2001, S. 23–25

Frank, Rainer (1975): Kosenamenbildung und Kosenamengebungstendenzen im Ruhrgebiet. In: Debus, Friedhelm/Seibicke, Wilfried (Hrsg.): Reader zur Namenkunde. Bd. II: Anthroponymie. Hildesheim/Zürich, S. 471–491

Frauenknecht, Willy/Weber, Uschi (Hrsg.) (2008): Handschuck, Sabine/Schröer, Hubertus: Das Mehrgenerationenhaus „Unter den Arkaden" München-Harthof – Interkulturelle Qualitätsentwicklung. München

Frisch, Max (1979): Tagebuch 1966–1971. Frankfurt am Main

Gansera, Rainer (2008): Lernversuche in der Sprache der Gefühle. Süddeutsche Zeitung 12./13. April 2008

Gerhards, Jürgen/Hackenbroch, Rolf (1997): Kulturelle Modernisierung und die Entwicklung der Semantik von Vornamen. In: Kölner Zeitschrift für Soziologie und Sozialpsychologie 49, Heft 3, S. 410–439

Giordano, Christian (1995): Die italienische Minderheit. In: Schmalz-Jakobsen, Cornelia/Hansen, Georg (Hrsg.): Ethnische Minderheiten in der Bundesrepublik Deutschland. Ein Lexikon. München, S.229–242

Glumpler, Edith (1993): Sprachlicher Anfangsunterricht für ausländische und deutsche Kinder – Grundlage interkultureller Kommunikation. In: Haarmann, Dieter (Hrsg.): Handbuch Grundschule Band 2. Weinheim/Basel, S. 168–175

Goffman, Erving (1974): Das Individuum im öffentlichen Austausch. Mikrostudien zur öffentlichen Ordnung. Frankfurt/Main

Haferkamp, Rose (1995): Die ghanaische Minderheit. In: Schmalz-Jacobsen/Hansen, Georg (Hrsg.): Ethnische Minderheiten in der Bundesrepublik Deutschland. München. Ein Lexikon, S.166–178

Hall, Stuart (1995): Rassismus und kulturelle Identität. Ausgewählte Schriften 2. Hamburg

Hagedorn, Johanna (2002): Die Entwicklung Russischer und Südwestrussischer Systeme männlicher Personennamen im 14.–16. Jahrhundert. Tübingen

Hamp, Irmgard (1961): Beschwörung, Segen, Gebet. Untersuchungen zum Zauberspruch aus dem Bereich der Volksheilkunde. Stuttgart

Handschuck, Sabine/Klawe, Willy (2004): Interkulturelle Verständigung in der Sozialen Arbeit. Weinheim/München

Handschuck, Sabine (2008): Interkulturelle Qualitätsentwicklung im Sozialraum. Band 1: Konzeption. Augsburg

Handschuck, Sabine/Schröer, Hubertus (2010): Mehrgenerationenarbeit – Kultur und Generationen übergreifende Arbeit im Stadtteil. Augsburg (in Vorbereitung)

Harmening, Dieter (2005): Wörterbuch des Aberglaubens. Stuttgart

Heigl, Wunibald (2003): Stolpersteine und das Luisen-Gymnasium in München – ein Rückblick. http://www.stolpersteine-muenchen.de/Chronik/chronik.htm (23.06.08)

Hensel, Jana (2004): Zonenkinder. Reinbek bei Hamburg

Heyder, Monika (2007): KulturSchock Vietnam. 5. aktualisierte Auflage. Bielefeld

Hoffmann, Eva (1995): Ankommen in der Fremde. Lost in Translation. Frankfurt am Main

Holland news (2009): Niederlande: Immer wieder neue Vornamen.In: http://www.holland-news. de/artikel.php?artikel=210 (07.04.2009)

Honneth, Axel (1994): Kampf um Anerkennung. Zur moralischen Grammatik sozialer Konflikte. Frankfurt am Main

Jenni, Ernst (1995): Biblische Namen. In: Eichler, Ernst/Hilty, Gerold/Löffler, Heinrich/Steger, Hugo/Zgusta, Ladislav (Hrsg.): Namenforschung. Ein internationales Handbuch zur Onomastik. Berlin, New York. S. 1852–1856

Kercher, Helmut (2009): Fast wie bei Loriot. Das Bundesverfassungsgericht verhandelt über Dreifach-Nachnamen: Dürfen Menschen Müller-Meier-Lüdenscheid heißen? In: Süddeutsche Zeitung 18.02.2009

Keupp, Heiner/Abbe, Thomas/Gmür, Wolfgang/Höfer, Renate/Mitzerlisch, Beate/Kraus, Wolfgang/Straus, Florian (1997): Identitätskonstruktionen. Das Patchwork der Identitäten in der Spätmoderne. Reinbek bei Hamburg

Kiener, Franz/Duske, Michael (1975): Untersuchungen über Lehrerspitznamen. In: Debus, Friedhelm/Seibicke, Wilfried (Hrsg.): Reader zur Namenkunde. Bd. II: Anthroponymie. Hildesheim/Zürich, S. 431–442

Kiener, Franz/Nitschke, Hannelore (1975): Untersuchungen über Schülerspitznamen. In: Debus, Friedhelm/Seibicke, Wilfried (Hrsg.): Reader zur Namenkunde. Bd. II: Anthroponymie. Hildesheim/Zürich, S. 419–430

Klemperer Victor (1997): Ich will Zeugnis ablegen bis zum letzten. Tagebücher 1933–1941. Berlin

Knobloch, Johann (1995): Namen christlicher Heiliger. In: Eichler, Ernst/Hilty, Gerold/Löffler, Heinrich/Steger, Hugo/Zgusta, Ladislav (Hrsg.): Namenforschung. Ein internationales Handbuch zur Onomastik. Berlin, New York. S. 1856–1860

Kohlheim, Rosa (1987): Regensburg: Ein frühes Beispiel für die Entstehung der Doppelnamigkeit im deutschsprachigen Raum. In: Namenkundliche Informationen 52, 1–23

Kohlheim, Rosa (1995): Typologie und Benennungssysteme bei Familiennamen: prinzipiell und kulturvergleichend. In: Eichler, Ernst/Hilty, Gerold/Löffler, Heinrich/Steger, Hugo/Zgusta, Ladislav (Hrsg.): Namenforschung. Ein internationales Handbuch zur Onomastik. Berlin, New York. S. 1247–1259

Kokot, Waltraud (1995): Die griechische Minderheit. In: Schmalz-Jakobsen, Cornelia/Hansen, Georg (Hrsg.): Ethnische Minderheiten in der Bundesrepublik Deutschland. Ein Lexikon. München, S. 178–191

Kühn, Ingrid (1995): Decknamen. Zur Pragmatik von inoffiziellen Personenbenennungen. In: Eichler, Ernst/Hilty, Gerold/Löffler, Heinrich/Steger, Hugo/Zgusta, Ladislav (Hrsg.): Namenforschung. Ein internationales Handbuch zur Onomastik. Berlin, New York. S. 515–520

Kuan, Yu Chien/Häring-Kuan, Petra (1995): Reisegast in China. Dormagen

Kundera, Milan (1995): Die Langsamkeit. München/Wien

Kunze, Konrad (2004): dtv-Atlas Namenkunde. Vor- und Familiennamen im deutschen Sprachgebiet. 5. Auflage, München

Lahdo, Abrohom (1987): Assyrische Vornamen. Herausgegeben vom Zentralverband der Assyrischen Vereinigungen in Deutschland und europ. Sektionen e.V. Augsburg

Laudenbach, Peter (2008): Ich war 77 2178. Rimini Protokoll beschäftigt sich in „Black Tie" mit Identität. In: Süddeutsche Zeitung 19.12.2008, S. 13

Leiprecht, Rudolf (2001): Antirassismus: eine Untersuchung bei Jugendlichen in Deutschland und in den Niederlanden. Münster/New York/München/Berlin.

Lindau, Christian Friedrich (2008): Kleine Geschichte der Namengebung. In: www.beliebtevornamen.de/geschichte-2,htm (01.08.2008)

Löwe, Barbara (2002): KulturSchock Russland. Bielefeld

Ludwig Boltzmann Forschungsstelle für Politik und zwischenmenschliche Beziehungen (Hrsg.) (2005): Frauen Bildungs- und Kulturzentrum in Nimruz, Afghanistan. Wissenschaftliche Dokumentation eines Frauen ohne Grenzen Pilotprojektes. Wien

275

Lurker, Manfred (1983): Wörterbuch der Symbolik. Stuttgart

Lutterjohann, Martin (2004): KulturSchock Japan. 7. aktualisierte Auflage. Bielefeld

Macek, Ilse (2008): ausgegrenzt – entrechtet – deportiert. Schwabing und Schwabinger Schicksale 1933 bis 1945. München

Maier, Thomas (2006): Die onomastische Waffe in Posen. Deutsch-polnische Ortsnamenwechsel in Posen zwischen 1915 und 1945. In: http://www.hausarbeiten.de/faecher/vorschau/91435. html# (13.12.2008)

Max-Planck-Institut für ausländisches Recht und Völkerrecht (Hrsg.) (2004): Die Verfassung der Islamischen Republik Afghanistan. Übersetzt von Gholam Djelani Davary. Heidelberg

McGoldrick, Monica/Gerson, Randy (1990): Genogramme in der Familienberatung. Stuttgart

Meyer, Deon (2006): Tod vor Morgengrauen. Berlin

Meyers Großes Taschenlexikon in 24 Bänden, Band 17, Seite 5931. Mannheim 2006

Morlet, Maria-Thérèse (1990): Französisch: Anthroponomastik. In: Holtus, Günter/Metzeltin, Michael/Schmitt, Christian (Hrsg.): Lexikon der Romanistischen Linguistik, Bd. V/1. Tübingen, 529–537

Müller-Wille, Christina (2001): Wenn Seelen wandern ... Kultur- und migrationssensible, ressourcenorientierte Beratung auf familiärtherapeutischen Hintergrund. In: Landeshauptstadt München, Sozialreferat/Stadtjugendamt (Hrsg.): Mir geht's doch gut – Jugend, Kultur und Salutogenese. München, S. 34–49

Naumann, Horst (2007): Das große Buch der Familiennamen. Alter, Herkunft, Bedeutung. München

Neidhart, Christoph (2008): Aufstand der Buddhisten. In: Süddeutsche Zeitung vom 28.08.08

Neuhaus, Juliane (1997): Franzosen/Französinnen. In: Schmalz-Jakobsen, Cornelia/Hansen, Georg (Hrsg.): Kleines Lexikon der ethnischen Minderheiten in Deutschland. München, S. 57–58

Niederländisches Außenministerium (2009): Zahlen und Fakten. In: http://www.minbuza.nl/de/ zahlenundfakten#a4 (13.01.2009)

Orywal, Erwin (1995): Die afghanische Minderheit. In: Schmalz-Jacobsen/Hansen, Georg (Hrsg.): Ethnische Minderheiten in der Bundesrepublik Deutschland. München. Ein Lexikon. S. 28–38

Özcan, Ertekin (1995): Die türkische Minderheit. In: Schmalz-Jacobsen/Hansen, Georg (Hrsg.): Ethnische Minderheiten in der Bundesrepublik Deutschland. München. Ein Lexikon. S. 511–528

Passet, Eveline (1994): Reisegast in Frankreich. München

Pelinka, Anton/Wodak, Ruth (2002): Der Skandal heißt nicht nur „HAIDER". Vorwort. In: Dies. (Hrsg.): „Dreck am Stecken" – Politik der Ausgrenzung. Wien, S. 7–9

Pelotte, Joaquim (1995): Die portugiesische Minderheit. In: Schmalz-Jacobsen/Hansen, Georg (Hrsg.): Ethnische Minderheiten in der Bundesrepublik Deutschland. München, S. 401–415

Polm, Rita (1997): Chinesen/Chinesinnen. In: Schmalz-Jakobsen, Cornelia/Hansen, Georg (Hrsg.): Kleines Lexikon der ethnischen Minderheiten in Deutschland. München, S. 42–45

Polm, Rita (1997a): Griechen/Griechinnen. In: Schmalz-Jakobsen, Cornelia/Hansen, Georg (Hrsg.): Kleines Lexikon der ethnischen Minderheiten in Deutschland. München, S. 62–65

Polm, Rita (1997b): Italiener/Italienerinnen. In: Schmalz-Jakobsen, Cornelia/Hansen, Georg (Hrsg.): Kleines Lexikon der ethnischen Minderheiten in Deutschland. München, S. 76–79

Polm, Rita (1997c): Japaner/Japanerinnen. In: Schmalz-Jakobsen, Cornelia/Hansen, Georg (Hrsg.): Kleines Lexikon der ethnischen Minderheiten in Deutschland. München, S. 80–81

Polm, Rita (1997d): Koreaner/Koreanerinnen. In: Schmalz-Jakobsen, Cornelia/Hansen, Georg (Hrsg.): Kleines Lexikon der ethnischen Minderheiten in Deutschland. München, S. 93–96

Polm, Rita (1997e): Niederländer/Niederländerinnen. In: Schmalz-Jakobsen, Cornelia/Hansen, Georg (Hrsg.): Kleines Lexikon der ethnischen Minderheiten in Deutschland. München, S. 113–115

Polm, Rita (1997f): Portugiesen/Portugiesinnen. In: Schmalz-Jakobsen, Cornelia/Hansen, Georg (Hrsg.): Kleines Lexikon der ethnischen Minderheiten in Deutschland. München, S. 127–130

Polm, Rita (1997g): Russen/Russinnen. In: Schmalz-Jakobsen, Cornelia/Hansen, Georg (Hrsg.): Kleines Lexikon der ethnischen Minderheiten in Deutschland. München, S. 135–137

Polm, Rita (1997 h): Vietnamesen/Vietnamesinnen. In: Schmalz-Jakobsen, Cornelia/Hansen, Georg (Hrsg.): Kleines Lexikon der ethnischen Minderheiten in Deutschland. München, S. 173–175

Prengel, Annedore (1993): Pädagogik der Vielfalt. Verschiedenheit und Gleichberechtigung in Interkultureller, Feministischer und Integrativer Pädagogik. Opladen

Pristl, Martin (2001): Gebrauchsanweisung für Griechenland. München, Zürich

Rehbein, Boike (2006): Die Soziologie Pierre Bourdieus. Konstanz

Reiss, Kristina: Snowy, Rainbow und Lancelot: Namenwahl auf Chinesisch. www.dw-world.de (25.09.2007)

Reynolds, Katsue Akiba (1991): Geschlechterexklusive und geschlechtspräferentielle Unterschiede. Pronomina der ersten Person im Japanischen. In: Günthner, Susanne/Kotthoff, Helga (Hrsg.): Von fremden Stimmen. Frankfurt/Main, S. 291–308

Romano-García, Manuel (1995): Die spanische Minderheit. In: Schmalz-Jacobsen/Hansen, Georg (Hrsg.): Ethnische Minderheiten in der Bundesrepublik Deutschland. München, S. 468–481

Rommelspacher, Birgit (1995): Dominanzkultur. Texte zur Fremdheit und Macht. Berlin

Ruoff, Arno (1995): Naive Zugänge zur Namenforschung. In: Eichler, Ernst/Hilty, Gerold/Löffler, Heinrich/Steger, Hugo/Zgusta, Ladislav (Hrsg.): Namenforschung. Ein internationales Handbuch zur Onomastik. Berlin, New York. S. 360–367

Russland-Aktuell (2008): http://www.aktuell.ru/russland/lexikon/russlands_groesster_ reichtum _sind_seine_menschen_4.html (13.09.2008)

Sandig, Barbara (1995): Namenstilistik. In: Eichler, Ernst/Hilty, Gerold/Löffler, Heinrich/Steger, Hugo/Zgusta, Ladislav (Hrsg.): Namenforschung. Ein internationales Handbuch zur Onomastik. Berlin, New York. S. 539–551

Savianao, Roberto (2007): Gomorrah. Reise in das Reich der Camorra. Frankfurt am Main, Zürich, Wien

Schaffer-Suchomel, Joachim (2007): Nomen est omen. Die verborgene Botschaft der Vornamen von Adam bis Zarah. München

Schimmel, Annemarie (1995): Von Ali bis Zahra. Namen und Namengebung in der islamischen Welt. 2. Aufl., München

Schleßmann, Ludwig/Akashe-Böhme, Farideh (1995): Der Islam und die muslimische Minderheit. In: Schmalz-Jakobsen, Cornelia/Hansen, Georg: Ethnische Minderheiten in der Bundesrepublik Deutschland. Ein Lexikon. München. S. 217–228

Schlüter, Christiane/Drews, Gerald (2006): Christliche Namen für unsere Kinder. Eine Entscheidungshilfe für Eltern. Augsburg

Schmalz-Jakobsen, Cornelia/Hansen, Georg (Hrsg.) (1995): Ethnische Minderheiten in der Bundesrepublik Deutschland. Ein Lexikon. München

Schmalz-Jakobsen, Cornelia/Hansen, Georg (Hrsg.) (1997): Kleines Lexikon der ethnischen Minderheiten in Deutschland. München

Schmidt, Janek (2008): Kampf im Schatten. Süddeutsche Zeitung vom 22.08.2008

Schöller, Marco (2004): Koran. In: Elger, Ralf/Stolleis, Friederike (Hrsg.): Kleines Islam-Lexikon. Geschichte-Alltag-Kultur. Bonn

Schubert, Gerald (2003): Fremdsprachenkenntnisse: Tschechien holt auf, Englisch wird aber immer wichtiger als Deutsch. In: http://www.radio.cz./de/artikel48019 (30.08.2008)

Schulz von Thun, Friedemann (1990): Miteinander reden 1. Störungen und Klärungen. Reinbeck bei Hamburg

Schwitalla, Johannes (1995): Namen in Gesprächen. In: Eichler, Ernst/Hilty, Gerold/Löffler, Heinrich/Steger, Hugo/Zgusta, Ladislav (Hrsg.): Namenforschung. Ein internationales Handbuch zur Onomastik. Berlin, New York. S. 498–504

Sigaard Madsen, Edith (1995): Die dänische Minderheit. In: Schmalz-Jakobsen, Cornelia/Hansen, Georg: Ethnische Minderheiten in der Bundesrepublik Deutschland. Ein Lexikon. München, S. 134–152

Sorg, Uschi (2002): Erfolgreiche Kommunikation in der interkulturellen Verwaltungspraxis. München

Statistisches Bundesamt (2008): Bevölkerung und Erwerbstätigkeit. Ausländische Bevölkerung. Ergebnisse des Ausländerzentralregisters. Wiesbaden

Stefanski, Valentina Maria (1995): Die polnische Minderheit. In: Schmalz-Jakobsen, Cornelia/ Hansen, Georg (Hrsg.) (1997): Kleines Lexikon der ethnischen Minderheiten in Deutschland. Ein Lexikon. München. S. 385–401

Straus, Florian (2002): Netzwerkanalysen. Gemeindepsychologische Perspektiven für Forschung und Praxis. Wiesbaden

Thomas, Kristina/Haschke, Barbara (2005): Reisegast in Japan. 4. überarbeitete Auflage. München/Dormagen

Tošović, Branko (2008): Die Herausbildung des Bosnischen/Bosniakischen, Kroatischen und Serbischen. In: http://www-gewi.kfunigraz.ac.at/gralis/2.Linguarium/BKS/Herausbildung%20 des%20BKS_Tosovic.htm (12.08.2008)

Treibel, Annette (1999): Migration in modernen Gesellschaften. Soziale Folgen von Einwanderung, Gastarbeit und Flucht. 2. Auflage. Weinheim/München

Udolph, Jürgen/Fitzek, Sebastian (2005): Professor Udolphs Buch der Namen. Gütersloh

Urmes, Dietmar (2006): Etymologisches Namenlexikon. Wiesbaden

Van der Veen, Hein (1995): Die niederländische Minderheit. In: Schmalz-Jakobsen, Corne- lia/Hansen, Georg: Ethnische Minderheiten in der Bundesrepublik Deutschland. Ein Lexikon. München, S. 343–348

Voitl, Herbert (1985): Die Entstehung englischer Familiennamen aus Taufnamen (Patronymika). In: Schützeichel, Rudolf/Wendehorst, Alfred (Hrsg.): Erlanger Familiennamen-Colloquium. Neustadt an der Aisch, S. 19–39

Vogt, Reinhold (1997): Was gilt vom Heimatrecht bei Eintragungen der Namen in deut- sche Personenstandsbücher hinsichtlich der Nachfolgestaaten der ehemaligen UdSSR und der islamischen Staaten? In: www.standesbeamte-bayern.de/Dateien/ASCHAFF1.pdf (30.08.2008)

Vorsatz, Raimar (1995): Die vietnamesische Minderheit. In: Schmalz-Jakobsen, Cornelia/Hansen, Georg: Ethnische Minderheiten in der Bundesrepublik Deutschland. Ein Lexikon. München, S. 532–545

Wagner-Kern, Michael (2002): Staat und Namensänderung. Beiträge zur Rechtgeschichte des 20. Jahrhunderts 35. Tübingen

Watzlawick, Paul/Beaven, Janet H./Jackson, Don D. (1969): Menschliche Kommunikation. Formen, Störungen, Paradoxien. Bern und Stuttgart

Westdeutsche Handwerkskammer (Hrsg.) (2005): Tipps zur interkulturellen Vorbereitung auf ein berufliches Ausbildungspraktikum in Italien, Düsseldorf

Wieland, Johanna/Frommann, Ronald/Künzig, Andrea/Neumann, Anna (2000): Menschenkinder. Hamburg

Willi-Plein, Ina (1995): Hebräische Namen. In: Eichler, Ernst/Hilty, Gerold/Löffler, Heinrich/Steger, Hugo/Zgusta, Ladislav (Hrsg.): Namenforschung. Ein internationales Handbuch zur Onomastik. Berlin, New York. S. 870–872

Wikipedia (2008 a): Liste der häufigsten Familiennamen in Deutschland. In: http://de.wikipedia.org/wiki/Liste_der_h%C3%A4ufigsten_Familiennamen_in_Deutschland (04.07.2008)

Wikipedia (2008 b): Jüdische Familiennamen. In: http://de.wikipedia.org/wiki/J%C3%BCdische_Familiennamen (02.07.2008)

Wikipedia (2008 c): Japanischer Name. In: http://de.wikipedia.org./wiki/Japanischer_Name (16.08.2008)

Wikipedia (2008 d): Namenskonventionen/Koreanisch. In: http://de.wikipedia.org/wiki/Wikipedia:Namengebung_(Koreanisch (28.08.2008)

Wikipedia (2008 e): Kroatien. In: http://de.wikipedia.org/wiki/Kroatien (08.08.2008)

Wikipedia (2008 f): Geschichte der Juden in Polen. In: http://de.wikipedia.org/wiki/Geschichte_der_Juden_in_Polen (29.08.08)

Wikipedia (2008 g): Portugal. In: http://de.wikipedia.org/wiki/Portugal (03.09.2008)

Wikipedia (2008 h): Serben. In: http://de.wikipedia.org/wiki/Serben (17.08.2008)

Wikipedia (2008 i): Vietnam. In: http://de.wikipedia.org/wiki/Vietnam (16.08.08)

Wogau, Janine Radice von (2004): Systemische Theorie in interkultureller Beratung und Therapie. In: Wogau, Janine Radice von/Eimmermacher, Hanna/Lanfranchi, Andrea (Hrsg.): Therapie und Beratung von Migranten. Weinheim/Basel, S. 45–64

Yoo, Jung-Sook (1997): Die koreanische Minderheit. In: Schmalz-Jakobsen, Cornelia/Hansen, Georg: Ethnische Minderheiten in der Bundesrepublik Deutschland. Ein Lexikon. München, S. 285–301

Zeithaml, Valerie A./Parasuraman, And/Berry, Leonard L. (1992): Qualitätsservice. Was Ihre Kunden erwarten – was sie leisten müssen. Rastalsky, Hartmut J.H. Frankfurt/New York

Zeitverlag (2005): Die Zeit. Das Lexikon in 20 Bänden. Hamburg

Die Autoren

Sabine Handschuck,

promovierte Pädagogin, war langjährige Beauftragte für interkulturelle Arbeit der Landeshauptstadt München. Ihre Schwerpunkte sind die interkulturelle Qualitäts-, Personal- und Organisationsentwicklung. Sie ist Mitarbeiterin des „Institut – Interkulturelle Qualitätsentwicklung München".

Hubertus Schröer,

promovierter Jurist, zuletzt Leiter des Stadtjugendamtes der Landeshauptstadt München. Jetzt tätig in der Organisations- und Qualitätsentwicklung mit dem Schwerpunkt Beratung von Kommunen, Geschäftsführer des „Institut – Interkulturelle Qualitätsentwicklung München".

Sabine Handschuck

Interkulturelle Qualitäts-
entwicklung im Sozialraum

**Band I: Konzeption eines Modell-
projektes zur interkulturellen Orientierung
und Öffnung von sozialen Einrichtungen**
212 Seiten, Format A5, zahlreiche Tabellen
24,80 € (D) / 25,50 € (A) / 45,00 sFr
ISBN 978-3-940 562-20-3 (Softcover)

Interkulturelle Orientierung und Öffnung ist zu einem beherrschenden Thema in der Gesellschaft geworden. Wie kann die interkulturelle Öffnung von Einrichtungen der Sozialen Arbeit gelingen? Welches Vorgehen und welche Instrumente gewährleisten die Qualität einer interkulturell orientierten Sozialarbeit? Wie können strukturelle Ausgrenzungsmechanismen in Einrichtungen Sozialer Arbeit erkannt und Maßnahmen entwickelt werden, um diese abzubauen?

Das Projektkonzept „Interkulturelle Qualitätsentwicklung im Sozialraum" bietet eine theoretisch fundierte Antwort auf diese Fragen und zeigt auf, wie interkulturelle Orientierung und Öffnung sozialräumlich durch die Zusammenarbeit sozialer Einrichtungen im Stadtteil gelingen kann.

Die Analyse, welche Wissensbestände geeignet sind, die oben genannten Fragestellungen theoretisch und praktisch zu beantworten, führt vier Fachdiskurse zusammen: die Debatte über Qualitätsentwicklung mit dem Verwaltungsreformdiskurs und den Diskursen um Vernetzung und interkulturelle Öffnung von sozialen Einrichtungen. Aus diesen theoretischen Ansätzen wird das methodische Vorgehen abgeleitet. Prozessschritte, Ziele, Standards und Indikatoren sind übersichtlich dargestellt und dienen über das konzipierte Projekt hinaus als Modell für die Praxis. Die Evaluation des Prozesses wird in einem 2. Band veröffentlicht.

Der Band stellt eine für Fach- und Führungskräfte der Sozialen Arbeit und der Kommunalverwaltung wertvolle Anregungen dar und gibt Studierenden einen Einblick in Problemlösungsstrategien einer interkulturell orientierten Sozialen Arbeit.

Sabine Handschuck

Interkulturelle Qualitäts-
entwicklung im Sozialraum

**Band II: Konzeptevaluation eines Modell-
projektes zur interkulturellen Orientierung und
Öffnung von sozialen Einrichtungen**
284 Seiten, Format A5, zahlreiche Tabellen
24,80 € (D) / 25,50 € (A) / 45,00 sFr
ISBN 978-3-940 562-22-7 (Softcover)

Der vorliegende Band hat die formative Programmevaluation des Projektkonzeptes „Interkulturelle Qualitätsentwicklung im Sozialraum" zum Inhalt. Das Konzept ist in Band 1 veröffentlicht worden. Überprüft wird, ob die beabsichtigten Wirkungen bei den Projektbeteiligten nachgewiesen werden konnten, ob sich die eingesetzten Methoden und Instrumente bewährt haben und ob das Konzept die Interessen externer Stakeholder aus kommunaler Verwaltung und Politik berücksichtigt hat. Durch qualitative Interviews werden die Teilnahmemotivation, die Prozesse der Zielfindung, die Zusammenarbeit in Qualitätszirkeln und die Wirkungen in Bezug auf eine interkulturelle Öffnung ermittelt. Die Servicequalität des Projektes, bezogen auf die materielle Ausstattung, die fachliche Souveränität, die Zuverlässigkeit und das Entgegenkommen, wurden durch eine Gruppenbefragung nach der SERVQUAL-Methode ermittelt.

Die gewonnenen Erkenntnisse münden in Empfehlungen für eine Konzeptmodifikation und bieten Fachkräften aus der Verwaltung und Sozialarbeit ein Modell für Projektplanungen mit dem Ziel der interkulturellen Orientierung und Öffnung von sozialen Einrichtungen im Stadtteil.

Reinhilde Beck, Constance Engelfried (Hrsg.)

Managing Gender

**Implementierung von Gender Mainstreaming
in psycho-sozialen Arbeitsfeldern**
236 Seiten, Format A5
11 Abb. / Graf. / Tab.
24,80 € (D) / 25,50 € (A) / 45,00 sFr
ISBN 978-3-940 562-36-4 (Softcover)

Gender Mainstreaming ist eine 1999 im Amsterdamer Vertrag auf Europaebene begründete Programmatik und EU-weite Strategie. Sie soll darauf hinwirken, den Anspruch auf Chancengleichheit von Frauen und Männern in sämtlichen politischen Konzepten und Maßnahmen der EU und in allen Einrichtungen des öffentlichen Lebens europaweit umzusetzen. Gender Mainstreaming setzt an den Strukturen einer Organisation an und zielt auf eine geschlechterdemokratische Neuorganisation, vermittels derer die Gleichstellung der Geschlechter effektiv vorangebracht werden soll.

Im Kontext von Förderpolitik und Leistungsträgerschaft des Sozial- und Gesundheitsbereichs entwickelt sich „Gender" zunehmend zu einem handlungsleitenden Qualitätskriterium. Nach wie vor wird jedoch bei der konkreten Umsetzung geschlechterdemokratischer Strategien in Strukturen sozialer Organisationen in der Regel Neuland betreten.

Im Rahmen eines zweijährigen Modellprojektes „Gender Mainstreaming in Einrichtungen und Diensten der Suchthilfe und Psychiatrie (2006–2008)", wurden daher Wege zur Einführung und Umsetzung von Gender Mainstreaming entwickelt, erprobt und hinsichtlich weitergehender Konsequenzen evaluiert. Das Kooperationsprojekt und die erzielten Ergebnisse sind Hauptgegenstand der vorliegenden Publikation.

Helga Losche, Stephanie Püttker

Interkulturelle
Kommunikation

**Theoretische Einführung und Sammlung
praktischer Interaktionsübungen**
5. überarbeitete, erweiterte Auflage, 256 Seiten
Format 20 x 24 cm, 42 Spiele und Übungen
19,80 € (D) / 20,40 € (A) / 35,00 sFr
ISBN 978-3-940 562-28-9 (Softcover)

Die Fähigkeit, zu kommunizieren bestimmt die Qualität der Beziehung von Menschen. Kommunikation hat viele Seiten: verbal, nonverbal, tasten, fühlen, spüren und Sprache. Welche Schwierigkeiten aber auch Lernfelder entstehen, wenn Menschen unterschiedlicher Kulturen und Sprachen aufeinander treffen?

Der erste Teil des Buches beschäftigt sich mit dem theoretischen Hintergrund interkultureller Kommunikation. Wer oder was bestimmt Kultur? Wie lernt man Kultur? Behandelt werden auch Probleme in der interkulturellen Begegnung sowie Interaktions- und Kommunikationskompetenzen.

Der zweite Teil stellt eine Vielzahl von Interkulturellen Übungen vor. Alle vorgestellten Übungen sind vielfach erprobt und durch Hinweise zu Zielen, Teilnehmerzahl und benötigtem Material einfach in der Praxis einsetzbar.